坎坷不平的道路，

永远是这样可爱，

每一个俄罗斯人

沿着它多少次走去又走来。

——С.А.叶赛宁

/ 见证苏联解体 /

/ 经历最动荡的岁月 /

/ 讲述华人的坎坷艰辛 /

/ 再现历史巨变中最真实的俄罗斯 /

锐思文丛

挟意乎宇宙之外 · 锐思于毫芒之内

俄罗斯证人

目击历史漩涡20年

郑建新◎著

南方日报出版社
NANFANG DAILY PRESS
中国 · 广州

图书在版编目（CIP）数据

俄罗斯证人 ： 目击历史漩涡20年 / 郑建新著. --广州 ： 南方日报出版社，2010.7

ISBN 978-7-5491-0017-0

Ⅰ. ①俄… Ⅱ. ①郑… Ⅲ. ①俄罗斯－现代史－史料－1989～2009 Ⅳ. ①K512.606

中国版本图书馆CIP数据核字(2010)第128519号

俄罗斯证人——目击历史漩涡20年 郑建新 著

出版发行：南方日报出版社

地　　址：广州市广州大道中289号

电　　话：（020）87373998-8502

经　　销：全国新华书店

印　　刷：广州市怡升印刷有限公司

开　　本：787mm×1092mm　1/16

印　　张：18.5

字　　数：250千字

印　　数：1-5000册

版　　次：2010年7月第1版

印　　次：2010年7月第1次印刷

定　　价：36.00元

投稿热线：（020）87373998-8503　**读者热线**：（020）87373998-8502

网址：http://nf.nfdaily.cn/press/

发现印装质量问题，影响阅读，请与承印厂联系调换。

★目　录

★序

深层次透视俄罗斯的力作

——我读《俄罗斯证人》

陈瑞铭

今年4月初的一天，吉娜（本书作者，在莫斯科时习惯于叫她的俄文名字）来电话说，她的一本书就要出版了，现在手里有出版社的简装本，很想让我看看，提些意见。我们约好，在北京的某处见了面，她把那本厚厚的简装书递给我，封面印着“俄罗斯证人”几个大字。

我拿着那本书回到家中，晚饭后翻开第一页，开始阅读。流畅的文笔，生动的描写，全方位对一个国家深层次的透视，一下将我吸引住，我的目光难以离开书本，一页页，一篇篇，连续两个晚上，我几乎是一口气将它读完。

合上最后一页，掩卷默思，觉得这是一本相当有深度和水平的书，一本反映俄罗斯这20年的别开生面的书，一本融真实性、历史性、文学性、哲理性与趣味性于一炉的难得多见的好书。没有对俄罗斯的深入观察和了解，没有在那里的长年生活和积累，没有深厚的历史和文化底蕴，没有人文关爱之心，以及深邃的思辨能力，很难写出这样一部力作。

1989—2009年，俄罗斯这20年发生了翻天覆地的变化。苏联解体，俄罗斯陷入空前经济危机，百姓生活凋敝，社会盗匪猖獗，车臣战乱以及恐怖分子的频繁活动，使这个一度称雄的世界大国，沦落为二流国家。20世纪90年代中后期，我作为高级顾问多次陪同代表团和公司前往莫斯科，目睹了一个民族的悲哀和痛苦，经历了苏联解体后最混乱的时期。作者对那一时期的记述，如此真切和生动；透过那些篇章，十几年前在莫斯科经历和看到的一切，都历历再现在我的眼前。

解体前夕的苏联究竟是什么样？解体后俄罗斯百姓的心态以及那个国家又发生了什么？俄罗斯人如何看待自己国家的变迁和历史？他们对中国的文化和改革又有些什么了解和看法？这个时期闯荡俄罗斯的华人境况如何？这些很深入很具体的情况，国内很多人并不十分了解，作者这本书恰似一幅幅生动的画面，从多方面，多角度，多层次为我们展示了这一切。一个历经沧桑的国家，一个多灾多难却又有着顽强生命力的民族，他们仍在自己的道路上艰难痛苦地探索与跋涉。

作者笔下的普通人物极其生动形象，读后令人深思和难忘。有钱却孤独的女律师，天真可爱的小邻居马克西姆，既善良又生性挑剔的退休老太瓦莲季娜，快乐的小老头萨沙，迷上中国文化的俄罗斯人，80后的年轻一代，迷茫的“白乌鸦”柳芭，以及残忍的入室抢劫者，贪婪的警察，出卖色相的妓女……千姿百态，五光十色，万花筒般呈现于我们眼前。这是历史大变动中的各种人生，他们在作者笔下都栩栩如生地得到了反映。

作者对莫斯科的华人也有深入精细的描写。卢日尼基大市场的庞大与繁华，越南楼的简陋肮脏，“莫丹”的夭折，“兵营”的辉煌与落寞，中国海外第一超市天客隆的命运，切尔基佐沃大市场的兴衰和那里的中国商人的状况，当地老华侨的曲折人生等等，以及华人的机遇与风险，书中都有极其生动真实的描述。

而对于俄罗斯这一时期的历史大背景，作者也都有准确和精彩的概述。“休克疗法”的后果，宪政危机，叶利钦提前卸任，普京当选总统前后等等，这些概述使我们可以更加深刻地理解处于这样一种背景下的普通人的命运。

总之，书中引人深思、感慨、悲哀、忍俊不禁的地方随处可见。此外还有很多鲜为人知的故事和资料。在一些文章中，我们还能深深地感受到俄罗斯文化的浓浓的氛围，那是俄罗斯民族特有的极其宝贵的精神财富。

叶利钦去世后，普京对他有这样的评价：感谢鲍里斯·叶利钦开启了一个新时代—— 一个拥有新宪法的自由民主的俄罗斯，向民众敞开了自由表达自己思想的大门。十几年前，我在莫斯科时也从电视中亲耳听到索尔仁尼琴讲述的这样一种观点：“我们俄罗斯是以最愚蠢与最悲哀的方式摆脱了社会主义的。”这些年来，不仅在俄罗斯，而且在世界很多国家，都对俄罗斯这20年来发生的历史巨变评价不一，莫衷一是。而吉娜的这本书从不同的侧面和角度以及自己的思考所提供的鲜活真实的素材，应该说为研究和评价俄罗斯历史变迁提供了极有价值的材料。而俄罗斯这20年惊心动魄的变化和历程，对我国的改革开放和社会经济发展也必然具有参考和借鉴的启示的意义。

吉娜，我在莫斯科认识她的那一年（1998—1999年），她正在翻译一本难度极大的文学作品，俄罗斯作家写的《达·芬奇传》，在一些翻译难点上她常常来询问我，于是我们有了较多的接触。她思维敏捷，优雅大方，好学，不愿意过枯燥乏味的生活，与有教养的俄罗斯人相处极好；她有很好的文字功底和观察力，但她能写出这样的好书来，也是我没有料到的。她的思想深度和文笔都已经达到了一个相当的高度。

2010年4月9日　北京

（陈瑞铭，20世纪50年代留学苏联，供职于中国社会科学院经济研究所，研究员，曾任经济研究所副所长。2002年被俄罗斯科学院经济研究所授予经济学荣誉博士称号。对俄罗斯经济以及历史和文化有深入的了解和研究。）

★卷　一

红色帝国的最后时光

1989年

★1989年5月21日叶利钦在群众集会上讲话（来源：俄罗斯网站ЯНДЕКС）

1989年春天，当社科院苏东所（现为俄罗斯东欧中亚研究所）的领导告诉我，和苏联交换的进修留学生中有我时，我既高兴又兴奋。去苏联留学，亲眼看一看世界上第一个伟大的社会主义国家，漫步红场，听克里姆林宫上空的钟声，是我久存的夙愿。没想到这个愿望真的即将变为现实。当然没想到的还有，那一年的留学竟是我看到的最后的苏联。后来当我1992年年底第二次前往莫斯科时，苏联已经不存在了。我看到的和记录下的一切，是一个帝国的黄昏，是那段历史的见证……

1989年在中苏两国关系上，是一个重要的历史转变时刻。苏联最高领导人戈尔巴乔夫访问了中国，这是一个标记，它意味着两国长达近30年的僵冷隔绝的关系，开始复苏和好转。当时的中国，改革开放已经进行了10年，而苏联的改革开放也已炒得沸沸扬扬，正在进行之中。两国关系的转机正是出现在这个新的历史背景下。而互派留学生，是两国关系好转的一个具体成果和体现。

8月下旬，载着我们的国际列车，已经向遥远的莫斯科奔驰而去了。

横穿苏联大地，火车驶向莫斯科

北京到莫斯科的路途遥远而漫长。

火车穿过枯燥乏味的蒙古荒漠，第三天进入了苏联。映入眼帘的是森林、原野、蓝天、白云，风光十分迷人。

望着窗外不断变换的景色，我们对这个已经走进却非常陌生的国家浮想联翩。

这是世界上第一个社会主义国家，和中国有过最亲密的关系，也在最困难的时候停止了对中国的一切援助；这里是列宁和斯大林的故乡，列宁领导了伟

★挺拔的松林

大的十月革命，而斯大林带领苏联人民战胜了德国法西斯；这里是保尔·柯察金的祖国，《钢铁是怎样炼成的》影响了中国整整一代人；而这个近在咫尺的国家，与我们隔绝近30年，也令我们深感陌生……如今，在戈尔巴乔夫的新思维倡导下，这里的改革已经进行了五年，目前依然在如火如荼地进行，人们要求改革的积极性空前高涨，各种政治团体纷纷涌现，不少加盟共和国也趁势要求独立，前不久又发生了西伯利亚矿工的大罢工……总之，这个国家正处在历史巨变的动荡之中。

火车沿途经过很多大城市，停车时我们也下去透透气，偶尔也用蹩脚的俄语，和站台上卖煮土豆和啤酒的当地俄罗斯人聊上几句，感觉一切都很新奇。路经西伯利亚时，我想起了上中学时的一件事。脑海中首先浮现的，是那个墨绿色的绒纸剪成的小雪人，贴在白色硬纸上，红色尖鼻子，黑眼，嘴角上翘，头戴蓝帽，脖子上还有一条米色围巾。那是我上初二时和苏联远东某个中学同年级学生的第一封通信。当时我就读的中学有这个惯例，为了使学生更好地学习俄语，学校鼓励大家和苏联学习中文的学生建立通信关系。我的这个没见过面的朋友，是西伯利亚某市的一个中学生，我们是同龄人，她给我的第一封信就是这张贺卡，这是她自己的手工作业。小雪人下面还写有几个笔迹歪斜的中文字："祝你学习好"。我清楚地记得，当我手捧贺卡，看着那个从冰天雪地的西伯利亚寄来的礼物时，感觉到那个绿色的小雪人带来了一丝异国的气息，有着西伯利亚冬天的寒意。苏联是什么样子？我能去看看该多好，那时我就产生了这个心愿。今天我已经走进了这个国家。

…………

窗外秋天的俄罗斯，广阔的田野，茂密的森林，一座座色彩鲜艳的尖顶别墅，美不胜收。就这样，在火车上很快度过了余下的几天。那天下午3点多，当火车停在莫斯科雅拉斯罗夫火车站时，看着周围来来往往的金发碧眼的陌生面孔，还有点不敢相信，我们已经来到了莫斯科。

美丽的夏令营

在莫斯科人来人往的站台上，黑头发黄皮肤的我们一群，自然引来了人们好奇的目光。有人上前问我们来自哪里，在我们回答"中国"后，他们的表情越发惊异。看样子，苏联老大哥和中国小兄弟确实是生分多年了。

有车来接我们，但并不知道去哪儿。上车后，接我们的俄罗斯人才告诉我们，是去莫斯科西南郊区的一个少先队夏令营，我们要在那里住上一段时间。

汽车行驶在莫斯科的马路上，我们好奇地向外张望，苏联的首都是什么模样？

第一眼的莫斯科很令人失望，道路坑坑洼洼，汽车行驶在上面很颠簸；市容呆板，街道冷清，看不到商店，更谈不上繁华热闹。总之，怎么看也不像一个大都市。后来在莫斯科呆久了，才知道莫斯科还是有很多漂亮的地方，建筑宏伟，气势不凡，但莫斯科面积太大了，相当多的地方都陈旧和破败。商店大都集中在市中心和地铁旁边，离市中心稍远一些的地方，很难看到像样的商店。难怪莫斯科人自己都称他们的首都是个大农村，大，乱，脏。

不多时，汽车驶入一片森林，夏令营的砖红色楼房就散落在这片森林之中。楼房不高，楼与楼之间很开阔。我们那栋楼里已经住满了人——都是来自世界各地的留学生，其中有很多黑人。我们很奇怪：为什么不直接去学校，要先住在这里呢？一打听才知道，原来，按照苏联的规定，所有来留学的外国学生到达莫斯科后，都要先住到这里等待分配。所以每一年的八九月，这个漂亮的夏令营就成为临时接待留学生的地方。

时值8月底，莫斯科已经很冷了，毛衣、呢大衣都穿在身上还不觉暖和。但令我们惊奇的是，室内已经有了暖气，房间里温暖如春。

中国留学生被安置在一个很大的房间里，20多个人住在一起，拥挤、嘈杂，热闹非凡。最糟糕的是夜里还有人大打呼噜，此起彼伏，响彻通宵。

就餐在附近的大食堂，由于人多，吃饭时间是错开的。食堂里最多的是来自非洲的黑人留学生，还有朝鲜和越南的留学生，以及南斯拉夫等东欧国家的年轻人。西欧的留学生在这里几乎没有见到，有人说这里住的只是来自第三世界国家的留学生。好像说得不错。三餐都是地道的俄式饭菜：第一道是汤、沙拉，第二道主菜每天不同，有褐色的荞麦饭，配土豆泥和鸡腿、牛肉或是火腿肠等，饭后有一杯糖煮水果，有时还有苹果、橙子等新鲜水果。黄油、面包、奶酪每餐必不可少，早餐常常有用奶渣烤制的糕饼，浇上炼乳，松软香甜中有一股浓浓的奶香味，非常可口。虽然我们都是第一次吃俄国饭，但感觉还很不错。

饭后我们常常走出夏令营的大门，沿着林间小路散步。走出森林，眼前是一片开阔的刚刚收割完的田地。空气异常清新。初秋的莫斯科郊外，天空湛蓝，白云朵朵，远处有风格不同的木屋别墅，明媚的阳光下树木色彩斑斓，浅绿色，深绿色，橘黄色，砖红色，五彩缤纷，层林尽染，美丽如画。

我们在这个漂亮的夏令营住了一个月左右，然后被分往不同的学校。我和另外两个同事被分在莫斯科历史档案学院。

9月底的一天，我们离开了夏令营。

蟑螂，还是蟑螂

莫斯科历史档案学院位于红场附近的尼科尔斯卡娅大街，宿舍则在莫斯科最南端，乘地铁在终点站“布拉格”下车后，还须坐五站公共汽车。

★莫斯科历史档案学院
（来源：俄罗斯网站ЯНДЕКС）

搬家那天，应我们的请求，学院派了几个学生，帮我们把行李从夏令营搬到宿舍。那几个学生来自中亚的吉尔吉斯共和国和波罗的海的亚美尼亚，还有一个蒙古留学生，瘦瘦高高的。

宿舍楼很高，灰色，像一块巨大的长方形砖头，孤零零地立在莫斯科南郊。我们的房间在二楼，是个一大一小的套间。大房间住两个人，小房间住一人，据说很优待了，苏联学生每个房间都要多安置一个人。室内陈设很简单——床、桌椅和墙柜，墙上糊着壁纸，已经很久没有更换，褪色开裂；桌椅破旧；浴盆泛着黄色。胖胖的女管理员发给我们一人一条旧毛毯，浆洗过的但同样很陈旧的床单和被罩。她告诉我们，做饭可以到公共厨房，在走廊里。但是我们听说很少有人在那里做饭，苏联学生也好，其他国家的留学生也好，大家几乎都在自己房里用电炉做，尽管那是违反校规的。

已是9月的最后一天。我收拾好东西，吃过简单的晚饭——黄油涂在面包上，一杯牛奶，独自站在窗前向外张望。天已经全黑了，远处街灯闪烁。我，现在在莫斯科的一所大学宿舍里，周围寂静无声，外面是莫斯科南郊的深秋之夜。街上几乎没有行人，只偶尔有汽车疾驶而过。屈指算来，到莫斯科有一个月了，可这个国家在我眼中却变得更加模糊，像远处昏暗的街灯。街灯那面，有几栋居民楼，亮起了点点灯火，我望着那栋楼，真想知道苏联人在里面怎样生活，他们如何看待苏联的改革，他们对中国又了解什么。回想这一个月，陌生的城市，陌生的面孔，加上语言不通，看不懂报纸，听不懂广播，我们似乎与世隔绝了。国内明天就是国庆节，这个时候的北京一定充满了浓浓的节日气氛！而我们此刻却远在异国他乡。想到这里，一丝孤独和寂寞涌上心头。

不想在这时却有人敲响了我们的房门。是谁呢？我们刚刚搬来，不认识一个人啊。开了门，原来是两个年轻的大学生，他们也住在这栋楼里。其中一个是帮我们搬过家的亚美尼亚人萨沙，另一个是他的同学阿布。他们带来了蛋糕和鲜花，祝我们节日快乐。我和同屋的同事又惊喜又感动，我们真没有想到，刚到学校第一天，竟有人记得我们的国庆节并来祝贺。请他们进屋坐下，谈话中得知，阿布的爷爷是中国人，我们更高兴了，这里居然有我们的老乡。

夜里，听到屋顶开缝的墙纸中有窸窸窣窣的声音，像是什么东西在爬动，开灯却吓了一跳，原来是蟑螂！不仅在墙上爬动，地上也有不少。在突如其来的灯光下，大大小小的蟑螂立刻四处逃散，我惊坐在床上呆了半天——我最怕这种令人起鸡皮疙瘩的小爬虫了。关了灯躺在床上，窸窣声复又响起，再也睡不着觉，脑中全是乱窜的蟑螂，又觉得它会突然爬到床上，于是翻来覆去，心想有一整年时间都要与蟑螂为伍共同生活，这日子可怎么过？后来干脆不去想它，任它在黑暗中出没。但可气的是大白天也常常看到它们的踪影，特别是在做饭的时候，饭香味往往会引得它们爬出来，甚至有时候趁你不注意，飞快地爬到你刚刚做好的菜里，让你恶心得将一盘没吃一口的菜全部倒掉。住在另一间小屋的同事说，蟑螂有一天夜里居然从她的鼻子上爬了过去，她反应敏捷，飞快地用手挥了下去，没想到一股黏黏的东西沾了她一鼻子，后来鼻子上居然起了个小包。莫斯科的宿舍很脏，到处是蟑螂，而且据说不光是宿舍里，好多居民家中也有很多蟑螂，难怪当时流行这样一句话：苏联什么都缺，只有蟑螂不缺。真是如此。

几天后第一次去了学校教学楼——离红场不远的一栋白绿相间的大楼。这栋楼建于19世纪初，有着哥特式教堂的风格，窗户呈大叶片状。十月革命前这里是东正教下属的宗教书刊印刷所，1930年历史档案学院在此建立。走进楼里，感觉窄小而拥挤。正值课间休息，年轻的大学生们聚在狭窄昏暗的楼道里，嘈杂热闹。我们是在职进修生，没有课程安排，来这里是办理留学生的一些手续。外事办接待我们的是一个年轻姑娘，一头浓密的披肩棕色长发，大眼睛像两颗淡紫色的透明玻璃珠，扫在你脸上的目光没有任何表情。

那天中午我们在学校食堂用餐。餐厅同样窄小而拥挤，队排得很长，买了饭又很难找到座位，用餐环境很不舒服，但那些充满活力的大学生并不在乎这些，他们似乎愉快得很，排着队，说笑打闹着，然后凑在小餐桌上一起用餐。我记得那是唯一一次在这里用餐，后来再没有去过。

俄语学习也开始了，所谓"学习"就是每周一次将这所学院所有来自中国的留学生——七八个人吧——集中在一起，读一篇俄文报纸，老师再提几个问题，约一个小时就草草结束了。老师是学校在我们的要求下派来的。其余时间完全由个人自行安排。进修生就是这样，抱怨也没用，主要靠自学。这和我想象中的"留学"相差太远了。如果自己不抓紧，一年时间很快就会过去，学不到什么。于是我很快就找了阿布，我们互教互学，我教他学中文，他教我学俄文。

★东干族大学生阿布和女友

我的小老师：寻根的男孩

阿布的全名是阿布德拉赫曼。这么长的名字很难记住，于是他告诉我们，就叫他阿布好了，像他的同学叫他那样。

阿布来自吉尔吉斯共和国，20岁，但已经是莫斯科历史档案学院四年级的大学生了。

十一国庆节前夕，阿布从他的室友萨沙那里得知，学院来了中国留学生，这令他高兴异常！他早就想结识中国人，和他们交谈，和他们学中文，了解中国的一切。如今中国留学生近在咫尺，就和他住在同一栋宿舍楼里，这让他兴奋不已。他匆匆上街买了鲜花和蛋糕，拉上萨沙，迫不及待地来看我们。阿布和他的朋友来祝贺我们的节日，真的给我们带来了惊喜。也就在那天晚上，他说他的根在中国，他想和我们学中文。阿布的中国血统一下拉近了我们之间的距离。我仔细打量这个寻根的男孩，想从他身上寻找出中国血统的印记。阿布中等身材，黄皮肤，黑头发，黑眼睛，眼眶微微凹进去，眼神流露出聪明、坦诚和善良，不太像中国的回族人，倒有几分像维吾尔族人。阿布似乎猜到了我在想什么，对我说："我是东干人，苏联的东干族，听说过吗？"

真是遗憾得很，也许听说过这样一个民族，但没有留意过。苏联的少数民族太多了，120个，不研究苏联的民族问题，确实很难记得住有东干这样一个民族。

阿布并不扫兴，只是说："我们以前都是中国的回民。"

"是吗？那你以后要好好给我们讲讲你们的生活。"我对苏联的东干族一下产生了很大的兴趣。

阿布又提出想和我们学习中文，这令我更加惊喜：我正想找一个苏联大学生做我的老师教我俄语呢。于是我和阿布当下就达成了协议：我们互教互学，他做我的俄文老师，我做他的中文老师。我们的互教互学就这样开始了。

阿布每天要上课，所以我们的学习就安排在他下课后，一般是在晚上7点到9点，他下课早的话，就从4点学到7点。每次学习由他先教我俄文，休息片刻，我再教他中文。不论是他教我，还是我教他，用的都是我从国内带来的同一个课本，还挺合适，既有中文也有俄文。

阿布是个挺负责的老师，除了有特殊事情外，每天都会按时来。实在有事来不了时，他会让萨沙代替他来教我。阿布教得认真，学得也认真。我们这样学习了一段时间后，我的俄文和他的中文都有不少提高。

中间休息或功课结束时，我们常常聊天。那是我和他实践语言的最好时机，我尽量用俄文和他交谈，他也努力用中文同我说话。字典是我们说不清楚的时候最常用的工具。

我最感兴趣的自然还是阿布的身世和苏联的东干人。阿布告诉我，他的家在吉尔吉斯首都伏龙芝市（现为比什凯克）郊区。东干人都住在那一带，“爷爷和我们那里所有的东干人，都是清朝末年陕甘一带起义军失败后逃出来的”。

居然是这样！我对这个生活在中亚的苏联东干族产生了更浓厚的兴趣。

我查阅了历史，那是1872年，失败的回民义军几千人，在清兵的追击下，历尽艰险，背井离乡，翻天山，过沙漠，经过长途跋涉，来到了那个陌生的国家，安营扎寨，得以生存。这些人就是现在的苏联东干人，也是世界上最新形成的民族。100年过去了，他们的后人如今是如何生活的？是否还保留了中国祖先的习俗？还会说中国话吗？主要从事什么工作？一连串的问题出现在我脑海中。我像阿布想知道中国的一切那样，也很想知道仅仅一百多年前来到苏联的这些中国后裔目前的一切。

“放假后和我一起到我们家乡做客吧，我介绍你认识我的大爷，他是吉尔吉斯东干研究所的所长，他可以告诉你我们东干人的历史和一切，你也可以亲眼看看我们这些中国回民的后代、现在的苏联东干人是如何生活的。”阿布诚恳地对我说，“他认识你也一定很高兴。他希望了解中国。”

而阿布的问题则全部围绕着中国。“中国人如何生活？他们住什么样的房子？中国家庭只能生一个孩子，这是真的？你们的学生怎么学习？你去过少林寺吗？中国的东西贵吗？你们住什么样的房子？”……诸如此类的问题，阿布可以不知疲倦地问下去，我解答的时候他听得很专注，两只眼睁得大大的，那眼神在说：我的爷爷曾经生活在那块土地上，那是我曾经的家园，我想知道那里的一切。

1989年到1990年，苏联社会已经陷入了严重的政治危机和经济危机之中，社会动荡波及到每一个人，也影响着正在学习的阿布和他的同学。阿布作为一个年轻的莫斯科大学生，自然很关心国家的前途和命运，苏联进行的改革成为我们学习之余经常谈论的话题。

有一天，他表姐和表姐夫从家乡来了，他请我去做客。表姐夫妇三十多岁，表姐夫是律师。作为东干族，他们见到我也尤为兴奋，对中国的一切都饶有兴趣，问长问短，除了中国之外，谈话的题目就是眼下进行的改革。他们直言不讳地说，改革完全失败，苏共的威望如江河日下，退党者比比皆是，国家混乱，商品匮乏，民族分离主义严重。“我们需要的是一个铁腕人物，像沙皇那样，而不是这样的民主。这样的民主将使国家崩溃。戈尔巴乔夫太软弱，太民主，他会自毁前程，也会毁掉苏共和苏联。”他的表姐夫直率地说。阿布问他表姐夫：“吉尔吉斯的情况如何？”他表姐告诉他，那里虽然远离莫斯科，但也被政治危机和经济危机所笼罩。

阿布还有一个同学，来自爱沙尼亚。有一次我去找阿布，在他的宿舍里见到过那个爱沙尼亚男孩，淡黄色头发，皮肤雪白，很懂礼貌。他是阿布最要好的朋友之一。有一次我们学习时，阿布拿出几块奶糖给我吃，说是他的爱沙尼亚朋友刚刚从家乡带来的。那奶糖的味道果然与莫斯科的奶糖不很一样。又过了不久，阿布没精打采地告诉我，他的朋友病了，回爱沙尼亚治病去了，“可能他再也不回来了。”“为什么？他不上学了？”我问。“爱沙尼亚正在要求独立，很可能以后就不再是苏联的了，而是另一个国家，要是那样，他就不愿意再来莫斯科读书了。”

好友的离去，引起了阿布的思乡。有那么几天，他魂不守舍，学习时尽发呆。我问他是不是也想回家了，他点点头。谈到家乡，他来了精神，讲起他的爸爸妈妈，家乡的一切，还有他的女孩儿。“你已经有女朋友了？”我很惊奇，觉得他还是个孩子。“早就有了，是我中学的同学，和我同岁，等着我明年毕业后回去举办婚礼呢。”阿布确实明年就毕业，但那时他也不过才21岁，“这么早就结婚？”“我们那儿的年轻人结婚都很早，不少人十五六岁就成家了，我就算是晚的了。”他告诉我，他的女友不但漂亮，人也非常好，只是很可怜，父母都早早就去世了，只剩她一个孤儿。她妈妈死时才49岁，心脏病。他们那儿很多人都患有心脏病，他父亲也有。阿布说这话时，神色忧郁。“那你就不想继续学习深造？读研究生什么的？或者毕业后留在莫斯科工作？东干人能考到莫斯科来读书的，大概不多，你们都是其中的佼佼者啊。”阿布毫不犹豫地说：“不想，我根本不喜欢莫斯科，不会留在这里工作。我只想赶快毕业回家乡去。不过，有机会我倒是很想去中国看看，或许，在中国读几年书。”我问他，在莫斯科读书的东干人有多少。他说总共二十几个，又告诉我：“我们在莫斯科有一个东干族同乡会，都是从家乡考入莫斯科各个大学的东干人，明天有一个聚会，你去吗？”我说：“如果欢迎，我当然很想去。”

第二天下午，我和阿布一起去参加东干族大学生同乡会的聚会。

聚会在某个东干大学生的宿舍里。我们到达时，两室的套间中，已经挤满了年轻人，他们三五成群聚在一起，互相交谈着，气氛热烈。这些分布在莫斯科各个学院的东干大学生，不定期地聚在一起，互相问候，打听家乡的情况，谈论国家政局和改革，也谈论自己的学业和毕业后的打算。看见我们进来，阿布介绍了我的来历，那些年轻人一下围拢过来，一时间我倒成了中心人物。像阿布和他的亲戚一样，他们对中国倍感兴趣，有问不完的问题。其间有抽烟者，不时走到楼道里抽上一支，再回到房间继续谈话。聚会两个小时左右，有人提议大家到红场合影留念，并邀请我一定与他们一起去。于是我们一干人马乘地铁去红场合影留念。

阿布心地善良，乐于助人。对中国来的留学生，他都视为老乡，有求必应。

我们的宿舍里除了一床一桌，一个破旧的墙柜之外，就是无数只到处乱爬的蟑螂。我们真想有一个电视机，不仅可以看新闻，对我们学习俄文也极有帮助。此外还想去租一个电冰箱，它对我们的生活也是太重要了，否则什么吃的东西都会爬上蟑螂。

阿布知道后，利用课余时间带我们找到出租冰箱和电视的店铺，帮我们租下来，又帮我们拉回来，安置好。后来来自南京的两个中国进修生也想租电视和冰箱，他又热情地陪他们去租，不巧那家店铺没有了电冰箱，阿布又多方打听，终于在另一家店铺找到，帮助他们租下来，搬到他们的房间里。

那时我们宿舍里蟑螂成堆，阿布帮助我们清理和消灭了几次，蟑螂大大减少了。还有一次，我想借一些图书，他带我跑到很远的莫斯科外文图书馆去办理借书证，借来了我需要的书。语言上阿布对我们的帮助更是家常便饭，凡是在这方面有需要的地方，比如需要去学院交涉什么事情，无论是谁，他都不厌其烦地伸出援手……阿布不知帮了我们多少忙，反正我们所有在这所学院学习的中国留学生，因为有了阿布，学习和生活上的好多困难和问题才得以顺利解决。我们由衷地感谢他，但他却觉得这是他应该做的，因为他身上也流着中国人的血，帮助来自中国的留学生，是他义不容辞的责任。

十月革命节那天我去了红场

转眼到了11月，莫斯科漫长的冬天开始了。窗外经常飘着雪花，洋洋洒洒，漫天飞舞。

对苏联人来说，国家局势如同阴暗的冬天，没有令人欣喜的消息。唯一的例外大概是煤矿工人的复工。持续了近4个月的罢工潮，在11月初终于和政府达成协议，开工了，但是造成的经济损失巨大，无法弥补。

几天后将迎来伟大的十月革命节。一想到我们要在十月革命的故乡迎来这个纪念日，心里十分激动。

节日那天是个寒冷阴霾的日子。红场像往年一样，举行了阅兵式庆典，我们在宿舍值班室的黑白电视中观看了节日庆典。虽然没有亲眼看到阅兵式，但感觉还是不一样，红场毕竟离我们很近。阅兵式上戈尔巴乔夫慷慨激昂的讲话，苏联军队步伐矫健雄伟整齐的队伍，气氛隆重而庄严，只是在人们的脸上，似乎有着某种不安。70年僵硬的体制和思想，被突如其来的改革打破了，在民主和公开的口号下，各种思潮纷纷涌现，人们的思想难免混乱。

庆典活动结束后，下午红场就开放了。十月革命对我国和世界历史产生了多么重大的影响，今年的十月革命节，我居然是在产生这个震动世界的事件

红场上的圣瓦西里教堂
（来源：俄罗斯网站ЯНДЕКС）

的故乡度过的！我感到很幸运。想到这里，我离开了冷清的宿舍，冒着寒冷，兴致勃勃地一个人跑到了红场。我要在十月革命的故乡，在红场，感受十月革命节这个伟大的日子。

这是我第二次去红场——在伟大的十月革命节这一天。

已经是下午两点了。地铁里人不多，偶尔见到有人手持鲜花，提示你那不是一个普通的日子。红场则很冷清，看不到几个游人，也许是天气寒冷的缘故，也许因为对已经纪念了70多年的十月革命，苏联人已经习以为常了，况且眼下还是一个大变动的时期，社会主义的苏联何去何从，人们似乎很迷茫。70年的路这么走过来的，还会照样走下去吗？

我站在刚举行完阅兵盛典的红场，回味着电视中看到的庄严宏伟的庆典场面，几个小时前就在这里进行，现在犹在眼前，但眼前的情景却格外冷清，没有丝毫的节日气氛。远处是孤零零的圣瓦西里大教堂，脚下是撒满碎雪的青砖，游人稀落，只有不时落在你脚下的鸽群。

这时克里姆林宫上的钟声敲响了，深沉悠远。在这一刻，列宁墓前的换岗仪式开始了。我向那里走去。

列宁墓前聚集了不多的人，他们在静静地等待。很冷，那些人可能像我一样，执意要看到节日的红场才会来到这里。片刻，只见三个年轻英俊的士兵，扛着枪，迈着阅兵式步伐，挥着手臂，从克里姆林宫大门里走出，向列宁墓走来。几分钟后，三名士兵已经走到列宁墓前，与另外三个守卫在那里的士兵敬礼，换岗。下岗的三名士兵，以同样的步伐走回克里姆林宫。这是一个小小的却很隆重的仪式，前后一刻钟左右，士兵们的动作潇洒整齐，刚劲有力。

节日的红场如此冷清，让我有点失望。但我对此行并不后悔。我毕竟在十月革命节这一天来到了红场，在刚刚举行完十月革命节庆典的地方逗留过；我看到了列宁墓前的换岗仪式，没有比在这个日子又一次瞻仰被誉为世界革命圣地的红场更有意义的了。

回家的路上我想，苏联正在进行改革，莫斯科处于改革潮流的中心，我们在改革的中心已经感觉到了它带来的震动。在改革开放、民主人道等时髦而富有吸引力的口号下，苏联人思想活跃，畅所欲言，民主开放得有点儿难以控制。改革的波涛使人们不知所措，整个国家从上到下都很混乱，不少人已经在担心改革将导致难以控制的局面，后来的事实证明，他们的担心并非没有道理。我的导师就是其中之一。

我的导师是莫斯科历史档案学院研究苏联民族问题的专家。十月革命节后的一天，我去学校与他见了面。库兹涅佐夫，50岁左右，目光敏锐而严肃。他谈到了眼下正在进行的改革，谈到人们混乱的思想，谈到有人趁改革之机另有所图，还特别谈到民族问题。苏联掩盖了多年的民族问题，一经放开，犹如滔滔洪水，大有决堤之势，很令人担心。目前已经有一些加盟共和国在闹独立了，而且会引起连锁反应，照此下去后果很难设想。说这些话时，他忧心忡忡，眼光变得暗淡了。

会说中文的小客人

1989年11月21日，小雪。

下午四五点钟，我们宿舍来了三位小客人——瓦洛佳、马克西姆、季玛，他们是莫斯科11中学的学生，学校有中文课，因此他们会说一点中文，很愿意和中国人会会话。莫斯科有两所中学设有中文课，11中是其中之一。三个男孩都在12岁左右，挺可爱，很懂事。他们一直用中文和我们对话，我们则尽量用俄文与他们交谈。临走时三个男孩约我们周六和他们一起去参观革命博物馆。

革命博物馆位于莫斯科最繁华的特维尔大街，是一座18世纪的建筑。十月革命前这里曾经是英国俱乐部，1917年3月这座古风犹存的建筑成为革命博物馆。馆内按年代划分为不同的展厅，展品主要反映了沙皇和苏联从19世纪中叶至1956年各个时期的历史。参观革命博物馆时，瓦洛佳和他的同伴边看边给我们讲述，还不时发表一些自己的看法。看到斯大林的照片和有关文物，他们认为斯大林不好，因为他杀了很多无辜的人。博物馆中专门有一个中苏友谊馆，那里陈列的都是中苏友好时期的图片和文字，有些画面已经发黄了。真没想到在莫斯科还保留着这些真实的历史记录。

离开博物馆时，有个胖胖的老太太，是馆里的工作人员，听季玛说我们是中国来的留学生，非常高兴，特意把她胸前的一枚纪念章摘下来送给我。“我们和中国曾经像兄弟一样友好，祝你们好运。”老太太一直把我们送到博物馆的大门口。

几天后，季玛又来了，他给我们送来几张票，是在儿童剧院上演的儿童剧《宝石戒指》。我们冒着严寒去观看了这场演出。

剧场很远，里面不大，坐满了孩子和他们的父母。上演的《宝石戒指》是一个神话故事。孩子们都看得津津有味，只可惜我们听不懂多少。

季玛是带着他的妹妹来的，小女孩金发碧眼，长长的眼睫毛，皮肤如凝脂般白嫩，可爱之极。看演出时，她始终坐在我的腿上，把小脸贴在我的脸上，问我："后天是我的生日，你来吗？"

苏联的孩子们可爱极了，个个都像小天使。

飞往伏龙芝市：我看到的东干人

时间一天天过去，转眼到了12月。阿布的表姐英娜夫妇要回家了。他们告诉我，欢迎我和他们同行，去他们家乡做客。莫斯科阴暗的冬天令人沉闷和压抑，于是我高兴地接受了他们的邀请。我很有兴趣和他们一起去伏龙芝，亲眼看看那里的几万东干族人是如何生活的，他们可是中国人的后代啊。

莫斯科飞到伏龙芝需要3个小时。我们一早就动身去莫斯科索口机场。这是我第一次在苏联坐飞机，机舱看上去挺陈旧。途中送了一次餐，米饭和鸡腿，饮料是西红柿汁。我随身带了一本阿布送我的关于东干人的书，读完那本小册子，飞机已经到了伏龙芝机场。当地时间是晚上9点钟，因为这里和莫斯科有4个小时的时差。

夜空很蓝，星星很亮。伏龙芝机场显得空旷，冷清。走下飞机，感觉一下从北方到了南方，天气温暖，空气湿润，出机口的道旁，地上居然还有青草。12月的伏龙芝，天气这么暖和，真没有想到，和冰封雪舞的莫斯科相比，判若两个世界。苏联真的好大啊。

英娜在机场碰到了熟人，有车，于是把我们顺路捎到了她家。伏龙芝市郊，在一座院落前，我们下了车。

屋子里很暖和，也很舒适。卧室和会客室都有铺地毯，桌上还摆着工艺品、收录机等。英娜说收录机是中国产的，她还有中国的音乐磁带呢。

英娜的妈妈是个慈祥的老人，会说简单的中文，陕北口音，听说我是从北京来的中国留学生，和阿布在一个学院学习，惊讶而高兴。她很快摆上了一桌丰盛的晚餐，像接待贵客一样招待我。饭后又为我专门收拾出一个房间，换上全新的被褥。我说您老不要太麻烦了，她说你可是北京来的客人，是我们的亲戚、老乡，再麻烦也高兴。当我躺在老人为我安顿的舒适的房间里，感到100多年前从中国来到这里的东干人，还和中国人一样热情好客。

明天英娜要带我去逛街，访问亲朋好友，去看东干报社，后天还要去拜访阿布的大伯苏三洛——东干研究所的所长。

★在莫斯科读书的东干族大学生

很累，这一天。躺在床上很快就入睡了。

第二天醒来，已是艳阳高照。我走到院中，四面张望。这是一个农家院落，院子不是特别大，但收拾得干净整齐。院子左面是车库，右面是一间挺大的厨房，几间正房是卧室和会客室，后面还有储藏室。东干人在这里的生活，似乎比国内一般农民的生活水平要高得多。这时英娜喊我去吃早饭。

早饭是青椒羊肉炒米饭，有一点辣，一盘生鱼片，吃饭用筷子，保留了中国人的习惯；饭后是红茶加蜂蜜和糖果——这已经是苏联人的习惯了。饭后英娜带我上街去了。

这里离市区并不很远，我们坐公交车一会儿就到了。伏龙芝市不大，街道干净整齐，闹市区还可以见到来往的行人，没有商亭的地方，则行人稀少。我们光顾了一个农贸市场，蔬菜、水果、各种肉类，基本都有，但品种比中国还是少得多，价格也比中国贵。英娜对我说，这里很多东西都是东干人提供的。东干人吃苦耐劳，善于蔬菜种植，“没有我们就没有这么繁华的农产品市场”。也因为如此，东干人在这里的生活水平普遍居中上等，很多人家都有小汽车，住房也很宽敞。

东干报社在一栋楼的一层，有三四间办公室，13个工作人员，都是东干人。一个女孩拿出她们的报纸让我看，16开大，4个版面，每周出刊2次，名为《十月的旗》。字母是俄文，按东干人的语言发音来拼写，我自然不懂。那女孩告诉我，虽然报纸不大，发行量也很小，但它却已经有30年的历史了。“报上都写了些什么？”我问。“主要是时事新闻和关于当地东干人的一些消息，还有诗歌什么的。”我让他们念一首诗给我听，那是一首迎接新年的诗歌，这次居然多少听懂了一点，因为诗中夹杂着陕北和甘肃一带的方言和土话。

那天下午，英娜的一个远房叔叔开着车来了。她的这个叔叔是全苏武术协会主席，很有名气，去过美国、日本等不少国家，当然也去过中国，明年1月初还要去北京。大师经常收留徒弟，都是一些爱好武术的苏联年轻人，从全国各地专程前来拜他为师学艺的。现在他身边还带着好几个弟子呢。

武术大师看上去就很有派头：又高又壮，肤色黝黑，性格豪爽。坐上武术大师漂亮的红色小汽车，一路驶去，不一会儿就到了他家，一栋挺大的房子。开门进屋，六七个漂亮的孩子一拥而上，个个皮肤雪白，大眼睛微微凹陷，他们口中喊着“爸爸，爸爸”向武术大师跑来，然后大方地看着我，问“你是谁呀？”孩子们个个聪明，可爱，活泼，一个接一个抢着说话，知道我是中国人后，又七嘴八舌地提了很多关于中国的问题。“他们知道中国？”我惊异地问大师。“当然，中国和我们有着不一般的关系，况且我们在那里还有很多亲戚，经常走动。”这时大师的夫人出来了，是个漂亮而富态的女人，很像维吾尔族人。我说你有这么多漂亮的孩子，真有福气，她的回答又让我吃了一惊：“大女儿出嫁了，不在家住，还有两个男孩儿在院里玩，另一个小不点……”这时一个走路不稳、流着鼻涕的小男孩走进来，委屈地喊着“爸爸”。“就是他，刚刚一岁半。”武术大师慈爱地抱起他，在他额头上亲了一下，说：“这是我们最小的儿子。”“那你们一共10个孩子？”我不太相信地问。夫人笑着说：“是的。”10个孩子，该有多热闹！后来听说，东干人家家都少则三四个，多则六七个孩子，称得上人丁兴旺。但10个孩子的家庭还是少数。

晚上住在大师家。大师要给我们弹吉他，他自己正在谱曲。在他谱曲的时候，我和他收留的5个弟子聊了起来。他的弟子中有3个金发俄罗斯人，其中一个是女孩，18岁，还有一个哥萨克人，一个乌兹别克人。这几个年轻弟子的最大愿望就是练好武功，做武术大师，然后周游世界。当然他们最想去的地方就是中国，特别是少林寺。那个女孩还说，为此她很想学习中文。他们问了许多有关中国武术的问题，可惜我对武术完全是门外汉，只略知一二。可我的回答还是让他们听得津津有味，毕竟我是来自武术的故乡。

大师的曲子谱好了。只见他抚琴拨弦，手指灵活，一曲有着浪漫气息的曲调就从他指尖泻出。真没想到，这个看上去彪壮魁梧的男人，还有着艺术细胞，会谱曲弹琴。

两天后，终于和阿布的大伯、吉尔吉斯共和国东干研究所所长苏三洛约好，第二天去拜访他。这是我此行最重要的一项内容。

苏三洛是个慈祥、热情的老人，多次到过中国，也定期去美国参加东干民族的学术研讨会。见面时他告诉我，马上又要去北京参加中国社科院民族研究所的一个会议。我抓紧时间，询问了他我事前准备好的有关东干族的一系列问题，特别是关于东干族语言的问题，并谈了我对这一问题的有关看法。我们特别探讨了东干族语言的现状，这种用字母拼写的陕甘方言，目前正处于严重萎缩和退化之中。主要原因是因为他们的祖先大都是文盲，在很长时间内东干语言没有任何文字作载体，大部分东干人都是体力劳动者，不需要特别复杂的语言，另外他们处于多民族地区，环境在一定程度上抑制了自己语言的发展，最后，东干语的祖宗在中国，两国长期隔绝，互不往来，也使东干语得不到丰富和发展。在这些方面，我们的看法是一致的。

英娜的妈妈非常好客，每天做好吃的款待她的客人，特别是小点心烤得非常可口。英娜还带着我拜访了她的很多朋友，有朝鲜族人，乌兹别克人，维族人，当然还有东干人。我看到她们之间关系非常友好，平等相处。在和她们的聊天中得知，这里人口稀少，劳力缺乏，工作很好找，所以外国人如果在这里连续住上两个月，愿意的话可以拿到苏联护照。英娜还请我去看了一场电影，同去的还有她的三个女伴，都是东干人，在伏龙芝工作。电影散场后我们去她的女伴家吃夜宵，完全是俄式饭菜，沙拉、红菜汤、生鱼片之类。她们住在一套三居室的公寓里，租来的，条件还不错，租金便宜得令人难以置信——一个月只需付15卢布。

两周后，我买了回莫斯科的火车票，告别了热情好客的东干人。在火车上的三天三夜，我的脑海中不时回想起和他们一起度过的短暂时光。东干人的热情好客、淳朴勤劳，都给我留下了深刻的印象。十几天的时间很短暂，但我看到了这个由中国人演化的民族在苏联的生活。从2000人到现在的8万人，东干人已经在这里扎下了根。我祝愿他们生活得更美好。

新年伊始：20万人集会

回到莫斯科已是新年在即。莫斯科铅灰色的天空，与伏龙芝灿烂的阳光形成鲜明的对照，令人郁闷。政局更加动荡，经济越发萧条，但街头依然显示出了节日的气氛。高大的圣诞树挂满了五颜六色的圣诞饰物和闪烁的彩灯，漂亮得很。到处是人们匆忙的身影，他们在忙着为新年采购。1989年，苏联的经济状况已经很糟糕，市场虽有所反映，但暂时还不那么明显，日常用品在商店里还买得到，但一些紧俏商品已经很难买到了，像洗衣机、吸尘器、好酒好烟、高级糖果，只要商店有售，马上就会排起长龙。因此苏联人已经知道，只要商店里有长队排，肯定是在卖紧俏货，所以很多人见队就排，根本不问排队买什么。牛仔服在当时是莫斯科很时髦的商品，在商店里根本见不到，我们带去的穿旧的牛仔裤，拿到寄卖店很快就会卖出去。一些头脑灵活的中国留学生，已经发现了赚钱的机会，开始在倒货了，他们从中国运来成箱的糖果和几十条牛仔裤，然后交给当地的商贩，或者直接拿到寄卖店，很快可以出手，一般可以翻3—4倍。

1989年的除夕之夜，我们20多名中国留学生聚集在一起，在异国他乡迎来了新的一年。苏联人则以焦虑不安的心情走进了他们改革的第六个年头。

那天夜里，留给我印象最深的，除了克里姆林宫悠扬深远的新年钟声外，就是电视中戈尔巴乔夫表情严肃的新年贺词。他脸上没有一丝笑容，讲话也失去了往日的慷慨激昂，通篇贺词语调低沉，给人异常沉重的感觉。人们对此不难理解。苏联这一年很不轻松，各种问题层出不穷，经济危机已无需任何语言描述，每一个生活在莫斯科的人都深切地感受着；政治危机不断加剧，苏共党内派系剧增，斗争激烈；社会犯罪日益猖獗，这一年的犯罪案件多达100万起，是20年来最高的，这如同雪上加霜，使整个社会更加动荡不安；而愈演愈烈的民族矛盾和危机，也如同一团乌云笼罩着整个苏联。人们从总书记的脸上，更加感觉到了这一切。但总书记无论如何还得鼓励大家，他说："最困难的一年就要过去了。"但后来证明，局势的发展与他的预测相反，新的一年比过去的一年更加糟糕。除了经济状况继续恶化外，政治危机也使这个国家处于风雨飘摇之中。

1月中旬，许多报刊发表了叶利钦的一系列讲话。叶利钦在讲话中说："保守势力的反抗在日益加强"，党没有勇气开展"根本性的改革"，戈尔巴乔夫只是"改革的倡导者，而不是这台戏的主角"，并声称他们主张"采取更为激进、更为坚决果断的策略来推进改革"。还说"我们最大的不幸就是党的垄断"，"我们对戈尔巴乔夫已经受够了"。他预言戈尔巴乔夫可能不久就会下台。

几天之后，即1月20—21日，来自苏联各地的激进改革派的175名代表在莫斯科开会，决定成立苏共党内"民主纲领派"组织，会议选出叶利钦和阿法纳西耶夫（正是我进修的历史档案学院院长、历史学家）等56人组成协调委员会。阿法纳西耶夫说，如果苏共中央不接受改革，他们将脱离苏共，另建新党。这番话绝不是危言耸听，仅仅半年多后，在苏共二十八大的最后一天，叶利钦和他的同伙果真宣布退党了。

我们则蜗居在宿舍里，熬过漫长的冬天。每天下午4点多天就黑了，直至第二天早上9点多，白天才姗姗到来。那仅有的几个小时的白天，还很少见到阳光，多是雪花飘飘，阴云漫布，灰色的天幕上有时可以看到一个淡白色的圆点，那就是太阳。长期没有阳光，人们很容易得忧郁症，因此听说苏联的忧郁症病人极多。

学院有短暂的冬假，不少苏联学生都回家了，阿布也回吉尔吉斯了。不久，春节到了。莫斯科没有任何节日气氛，我们留学生自己聚了一下，算是过了节。苏联妇联却为我们组织了一些活动。大年初三那天，我们乘车来到莫斯科郊区的一个休养所，参加苏联妇联为我们这批交换留学生组织的一个研讨会。休养所一座座独立的红楼，位于皑皑白雪的林中，周围很静谧，空气极清新。研讨会的头两天，我们听取了苏联有关人士的讲座：苏联妇女问题，青年问题和当前的高校改革问题。大部分人听得一头雾水，似懂非懂，还是语言问题。第三天参观了莫斯科市的一家服装厂；最后一天请我们参观了列宁墓。每个人发了纪念品：一条带图案的天蓝色化纤方巾。

2月4日，在研讨会结束不久，也就是苏共中央全会召开前夕，激进派组织20万人在莫斯科集会示威给中央全会施加压力，要求把多党制写进宪法，并要求利加乔夫辞职。叶利钦和阿法纳西耶夫在集会上慷慨发言，呼吁左派力量联合起来。我在电视里看到了那个场面，成千上万的人聚集在离红场不远的马涅什广场，声势浩大，情绪激昂，集会者高举标语，口号声响彻天空。我觉得脚下的大地都在颤动。苏联就像处在一场飓风之中。

紧接着，2月5—7日召开了中央全会。这次全会是苏共二十八大的预备性会议。会上三方的斗争更为激烈……

看着这一切，谁都不知道，这个国家，这艘巨轮将驶往何处？

1990年

在导师家做客：第一次走进苏联人家里

2月底，导师请我和另一位同事到他家做客。这是我留学以来第一次踏进苏联人的家里。

导师和他的夫人及岳母一起生活。住在两居室的公寓中，不很宽敞，但收拾得井井有条。室内铺着地毯，卧室的墙上也挂有毛毯。客厅里有一排书架，书的前面摆着各种漂亮的苏联工艺品。我随口夸赞了那只米黄色石头雕刻的小鸟“真漂亮”，没想到导师夫人马上取下来说：“那就送给你吧。”

我们在书架前的一张方桌上就餐。吃的是一种小摊饼，月面粉和鸡蛋和成面糊，在平底锅上用油摊出的小薄饼。略呈黄色，很松软，抹上酸牛奶和蜂蜜，很好吃。导师夫人——一位很有气质的俄罗斯中年女人——告诉我们，每年的这个季节苏联人都要吃这种名为“薄淋内”的摊饼，我觉得很有点像我们的春饼，只是吃法不同：他们的抹上酸奶油和蜂蜜，我们的则是卷上菜吃。

谈话自然离不开苏联的改革，这是他们国家的头等大事。导师对苏联改革的前景很是担忧，说已经有不少少数民族加盟共和国提出独立的要求，目前的局面已经很难控制。确实，去年（1989年）在纳—卡地区的亚美尼亚和阿塞拜疆之间已经发生了严重的民族纠纷，但那场冲突还不是民族分立问题。而今，民族分离和分立问题日益明显，波罗的海三国都已经明确提出要求民族独立，这是最令人担忧的。“再不采取有效措施，恐怕很难阻止他们脱离苏联了。”导师语气沉重地说。

导师的岳母是一位87岁的老人，身体健康，头脑清晰。她是一位老革命，在年轻时曾亲眼见到过列宁。她对当前否定列宁的思潮很不以为然。

★富丽堂皇的古姆商店（来源：俄罗斯网站ЯНДЕКС）

我看到的“小白桦商店”

3月中旬，国内来了一个规格很高的代表团，陪团的翻译是我同学的同学，小韩。他说英语，不懂俄文。我去看望他，在苏共中央组织部招待所。坐在苏共组织部讲究的会客室等小韩时，环顾四周，打量这个官方招待所，心中不免生出感触：这么高规格的代表团来访，足见两国关系发展很快。片刻小韩来到会客室见我。“下午能不能陪我们去买些东西？你会俄语，方便些。”小韩问我，我欣然同意了。

我以为不过是到莫斯科最大的百货商店“古姆”或其他商店看看，随便买些纪念品之类的东西，可小韩告诉我：“是苏共有关部门专门安排的一个内部商店，没见过吧？正好去开开眼，你也可以买些东西。”

下午，我带着好奇，和他们一起上了苏方派来的车。去哪儿？不知道。

不多时车便停在了红场右侧的“古姆”旁边。下了车面前便是那栋古朴典雅、气势宏伟的建筑。我对小韩身边的那些部长说：“这是莫斯科最大的百货商场，全名是国家中央百货商店，古姆是这几个词的缩写发音。”

“古姆”是一栋占地面积很大的建筑，高三层，横卧在红场东面，与克里姆林宫和列宁墓遥遥相对。这栋建筑最精妙之处在于，它的顶全部是玻璃结构，因此走在商店里感觉和在马路上一样，可以看到白云、蓝天、阳光。不久前我还来过这里，那天是三八妇女节，商店不对外开放，专门为多子女的母亲服务一天。我站在门口向里张望，人很少，那些妈妈一定很惬意，在商品如此匮乏的今天，她们却有幸在国家百货商场悠闲自在地自由选购需要的东西！苏联一直在鼓励妇女多生多育，对多子女妈妈和家庭有很多优惠政策，那天的特殊照顾也算其中之一吧。

陪同的苏联人招呼我们进了商店，但不是从商店的大门进去，而是把我们从一个侧门领进了商店。哇！原来是店中有店。别说我，我想一般苏联人恐怕也没有几个可以进到这里，也许根本不知道“古姆”里还有这样的特殊小店。我一下想起了“小白桦”商店，这是苏联政府专门为高层官僚设立的特供商店，里面的东西比市场丰富，质量高，价格便宜。我们现在要看到的大概是最高规格的“小白桦”了。

“古姆”里的“小白桦”不很大，不卖食品，柜台里摆的主要是金银琥珀水晶等首饰，以及有苏联特色的商品，诸如望远镜、照相机、油画、毛围巾等，质量上乘，价格适中。我帮助有幸来到这里的中共高层人士询问了有关商品的情况，挑选了一些东西，然后自己也借光选了两样喜欢的东西：一串造型独特的琥珀项链，一个白色的小望远镜。这两样东西我在莫斯科市面上都未见到过。看样子“小白桦”确实名不虚传。

不寻常的五一节：叶利钦和尼古拉二世

莫斯科的天气渐渐变暖，冰雪开始消融，马路上堆积了一个冬天的黑雪，逐渐融化为浑浊的泥水，肆意横流，漫延在马路上，使路人的行走变得很困难。

1990年3月15日，戈尔巴乔夫当选为苏联第一任总统，他在就职演说中说，总统“不是某种独立阶层和政治派别的代表，而是全体人民的代理人”。3月还有一件令我们震惊的事情：苏联修改了宪法，取消了苏联共产党的法定领导地位。戈尔巴乔夫的政治改革如此彻底到位，会带来什么后果？

★1990年2月马涅什广场声势浩大的支持叶利钦集会（来源：俄罗斯网站ЯНДЕКС）

5月来了。这是莫斯科最好的季节，天气温暖，万物复苏，阳光下的莫斯科，一切都显得生机勃勃。但俄罗斯的政局并没有随着天气的好转而向好的方面转变，相反，整个局势变得更加动荡……

5月也是苏联休假日最多的一个月，劳动节，胜利节，因此5月1日至10日，几乎天天都是节日。但今年的五一节与往年又有所不同，除了在红场举行了照例的群众游行外，以叶利钦为首的反对派还举行了3万人的集会游行，他们呼喊的口号是“打倒列宁”、“打倒戈尔巴乔夫”等，同时手中举着尼古拉二世和叶利钦的照片。

这些口号让我们吃惊，苏联真的要回到从前？把叶利钦和尼古拉二世相提并论，是不是有点离谱了？苏联人是怎么了？几年后回想起来，才觉得那些人真有先见之明，叶利钦和末代皇帝尼古拉二世，还真有点不解之缘。1998年，叶利钦任总统期间，为末代沙皇尼古拉及全家举行了隆重的重新安葬仪式。

玛丽娅：我们都退党了

来到莫斯科已经8个月了。但对苏联的了解，特别是对苏联人的了解，还像是雾里看花，那么模糊。我只是在电视上看到了莫斯科发生的一些事情，从报刊上读到一些关于改革的信息（很有限，因为当时俄文不过关）；此外我没有苏联朋友，无法深入到他们中间，看不到他们的日常生活，更不知道他们在想什么。我站在宿舍房间的窗前，看街对面的楼房，就像在看另一个世界。我很想找个苏联朋友，不是大学生，而是莫斯科的普通居民，最好是一个中年妇女，这样比较好交往，我可以到她家中做客，和她聊时局和家常。可我怎么能认识这样的人呢？我终于找到了机会。

那一天，我在邮局订《真理报》，填写订单时，有几项不很明白，我身后的一个中年妇女热心地给我解释，帮我填写。她看上去性格开朗，善良而有教养。我打定主意和她认识。订完报纸，我就站在邮局门口等她出来。

大概十分钟的样子，她办完事出来了，我大胆地迎上去，她看见我也停下脚步，我对她说：“真谢谢您帮助我。很想和您认识，如果您不反对。”她笑了笑，随即伸出手说：“玛丽娅，很高兴和您认识。”“我是中国来的留学生，就在那边住。”我指了指马路对面的那栋灰色高楼，她点点头，说知道，那是莫斯科历史档案学院的宿舍。“我很想多和苏联人交谈，练练我的俄语，但没有机会。”我笑了笑，看着她的眼睛说，“可不可以请您上我那里做客？喝杯茶，聊聊天？”她爽快地说：“好啊，明天傍晚如何？”我一听太高兴了，“非常感谢您，说好了，我们明天见。”

第二天傍晚，她果然如约而至。我为她沏了中国茶，又拿出中国糖果来。

她打量着我的宿舍，问我：“你见过你们学院的院长阿法纳西耶夫吗？”“我只听说过他，没见过。”“他可是现在的风云人物，改革激进派。”是的，我也听说了，这是个当今很红的人物，叶利钦的左膀右臂，别说我们留学生，就是学校的老师见他也难。他在忙改革的大事。

我们坐了一会儿，玛丽娅建议出去散步。于是我们一起走到外面，走进离宿舍不远的一片森林。

5月的莫斯科，白天已经很长了。林中空气清凉，随处可见三三两两的散步者，或牵着狗，或和几个朋友。

玛丽娅是某大学的教师，五十多岁，她和我边走边聊，谈起中国颇有感情：“50年代，我还是个大学生，那时候中苏两国情同兄弟，歌唱两国友谊的那些歌我如今还会唱，中国的毛巾、暖水瓶我都用过，质量真好……后来两国就断绝关系了，一晃就是30年……现在好了，两国又开始交往。听说那里的改革很成功，人民生活很好，物美价廉，不像我们这里，政局混乱，商品匮乏，真不知将来会如何。”

“那么说你对改革没有信心？”

“岂止是我？绝大多数人对我们的改革已经失去了信心。你知道吗？大批的党员在退党，包括我和我的丈夫，苏共已经不是以前的苏共了，它的地位现在岌岌可危。”

我已听说有大批苏联党员退党，没想到眼前的玛丽娅就是其中一位。

“为什么要退党？”我问。

“我有20年党龄，现在回头一看，觉得自己很可笑。我相信了一个神话，但如今神话已经破灭，于是我就走出来了。就这么简单。阿列克也是。”阿列克是她的丈夫。

“那么你相信什么？”

“我也不知道。我在寻找。很多人都重新走进了教堂。也有些人觉得无党无派最好。宪法已经取消了苏共法定执政党的地位，要实行多党制了，今天的执政党不一定是明天的当权者，入党还有什么好处呢？人们是很实际的。”

天色渐暗。我们走出树林子，在路口道别。

基辅：奥斯特洛夫斯基博物馆

这一年的5月初，我和小张——社科院宗教所来进修的——来到了乌克兰首都基辅。

下了火车直接去某大学找老曹。老曹是搞宗教研究的，也是国内派来的进修生。他的宿舍在一个小山包上，一个不宽的高木梯通向那里。我们一级一级爬上木梯，气喘吁吁地敲开了他的房门。一个个头不高，衣服皱巴巴的男人走出来，50岁左右，他就是老曹，是小张的同事。

“你们可来了，太好了！”他看见我们说，然后把我们让进房间。

我们走进他的房间。吓了一跳：这哪里是宿舍？简直就像一个仓库。一张床，很凌乱，床前的地上堆满了木料（准确地说是木版、画布、颜料等），另一面是个地铺，那是老曹的床铺，靠地铺的那面墙也就归他，墙上已挂满各种有关宗教的艺术品。“我的室友是搞艺术的。”他笑着解释。屋内灯光暗淡，闷热，老张顺手开了一盏台灯，灯泡度数太大，很刺眼。我看着心想：这里的条件，比我们在莫斯科的还要差。

“我从30日就开始等你们，买够了吃的，不敢出门；每次出门五分钟以上，我必写纸条贴在门上，怕你们来了找不到我，”他说着，拿出一把纸条给我们看，这人认真到如此刻板，把我们都逗乐了。

“我们这里住处实在难找，你们只能一人在这儿住，那边的房间里有张空床，已经说好了；另一人去基辅国立大学，马上就得去。”于是我急急吞下一杯水，就与他出了门，沿木梯拾级而下。

老曹很健谈，一路滔滔不绝。讲他刚来学院时的情景，使我忍俊不禁。“也是住处问题，我来后没地方安置，两个老太太——都是学院管理人员，吵了起来，吵得很厉害，不可开交，我在一旁不好插嘴，静静地坐着，听着。半小时过去了，她们还在吵，于是我抓出一把巧克力——国内带来的，用俄语对她们说：‘你们吵累了吧？先尝尝中国的巧克力。’两个老太太闻言大吃一惊，同时对我说：‘你会说俄语？’我说：‘当然，不然我来苏联干什么？我一直在听你们说话。’两个管理员面面相觑，抓起巧克力吃了起来，不再吵了。后来就把我分到了现在的住处。”“你的住处太差了，原以为我们的很差，没想到你的比我们还差。”

基辅留给我印象最深的是第聂伯河，那条宽阔的河流，奔腾着黑色的波浪，像金属般厚重，川流不息。

《钢铁是怎样炼成的》一书的作者奥斯特洛夫斯基的博物馆就在基辅郊区。保尔·柯察金关于生命意义的名言，一直是我们那一代人的座右铭。我们怀着崇敬的心情前往参观。

那是个好天气。坐落在森林边上的博物馆不大，里面的文物展示了奥斯特洛夫斯基的一生。博物馆里刚好有一群小学生在参观，我们跟着他们，听丰满的女讲解员讲解。附近的林中还保留着在《钢铁是怎样炼成的》一书中描写修铁路的一段铁轨。从博物馆出来，我们沿着树林走去，在一大片灿烂的金色蒲公英中，找到了那段铁轨，铁轨上还有一节装满木材的小火车，旁边立着一个

★《钢铁是怎样炼成的》一书中描写的小铁路（来源：俄罗斯网站ЯНДЕКС）

塑像。林中静静的，只有我和小张，眼前的一切是那么生动、真实，令人回想起小说描写的情景，生出无限感慨。书中描写的那种艰苦奋斗的献身精神，眼下的苏联似乎已经不再需要。苏联人对这本书和这个人的看法已经完全变了。我亲耳听到我进修的学院的一位女老师说，她不喜欢那本书，医为那不过是一本为政治服务的宣传册，而非真正的文艺作品。

乌克兰的自然博物馆也令人流连忘返。这个博物馆位于基铺市郊一个山坡上，面积很大，博物馆并非人工建造，它只是保留了乌克兰的一个原始村落，“自然”二字由此而来。原野上低矮的稻草房，树枝围成的篱笆，简朴的木结构小教堂，立在开阔的原野上的一个个大风车，天然质朴，别有风韵。

这就是乌克兰，美丽而富饶。

列宁格勒看“白夜”

列宁格勒的“白夜”是闻名世界的自然景观。我们早就向往一睹白夜的神奇，于是特意在6月中旬去了列宁格勒。6月22日前后的一周，在那里都可以看到奇妙的“白夜”。

15日那天夜里，我们守候着白夜，凌晨3点以后才睡觉。

凌晨1点钟时，天还很亮；街头的长椅上有人在读书看报，还有不少年轻人在马路上散步，嬉戏；每年的白夜，他们都彻夜不眠，当作白天度过。夜里2点，天稍微有些发暗，就像阴天，而后，天空一点一点变灰，变亮，及至3点

★列宁格勒白夜，午夜2点（来源：俄罗斯网站ЯНДЕКС）

钟，天已完全大亮了。太阳冉冉升起，放射出万道金光。

看过白夜，我们放心睡去，在充满耀眼的阳光的房间里。

冬宫、叶卡捷琳娜宫、圣彼得堡、伊萨大教堂、郊区的皇村（普希金曾在此就学）……我们在列宁格勒游览这些名胜古迹，流连忘返。所到之处的富丽堂皇和恢弘气势使我们赞叹不已。自然，我们也没有忘记参观“阿芙乐尔”巡洋舰，当年那一声炮响，敲响了十月革命的钟声。

在列宁格勒最繁华的涅瓦大街上，我久久欣赏着桥头立着的4组铜马塑像，那是我见过的最生动形象的雕塑。四组雕塑中，马的造型各异，姿态生动，个个剽悍，强壮，昂着的头，腾飞的蹄，飘动的鬃，仿佛可以听到它在嘶鸣，在跃动。雕塑家高超的手艺似乎赋予了它们活的灵魂。

返回莫斯科的火车在夜里11点发车。我们坐在车厢里时，太阳还高高地挂在西天，就像下午四五点钟。我们又体验了一次列宁格勒的白夜。

列宁格勒是一座美丽的城市，是波罗的海的一颗明珠。在这里看白夜，观古迹，我们似乎忘记了苏联不景气的经济和不知走向哪里的改革。但现实毕竟是现实，当我们参观完冬宫，在晚间饥肠辘辘和疲惫不堪时，却找不到一个吃饭的地方，甚至找不到一个卖面包的小铺子！记得那天晚上我们满街转悠，却找不到填饱肚子的地方——所有的饭店和商铺都关门了，街上很是萧条，而这还是在观看白夜的旅游旺季。

动荡的东欧，洒满阳光的西欧

我带着极大的兴趣出游了东西欧。因为东欧和苏联一样，正在发生剧变，那里的共产党和工人党在短短的时间内纷纷丧失政权，社会制度发生根本性变化。而资本主义的西欧究竟如何，也有必要亲眼看一看，尽管不可能深入了解，但即使走马观花，也会留下一些感性的东西。

4月底，我和一个同伴登上了开往布达佩斯的火车。这是我们出游东欧和西欧的第一站。

布达佩斯被誉为东欧的“小巴黎”，因为在整个欧洲，它是除巴黎外公认的第二个最美丽的城市。

那座城市确实很美，皇宫富丽堂皇，渔人堡典雅气派，多瑙河像一条蓝色的丝带，穿城而过。站在皇宫的高台上，布达佩斯尽收眼底。街道干净整洁，商品虽然不便宜，但琳琅满目，应有尽有，与莫斯科完全两样。

匈牙利社会主义工人党在1989年2月就宣布放弃执政党地位，实行多党制。在今年（1990年）春天的大选中，以民主论坛为首的反对党联盟获胜组阁，社会党和社会主义工人党都成为在野党。经济上该国目前处于过渡时期。

我们还乘火车去游览了离布达佩斯不远的巴拉顿湖，那是世界有名的度假地，据说有裸体浴场，每年夏季游人络绎不绝。

火车沿途是各式各样色彩各异的房屋，美丽洁净的庭院，院中鲜花绽放，赏心悦目。下了火车，穿过一座座漂亮的别墅，巴拉顿湖渐渐呈现在眼前：一大片淡蓝色的水，在阳光下微波荡漾，闪闪泛光。远处天水相接，白帆点点，近处游人云集，水中浮着野鸟和天鹅，景色美不胜收。但没有看到裸体浴场，据说七八月份才有。

从布达佩斯到布拉格很便捷。那个城市同样很美，沿街的建筑有着各种人体雕塑，在明媚的阳光下，令人目不暇接。多瑙河也从这里缓缓流过，沿岸欧式风格的建筑倒映水中，景色美轮美奂，似乎只有在童话中才有。我们参观了布拉格博物馆、总统府，还走进一个尖顶教堂，坐在里面看布拉格人做祈祷。然后我们悠闲地踱步街头，欣赏异国风光。这里的建筑和布达佩斯一样，多是尖顶哥特式的，与莫斯科的风格不一样。

美丽的风光并没有使我们忘记这个国家正在发生的剧变。捷克联邦议会已于去年（1989年）底修改宪法，取消了共产党在国家中的领导作用，并选举反对派著名领袖哈维尔出任国家总统。目前正酝酿议会大选，由十几个反对派组织去年底才联合成立的公民论坛很有可能获胜组阁，共产党的地位已出现危机。

回到莫斯科不久，大约是6月，我和小张即开始办理赴西欧的签证手续——瑞士的签证和西德的过境签证，而顺路要去的波兰和东德，当时并不需要签证。6月底，办完了一切手续，买好了车票，我们终于踏上了开往柏林的火车。

那天晚上10时，我们从白俄罗斯火车站上车。这次的目的地是瑞士的牛沙岱尔和伯尔尼，我的中学同学小燕在瑞士留学后，就定居在牛沙岱尔，她为我们办好了邀请。去瑞士中途要在西柏林换乘车。返程回来时我们还要在东、西柏林和华沙逗留几天。

车上的乘客有去柏林的，但大多是在苏联境内下车。火车行驶了几小时后，有一个60多岁的老太太来到我们的包厢，问我们是不是中国人。我们答“是”后，她就坐下来和我们闲聊，问我们有没有蜂王浆，说着拿出一小瓶蜂王浆给我们看，我们很惊讶苏联人还知道中国的蜂王浆！她说她非常需要这种药，是给老伴治病的，她从一个莫斯科人手里买了五小瓶，每天喝一点，现在只剩最后一瓶了，她还需要再买几瓶。我们问她多少钱一小瓶买的，她说“5美元”，5美元！一盒十小瓶，就是50美元，在中国能买多少盒？！可怜的苏联人，花这么贵的钱，才买到一小瓶蜂王浆；可恶的苏联人，如此欺骗自己的同胞赚取暴利！

在柏林换上了开往瑞士的火车，是德国车。车内干净，漂亮，宽敞，只有三分之一的乘客，其余座位都空着。窗外一一闪过绿草如茵的原野，风姿绰约的灌木，苍茫的远山。到站的时候没有人上车，也没人告诉你该下车了，你自己打开车门下去就是，以致我们差点儿坐过了站。

瑞士的牛沙岱尔位于同名的牛沙岱尔湖边，风光旖旎，空气清新，是个只有3万人口的小城。小燕和她的丈夫事业有成，收入不菲，在富人区租住一套优雅宽敞的公寓，每月租金2000瑞士法郎。她们夫妇俩开车带我们在城里城外观光，那一方净土一尘不染，仿佛不属于尘世。在幽静整洁的街巷中，家家庭院前精心栽种的花卉在阳光下争芳斗艳，美得令人窒息。离小燕住处不远的牛沙岱尔湖，湖水清澈见底，白天鹅扬着漂亮的脖子，悠闲地游弋在水中。夏天人们可以随时去湖中游泳，住在附近的人，都在家中穿好泳衣，穿过马路，直接走到湖里。我们去游了一次泳，也是这么做的，在家穿好泳衣，披一条毛巾，穿过马路，走到湖边，很爽！没有人大惊小怪，一切都很自然。人们在湖中游累了，就躺在湖边的青草地上晒太阳，那份惬意和闲适，使你觉得他们真是世界上最悠闲的人。

小城街头永远是那么清静，商店里人也不多，但商品丰富，物价稳定。小燕买了世界闻名的瑞士巧克力请我们品尝，含在嘴里就化，一股浓浓的地道的巧克力味。人们穿戴得体，彬彬有礼，生活富足，无忧无虑。当地汽车拥有率为人均1.5辆。最让人羡慕的是那些儿童。小燕9岁的女儿正在上小学，我们一起去看了她们学校的一次演出，那些天真烂漫的孩子，一张张充满阳光的笑脸，真像活在天堂里。瑞士的小学校就像游乐园，没有任何考试和要求进步的压力，小学的几年就是边玩边学；上初中时只有一份学业考核单，孩子们因此能够自由地成长，身心自然也会很健康。看着那些孩子，想起我12岁的儿子此

★作者在正在拆毁的柏林墙边，1990年7月

时正在北京为考初中拼命苦读，压力之大可以想见。相比之下，由衷地感叹瑞士的孩子们真是太幸福了！

其实整个瑞士都是这样，悠闲，安静，美丽。但也在这里，我们看到了美丽的另一面。

一天下午，在首都伯尔尼，街头三两个骨瘦如柴、面色苍白的年轻人引起了我们的注意，他们站在路边无所事事，路人则投去厌恶的目光。他们走开后，地上有遗弃的针管。原来，这是几个吸毒者，他们的生命依赖着可卡因。在这美如天堂的地方，竟然看到了这样一幕，我们很震惊！这是我第一次看到吸毒者，看到那些针管。瑞士的美好印象依然深刻地留在脑中，但最后看到的这一幕，使我对这个国家有了一种立体的感觉：任何国家，任何地方，都有自己的问题，都有阴暗面。天堂也不会是十全十美的。

几天后我们来到了柏林。

东德在苏联改革开放的影响下，已经发生了很大的变化。1989年在大规模的反政府示威下，执政18年之久的昂纳克被迫辞职，不久，人民议院修改宪法，删除了民主德国接受“工人阶级及其马列主义政党领导”的内容。民主德国议会在今年（1990年）3月进行了多党制选举，由基督教民主同盟、德国社会联盟和民主觉醒组成的“德国联盟”在大选中获胜，随后组成以基督教民主同盟主席梅齐埃为总理的联合政府，民主社会主义党丧失了执政地位。民主德国新政府成立后，正在与西德积极谈判统一。那堵立在东西柏林之间的资本主义和社会主义分界线和标记的著名高墙，正在拆除当中。我们特意赶去观看，这也算是当今世界上的一件大事，不可错过。

按照路人的指点，乘上开往柏林墙的汽车。下车走不远，就看到了柏林墙。那堵布满了花花绿绿涂鸦的钢筋水泥物，已是残垣断壁，工人们还在挥着锤头，拆除剩余的部分。在工人的铁锤下，墙体正在变为无数个碎片。

东柏林给我们的印象是破败的，所有的建筑物都是灰蒙蒙的，异常陈旧，毫无生气。走在街上，不时有脸色肮脏、穿戴不整的少年乞丐拦住我们，伸出脏兮兮的手向你要钱。

而一墙之隔的西柏林，则是另一番景象：繁华，干净，漂亮，富有。人们穿戴整洁，礼貌殷勤。我们下火车后，用生硬的英文问路，想不到一对头发花白的德国夫妇，一直送我们到要去的地方，令人感动不已。社会主义的东德和资本主义的西德，相隔咫尺，竟有如此大的差距，似乎回答了社会主义国家为什么都在纷纷寻求改革的原因。

7月5日，我们在华沙下了火车，用火车站的公用电话拨通了茂斯戴克的电话。他是我们在去瑞士的火车上结识的一个波兰年轻人，会说俄语，热情友好。我们说回莫斯科时会在华沙游览几天，他特意留下自己的电话，让我们到华沙一定给他打电话。电话很顺利地打通了，不多时他就来到车站接我们，并欢迎我们到他家住下。

茂斯戴克的妻子是医生，妈妈以前也是大夫，很慈祥，是波兰的老共产党员。白天茂斯戴克带我们游览华沙，晚上和他们全家人坐在一起，兴致勃勃地谈论波兰的政局和改革，他们也询问中国的情况。波兰其实是发生变革最早的东欧社会主义国家，政治反对派“团结工会”早在1980年9月就成立了，公开提出要改变现行社会制度，建立“政治多元化”的“自治共和国”。几经波折，在1989年春，波兰统一工人党在政治和经济的困境下，与包括团结工会在内的其他党派团体举行会谈，达成了承认团结工会为合法组织、改行总统制、增设参议院和实行议会民主等协议，并通过了实行政治多元化的决议；随后在6月的议会大选中，团结工会获胜，成立了新政府。波兰时下正在出售国有资产，实行私有化，推行市场经济改革。原执政党统一工人党已改名为社会党，他的母亲也就成为社会党党员。但茂斯戴克的母亲是改革的坚定拥护者，认为现在比过去好。“我们的国家现在正向民主社会主义演变。”她这样对我们说。

华沙的古城和它的社会变革一样，给我们留下了深刻的印象，红色的城墙和尖顶城堡，古朴典雅中透露出一份热烈。

7月7日我们结束了此行，带着那些新鲜的见闻和一路的风尘，于8日中午回到莫斯科。

屈指算了一下，这次出游瑞士、德国和波兰，半个月左右，花钱之少令人难以置信：每人总共花费20多美元！住宿基本没花钱，一路有朋友和熟人接待；吃的我们随身带了一些，也省了不少钱；车票很优惠，因为我们办了学联证；加上卢布与美元的官方比价很高。总之，这次出游太值了！

东西欧之行后，莫斯科在我们眼里显得更乱，更脏，也更穷了。

苏共二十八大：最后一届党代会

莫斯科正在召开苏共二十八次党代表大会。它是所有苏联人关注的焦点。国家的命运，改革的前程，很大程度上都取决于这次会议的成果。但它的结果却让人很失望。

★戈尔巴乔夫二十八大上讲话
（来源：俄罗斯网站ЯНДЕКС）

会议在7月2日开幕。回想那一天，我们正在瑞士的牛沙岱尔欣赏美景。而眼下，二十八大正处于最为紧张的阶段，据说党内各派在会上交锋极为激烈，甚至达到白热化程度。

这里有必要介绍一下当时苏共党内的派别。简单说吧，主要有左中右三派，或者也可以称之为“激进派”、“传统派”和“中间派”。左派即“民主纲领派”，以叶利钦为代表，他们的激进主张在二十八大上更为鲜明地提了出来。叶利钦在发言中再次提出，共产党必须进行革新才能在急剧变革的社会中成为主导党，主张苏共应允许“各种纲领派别在组织上并存”，同意苏共改名为“民主社会主义党”，建议通过一个革新的苏共宣言，然后召开一次新的代表大会等；传统派即“马克思主义纲领派”及其他有共同观点的组织，代表人物是利加乔夫，他们的主张是“赞成恢复经典的马克思主义”，提出“政治体制改革不是取消党本身”，而是改革“现行模式”，“社会主义政治体制并不一定导致多党制”，而是要求“真正的人民政权”，主要经济部门“完全属于全民所有制”；中间派则处于两者之间，采取调和中立的立场，试图将双方拉在一起，为的是避免苏共分裂，他们的代表人物不必说，就是戈尔巴乔夫。

二十八大自始至终是在激烈的唇枪舌剑中进行的。叶利钦的上述意见没有被通过。戈尔巴乔夫再次当选为苏共中央总书记——这是苏共历史上第一次由党代表大会而不是由中央全会选举总书记。会议通过了苏共二十八大的《纲领性声明》，《声明》规定，苏联共产党将致力于“人道的、民主的社会主义”。在选举中央副总书记时，利加乔夫落选了。

“激进派”和“传统派”各有得失。中间派戈尔巴乔夫暂时还能维持局面。而代表大会最富戏剧性的高潮，乃是大会闭幕前一天叶利钦的表演，他再次令世人对他刮目相看：叶利钦出乎意料地宣布退党，引起轰动。他的理由是，他已当选为俄罗斯联邦最高苏维埃主席，考虑到社会正向多党制过渡，他不可能“只执行苏共的决定”。在叶利钦的带动下，另有“民主纲领派”20余人也在会上宣布脱离苏共，扬言准备成立“独立的民主的议会党”。苏共已有大批党员退了党，叶利钦的退党直接加剧了这一势头，一直到1991年，退党已形成不可逆转的潮流，越来越猛，据统计1990年就有150万人退党，这直接为一年多之后苏联的最后消亡起了推波助澜的作用。

7月13日晚，硝烟弥漫的二十八大宣告闭幕。戈尔巴乔夫做了简短的闭幕词，他说苏共二十八大将对苏联社会产生“重大和深远”的影响。那些想在这次代表大会上葬送党的人的打算落空了，苏共依然具有生命力并将继续生存下去……人们依然礼貌地为总书记的讲话阵阵鼓掌，但其实很多人都感到，苏联共产党的力量、威望、影响如江河日下，已经一天不如一天。它的前途和出路在哪里，这在所有人的心里都是一个大大的问号。

其实仅仅一年多之后，有着90多年历史的苏联共产党就消亡了。二十八大，应了之前社会上的传言，真的成了它的最后一届党代会。

面包没有了

二十八大结束了，像一场闹剧。苏联人没有从中看到多少希望，而收回目光回到自己的生活中时，发现他们的国家已经走到了经济危机的边缘。

学校正值假期，整栋宿舍大楼冷冷清清。同样冷清的地方是街头的食品店，因为那里除了最必需的食品——牛奶、面包、土豆、胡萝卜及盐糖等，几乎没有任何其他东西可卖。记得我走进一家小食品店，看见货架上空空如也，售货员无所事事，那感觉好像这里刚刚被抢劫过一样。更令人震惊的是，在8月，有三两天的时间，面包铺居然没有面包销售！

“面包会有的”，这是列宁当年的一句名言。但没有想到的是，在十月革命胜利70多年后的今天，莫斯科商店里居然没有面包，简直令人不可思议！经济危机已经到了何种地步，由此可窥一斑。

苏联的经济危机确实已经严重到几乎要崩溃的边缘。他们的报刊上天天都在惊呼。

商品严重匮乏，必然导致物价不断上涨。社会上关于价格改革的消息不时传来，这更加剧了人们的惶恐不安。玛丽娅和我见面时说：“我们把所有的钱都从银行取出来了，购买必需的和暂时不需要的东西，因为卢布在不断贬值，越来越不值钱，钱继续存在银行，要不了多久就会变为一堆废纸……所有的苏联人都在这样做。”

8月的一天，阿布带着他的女友来找我。他在6月已经顺利通过毕业考试，完成了学业。现在准备回家了。在回故乡之前，他约女友来到莫斯科，阿布要陪她在莫斯科好好玩几天，因为他知道，他不会再回到这里来了。那女孩身材苗条，面孔清秀，目光温柔。我们漫步在苏联国民经济展览中心，站在那个寓意着苏联各族人民团结友好的金色群雕像前，看晶莹的水花喷到空中，又在夏日的阳光下落入池里。水池中身着民族服装的金色塑像闪闪发光，寓意十分美好，现实却如此糟糕。民族大团结的国家面临着分崩离析。

我们在喷泉前合影留念。我的小老师阿布几天之后就要离开莫斯科。而再过两个月，我也将结束进修学习，回到祖国。阿布说只要有机会他一定会到中国去，那是他最大的心愿。我说，也许我们今后的某一天会在北京见面，那时候我会请你到我家做客。阿布说“一定”。

秋天早早降临了，莫斯科9月的风已经凉意袭人。伴随着冷风冷雨，“苏联将面临一个饥饿寒冷的冬天”的预言不胫而走，引起了人们更大的不安。改革进行了6年，苏联经济积重难返，陷入了绝境。

我的留学生活也将结束，大家都在忙着做回国的准备。中国留学生们将不想带回国的衣物都拿到莫斯科的寄售店寄售，居然都在很短的时间内就全部卖掉了，哪怕是已经穿了几年的旧衣物。莫斯科人挺可怜，买不到东西，不得不买这些旧衣物。

★阴云密布中的列宁塑像

整个9月，我在忙着写《今日苏联一瞥》和《苏联的东干族》两篇文章；9月下旬，我又约了苏联科学院国际经济研究所研究人员、俄罗斯联邦最高苏维埃委员会对外经济联系部主任茨普拉科夫采访，将《苏联外贸经济及中苏贸易发展前景——访茨普拉科夫·谢尔盖·谢尔盖耶维奇》一文基本完成（此文后来发表在《苏联东欧问题》1990年第6期）。采访之余，与茨普拉科夫谈起苏联的经济危机，他只说目前危机非常严重，直接影响着全国的政局，戈尔巴乔夫软弱无力，叶利钦咄咄逼人，国家前途莫测……

告别苏联

1990年10月3日，我告别了莫斯科，踏上了回国的旅途。

那一天正是东西德统一的日子。我想起了夏天看到的正在拆除中的柏林墙，那堵墙可能已经拆完了。

天气特别寒冷，空中飞舞着雪花，刺骨的寒风穿透了羽绒大衣。莫斯科的冬天来了。

玛丽娅和她的丈夫开车为我送行，没想到列车晚点，他们和我在风雪中足足站了两个小时。

火车终于启动了。

我在车上向他们挥手告别，看着他们的身影越来越远，越来越远，终于从视线中消失了。

莫斯科也向后退去，渐渐隐没在一片黑暗中。

火车犹如一条黑色铁龙，奔驰在夜幕中的苏联大地上。我想起初来莫斯科时的情景，那份激动早已消失殆尽，踏上归途的时候完全是另一番感受和心情。

这是一片广袤的大地，拥有世界上最丰富的资源，最美丽的森林；这片土地上发生过影响世界的历史事件，也曾是伟大的卫国战争的炮火硝烟之地……饱受沧桑的俄罗斯大地，生活在这块土地上的苏联人民，现在又在饱受磨难，过着空前贫穷的生活，经历着又一场历史大变动。

这个世界超级大国正处在风雨飘摇之中，前途未卜。我为它的命运担忧。

我久久看着黑沉沉的窗外，远处有黑黝黝的森林，广阔的土地，明灭的灯火，模糊的村庄。我将离开这个动荡的国家。但是我知道，不管我在哪里，我会始终关注这里的一切。因为这已经不仅仅是由于我的工作是研究苏联问题的，还因为我有了像阿布、玛丽娅、我的导师等这样善良、正直、友好的苏联朋友。

他们将如何度过这个有人预言的“寒冷而饥饿的冬天”呢？

令我没有想到的是，在我回国后不久，1991年8月，苏联就解体了。1989年8月至1990年10月，我在留学期间记下的一切，从一个侧面勾勒出这个超级帝国正在走向毁灭的画面，成为苏联解体的历史见证。

★卷　二

叶利钦时代的暗淡记忆

★十月宪政危机中的白宫（来源：俄罗斯网站ЯНДЕКС）

1992年底—1993年

第二次北上：莫斯科已经是俄罗斯的首都

1992年10月下旬，几乎是整整两年后，我第二次登上了开往莫斯科的国际列车。我一个人。南方一家公司聘我去做翻译，他们要我先行一步，而他们随后便到。

这一次的心情自然与第一次截然不同。第一次是满怀好奇和激动，去苏联留学，这次却有点不安，因为是去工作，感觉不是那么轻松。而最大的不安还

★红场边上的古姆（来源：俄罗斯网站ЯНДЕКС）

在于，我曾留学过的那个苏联，已经不存在了，共产党消亡了，那里已经是资本主义，我现在要去的，是苏联解体后的俄罗斯首都。我离开的这两年，那里发生了翻天覆地的变化。苏联解体后，私有化进程正在急速进行。1992年初，在叶利钦极力推行下，那里正进行着被称为“休克疗法”的经济改革，这项改革已经进行了一年，据说改革非但没有使俄罗斯经济有所好转，相反，俄罗斯经济越加恶化，几乎民不聊生。自1990年10月回国，至今短短两年，世事竟发生如此巨变，使人感叹不已。

这两年我一直在苏东所工作，时时关注着那里的每一个变化。我想简单地回顾一下自苏联留学回到国内，那里发生的一系列事件直至最后的解体。

1991年元旦，即回到北京两个多月时，我收到了导师寄来的一张贺年卡和一封短信。信中对苏联的前景表示了极大的担忧。

3月，苏联举行了对苏维埃联盟是否存在的全民公投，引发了世界的广泛注意。公投结果表明大部分苏联人希望保留联盟，但事实上保存联盟的可能性是渺茫和困难的；几个月后，即1991年8月19日，传来了令世界震惊的苏联政变的消息，3天后政变流产了，但这一事件加速了苏联的解体；几天之后，即8月24日，戈尔巴乔夫宣布苏联共产党正式解散。

“8·19”事件后不久，波罗的海三国独立获得国际社会的正式承认，这是苏联解体的开始和标志。

联盟能否存在，乌克兰的态度很关键。乌克兰定于1991年12月1日对此进行全民公决，但在公决前两天，美国政府宣布，如果乌克兰独立，美将予以承认，并将提供大量援助。因此，随后的乌克兰投票结果赞成独立的人高达90%以上，12月5日，新当选的乌克兰总统克拉夫丘克宣布，乌克兰议会已废除1922年12月30日建立的苏联条约，并且表示不准备签署新的联盟条约。

12月7日，叶利钦单独与乌克兰总统克拉夫丘克、白俄最高苏维埃主席舒什凯维奇在明斯克会见。三方抛开中央联盟和戈尔巴乔夫，连夜起草了一个新的联合声明，宣布废除1922年12月30日签署的苏维埃社会主义共和国联盟的条约；苏联中止存在；三方自愿组织了“独立国家联合体”。

12月21日，11个共和国的领导人聚会阿拉木图，次日，发表了《阿拉木图声明》。宣布11个原苏联的共和国以创始国的身份自愿结成独立国家联合体；重申苏联不再存在。

12月25日，圣诞节之夜，苏联第一位也是最后一位总统戈尔巴乔夫，在电视上宣读了他简短的辞职声明，退出了政治舞台。两个小时后，飘扬在克里姆林宫上空的镰刀斧头国旗缓缓降下，代之升起的是俄罗斯白蓝红三色条形旗。而克里姆林宫上那颗耀眼的红星依旧闪闪发光，但在某种意义上来说，它已经飘落了。

记得在苏联解体前夕，是五六月吧，苏东所开会探讨联邦是否会解体，研究人员各抒己见。我也发了言，我说或许解体已经是不可避免的，现在看着这个庞然大物一点点分崩离析，就像在看一个连体人分解，即使解体也不会那么简单，近70年的联邦史，它们之间的联系是如此紧密，解体的过程一定是痛苦和艰难的。不久，超级红色帝国轰然坍塌了，出乎意料的快！我像所有的人一样，为此历史剧变而震惊。我留学时看到的竟是最后的苏联。

苏联不复存在，它已经成为一个历史词语。

巨大的流动商亭：从北京到莫斯科的国际列车

发生巨大变化的不仅仅是昔日的超级帝国消失了，莫斯科已经成了俄罗斯的首都，资本主义取代了社会主义，还有北京—莫斯科的国际列车。

我买的是经满洲里的票，俄罗斯火车。这样不过蒙古境，免了蒙古的签证，还少了一道过关检查。

登上火车的第一个感觉是，拥堵，混乱！不是人太多，而是物品太多！每个人都带着大大的行李包，有的人甚至带着两三个大麻包，里面装着满满的皮衣、羽绒服、手套、棉皮鞋等商品，每个包厢每节车厢都是如此。火车行驶后我看了一下，整个车厢，大概就是我，傻傻的，除了一个小行李箱，没有带任何“货”。同一包厢除我只有两个人，因为其中一个人买了两个铺位的票，就是为了放“货”。可即使这样，地方仍嫌不够，过道里外还放着几大包的货。那个男人客气地冲我笑笑，问可不可以帮他个忙，把皮衣铺在我睡觉的床上，我睡在上面。我看看他的两个铺位，已经放了满满的皮衣，不同意是不可能的，那么多的东西往哪儿放？过关的时候会被没收。我未置可否，耸耸肩膀，走出包厢。

那晚我睡在厚厚的皮衣上，一阵阵浓烈的皮夹克味道袭来，呛得人无法入睡。走出包厢，坐在过道里，依然是皮夹克的味道，一点也不比包厢里好。闻着刺鼻的皮衣味，感觉这火车简直就像一列货车。

就这样在皮衣上睡了两夜（准确地说是一夜半），很快就入境了。俄方边检一过，车厢里便异常活跃起来。这些“倒爷”担心的就是边检，只要边检不出问题，那这趟的钱就赚定了。接下来，每一个车站，每一次停车，便是他们异常忙碌的工作时间，他们会抓住短短的几十分钟甚至几分钟，将他们带来的货卖出去，利润是相当可观的。这几天我和那个陌生男人渐渐熟悉，他姓张，东北人，在火车上做生意已经半年有余，赚的钱比他父母这辈子挣的都多。“东北人？为什么不从你那里上车？还要绕道北京？”“沈阳——我家离那儿近，上火车带东西有限制，30公斤，多了罚款，只好到北京来上车，北京现在还没有限制，可以多带些货。”“懂俄语吗？”“不懂，要什么俄语？手指一比划就都明白了。”“就在火车上卖货？有那么多人来买吗？”我还是想象不出。“你等着看吧，”“卖不完怎么办？”他笑了：“不用等到莫斯科，一件东西都不会剩，这个地方穷透了，什么都没有。你懂俄语，帮我卖货吧，一件给你提400卢布，合2美元。”“好啊。”我反正没事，觉得很新奇。

第一站快到了，车厢里所有的人都做好了准备，把要卖的东西放在窗边。车还未停，我已经看见，远远的站台上有很多人，男女老少，翘首以待。车缓缓地停下了，那些人随着车奔跑，生怕错过了时机。车还未停稳，车上的人已经将自己的“货”——什么都有，不一而足——展示在窗外，并喊着价钱，站台上的俄罗斯人没有讨价还价，觉得合适就将钱递给车上的中国人，中国人将他要的东西递给他，交易就算完成。我站在窗前，很快就熟悉了这一切，用俄文喊着价格，引来很多人，东西卖得格外快。十几分钟不觉间就过去了，火车启动时，站台上还有人没有买到东西，追着火车跑呢。我看着车下的那些俄罗斯人，深深地叹了口气：昔日帝国的威风、脸面、矜持统统不见了，一个大国，居然破败得如此迅速和彻底！真是一曲悲歌！

小张在记账，我把卖皮衣的钱交给他，他也不食言，当下点出我应得的钱递给我。“没想到是这样，真有意思！也没想到俄罗斯已经穷到这种地步。”我对他说。

接下来一路如此，每到一站，情况大同小异，站台上都聚集了人，火车的每一个窗口都忙碌异常。在新西伯利亚我下了火车，我想从整体上看看这趟火车是什么模样。很长的火车，24节车厢，车上车下好不热闹，说它是一列长长的巨大的国际流动货亭，真是毫不夸张。

在某个站卖货时，一个中国人手里的皮衣被突如其来的一个老毛子抢走了，他赶紧下车去追，还好追了回来。还发现了假卢布，很明显的造假，500卢布的后面加了个0，当作5000卢布收了。当时是夜里，人多太忙，没有人顾及细看，火车开后点钞票时发现的。我也是第一次看到这样的假钱。

火车驶过了欧亚界石。车上的货明显减少，我身下的皮衣早就没有了，正如小张所说，他们带的东西不够卖到莫斯科。一些人已经无所事事，只是休息，等待终点站莫斯科，然后在那里立刻买回程票返回北京，准备下一次生意。

俄罗斯变得如此穷！中国货卖得如此火！还没有到莫斯科，休克疗法的结果已经历历在目。也许休克疗法造就了一批富人，但大多数老百姓的生活水平据说倒退了好多年。

傍晚，太阳如一颗火红的圆球落在天边，玫瑰色的晚霞绚丽无比。火车在一个小站停过后，车厢里上来一小队古怪的人：走在前面的是个俄罗斯男人，30岁左右，衣衫不整，有一张阴暗凶残的脸；他后面跟着三个俄罗斯姑娘，瘦小苍白，相貌平平，破旧的靴子，半新的裙子，但个个浓妆艳抹。她们看上去都不到20岁，好像发育不全。一行人走得很慢，引来全车人好奇的目光。他们不像出门的旅客，在这里转悠什么？我也好奇地看着他们。小张低声说了一句："又来了，这帮妓女。"我这才恍然大悟。原来是"鸡头"带着几个妓女在火车上卖淫！我再次看那些女孩，那么瘦小，像中学生，就干这种事。除了同情她们，我也感到震惊，俄罗斯真的堕落了，可悲！而令人惊奇的是，当他们走过这节车厢的一半时，居然有一个中国男人把一个女孩儿叫进了包厢！包厢里其他人走了出来，门"呼"一声关上了。车厢里一时很安静。一刻钟左右，那个女孩走了出来，一抹夕阳的余晖透过车窗，恰好照在她的脸上，鲜红如血的唇很刺眼。在人们异样的目光下，她和自己的同伴走出了这节车厢，而包厢里的那个中国男人很久没有出来。那个女孩苍白的脸，那抹阳光，那一行奇怪的队伍，很多年以后，我依然记得很清楚，只要坐火车，我必然想起那一幕。我在想，那些女孩多半是被逼迫的吧？不光是那个"鸡头"，还为生活贫困所迫；而那个"鸡头"简直就是人渣，而我们的那个同胞……居然也那样无耻……

小张这一趟收获很大，据他初步估算，卖皮衣的卢布可以换到3000美元，是他收获最多的一次。"谢谢你！后会有期。"临下火车时，他对我说。

几年后，在莫斯科最大的中国皮衣批发地——"兵营"，我偶然遇见了他，他已经是中国皮货商中数得上的大户了。

难以理解的火车"一夜情"

11月中旬，南方那家公司还没有来人，另一个朋友请我帮忙去索非亚，询问他们发往那里的货销售如何。保加利亚很多人会说俄语，而且从莫斯科去那里不需要签证。于是我在莫斯科飘雪的大街上到处询问，哪里可以买到去索非亚的火车票。几番周折终于找到了那个火车站。要知道莫斯科有9个火车站，出售不同去向的车票。

夜里上了火车，车厢里四个人，除了一个俄罗斯老妇人，还有一男一女，他们不是同伴，只是陌路相逢。女的上铺，男的下铺。路上他们聊得挺欢，很快就像老朋友那样，一起进出包厢，去餐厅吃饭，站在走廊上说话。晚上我早早躺下睡了，不知何时醒来，听见那两位正在下铺激情大发，旁边躺着那个老妇人，似乎熟睡了，也可能是装睡了；而这两位旁若无人，干得正欢。我闭上眼，一动不动，生怕干扰了他们。最令我奇怪的还在后面。第二天清晨，女的到达目的地了，乌克兰的一个城市，她提上旅行包走下火车，那个小伙子居然没有看她一眼，更别说送她下车。像昨天上火车时那样，他们又成了陌生人。我无法理解：既然有了一夜情，分手时竟然这么冷漠！

赴俄旅途中在火车上见到了俄罗斯妓女，去索非亚途中又看到了俄罗斯男女之间的一夜情，这个国家的性解放如同其他方面一样，发展神速。其实在留学期间，我就已经了解到，苏联的妓女问题非常严重。我写的《今日苏联一瞥》（回国后发在《苏联东欧问题》上）的文章中专门谈到这个问题，文中有一段这样写道："某报刊登了这样一幅漫画：一位妇女理直气壮地声明，自己不过是当今众多组织中的某一组织成员——性解放救国阵线，十分具有讽刺意味，充分反映社会卖淫现象几乎已达到了某种程度的公开性和普遍性。"妇女卖淫问题从那时起迄今，一直都是一个普遍的难以解决的严重问题。我在后面还会谈到。

好像是中午，到了索非亚。我住在国家机械部设在索非亚的分公司里，他们主要向保加利亚销售国产拖拉机，据说销路不错。找到了我要找的人，但保加利亚人的俄语说得太糟糕了，听上去很费劲。白天在街上转了转，买了面包、牛奶和其他食品，还在一个菜市场买了一串葡萄，淡黄色那种，蜜一样甜。索非亚是个朴素的城市，没有摩天大楼，灯红酒绿，一片静谧，整洁干净。我在那里只呆了五天就返回莫斯科。

12月到了。我来到莫斯科已经一月有余，而南方那家公司还没有来人。一周后，终于托人带来了消息：很抱歉，公司经研究改变了计划，不打算来莫斯科做生意了。我来时他们预支我的一点钱，除掉这一段时间的花销，剩余的就算是我的报酬了。我怎么办？回国还是留下？留下如何生存？那时俄罗斯极其糟糕的经济状况为中国人提供了最大的时机，无论什么商品，无论发过来，还是带过来，或者在火车上卖，都被一抢而空。生意太好做了。因此不管国家、民营，还是个体，千军万马都在涌向这里。懂俄语的人因此也就分外需要，仅我们苏东所被聘在这里做翻译的就不少。来这里经商的人大多语言不通。对我们而言，感性地了解俄罗斯，对日后研究这个国家很有好处，况且我的俄语还很差，需要继续提高。总之，种种原因，我决定留下来。

红场：三色旗在空中飘扬

1992年年底，我在14中教书期间，去了红场。那一天是圣诞节前夕，天气极冷，滴水成冰，阴云密布，红场游人稀落。

★红场一隅的艺人

我还清楚地记得，整整一年前，即1991年12月的这一天，午夜时分，戈尔巴乔夫在电视上宣布了辞职。几分钟后，飘扬在克里姆林宫上的苏联国旗徐徐降下，代之升起的是俄罗斯的白蓝红三色国旗。那个场面我是在北京的电视上看到的。

在戈尔巴乔夫宣布辞职前6个月，即1991年8月24日，由于“8·19”事件，他宣布解散苏联共产党。那一天被看作是苏联解体的标志。

苏联解体一年多后，我又来到了红场。

环顾四周：依然是巍峨壮丽的九头圆顶圣瓦西里大教堂，依然是气势非凡富丽堂皇的中央百货商场，依然是高高的红墙，肃穆的列宁墓，墓前的士兵，红砖砌成的博物馆……一切似乎还是原样，其实一切都变了。我分明看见了克里姆林宫上飘扬的已不再是镰刀斧头的红旗，而是白蓝红三色旗。苏联已不复存在，莫斯科现在是俄罗斯的首都。大教堂对面的列宁博物馆也已改成了历史博物馆。

那一天我在红场上久久踱步，生出很多感慨。感叹历史巨变，感叹世事无常。

悠扬深沉的钟声又传入耳中。克里姆林宫的钟声。熟悉而陌生。

我朝列宁墓望去，换岗仪式刚好开始。有幸，列宁墓前的换岗仪式暂时还保留了。寒风中那里已经聚集了一些游人，于是我快步走了过去。

换岗仪式和几年前毫无二致，但在三色旗的衬托下，给人一种说不出的感觉。躺在红场列宁墓中水晶棺里的列宁，如果知道他缔造的苏联已不复存在，知道在他的头上飘扬着的是他号召民众推翻了的沙皇的三色旗时，他该作何感想呢？守卫列宁墓的人，代表的是违背列宁意愿的政权。

我看换岗仪式，也看那些观看换岗仪式的俄罗斯人。站在寒风中神情专注观看换岗的俄罗斯人，在他们严肃的面孔上透露出深深的迷茫、焦虑、失落和不安。他们的国家正经历着几十年来未曾有过的动荡不安和经济匮乏。每一个老百姓都已经亲身感受到了这一点。他们看着列宁墓，看着列宁墓前的换岗仪式，心中作何感想呢？

那是我最后一次看到列宁墓前的换岗仪式。一年后，列宁墓前的士兵守卫就被取消了。

“中国人很聪明”

春节后不久，北京的一家建筑公司找到我，想让我帮他们谈钢材生意，“不会影响你上课，每周就谈一两次，有时还在周末，每次付50美元。”侯经理对我说。

他们谈生意的俄方公司经理，是个非常有气质的科学家，以前在冶金研究所工作，苏联解体后建立了自己的公司，做起了钢材生意。那个时期苏联的钢材很便宜，很多中国人都从中挣了大钱。而眼下这里的钢材似乎要涨价，也因此他们谈了很多次都没有谈成。但是双方的关系始终是融洽和友好的。

侯经理几个人租住在俄罗斯人家里，我经常去他们那里，也认识了房东。回想起来，就是那个时候我开始了真正意义上的接触俄罗斯人，开始了解他们。其实俄罗斯的普通百姓很善良，很热情，很直爽，也很幽默。房东是个退休老工人，和我们相处很好。他的儿子阿廖沙去过中国，更愿意和我们一起聊天。有一次侯经理请房东吃饭喝酒，边吃边聊，对时下的俄罗斯局势，对叶利钦的改革，他们表示了相当的不满，对苏联解体也很惋惜。后来聊到中国，阿廖沙说：“中国人都很聪明。”我们问为什么。阿廖沙说，他在中国一次和朋友逛街，他的朋友骑自行车去的，把车存在了商店外。出来时他唯恐他的朋友找不到自己的车子，“那么一大片自行车，谁能记住哪个是他的？但是，他居然一下就找到了，而且所有存车的人都清楚地记得自己的车子放在了哪里，真聪明！”我们听了个个笑得前仰后合。他还不解地看着我们：“我说的不对吗？”“对！对！”侯经理说。关于俄语p（舌颤音，不好发）的发音，更让我们笑到肚子疼。产生这则笑话的时候，阿廖沙可能有点喝多了。公司的年轻人小高在学俄语，他说你们的字母p太难发音了，怎么也学不会。阿廖沙认真地看着他说："难道你们中国就没有这个字（音）吗？""当然没有。"这句话刚刚说完，阿廖沙腾一下站了起来："什么？中国没有这个字？为什么？这么历史悠久的文明古国，居然没有p？简直太不可思议了……"大家开始没反应过来，只是看着他，然后一起大笑起来，笑到流出眼泪。阿廖沙仍旧不依不饶，但他的话已经被笑声淹没了。他无可奈何，端起一杯酒，一饮而尽，然后一屁股坐在椅子上，看着我们大笑。

"威登哈"里的中国商品馆

学校6月放假，我回到了北京，和北京那家建筑公司的人一起。他们已经决定聘我在莫斯科工作，这次回来是重新办理有关手续、护照等。6月底我们又踏上了返回莫斯科的旅程。北京已经开始炎热，而莫斯科却很清凉，早晚甚至还要穿上毛衣。夏天在这里很舒服。此后十多年，夏天我都是在莫斯科度过的，北京的炎热已经让我不适应并且感到害怕。

刚一立秋，就听说了一件大事，当然这只是对华人而言：在"威登哈"

★威登哈（来源：俄罗斯网站ЯНДЕКС）

（即全苏国民经济成就展览馆，缩写ВДНХ）有一个馆被中国人包租下来，现在正招租呢，中国人运来的各种商品可以拿到那里出售。一个周日，我们来到那里，想一看究竟。这是我印象中第一次有中国人在这样体面的地方租下这么大的场馆。那里会形成一个小小的莫斯科中国商品销售中心。

秋阳高照，游人不绝。“威登哈”，我上一次来到这里是1990年秋天，和阿布及他的女友。不到三年，再次来到这里，眼前的一切让我回想起从前。走进很有气势的大门，里面还是那么宽阔，迎面还是高大的列宁塑像，各个展馆依然绰约多姿，那些金色群雕仍旧立在阳光下，但物是人非，和两年前相比，这里已经发生了很大变化。最大的变化就是很多展馆已经不再是经济成果展馆，而是直接改为商品馆，像商店那样销售商品。租下这里一个展馆的中国人，至少消息灵通，因而捷足先登。中国人租下的馆是原子能馆，在“威登哈”庞大的建筑馆群里，它的位置在北面居中，从正门走进去不算很远。原子能馆面积不很大，两层，位置很好，生意一定不会错。我们走到那里，绕着那个馆走了一圈，在一个小门里看见了正在登记承租摊位的中国人，不少，排着队，还看见了老板和老板娘，30岁左右，老板娘很有几分姿色。他们聘用的俄罗斯女翻译跑前跑后，为他们打理。那个冬天，果然，这里火爆异常，人们已经把这个馆称为“中国馆”，而不是“原子能馆”了。莫斯科人都知道在“威登哈”里有个中国馆，东西价格非常便宜，质量马马虎虎，还说得过去，因而特意来买中国商品，除了莫斯科市居民常常光顾这里，其他城市的服装商也会专程赶来，批量买回他们需要的商品。

我在那个冬天也去了几次“威登哈”的“中国馆”，因为有两个朋友在那里租了地方卖羽绒服。从他们的嘴里我得知，生意确实很好，他们就在莫斯科从其他中国公司那里批来羽绒服，每件加上几美元，拿到馆里去卖，居然好得很，从9月开始到1994年元月回家时，每个人都赚了2000美元左右，扣除一切开销，包括来时的车票、签证费等等，每个人还净拿回家1000美元。

那个馆直到现在，仍然主要出售中国商品。里面的人年年都换，生意也早不像刚开始那几年那么红火，但一般来说还是可以挣到钱。主人却是早就更换了，不是那对中国夫妇不想租下去，而是他们聪明的女翻译把他们一脚踢开，自己做了老板。听说主要是中国老板太相信那个翻译了，一切事情无论大小都放心交给她去处理，日久天长，那女翻译不仅掌管了一切，而且觉得什么事情都是我在做，要老板干什么？我为什么不可以自己做老板？

莫斯科街头的枪炮声：十月宪政危机

10月，北风刚刚带来寒冷的时候，莫斯科发生了“炮打白宫事件”（或曰“宪政危机”）。这是苏联解体后叶利钦政权遇到的最大的一场政治危机。

这一事件的主要原因是由于总统和议会之间旷日持久的矛盾演变所致，武装对抗是最后的总爆发。

1992年叶利钦实行激进的改革以来，导致俄罗斯经济急速恶化，也引起议会的怀疑和不满，此后双方在俄罗斯政体、制宪、对外政策、改革方式等一系列重大问题上出现严重分歧。副总统鲁茨科伊和议长哈斯布拉托夫联手，对叶利钦领导下的政府进行激烈批评，双方互相指责，各自为政，形同两个政权。1993年3月底，议会曾弹劾总统，提议免去叶利钦的总统职务，但没有被通过；4月俄罗斯举行了就是否信任叶利钦等4个重要问题的公民公决，最终叶利钦获胜；5月拥护议会的民众在卡卢什斯卡娅广场集会，与维持秩序的内务部特种警察部队发生冲突，造成流血事件——这是“炮打白宫事件”前政宪双方一次激烈的冲突；9月叶利钦越权宣布解除鲁茨科伊的副总统职务，使得矛盾升级，但议会寸步不让，认为叶利钦此举侵犯了国家政权中立法机构和司法机构的权益，并作出决议，在宪法法院对此作出裁决之前，暂停执行叶利钦的总统行政命令。接下来矛盾一路激化：9月21日，叶利钦签署了《关于逐步推进俄罗斯联邦宪法改革》的总统令，其核心是将俄联邦由议会制共和国转变成总统制共和国，大幅度扩大了总统权力，限制了议会的职权范围。总统令还宣布，解散俄联邦人民代表大会及其常设机构联邦最高苏维埃，议会改为两院制，用俄罗斯联邦会议代替联邦人民代表大会。并且同时切断了“白宫”（即联邦最高苏维埃大楼，议会所在地）的水电供应和通讯联系，出动警力，将最高苏维埃办公地点包围。议会方面迅速做出反应：俄罗斯宪法法院（支持议会的）9月21日深夜召开紧急会议，宣布叶利钦的总统令违反宪法；22日晚联邦人民代表大会召开紧急会议，宣布解除叶利钦的总统职务，任命副总统鲁茨科伊为总统。同时在大会的决议中宣布叶利钦的做法是搞“政变”。

就这样，到了9月24日，叶利钦命令内卫部队严密包围了白宫，并出动了装甲车和高压水车，切断了所有通往最高苏维埃办公大楼的道路，使最高苏维埃与外部彻底中断了联系。9月28日，反对叶利钦政府的群众走上街头举行大游行，并酿成流血事件，此后反对叶利钦的抗议不断升级，在10月2日达到最高潮。10月3日下午3时，白宫门前声援议会的示威人群终于冲破内卫部队的封锁，冲进白宫大楼。晚间7点12分，电视中心发生爆炸，示威人群开始冲击电视中心，守卫的内卫部队开火反击，造成46人死亡，多人受伤。

…………

莫斯科充满了火药味，人们都躲在家中，电视里转播的都是有关这一事件的画面。

我那时已经不在14中教课，只在北京建筑公司做翻译，住处也搬到公司租的民宅，在“纺织工”地铁站附近。公司其他人去其他城市办事了，留我一人在莫斯科处理一些事。儿子9月从国内来了，在14中读书，暂时和我住在一起。3日晚上当电视上出现白宫硝烟四起，大火熊熊，坦克也开上街头的景象时，我大惊失色：莫斯科真的要打起来了！

看着电视上一幕幕令人恐惧的场面，我心急如焚，儿子一直没有回家！我不断地走到窗前，向昏暗的院子里张望，似乎听到了从市中心方向传来的隐隐约约的枪炮声；院子里没有一个人影，我又回到电视前，电视里的消息让我更加担心！不知道怎么办，完全不知道！没有人来电话，我盼望有电话来，也许儿子在哪个同学家里。但没有！直到10点钟，我坐不住了，开始给熟人打电话，声音发抖，手脚冰凉，我想让他们帮我出主意。我甚至想到了报警，其实我知道即使报了警也是枉然，那种时候谁会去关心一个中国男孩儿？警察大概都在忙着这场政治危机呢。还好，在11点左右，儿子终于打电话过来，说他在同学家里，太晚了，就不回家了。我总算舒了一口气。

这场危机在10月4日下午画上了句号。叶利钦在4日宣布莫斯科地区进入紧急状态。国防部长格拉乔夫命令坦克师开进莫斯科。清晨，坦克部队迅速占领了莫斯科的主要街道。上午10时，国防部指挥的武装力量对白宫发起总攻击；下午5时，议长哈斯布拉托夫和副总统鲁茨科伊宣布缴械投降。随后，将参与保卫白宫、冲击市政府和电视中心的主要人物全部逮捕。叶利钦终于用武力解散了议会。他当时还掌管着军队，这是他的万幸。

事发后的那个周日，我和一个朋友前往白宫，想亲眼看看那栋经历“战火”的白色高楼。很远就看见了，议会大厦立在10月的冷风中，像一个刚刚受过重伤的病人裸露着伤口。大楼的很多玻璃窗都残缺不全，被熏黑的墙壁位于大厦的中间上部，看上去触目惊心，令人回想起刚刚过去的那场恐怖的激战；脚下的路上还有深深的坦克履痕……

这次流血事件是自1917年十月革命以来俄罗斯死伤最惨重的街头对垒。据有关统计，事件中死亡187人，受伤者437人。

几年后，一个偶然的机会，我还走进了这座大厦，走进了这座在宪政危机中经历过枪林弹雨的“白宫”……

休克疗法使俄罗斯陷于“休克”

苏联解体后，叶利钦在经济上迫不及待地实行休克疗法，破格提拔和任命年仅35岁的盖达尔全面实施。两年过去了，休克疗法不仅没有奏效，反而给俄罗斯人民带来了巨大灾难。休克疗法使俄罗斯社会陷于“休克”。我在火车上看到的仅仅是一个侧面，老百姓买不到东西，中国开往莫斯科的火车成了巨大的流动商亭；到莫斯科后，商店里的情景和价格也让人充分体会到，什么是经济危机，什么是商品匮乏。牛奶、面包、砂糖等基本食品都涨价了，蔬菜只有胡萝卜、土豆、圆白菜、葱头等几个品种，有时还不全。1992年那个冬天我们吃的就是这些东西。阴暗的天空下，老百姓的表情尤其沉重。

叶利钦的休克疗法在1992年年初开始实行，这个方法源于美国，由美国哈佛大学教授杰弗里·萨克斯创始，其理论基础是新自由主义和现代货币主义。叶利钦完全照搬这一理论，将它作为俄罗斯经济改革的纲领，并聘请杰弗里·萨克斯担当俄罗斯经济改革的政府高级顾问。简单说，休克疗法的具体内容就是“三化”，即自由化、私有化和稳定化。自由化指经济自由化，包括价格自由化、经济联系自由化、对外贸易自由化；私有化指国有企业私有化；稳定化指采取财政紧缩政策，实现财政与货币的稳定。

该方法并不适用于俄罗斯的情况，因为俄罗斯的价格长期以来由国家规定，突然放开价格，必然导致物价飞涨，况且几年来的折腾，已经使俄罗斯经济几乎崩溃，商品极度匮乏。在放开价格的第一年，据统计俄罗斯全年的通胀率高达2510%，老百姓存款贬值，受到的损失超过5000亿卢布。大多数俄罗斯人民的生活水平倒退了20年。当然它造就了一小部分富人。这些人是昔日的旧官僚、官员和投机倒把分子，他们摇身一变，一夜暴富，将总价值超过2000亿美元的500余家国有大型企业，仅以实际价格的3%转为己有，绝大多数老百姓却变得一贫如洗。

休克疗法不仅引起广大老百姓的不满，也使得叶利钦政权内部产生矛盾。10月出现的宪政危机，就是最集中最激烈的体现。在宪政危机中，很多普通百姓都支持议会，这也足见老百姓对叶利钦休克疗法的不满和愤怒。

宪政危机虽然被叶利钦用大炮平息了，副总统鲁茨科伊和议长哈斯布拉托夫也被一网打尽，但是叶利钦也看到，他的休克疗法无法再实施下去了。1994年1月16日，俄罗斯副总理盖达尔被迫辞职。叶利钦也被迫在1994年2月的国情咨文中宣布放弃休克疗法的改革，并在1996年大选时承认“过去在改革中试图抄袭西方经济的做法是错误的”。

但是，即使承认了错误，也于事无补。休克疗法使俄罗斯经济在此后整整一个时代，即几乎整个20世纪90年代，都处于负增长。国有企业流失到一小部分寡头手中，每个俄罗斯人只得到1万卢布的私有化证券，当时总数相当于国有财产总值的1/3，很多人拿着这个证券不知道做什么，而头脑灵活的人开始收购这些证券。贫富差距进一步拉开。随着卢布后来的不断贬值，1万卢布的私有化证券到后来也就值一双皮靴的钱。这就是俄罗斯的私有化过程。完全是不公平的，它只造就了少数富翁和寡头，却使亿万俄罗斯人陷于贫困。

激进的经济改革不仅使俄罗斯几乎走向毁灭，还引发了一系列社会问题，90年代盗匪、抢劫、杀人、犯罪、饥饿、卖淫等这一切社会沉渣，纷纷浮出表面。90年代成为俄罗斯近几百年来最暗淡的时期。而这时涌进的大批华商，也最深切地感受到了这些。

1994年

房东瓦莲季娜，孤独的俄罗斯老太

瓦莲季娜是第一个同我住在一起的俄罗斯房东。后来我多次搬家，也多次与房东同住。

如此近距离地和俄罗斯人接触，使我能够深入了解她们，从而了解社会，了解剧变中的俄罗斯。和她们一起生活的日子，今日俄罗斯就像一幅色彩斑斓的画面，一点点在我眼前打开。这是一个非同寻常的时期，在一个非同寻常的国家，美与丑、白与黑都鲜明地呈现在生活中。社会动荡不安，经济贫困，甚至充满了火药味，然而生活中依然有阳光和希望，人类最美好的东西依然在闪光。我把与她们一起生活的感受和看到的一切记录下来。记下的是普通人的生活，也是历史。

1994年新年刚过，一个晴朗的冬日，我从莫斯科地铁最北面的终点站出来，跟一位朋友去看房子。我正在找住房，而我的朋友恰巧要回国，她的房东还想出租住房，因此要见见我。

脚下厚厚的积雪，在阳光的反射下发出耀眼的白光。空气凛冽而清新。成群的鸽子掠过上空，肥肥的小麻雀呼啦啦落在路边，又扑棱棱全飞上了没有叶子的褐色树干。穿过楼群和一片光秃的树林，很快就看到几栋居民楼。朋友指着不远处一栋9层高楼告诉我，就是那栋楼。我看了看周围环境，觉得这里还不错，离地铁站也不很远。

从三单元进去，上二楼，按了左边的门铃。片刻，一个典型的俄罗斯老太太开了门。她穿一件花睡衣，体态丰满，肤色白皙，灰白的头发盘在脑后。看见我们来了，立刻让进屋，落座，然后用审慎的目光扫向我："我是瓦莲季娜，您好！""吉娜，您好！"我也报出了我的俄文名字。接着老太问了我一些情况，我一一回答，瓦莲季娜一直绷着的脸这时有了笑意："你会俄语？太好了！和你的朋友很难交流。”她看了看我的朋友。是的，我的朋友不懂俄语。

接下来她带我看房。这是一套三室的公寓，进门左侧是卫生间和浴室，紧挨浴室，一条不长的走廊通向厨房，厨房有六七平方米，除冰箱、灶台外，还放着一张小餐桌，三个人吃饭没问题。三间卧室两大间朝阳，一小间朝北，小间中暂时放着我朋友的东西——她今晚就要上火车了。瓦莲季娜住在挨着厨房的一大间，她指着另一间大屋说：“你就住这间吧。”房间已收拾干净，窗前一张方桌，靠墙一个衣柜也都腾空了。我挺满意。这套公寓两个人合住应该挺舒适的。

看过房后，房东把我们让进厨房，围坐在小餐桌旁，给我们沏上了滚烫的红茶，拿出了她自制的果酱和甜饼，我也拿出在地铁站附近的商亭里买的一盒巧克力。我知道俄罗斯人喝茶时最喜欢吃巧克力。果然，瓦莲季娜很高兴。我们边喝茶边继续谈。“房间一定要收拾干净，厨房和浴室你也要经常收拾，做饭不能有很大的油烟气，我身体不好，怕油烟……你们中国人最爱炒菜，厨房搞得很脏，难以清理……你的朋友就很自觉，从不炒菜……”我一一点头答应。心想，果然如我的朋友所说，这是一个很挑剔的房东，但我会注意的，让她挑不出毛病。我们很快谈定了：月租金100美元，第二天就搬过来。

老人多年独居，又患有高血压和心脏病，性格孤僻，生性挑剔。我虽然事事注意，处处小心，但依然经常受到责难。一天刚刚吃过晚饭，就听见她在厨房大声说：“吉娜，你来看看，这个炉台这么脏，你做完饭为什么不清理？”我很奇怪，厨房的卫生是我最注意的，不仅从不炒菜，而且饭后必定清理，生怕主人不满意，今天也不例外。怎么会出问题？

我赶紧走过去，看见瓦莲季娜正在用一块抹布擦锅台。其实那锅台很干净，不知道她在擦什么。可我还是说对不起，我来吧。她看见我来了，仍然气冲冲地说，搞得这么脏，别人怎么做饭？我又说了一声对不起，看了看锅台，确实干净得很。也可能留下了一点点饭迹，让她刚刚擦掉了？心想以后一定得更注意才行。收拾完锅台，她又过来了，说你看这个墙面，全是油点，你收拾得不合格。我于是又把整个墙面仔细刷洗一遍。

另一天刚刚洗完澡，我回到房间换衣服时，她就走进浴室查看，然后大呼道：“过来过来。”那口气好像出什么大事了，喊得我心里一惊。我赶紧走过去，只见她指着几根头发说：“是你的头发吧，这要堵了水管怎么办？”我叹了口气，将那几根头发拿走，“我在换衣服，还没来得及收拾呢，你急什么？”我的房间更是必须每天收拾得整整齐齐，因为我一走，她就会去检查，哪里不满意就会唠叨个没完。那一段时间搞得我神经紧张，苦不堪言。有时真想干脆另找房子搬家算了。

人老了，性格会变得古怪。瓦莲季娜就是这样，时而对你吹毛求疵，像个刻薄的老妇，时而又像个慈祥的老妈妈，很和善。周六周日她偶尔也和我聊聊家常，谈起自己，那时的她就像换了一个人，和蔼可亲。

瓦莲季娜67岁，以前是一个服装厂的工人，退休多年。丈夫早已去世，她独自一人生活，靠的是一点点微薄的养老金，每月5000多卢布，当时约合50美元，生活自然很窘迫。好在她有一套比较宽敞的住房，可以出租，这样也才能常买些鸡肉鱼肉来吃。老太太告诉我她有一个儿子，我很奇怪，自搬来以后一直没有见过她的这个儿子。“他很少来看我，他自己家里有一大堆事。”瓦莲季娜虽这么说，可我还是能感觉到她心里的孤独和悲伤。一个老妇人，丈夫去世了，唯一的儿子还不经常来看望她，这样的晚年够凄凉的。“像我这样的孤老婆子多得很，你看看院子里，那些牵着狗散步的女人，大都是孤身一人。”果然，一早一晚和公休日，经常能看见一些老妇人，牵着一条狗，在楼前楼后和附近的林中小道上慢慢踱步。

时光飞逝，不知不觉大半年已经过去。秋末冬初的时候，卢布又开始贬值，物价跟着往上涨。到了年底，卢布从年初的600兑换一美元，贬到了3000多兑换一美元。机灵的人早就取出卢布花掉了，不管买什么也比变成废纸强，动作慢的都会受到损失。银行一时间人满为患，都是取款的人，但是很多人取不到钱，银行已经没有卢布可取。

那段时间，我发现瓦莲季娜常常在她自己的房间里走来走去，焦躁不安，有时会把门和厨房里的餐具搞得丁当响。脾气古怪的老太太，我这样想，于是尽量避免和她照面。

一个周末，我下班回来，听到瓦莲季娜在她的卧室里哭。我敲门进去，看见桌上有两个存折，我想可能是老人存折上的钱取不出来，果然，她对我说：“全完了，我就这么点储蓄，是我一辈子辛苦攒下的，这些钱如今就值几百卢布了，几乎就是一堆废纸，我今后怎么生活？”她边说边擦眼泪。我看着泪流满面的她，呆坐在那里，除了同情，不知说什么好。

“别着急，急也没用，你至少还有房子可以出租，房子不会贬值的。”我好歹找了一个理由安慰她。

有一天从公司下班回来，看见她有客人在，那是一个和她年纪差不多的男人，高个，身板很直，鬓角灰白，目光有神。他们好像刚刚吃过饭，正坐在厨房喝茶。看见我回来，那老人礼貌地起身，问好，瓦莲季娜马上介绍说：“这是安东，我的朋友。”随后他们就腾出了厨房——知道我要做饭了，到瓦莲季娜的房间去闲聊。我正在吃饭的时候，安东告辞了，临走又进了厨房和我道别。片刻，瓦莲季娜送安东回来了，我正在厨房洗碗，于是她便坐在厨房的桌旁，和我说话。

“安东是个活跃分子，经常参加聚会和游行，明天他们还有活动呢，在红场，抗议物价飞涨，卢布贬值。”瓦莲季娜的口气很是赞赏。

俄罗斯改革开放以来，莫斯科的聚会和游行就像家常便饭，特别是在1989、1990年，现在比起当年已经是少多了，但仍然不时有各种集会游行。

“参加聚会的人多吗？”我没想到这个老头居然还这么关心国事。

“不知道，主要都是老人。”

“你们早就认识？”

“前不久认识的，他的邻居是我的朋友，我去串门时安东也在，就这样认识了。是个好人，老伴也去世了……”

此后安东就成了瓦莲季娜的常客，还经常送她鲜花和巧克力。瓦莲季娜常常做饭款待他，有时也去他家，帮助他收拾房间，洗洗衣服。她的生活变得充实了，人也开朗多了。

安东算是她的男朋友，我真没有想到，两个俄罗斯老人就这样交上了朋友。“我们就是做个伴，聊聊天，互相帮助，让生活不那么寂寞和孤独。”瓦莲季娜大大方方地对我说。有时我在窗前能看见他们俩人在院中散步，在秋天的阳光下，那背影挺动人。

不久，瓦莲季娜迎来了她的生日。那一天，她请来不少亲朋好友，做了一顿丰盛的晚餐。我下班回来很晚，客人都已散去，只有安东和另一个中年男人坐在那里喝茶。

屋子里到处都是鲜花。我也递给她一束康乃馨和一条中国产的米黄色浴巾，祝她生日快乐。她脸上露出了笑容，这是几个月来我第一次看到她的笑脸。她让我坐下，拿出一块留给我的生日蛋糕，又为我沏了一杯咖啡。

“这是我的儿子。”他指着那个中年男人对我说。原来那个男人就是她的儿子。真不容易，这么久了我才见到他来看自己的母亲，如果不是母亲的生日，恐怕他还不会来。“我住在这里快一年了，第一次见到你。”我对他说。他脸一下子红了，说“家事缠身，真是抽不出时间”等等。安东却毫不客气地对他说，真想来就会有时间，以后要多来看看你妈妈。

两个男人到外面抽烟去了，我吃着蛋糕，心想该对瓦莲季娜说了，于是轻声告诉她我要搬家了。“为什么？”她脸上的笑容立刻消失了。“公司搬了家，离这里太远了，不方便。”这是真的。以前想搬家，是因为觉得房东性格古怪，难相处，后来时间长了，我已经理解她，也早已打消了搬家的念头，但公司一搬家，离得太远，我不得不搬。

她露出很失望的神色，说：“吉娜，你真的要走？留下我一个孤老婆子？”我说：“您看，儿子会经常来看您，您又有安东这样的好朋友，您不会寂寞的。您有困难他们都会帮助您。当然，如果您还想出租房子，我会帮您找一个人来住的。”我知道，她儿子和安东在经济上都帮不上她多少忙，他们自己都不宽裕，她还是只有靠出租房子，才能使生活好一点。她在失去了全部储蓄后，比以前更加需要钱。

华商在机遇与风险中生存

1992年年底，再次来莫斯科途中看到的一幕——国际列车“变身”为长长的售货亭，已经集中地反映出这里的巨大商机。当然，那种方式很奇特，我相信世界上其他地方绝少能见到。来到莫斯科在14中教书时，学校离莫斯科当时最大的集贸市场卢日尼基很近，地铁站两个出口，一个通往14中，另一个出口就直通大市场。很多中国人在那里摆摊卖货，工作之余我也会去那里看看，而看到的情景令我吃惊。

卢日尼基曾是苏联最大的体育场，这里的地铁站名也因此叫做“运动站”，它也是世界上最大的运动场之一，大场有容纳10万人的坐席，小场可坐8000人。体育场建于1955—1956年间，最初的名字是列宁体育场，1992年改为卢日尼基奥林匹克综合馆。1980年莫斯科奥林匹克运动会这里是主赛场。但是现在，这里成了莫斯科最大的集贸市场。

1993年秋天和一个朋友一起去卢日尼基大市场。上午10点左右，市场外面人来人往，热闹非凡。还有人络绎不绝从地铁里那边向这里走来。售票处排着长长的队——这个市场要买门票才可以进去。我们排队买票，然后随着拥挤的人流走进市场，哇！好大啊！一眼望去，万头攒动，人山人海。买东西的卖东西的混在一起，分不清谁是谁。摆摊的一个接一个，找不到头也看不见尾。我们只好随大流在里面瞎转悠。看着这个巨大的市场，很原始的经营方式，我觉得这大概就是资本原始积累方式吧。俄罗斯在苏联大厦的废墟上，正处于这样一个时期。

在市场里看见有中国人卖东西，我们会停下来问上几句，或者和他们聊几句，都是中国人，感觉还是挺亲切的。有个中国小伙在卖手套，1500卢布一副，约合2美元，卖得很好。他告诉我们，在国内这样的手套批发价也就是2—3元人民币一副。有个中年男人卖运动套服，5000卢布一套，约合7美元，一套的利润是3—4美元。最赚钱的是皮夹克，我们看见不少卖皮夹克的中国人，售价不等。有两姐妹卖皮夹克，100美元一件，她们前面排着很长的队，三包皮夹克两小时左右一件不剩，没买到的俄罗斯人都在问她们什么时候再来。我和她们聊起来，一件皮夹克国内的价格是200多元人民币，合24美元多一点（当时美元和人民币的汇率约为1美元8.23元），在这里每件净赚75美元！超暴利！她们比我在火车上见到的那些人还先进：坐飞机往返，一次运来3包，100件左右，毛利7500美元，除掉所有花费包括机票钱，可以赚到约5000美元。而在整个销售旺季，她们会不停地这样飞来飞去，几个月就可以赚几万美元！

皮夹克真是一个获取巨额利润的商品。难怪越来越多的人加入经销皮夹克的大军。俄罗斯人最喜穿皮夹克，需求量极大，而西方的皮衣价格太贵，在莫斯科商店里看到的起码都要好几百美元，大众买不起，只好买中国货。质量不是很好，但便宜呀。因此几年来俄罗斯对皮夹克的需求量丝毫未减，来多少卖多少，一件说多少钱就卖多少钱。这里仿佛是一个巨大的黑洞，多少皮夹克都填不满。一些人觉得，或许俄罗斯皮夹克市场已经饱和了，卖到这里的中国皮夹克按数量足够每人两件有余了，但是令人惊异的是，仍然是来多少卖多少。有人调侃说，来自中国的黑色风暴——皮夹克真是中国的拳头产品。也正因如此，后来在莫斯科有了几栋专门批发中国皮夹克的大楼。

机遇与风险成正比，确实如此。如此巨大的机遇，必定蕴涵着巨大的风险。

1994年春季，在卢日尼基市场上卖皮货的一帮中国人被抢了，这是我看到的最早遭遇风险的中国人。他们好像来自南方，大约十个人，都住在离大市场不远的一套民宅中。他们每天都去大市场卖东西，十个人出出进进，很招眼。一个下午，5点左右，家里只有两个人，其他人都不在。有人敲门，问是谁，门外一个女孩答话，说是房东让她来，有事要与他们谈。屋里的人从门镜望出去，果然看见一个年轻女孩，于是放心地开了门。没想到突然从旁边窜出两个手持凶器的俄罗斯小伙子，将他们逼进屋，一顿暴打后，将床单撕成条，把两人捆住，然后开始乱翻，翻出了3000美元。半小时后，他们拿着3000美元扬长而去。

俄罗斯社会混乱之极，抢劫杀人偷盗诈骗经常发生，成为家常便饭。这些犯罪分子不仅抢劫中国人，而且也抢劫包括俄罗斯人在内的其他人，但中国人始终是他们的主要目标，因为他们知道，中国人有钱可强抢。

西安来的另一个熟人，生意做得不错，灾祸也找上了他。他租住在一个民宅中，不知何时让人盯上了。一天半夜，几个小流氓破门而入，他还没反应过来出了什么事，就被打晕了。抢劫者翻箱倒柜，没找到多少钱，于是狠命地打他。这位老兄很可怜，腿被打断，头部严重受伤，勉强被送回国内，据说他的脑子被打坏了，医治无效，成了植物人。

我当时在某省一家外贸公司的莫斯科分公司工作。北京那家建筑公司的钢材生意最终没有谈成，他们回国了。那个时期很多国家公司也纷纷涌入莫斯科，来这里开辟市场。这里做生意的方式虽然很不正规，但利润巨大。这家外贸公司租下了一个很大的剧院做仓库，批发棉服和羽绒服。货销得不错，但是在最火爆的时候，仓库被窃了。其实我们一直怀疑那是里应外合的一次偷窃，值班的俄罗斯人很可疑，但就是无法证实。报警破案？那就太幼稚了，先不说破案的几率极低，首先还得拿出一笔钱塞给警察，他们才肯动一动。然后他们会将目标对准你，说你在哪个地方不合法，将所有的商品没收了也说不定，那样损失会更大。因此大多数公司和个人碰上这种情况都自认倒霉，不了了之。国营的损失自然是公家承担，而个人的损失就是自己承担了。经历这样遭遇的公司和个人为数不少。

这家公司碰到的是仓库被窃，另一家公司在海关办完各种手续，将货物拉回自己仓库时，一辆装满他们商品的大货车就不知去向了。到哪里找？没有地方可找。满满一车的货就这样丢失了。

被骗的中国人也很多，多数都在换钱时上当受骗。卢布经常贬值，有时在银行很难换上，着急之下，一些华人就在街头和那些私人换钱。那都是些不务正业的小年轻人，有时是几个吉卜赛女人，他们会把你要换的美元数好，让你看得清清楚楚，一分不少，于是你将卢布递给他，接过他交到你手里的美元，急忙装进口袋，你不敢在街上点钱，怕被人抢或是碰上警察。但是回到家这些美元就变成了很小的数目。他们调包了，像变戏法。一个朋友告诉我，他要换1万美元，拿到手里的一叠钱只有最上面和最底下两张是美元，总共200美元，中间夹的都是废纸！

而最大的、每个华商都会遇到的风险，是汇率的不稳和卢布的不断贬值。某省一家公司的各种商品销得极好，供不应求，正当他们将大把的卢布准备换成美元汇回国内时，卢布开始贬值。他们不想损失，决定等等看，结果卢布每天都在下跌，短短几天之内，贬了好几倍。卢布说贬就贬，眼看着好像挣了很多钱，可是一贬值，全部辛苦瞬间就会化为乌有。

敲诈勒索也遍布俄罗斯的每一个角落，像污泥浊水肆意横流，不知道什么时候就会碰到华人头上。很多时候是警察利用手中的权力索钱。他们随时随地可以盘查任何一个中国人，这是他们捞取好处的最便利的方法。警察索钱已是司空见惯，见怪不怪。因此不少中国人都会预先准备一些钱，在受到警察盘问时（要钱时）塞给他们。

还有一种风险，就是莫斯科的经济执法机构诱使你犯法，然后他们会冠冕堂皇地查封华人的仓库，没收你的全部商品。一家中国公司正在仓库里批发他们的旅游鞋，先后进来两男一女三个俄罗斯人。一个男人说要买一双棉靴，拿出美元付款。卖货的中国人很小心，说我们不收美元，也没有美元找你。那个男人说，我没带卢布，怎么办？其实就是十几美元，卖货的小伙子就收下了，没想到招来大祸。那个人前脚刚走，另一男一女立刻亮出身份，说他们是税警，你们收取美元，犯了法，仓库马上就被查封了。其实他们是一伙的，他们在设套让你钻。当时按照俄罗斯的规定，商品买卖只允许使用卢布，不许用美元和其他货币支付。但是卢布天天贬值，很多人手中根本不敢存卢布，熟悉的商家和客户之间，有时候也私下直接用美元结算。但这种情况如果被税警发现，就可以按违法罚处。税警设圈套诱使你犯法，多半早就盯上了你。但这方法极其卑劣。当你想要回被查封的商品时，只有对他们行贿，不然他们就会将你的商品抵价处理，卖给其他商人。反正他们会获取极大的好处。

此外还有来自内部的市场竞争风险。涌入的华商越来越多，相互间也存在竞争，款式、价格、时机、质量等都成为很重要的赚钱筹码，其中某一点不合适，你的货可能就会到地就死，定赔无疑，然后是一大堆麻烦：找仓库存放，担心会发霉、鼠咬、被盗，快到季节时赶紧拿出来销售，大都是赔钱卖出。

总之，在这个动荡不安、商品匮乏、盗寇猖獗、被休克疗法搞得糟糕透顶的地方闯荡，可能挣到大钱，也可能一败涂地，甚至搭上性命。今天挣了，明天也许就赔了，非常正常。大挣大赔，大起大落，很冒险，很刺激，像一场惊险的游戏。

什么是冒险家的乐园？这里就是。

出兵车臣

这一年年底发生了一件对俄罗斯百姓生活和国家安定有着巨大影响的事件，即俄罗斯出兵车臣。此后车臣战争一直没有平息，愈演愈烈，演变成车臣恐怖主义。他们潜入莫斯科和其他城市，制造了多起震惊世界的人质劫持事件和爆炸性破坏，使饱经沧桑的俄罗斯更增加了新的不安定因素，老百姓遇到更多的磨难。

车臣位于高加索山脉地区，是俄罗斯西南部的一个共和国。人口约80万，居民大部分是逊尼派穆斯林和俄罗斯东正教基督徒。这个民族一直就不很安分，独立是他们很久以来的愿望。而俄罗斯1994年12月18日派兵进入车臣，也并非一夜间做出的决定，而是有它的发展演变过程。

苏联解体那年，即1991年“8·19”事件（苏联解体标志性事件）后，当时任车臣全国人民代表大会主席的杜达耶夫在格罗兹尼发动政变，9月6日夺取了最高苏维埃的权力。叶利钦政府当时承认了他，只因为他曾经支持过叶利钦，并非是想承认他独立。接着，在10月27日的选举中，杜达耶夫当选为车臣—印古什总统。这是一个一贯向往自己的民族独立的人。他原名焦哈尔·杜季·穆西，幼时曾随家庭被强行迁往哈萨克，1957年回到故乡。后来从军，任直升机驾驶员，一路升到少将，1987年在爱沙尼亚任过远程轰炸机师长。1991

年他拒绝镇压爱沙尼亚的独立运动，因此辞职回到车臣。在他当选为车臣—印古什总统后，11月2日即宣布车臣族脱离俄联邦，成立独立的车臣共和国。此举即刻引起俄联邦的强烈反对，一直不予承认。但杜达耶夫完全不理睬俄罗斯的反应，我行我素，不仅从此不再参与签署联邦条约以及参加全民公决、议会选举等全俄性活动，还建立了独立的车臣军队。

俄罗斯曾经试图与车臣达成和解，提出给予他们更大的自主权，以换取车臣放弃独立，但是遭到杜达耶夫的拒绝。俄罗斯于是改变策略，暗中扶持杜达耶夫的反对派，希望以此除掉搞独立的杜达耶夫。但此法也未能奏效。

1994年11月10日，俄罗斯军队为支援北奥塞梯反对格鲁吉亚，进入车臣邻国印古什共和国。这成为引发第一次车臣战争的导火索。车臣认为俄罗斯此举意在破坏车臣的独立地位，于是车臣军队开始袭击俄军。俄罗斯则支持其反对派对杜达耶夫进行军事打击。12月11日，第一次车臣战争正式爆发。

12月18日，俄罗斯当局决定出兵，用武力解决这个问题。叶利钦政府派出士兵3.5万名左右，驻守车臣，镇压叛乱，而杜达耶夫则焚城抵抗。俄罗斯与车臣之间旷日持久的战争和矛盾由此拉开序幕。

我接触到的大部分俄罗斯老百姓都反对车臣独立，主张政府以强硬的态度对待杜达耶夫。

俄罗斯出兵车臣的时候，我去了普斯科夫，莫斯科西北部的一座城市，离爱沙尼亚和拉脱维亚很近。公司在那里有点业务，要我去谈。

这是俄罗斯最古老的城市之一，建城在903年。我在那里只呆了两天，来去匆匆，没有来得及细看那座城市。只记得天气很冷，雪花飘飘，脚下积雪很厚，人们脚步匆匆。白色的教堂在寒风和飘落的雪花中，金色和黑色葱头式圆顶在褐色树干的衬托下，使萧瑟的冬景更显肃穆。

1995年

夏夜噩梦

华人惨遭抢劫的事件经常发生，但我一直只是听说。终于，在1995年夏天，我的老板家里遭到了厄运。那恐怖的一幕，至今我都觉得像是一场噩梦。但当我翻看当年记下的日记时，那一幕幕画面清晰地浮现在我的眼前，我才分明觉得，那不是一场梦。

1995年3月，我开始在周老板的公司当翻译。周经理主要经营文化用品，是一家私营公司。他的夫人及女儿女婿都在莫斯科，和他一起经营，销售的产品是他儿子的工厂在国内生产的。全家人都不懂俄语，但齐心协力，干得有声有色。

我第一次去他们的办公室兼库房，觉得那规模在当时的莫斯科华人中是相当大了。一个大学礼堂，一楼加上复式二楼，足有1000多平方米，都被他们租下，一箱箱的文具分类摆放，堆得满满的。销售中国文具，周家大概是莫斯科第一家。当时大部分中国人都盯着皮夹克、羽绒服和鞋类等，而周家独辟蹊径，找的是冷门，算是有胆有识。记得刚到周家公司工作，偌大的库房显得很冷清，没有几个客户。“行吗，在这里做文具？”我有点怀疑地问。他的女儿女婿也有同样的疑问。“没问题，别看现在冷清，是不到季节。”周老板回答得很肯定。

果然，周老板的判断十分正确。几个月后，俄罗斯人开始知道他的公司，知道这里有上千种文化用品，选购范围广泛，价格也极其便宜。而这时正值俄罗斯所有的学校开学前夕，无论是俄罗斯经销文具的大公司，还是市场上租店的小商贩，以及一些在街头兜售文具的人，都要进货。

周家公司开始热闹起来，络绎不绝的人踏进了我们的仓库，有一次性要几百箱的大客户，也有只要几箱甚至更少的小商贩。公司里所有的人从早忙到晚，周六不休息，有时周日也要加班。但大家都很高兴，因为忙意味着生意兴旺。有时一天的营业额就达到了1万多美元。这在当时特别是对于搞文化用品的商家来说，已经是非常好了，连周老板都说没想到生意会这么好。

为了工作方便，不久我就搬到离公司不远的地方住。这里位于莫斯科植物园附近，有大片的森林，风景优美，空气清新。我每天步行去上班，穿过一片小树林，走到办公室只需七八分钟，如此便利，这在莫斯科简直不敢想象。莫斯科太大了，一两个小时花在上班的路上，那是家常便饭。

周家人通情达理，待人宽厚。女儿和女婿是学电脑毕业的研究生，公司有一台旧电脑，闲暇无事时，便教我使用电脑。那时客户开始增加，每一天几乎都有新的面孔，忙忙碌碌，感觉时间过得很快。

一个星期六，工作结束得比较早，周家人让我去他们家坐坐，吃顿晚饭，说以后有急事打个电话就可以过去找他们。我们一起从办公室走回周家。其实他们的住房离我的住处只隔一条马路，也是一栋高层建筑。莫斯科甚至全俄罗斯这种相似的高层建筑真是太多了，千楼一面，看上去呆板而枯燥，于是幽默的苏联文学家们就编出了那么一部令人发笑而感叹的电影来。

……新年前夕，莫斯科一帮年轻人聚会喝酒。酒后把一个喝醉了的伙伴塞上飞往列宁格勒的飞机。几小时后这个人糊里糊涂地到了另一个城市。他还没有清醒，摇摇晃晃下了飞机，打了出租车，说了地址。非常巧合的是，在列宁格勒既有这么一条街道也有这么一栋楼，而且同他在莫斯科的楼一模一样。更有趣的是他上了楼，拿出钥匙，居然打开了房门。人们看到这里忍俊不禁，但又觉得并非完全虚构。接下来这位不速之客和列宁格勒的女房东及其男友之间发生了一段离奇的爱情故事，在那个除夕之夜……这部电影非常受欢迎，直到现在几乎每一年的新年前夕都会有哪个电台重播，已经成了俄罗斯的新年保留节目。

我给周家讲述这部电影，不觉间就到了他们的住处。

周家租的房子在一楼，进门右拐，楼道阴暗，那扇门看上去似乎不很结实。屋子里见不到阳光，白天都要开灯，室内家具陈旧，地板多处掉漆。周老板说只是图这里上下班方便，别的也就不去考虑了。

屋里有一个四五岁的小男孩，那是他们的小外孙，名叫东东，聪明伶俐，招人喜爱。吃饭时，周老板说第二天要去国民经济中心买一台新电脑，业务量逐日上升，旧电脑很不好用了。那时电脑刚开始普及和更新换代，莫斯科的中国人买电脑的还不多，以我微薄的工资更是不敢奢望，我自然很是羡慕。

告辞周老板一家，走出那栋楼，已是晚上9点多钟，太阳刚刚西沉，天边一片灿烂，莫斯科夏天的黄昏才刚刚开始。我穿过马路，走回自己的住处。周围一片宁静。谁也没有想到，星期日的夜里会出事。

星期一早上我还在睡梦中，猛然被一阵急促的门铃声惊醒了，睁开眼睛，满屋阳光，晃得睁不开眼。看了一下桌上的表，才5点钟。谁这么早来敲门呢？我很疑惑，也突然生出几分担心：该不会是什么歹徒吧？

匆匆穿上衣服，从门镜向外看去，只见周老板夫妇站在门外。我心里顿时升起一股不祥的预感。开了门，没等我说话，周老板就问我："你这里没出事吧，吉娜？"周老板面色苍白，声音异常。"没有，你们……怎么了？出事了？"犹豫中问出了这个问题。

"我们刚刚被抢了，闯进来五个蒙面人，抢走7万多美元。"周老板语气平静，但我却被惊呆了，一直最令人担心的事，真的就这样发生了。我瞪大眼睛，站在哪里，不知说什么好，脑中突然出现了一幕幕只有在电影中才能看到的恐怖场面。

"你住得离我们这么近，担心你这里也出事，所以来看看。我们的电话线也被掐了，无法给你打电话。"周老板的夫人说。

"进来吧。"我才想起来，万分震惊的我竟忘了让他们进屋，"要打电话报警吗？"

"要是能报警，要是报警管用，那就好了。"周老板沮丧地说。

他们进了屋。我接着问："没伤着你们吧？他们怎么样？小东东没事吧？""他这里挨了一刀。"老板夫人指着他的腋下对我说。"不要紧，已经不流血了。"老板说，停了一下，对我说："你给娜达莎打个电话，让她早点来。"娜达莎是公司的职员，工作很认真，人也本分。

电话很快拨通了。娜达莎敏感地从我的语音中听出了什么。"出什么事了，吉娜？"我一时无语，随后说："你来了就知道了。"

周老板夫妇走了。几分钟后我也匆匆赶到他们的住处。踏入楼道，只觉得一股血腥气迎面扑来。每个房间都凌乱不堪，床单上有片片血迹，老板的女儿周娟脸上青一片紫一片，嘴唇肿得老高。他们的儿子东东缩在周娟身边，脸上一副惊恐的表情。

"太可怕了，像一场噩梦。"周娟费力地对我说，"我担心他们伤着孩子和老人，给了他们2000美元，他们根本不甘心，使劲打我们，最后还是从爸爸妈妈那里搜出7万美元抢走了，这是准备汇回家的货款……"周娟没有掉眼泪，她只是把东东紧紧搂了搂，看着她丈夫。

事情的经过是这样：周日周娟夫妇买电脑回家已经是下午五六点了，安装好电脑后，他们又打了点东西，凌晨3点才睡下。睡下不到两个小时，劫匪就进了家，怎么进来的，谁也没有听见。周娟的丈夫被猛然击中头部，醒来根本不知道怎么回事。周娟在梦中，突然觉得屋子里灯亮了，睁眼一看，地上站着两个蒙面人，东东开始哭，丈夫的脸上流着血。两个蒙面人拿刀子比划着不让孩子哭，嘴里喊着美元。他们做贼心虚，进门就掐断了电话线，说话也将声音压得很低。周老板那边屋里也有人逼着要钱，有个人在过道里把守，没有蒙面，很年轻。他负责把两间房屋隔开。周娟给了他们2000美元，劫匪觉得太少，继续拳打脚踢周娟夫妇，另两个蒙面人在周老板那里搜出7万美元后，就扬长而去了。从进来到离开也就一个小时左右，走时天已经蒙蒙亮了。不久，周老板夫妇就去了我的住处。

看样子来人早已对这里的情况了如指掌，知道这一家人当中只有周娟的丈夫是唯一一个身强力壮、有能力与他们对抗的人，才残忍地进门就将他打晕，让他无法反抗。

我不在场，但我能想象出发生的一切多么恐怖。我看着东东，心里十分难过，这么小的孩子，就经历了如此可怕的场面，这对他幼小的心灵会造成多大的伤害！那阴影或许永远会留在他的心里，一辈子。

公司的业务暂时停了，在销售最旺的黄金季节。那一夜我们临时搬到一家宾馆去住，尽管费用昂贵。

接下来是寻找新的住房，新的办公室，新的仓库。然后是搬家搬货。足足折腾了十几天才算安顿好。

周老板一家从此长期住在宾馆，他们宁愿花费比以前多出几倍的钱，只要安全就行。办公室和仓库也换了新地方，是正规的仓库，有严格的管理和保安，费用自然也比原来贵得多。

搬家那天，我又去了周家。穿过那片依然郁郁葱葱的树林，林间枝叶缝隙间透进来的温暖阳光，但那种愉悦的感觉已经荡然无存，眼前总是周家阴暗凌乱的房子，周娟床单上那斑斑血迹，东东被惊吓的小脸。周围的一切这么美丽，但发生的事情却如此血腥残忍。

晚上8点，周老板的一个朋友开着一辆小面包车来了。一个小时后，东西全部装上车，我们又叫了两辆出租车，跟在后面，向宾馆开去。离开这套房子的一刹那，感觉如同逃难一般。

起风了，凉飕飕的，夹着碎雨。车开到大路上，又被一辆警车拦住，要查护照。那个警察疑惑地盯着周娟丈夫额头上的伤口看了半天，又仔细地看了护照，还好，放行了。

我们后来多次回忆和分析8月被抢事件。我们回想起，就在被抢前不久，有几个年轻人曾经到过我们的仓库，当时因为仓库里客户很多，大家都很忙，谁也没有特别注意他们。他们呆了多久，何时走的，都已经想不起来，但是大家都记得，那几个年轻人没买任何东西。很有可能，他们就是抢劫犯，他们早就盯上了我们，了解公司和老板家里的一切情况，并早就商定好了抢劫计划。真是太可怕了！

公司业务慢慢恢复了正常。钱会慢慢挣回来，伤疤也会慢慢愈合，但心灵上所受的伤害和那个血腥的日子——1995年8月17日，将会永远留在周经理全家和我的记忆里。

接下来还有问题；如何防止今后不再被抢劫？即使住在宾馆里，即使仓库和办公室都有严格的管理和保安，仍然没有安全感。是否应该寻求特殊的帮助和保护？

这时我们的一个客户伸出了援手，说他愿意并能够帮助和保护我们。

我看到的俄罗斯黑手党

周老板的公司被抢劫后，立刻将办公室、住处和仓库都搬了家。公司的客户陆续听说了此事，深表同情。最大的一个客户还提出来可以帮助我们，让他的朋友提供保护。

阿斯兰——这家公司经理——是一个年轻的亚美尼亚人，25岁，风度翩翩，精明能干。他第一次来到公司时，看到了周家公司的实力，当下表示愿意合作，直接订购集装箱，而不是只到莫斯科的仓库来采购。周老板为此很兴奋。不久周老板带着我应邀去了他的公司，专门商谈订购集装箱的事。他的公司规模和工作效率及方式，都给我们留下很深刻的印象。

阿斯兰的公司位于莫斯科北城一片树林中，一栋两层砖红色小楼里。楼前有一个小湖，环境幽雅而秀丽。公司租下这栋楼上楼下各一半的地方。一楼是商品展示厅、收款台和仓库，样品井井有条，业务员热情和蔼，客户络绎不绝，好多都来自外地，收款台前排着长队，一看便知公司管理良好，秩序井然，生意兴隆。二楼是经理室和文秘办公室，还有餐厅。餐厅不仅为本公司职员服务，来客也可以就餐，只收成本费。这是我第一次在莫斯科看到这样为客户着想的俄罗斯公司，很惊讶这个年轻的亚美尼亚人这么能干。

前台小姐领我们上二楼到他的办公室，深色的老板桌，灰色地毯，昂贵的办公家具，都显示出公司的实力。

“我做文化用品生意已经好几年了，当初租不起办公室，只租了几间地下室，苦干了三年，慢慢积累了资金，干到了今天这样一个规模。”他很谦逊地对我们说，“怎么样？我这里还行吧？”他把我们带到办公桌后的落地窗前，窗外是一片开阔的湖水，阳光下碧波荡漾，湖水上蓝天白云，站在窗前，美景尽收眼底，令人神清气爽，心旷神怡。

阿斯兰听说我们被抢后，专门前来慰问过，问我们是否需要帮助。被抢的钱根本不可能再找回来，报警也没用，相反还会惹上新的麻烦，因为按当时俄罗斯的规定，居室中不允许存放那么多的现金。阿斯兰的关心让周老板很感动，在我们众多的客户中，阿斯兰是第一个表示关心的。感谢之余，周老板问他，有没有什么好的办法能够防止以后不再被抢呢。阿斯兰说他有朋友可以保护我们。“这些人都是黑手党，有的是刚从牢狱里出来的，他们都是我的老乡，绝对听我的。”他让周老板决定见不见他们。

“见。”周老板毫不犹豫地说。那个恐怖之夜太可怕了，他不想让这种事重演。但他的家人有异议，认为找这样一群人不一定有作用，弄不好可能会从虎口掉入狼穴。“见见面再说嘛。”周老板感到太需要保护了，即使冒险他也要试一试。

约好见面的那天，我和周老板乘一辆出租车，飞快地沿列宁格勒大街向阿斯兰的公司驶去。

天气好极了，晴朗，无风，不冷也不热。周老板却始终心事重重。

抢劫事件后，周老板不仅决定彻底大搬家，并对原来的客户逐一作了分析，凡是有抢劫嫌疑的，都从客户名单上删除了，将不再和他们有任何联系。当然，他对阿斯兰的保护提议也半信半疑。

“吉娜，你害怕吗？”周老板在车里问我。

“不害怕，只是非常好奇，黑手党是什么样？他们真能保护我们？”我说。

一个小时后，我们已经坐在阿斯兰的办公室里。他吩咐秘书小姐给我们端上咖啡，谈话也进入了主题。

“我很同情你们的遭遇。我不希望你们再出这样的事，因为你们的利益就是我们的利益。我希望我的朋友们，也能保护你们。”阿斯兰说。

“他们马上就来，你可以直接和他们谈条件，但有一点要说明：他们的语言能力很差。”

“为什么？”我不解地问。

“因为他们长期坐监狱，甚至半辈子都是在监狱中度过的，亚美尼亚语他们可能不会忘记，但他们仅有的那点俄语忘得差不多了。”

说话间走进来四个人。为首的块头很大，冬瓜脸，招风耳，目光凶狠，充满杀气，那双眼睛让你不寒而栗，让你联想到杀人犯。另外几人个头稍矮，面无表情，大概属于冷面杀手一类。四人就座后，开始谈话。没有寒暄和客套，直接进入了主题。

大块头看来是他们的头，主要由他和我们谈。他说很同情我们被抢劫，表示今后愿意保护我们。“阿斯兰的公司就是受到我们的保护，你们是他的朋友，我们也要保护你们。只有你们好他的公司才会好。”果然，他的这番话说得极慢，很费力，一个个单词似乎是挤出来的，发音也很不标准，很难听懂。

“你们用什么方式保护我们呢？”周老板问。

“我的名字圈子里的人都知道，而且我们都有规矩，莫斯科有许多黑手党，来自不同的地区（现在是国家），在莫斯科占有不同的地盘，比如我们亚美尼亚的势力，有我们的地盘和被保护人，其他黑手党应当知道，因此，”他边说边从口袋里掏出一张名片，“下次再遇到被抢劫时，你就说出我的名字，”他把名片递给我们，“这上面写着，那些人看到这张名片应该不敢动你们。”

一张名片，一个名字，会有这么大的威力？比念咒祷告都管用？

“这种保护方法，你们怎么收取费用？”周老板又问。

“一个月2000美元。”

一阵沉默之后，周老板说：“好，我们考虑考虑。”

那四个人先走了。他们走后，阿斯兰说，他也是定期交给他们保护费，否则他的公司也难免不出问题。俄罗斯的公司都是如此，要定期交保护费，一个没有任何根基的中国公司不找保护人行吗？

周老板回家一路都沉默不语。良久，他问我感觉如何。我说很令人怀疑，一个名字有那么大的威力？上帝都未必有。

周经理长叹一口气，道：“这地方太可怕了，真的是刚逃出虎口，又险入狼窝啊。”

我面前又浮现出那张可怕的冬瓜脸和那双阴森的眼睛，只觉得后背在冒冷气。

周老板将见面的情况详细转告了他的家人，周家全家人决定如何办，这些情况我不大清楚，也没有多问。我毕竟只是个打工的。

不久，我有急事回了国，公司另找了翻译。我回到莫斯科后，受聘于另一家公司，再没有去过周家公司，但时有耳闻，听说周家公司经营得不错。在华人圈里，提起在莫斯科经营文化用品的公司，大家都知道是周家公司。至于周老板后来如何处理与亚美尼亚黑手党的关系，是否受他们保护，交没交保护费，我都不得而知。

反法西斯胜利50周年的红场

1995年5月9日是反法西斯战争胜利50周年，俄罗斯举国热烈庆祝这个节日。那一天，我去了红场。

50周年是一次大的庆典。俄罗斯邀请了很多国家领导人出席这次盛典，我国当时的国家主席江泽民也应邀出席，并发表了长篇讲话。节日前夕，莫斯科北城的胜利广场也竣工了，它是专门为迎接反法西斯战争胜利50周年而建的。胜利广场面积广阔，气势雄伟，中心纪念塔直入云霄，很壮观。很多人去了那

★胜利广场卫国战争英雄（来源：俄罗斯网站ЯНДЕКС）

里，但我还是选择来到红场。

节日的红场游人如织，场面热烈。空中回响着豪迈的苏联歌曲，周围飘扬着无数面红旗。广场东面中央百货商店的高墙上悬挂着巨大的红军战士彩色画，下面写着大字："胜利属于战胜法西斯的人"。游人兴高采烈，三五成群，最引人注目的是随处可见的卫国战争的功臣们，他们大都是头发灰白的退役军人，在这一天都穿上军服，胸前挂满了奖章。卫国战争的英雄们个个神态自豪，情绪高昂，手捧鲜花，胸前的奖章在阳光下熠熠发光——那是他们为祖国做出历史贡献的见证。很多游人拉住他们，请他们和自己合影留念。

1995年，俄罗斯正经历着剧变带来的各种问题，经济不振，商品奇缺，道德沦丧，社会不安，犯罪抢劫事件层出不穷……社会剧变把社会最底层的污泥浊水全部搅起，莫斯科一度成为世界上最不安全的地方之一。这一切使俄罗斯人民经受着巨大的苦难，也使闯荡俄罗斯的华人经历着难以想象的艰难曲折。

那一天红场上的人们是高兴的，快乐的。他们都沉浸在过去的胜利和荣耀中，暂时忘掉了眼前的问题和烦恼。但在我离开红场时，就在离红场不远处的地铁口，街巷边，我看见站在那里的衣衫褴褛的乞讨者，看见他们憔悴的面孔和木然的神情，我在想，历史代替不了现实，多么辉煌的过去，也掩盖不了今天的问题。俄罗斯不只需要纪念过去的胜利，更需要走出现在的困境，解决现实问题，让人民过上好日子。

那一天我还看到，红场的东北角正在大兴土木，在那里要重建基督救世主大教堂。这座大教堂曾经是为纪念1812年打败拿破仑而建造的，历时50年才建成。它曾经是莫斯科最宏伟的教堂之一，庄严恢弘，但在1931年12月5日，在当时狂热的反宗教情绪中被炸毁了。苏联当局曾设想在那里建造一座50米高的立有列宁塑像的苏维埃宫，但未能实现。1995年1月7日，在俄罗斯旧历圣诞节那天，大教堂正式开工重建。两年后，即1997年9月，在莫斯科建城850周年前夕，基督救世主大教堂的重建完工了。

红场就像一面镜子，它的每一个变化，都折射出这个国家和民族的历史变迁。

我的海外免税公司

在莫斯科经商的华人，卖掉货物后，如何尽快将货款安全汇回国内，是一个很大的问题。首先，收到的货款全部是卢布，卢布是不能放在手里的，汇率变化无常，尽早将卢布换成美元才会放心。其次，这里的销售方式很特别，大都是一手钱一手货，转账支付很少，因为转账必定要缴税，还需要时间，而在转账期间卢布很可能又贬值了。另外很多华人都是个体，没有公司，租个摊位就卖货，哪有什么银行账号，即使想转账也不可能。由此就产生了上面提到的问题：如何尽快地安全地将货款汇回国内。这个问题令很多人头疼，特别是做皮夹克和其他生意的大户，他们汇款频繁，数额巨大，钱若不能及时汇到国内，整个生产销售链条就会中断。

10月的一天，一个朋友问我，有没有办法帮他将货款汇回国内。他是国内一家皮夹克厂家的代理。“俄罗斯的公司行吗？”我问。我记起有个叫安德烈的俄罗斯人，以前从他那里帮一家中国公司汇过款，我去帮忙做的翻译，幸好他的电话还记在本子上。“行，只要可靠。”于是我拨通了电话，正是安德烈本人接的。“啊，是你呀，你的俄文说得……我以为是个俄罗斯人呢。”安德烈开玩笑地说。“还可以从你那里往中国汇款吗？”我问。“没问题，手续费照旧。”我告诉了我的朋友，他很高兴，约好第二天就去。

第二天上午我们去了安德烈的公司，将5万美元交给他，临走时我还问了一句：“没问题吧？”安德烈说：“放心吧，我们这是海外公司，免税，不会有问题。”

海外免税公司？我第一次听说这样的公司。

钱汇出去几天后，我的朋友每天都打电话回国询问，国内的回答总是“没有”。他很着急，就打电话给我。我也急，再打电话给安德烈。是我找人汇的款，万一真的出了问题，5万美元，我想赔也赔不起啊。通常三天就可以汇到了，现在早已过了三天，难道真的出问题了？终于在第七天的时候，我们又去了一次安德烈那里。

“钱还没有收到？”安德烈很惊讶。他拿起电话，当着我们的面拨通一个号码询问此事，对方回答说，钱早就汇出了，汇款单记录得很清楚。片刻后一个年轻人把汇款单送来了。我们看着汇款单一脸茫然：既然早就汇出去了，那为什么国内没收到呢？“有时候会耽搁几天，再等等吧，绝对不会出问题。”安德烈说。

回到家里，天色已暗。汇款的事搞得我心神不定，压力很大。我正坐在厨房的餐桌边胡思乱想，电话响了。拿起听筒，是我的朋友，“款收到了，国内刚来了电话，放心吧。”听到他这样说，我心中一块石头才总算落地。

但自此以后我不再通过安德烈帮助别人汇款，我没有任何好处，还担着很大的风险。可是海外免税公司是怎么回事？我很想搞清楚。

我在报纸上看到了这样的广告：注册海外免税公司（或称“离岸公司”），便捷，安全，合法，价格合理。我按照其中一个广告的地址找到注册海外免税公司的人，询问了他们很多问题，了解了这种公司的用途、好处。这才知道莫斯科自1991年出现第一家这样的公司后，现在有很多这样的公司在运转。很多人注册海外免税公司，就是为了解决自己公司的资金转汇问题。其实，我理解这样的公司主要可以合法避税和免税，安德烈的免税公司，就是这样的公司。

当时我有点心动，我为何不注册这样一家公司呢？很多华商都在为汇款发愁，有了这样的公司，完全可以合法为他们汇款，汇款的数额也不受限制。注册公司的费用呢？接待我的小伙子告诉我1980美元。最后一个问题：外国人可以在莫斯科注册这样的公司吗？答曰：“没问题，只要你持有有效护照。”

我考虑了几天，又来到那家公司。我决定注册一家海外免税公司。当然如果真的没有问题，我可以帮助华商汇款，自己也可以挣到一些钱，但是最重要的是我那份好奇心，我想亲身实践，看看海外免税公司究竟是怎么回事。

还是那个小伙子，他知道了我的决定，立刻拿出一个海外免税公司的全套文件和一个沉甸甸的钢印，所有的海外免税公司早就“造”好了，他们只是出售而已。给我的这个公司是加勒比海岸袖珍国家伯利兹的。我交了钱，把文件拿在手里，心中仍有一丝怀疑。年轻人告诉我，刚刚“买”的这个公司的银行账号开在维尔纽斯银行，一切事情都要通过它在莫斯科的代理行去办理。接着详细告诉我如何操作，哪一种是汇美元的单子，代码是什么，哪一种是汇卢布的单子和代码，如何填写汇款单，以及代理行的地址等，汇款时全部要用英文填写，款项代号、密码等等都不能写错。嗯，非常复杂！听得我头都大了。但是我现在必须仔细地、丝毫无误地全部记下，否则将前功尽弃。临走，那个年轻人还告诉我，文件上有一个地方没填写，“不会影响你使用它，这样哪一天你不需要这个公司时，再来找我，我可以帮你卖掉。”“好，到那时给你一份提成。”我半开玩笑地说。

很快我就开始了第一次操作。一个熟人需要汇款。晚上在家里填写汇款的单子足足耗费了我一个小时，查英文字典，核对各种数字、地址等，一定要绝对正确。第二天拿着文件和汇款单，和汇款人一起去了银行。要汇的款首先要存到我的美元账户上，然后再汇到指定地点。然后一定要将填好的汇款单用传真发到维尔纽斯。

完成这一切之后，我开始等待，心里还是有点忐忑不安。第三天，那个朋友告诉我，国内已经收到那笔汇款了。我当时真是高兴极了，我居然操作成功了。在那之后一段时间，我通过我的海外免税公司给不少人汇过款。

“越南楼”和“莫丹”

“越南楼”和“莫丹”是莫斯科当时两个有名的中国皮货批发基地。“越南楼”在城北，离灰线地铁站彼得罗夫斯克—里亚茹莫夫斯卡亚地铁站不远，这个地铁站的名字是莫斯科所有地铁站中最长的；“莫丹”则位于城南，离梁赞大街地铁站很近。

“越南楼”是中国人对那栋楼的称呼，虽然那栋楼的主人是中国人，但开始在里面做生意的大都是越南人，因此就称其为“越南楼”，其实主要还是中国人在那里做生意。中国人不仅在里面做生意，也在里面吃住，就是说生活在里面。卖货、睡觉、仓储、吃饭都在一个地方，那里的条件和卫生状况可想而知，但我第一次去那里，还是为那里的脏乱差感到震惊，那里的状况和难民营没什么区别。

那是马路边一座四层的灰色大楼，走进去，一股难闻的气味迎面扑来，不很宽的楼道污迹斑斑，到处是成包的皮衣，有些挂在走廊的墙上；厕所脏得无法踏入，下水道不通，污水流到了走廊上，刺鼻的臭味在楼道里扩散；各间屋子里全部是皮货：一大包一大包的皮夹克，从地板一直堆到顶棚；由于皮夹克很沉，有时楼上的货会把屋顶压弯，楼下的房间里都看得清清楚楚，那屋顶有一种随时会被压塌的感觉，危险赫然就在眼前。墙角处支着上下层的床板，那是他们睡觉的地方；木地板早就看不出颜色，墙壁很脏，把这样的地方当作仓库可能都不合条件。卖皮货的华人就生活在这样的环境中。他们做饭用电炉，把房门一关，有时还炒上几个菜，喝上几盅。来批货的人一般上午10点开始出现，晚上10点还会有人来，不定时，没有规律。因此那些人的生活作息也就是这样，睡得晚，起得也晚。

“越南楼”就是这样一个集吃、住、卖货于一体的华商聚居地。条件简陋，环境恶劣。但就是这样的地方，不仅楼里的每个房间都租了出去，还有人想租都租不上。

在这里经商的中国人既有个体倒货的，也有不少国内厂家直接派来的员工和代理，还有在这里留学的大学生研究生等。

“越南楼”里的中国人（还有越南人）不仅在楼内批发皮衣等商品，还可以在离这里不远的一个大市场租摊卖货。那个市场是莫斯科城北一个有名的市场，它的名字与地铁站同名，很长，我不再重复了。市场每天5点开张，来自俄罗斯各地的人已经蜂拥而入，开始挑选他们要买的商品。因此“越南楼”里在市场上租了摊位的人，就会早早起床，将货物拉到大市场。一般到中午，最红火的买卖就会结束，他们也收摊，将没卖完的货再拉回到“越南楼”。他们非常辛苦，货物每天都要拉来拉去，虽然市场离越南楼不很远，但拉着沉重的皮衣或是其他商品，很是艰难，而且那些货还要在“越南楼”里搬上搬下。

“莫丹”是几个中国皮夹克大户一起租下的一栋大楼，那栋楼以前是某大学的学生宿舍，很高，周围都是居民楼，环境幽雅，楼里面也比较宽敞，条件比“越南楼”好得多。这里开张不久，生意就火爆得要命，人们都涌向这里买皮衣，甚至“越南楼”和其他批发市场的人也从这里进货。但好景不长，周围居民开始抗议，主要理由是扰民，车来人往，吵得他们日夜不得安宁。他们联名要求区政府和市政府出面关闭这所大楼。随之而来的是税警时常光顾这里，动辄找理由检查和查封大楼，停止营业。里面的华商都受不了：交了不便宜的房租又被迫停业，一停就是几天，货物积压，资金不能周转，眼看都要赔钱。有一次我陪一个朋友去那里找人，刚好碰到警察查封大楼，身高体壮的警察站在门口不放任何人进去，很多来买货的人都怏怏而回，里面和外面的中国人都忧心忡忡。事隔不久，就传出这栋大楼要被彻底关闭了，楼里上百家皮夹克华商人心惶惶。没有了批发基地，他们上哪里卖皮衣呢？后来传来消息，在城南更远的地方，找到了两栋大楼，那里原来

★莫斯科市场里的华人

是某军队的住处，地点相对独立，有砖砌的围墙，宽敞的院子，周围居民大楼离得较远，不会再产生扰民问题，于是所有的华商眼睛都瞄向了那里。几年来，所有做皮夹克的华人越来越清楚，只要有批货据点，哪怕再远，哪怕租金再贵，哪怕摊位再小，都不是问题，只要有立锥之地，货走起来，哇，暴风雨般！钱也就像雨点般地落下来！没有经历过或没有亲眼见过的人，真的难以置信。这个地方怪了，需要那么多的皮夹克，经久不衰，经营皮夹克的大军眼见也越来越壮大！

那个代替“莫丹”的新的皮夹克批发地，就是后来有名的“兵营”。

1996年

★鹰城市标（来源：俄罗斯网站ЯНДЕКС）

鹰城老华侨的辛酸经历

鹰城的名字是奥廖尔，鹰是它的词意。

这是一个中等城市，四十多万人口，位于莫斯科西南，坐火车六个小时就可以到了。鹰城人口虽然不多，但面积不小。城市干净整洁，一条河流从市中心穿过，两岸林木郁郁葱葱。鹰城的气候比莫斯科暖和，冬天虽然也很寒冷，却经常艳阳高照，不像莫斯科那样，几乎整个冬天都处于阴沉的天空下。

★鹰城市容（来源：俄罗斯网站ЯНДЕКС）

鹰城的中国人不多，只有一所大学里有几个中国留学生，此外还有一家中俄合办的中医诊室。仅有的十几个中国人相互之间都认识和往来，于是也都知道，鹰城有两个中国老华侨，他们在这个城市里生活多年了，早已融入当地社会，而且能说一口流利的俄语。很快，这里的中国人就认识了他们，在许多事情上请他们帮忙。

1995—1996年间，我常常往返于鹰城和莫斯科之间，于是也认识了这两位老华侨，知道了他们的一些故事。两位老华侨在俄罗斯的坎坷经历，让我一直感叹不已。

老郭当时在鹰城中医诊室当翻译，我就在那里认识了他。他中等个头，50岁上下，两鬓已经灰白，穿一身旧棉服，人看上去很随和，但两条腿有毛病，走路僵硬，膝盖不能弯曲，整个人像架在两根棍子上。“我每天走到这里都要费很大劲，腿不听使唤。”第一次见面时他就这样对我说，一边掏出手帕，擦去额头上的汗水。

老郭很早就来到苏联，我也没搞清楚，他是怎么来的，只知道他老家在东北，父母早年去世，家乡也没有其他亲人，来苏联后，就再没回去过。他曾经在西伯利亚生活了多年，在那里做森林伐木工，并和那里的一个俄罗斯姑娘结婚成家。老郭那时年轻气盛，是干活的一把好手，也是喝酒的能手。一次和朋友们聚会，酒喝了很多，大家又打赌起哄，说看谁敢跳下河去游泳。正值初春，天气相当寒冷，河面上的冰雪刚刚开始融化。但老郭逞强好胜，说“这有什么，看我的”。他借着酒劲，脱掉皮衣和身上所有的衣服，只穿一条短裤，扑通跳入了水中。由于喝多了酒，神经已经麻木，在冰水里，老郭很快冻僵了，差点儿淹死。大家把他拖上岸，送回了家。回家后老郭就病倒了，连续高烧三天三夜，等病好后，他的腿就再也不像是自己的了，几乎没有感觉，走路永远像是踩在棉花上，飘飘的。“我几乎成了一个废人，只能像个老太婆蹒跚而行，干不了任何重活。后悔莫及啊……”说这话时，他直叹气。他做不了伐木工了，只好做守林员。后来老郭和第一个老婆离了婚，那原因肯定和他的腿有关。再后来他经人介绍认识了现在的老婆，并与她搬到了鹰城，在这里安下了家。

第二个老婆也是再婚，带来一个儿子，又和老郭生了一个女儿。他们在鹰城的日子最初几年过得不错，老婆有工作，他有一份退休金，住的是分给他们的一套三居室的公寓。苏联解体后，房子就成了他们的私有财产。

苏联的解体使社会变得动荡不安，人在这种环境中也变得复杂。就在这时，他老婆另有打算，背着他把房子卖了，私自拿走了所有的钱，带着儿子和女儿离开了老郭。老郭转眼间变成一个一文不名、居无定所的穷光蛋。他只得借住在一个熟人家里。后来他听说老婆被人杀了，而杀人凶手正是她自己的亲生儿子。其中的原因谁也不知道。

老婆死了，老婆的儿子跑了，下落不明，房子卖给了别人，只剩下那个小女孩儿，于是老郭把女儿接来抚养，那一年女儿才三岁。

老郭的境遇真惨，让人不敢相信这是真的。他人看上去能耐不大，但老实厚道，怎么这些倒霉事都让他遇上了？现在他和女儿租住在朋友家里，靠微薄的退休金生活，很不轻松。中医诊室开办后，聘他做翻译，可以挣些钱，他和女儿的生活也稍微好了一些。

老郭很愿意在诊室做翻译，除了能挣一些钱而外，还因为他曾经寄很大希望在这里治好自己的腿，诊室的中国大夫自然很用心，给他针灸加推拿，治过几个疗程，但遗憾的是没有什么效果。

我去过老郭家一次，家里的破败比我们想象的还要糟糕。那套一居室的公寓位于城西一栋破旧的大楼里，屋里乱得一塌糊涂，东西全部堆积在床上、桌上、地板上，而且几乎全是破烂。厨房里也是又脏又乱，无处下脚，他的小女儿正站在那个放满杂物的小桌旁喝酸奶。我们站在屋子中间，连个坐的地方都找不到。没想到那也是我最后一次见到老郭。

我是偶然从熟人嘴里听说老郭死了。那时他已经死了两个月了。这个消息让我惊讶万分。我问熟人老郭是怎么死的。“谁都不知道他究竟怎么死的，听说那天晚上，他在自己家中突然感觉很不舒服，小女儿还挺机灵，赶快叫来了邻居，邻居进门看到他时，人已经没气了。警察来查了半天，也没查出个结果。就把人埋了。”

我脑海中即时浮现出那个脸色苍白的小女孩，她在脏兮兮的厨房里喝着酸奶，她刚刚六岁，已经成了一个孤儿。“那他的女儿怎么办呢？”“她有一个姨妈在莫斯科，姨妈同意领养她了。”

一个中国华侨就这样走了，一把老骨头永远留在了异国他乡。

他的女儿将来会如何？那个小女孩会记得她的爸爸是个中国人吗？每当我想起这些，眼前总浮现那个穿一身旧棉服，走路像拖着两条机械腿的老郭。

另一个华侨是个德高望重的老人，曾参加过苏联的卫国战争，也在国内中央机关工作过，名叫沈谦。我认识他时，他已经有八十高龄了，但气宇轩昂，头脑清晰，思路敏捷，声音洪亮。他夫人是俄罗斯人，与他同在中国工作过，在两国关系交恶时，无论他还是他的夫人，都受到过很多磨难。沈谦曾被怀疑是苏修特务，坐过监狱，历经坎坷。出狱平反后，与老伴定居在鹰城。

沈谦虽然一直持中国护照，但按照苏联政府的规定，凡参加过卫国战争的人，都享有政府的优惠待遇，所以沈老分到了一套不错的住房，而且每月可从政府那里领取优厚的养老金。

中苏两国关系隔绝近30年，沈谦也有很长时间无法回国。两国关系解冻后，沈谦终于可以回国了。1994年他兴高采烈地偕老伴回国。那时苏联解体不久，俄罗斯处于最动乱的时期。他上火车后，在等待开车时，两个莫斯科小流氓突然蹿上来，手拿刀子，威逼沈谦把身上的钱掏出来。他们以为沈谦不过是个做生意的中国老头，吓唬一下就可以弄到钱了。沈谦哪吃这一套，他掏出参加过卫国战争的荣誉证书，啪的一声放在桌子上，厉声喝道："你们想对一个为反法西斯战争作过贡献、流过鲜血的老人干什么？"那两个小盲流没想到这个中国老头说一口这么好的俄语，还有什么荣誉证书，反被镇住了，灰溜溜地下了火车。

就是那次回国，沈谦看到阔别多年的祖国变化如此之大，感触极深。他和夫人回到鹰城后，我和熟人去看望他们，老两口兴致勃勃地讲了好多在中国的见闻，对中国改革赞不绝口。中国的经济改革蓬蓬勃勃，成果卓著，商品丰富，物美价廉，对比时下的俄罗斯，不可同日而语。沈谦夫妇对此感叹不已。从那以后，沈谦几乎年年都要回国看看。

沈谦和他的夫人结婚几十年了，感情很好。但遗憾的是一直没有孩子。后来他们收养了孤儿院的一个女孩，把她当作亲生女儿抚养成人。但世事变故令人难以预料，就是他们辛辛苦苦养大的这个女儿，后来却给他们的晚年带来了莫大的伤痛，或许也是他们夫妻最终分手的原因之一。

玛莎是沈谦夫妇的养女。他们很疼爱她，在她身上倾注了全部心血。玛莎也没有辜负养父母的期望，不仅学习好，而且孝敬老人。她大学毕业后，成了家。丈夫很英俊，在单位也很能干，国家分配给他一套三室的住房。不久他们的儿子出生了，两年后又添了一个女儿，日子过得挺美满。沈谦夫妇常常看着膝下的外孙外孙女，颇感欣慰。但不想祸从天降。

玛莎的丈夫不知何时有了外遇，看上了和他一起工作的一个女人，瞒着妻子与那女人经常来往，而玛莎却被蒙在鼓里。后来那个女人怀了孕，玛莎的丈夫劝她打掉孩子，但那女人死活不干，吵着要玛莎的丈夫离开玛莎，与她结婚。就在这时，玛莎才知道了这件事。从此家里硝烟四起，不得安宁。

一方是在同一个单位工作的情妇，死活缠着玛莎的丈夫，另一方是天天和他吵架的玛莎，玛莎的丈夫陷入两难境地：离婚吧，舍不得一对宝贝儿女，也愧对妻子；不离吧，那个女人也快给他生下孩子了。此外自己的父母也天天责骂他，岳父岳母对他也冷眼相待。他觉得活得好累，找不到出路，精神就要崩溃了。在一个阳光灿烂的上午，家中无人，他站在窗前，思前想后，怎么也无法摆脱眼前这些烦恼，于是觉得不如跳下去死了好，"我看你们再和谁去闹！"就这么一个念头，神差鬼使般，他真的从窗口跳下去了……

和我们谈起这件事时，沈谦说："真惨，我们闻讯赶去，只见地上的尸体已经变得那么小，因为他跳下去头正砸在水泥路面上，整个头和脖子都被挤进了胸腔，一米八的个子，变成了那么小的一个身躯……"

沈谦夫人眼睛通红，还在不住地擦眼泪，"他真是想不开，自己一死了之，却毁了两个女人和孩子，还有两家的老人……”

玛莎丈夫的父母年迈体弱，靠养老金生活。儿子的家庭危机和突然闯入儿子生活中的另一个女人，几个月来已经让他们心力交瘁，如今儿子跳楼自杀，犹如雪上加霜，给老两口以致命的打击。

丈夫的自杀也使玛莎惊呆了。她没有想到高大强壮的丈夫原来这么脆弱，夹在两个女人之间竟然选择了死亡。她后悔了，后悔自己把丈夫逼得没有了出路，她想如果早知事情会是这样，她宁愿和丈夫离婚，愿意把丈夫让给那个女人……然而现在一切都晚了，丈夫已魂归西天，她，成了寡妇，一双儿女没有了父亲。

另一个女人也整天以泪洗面，她的孩子快出世了，但这个幼小的生命还未出世，就已经注定是一个孤儿……

丈夫跳楼自杀后，玛莎就整日呆坐着，后悔，流泪，胡思乱想。她无心上班，无心照料孩子，无心做任何家务。痛失儿子的爷爷奶奶，眼看着孙女孙子无人照管，长此以往将会沦为街头流浪儿，于是将他们接到自己家中抚养。老两口每天给孩子们做饭，送他们去学校，督促他们学习，担负起了父母的责任。

沈谦老两口看到玛莎变成这样，也心急如焚。他们常来看她，安慰她，劝解她，希望她振作起来。但玛莎却从此再也没有振作起来。

玛莎后悔之余，又非常恨那个曾经是她的丈夫的男人，觉得他是个懦夫和胆小鬼。家中再也没有争吵，但她却觉得寂静可怕。她开始酗酒，抽烟，整日神情恍惚。酒精成了她解脱痛苦的救命稻草。她从此再也离不开酒精的麻醉，很快，家里仅有的积蓄花得精光。没有钱买酒，她就开始变卖家里的东西。有一天沈谦老两口去看她，那情景让他们大吃一惊：短短时间里，屋子里已变得四壁空空，玛莎满脸通红，倒在地上烂醉如泥。邻居说，她不仅独自在家酗酒，而且已经和街上的酒鬼混到了一起，常常看到玛莎在马路上酗酒。此情此景，令老两口极其失望和痛心，他们觉得辛辛苦苦养大的女儿玛莎，已经无可救药了，已经死了。

孩子被爷爷奶奶接走后，很少回家，爷爷奶奶不愿意让他们看到酒鬼妈妈。而玛莎似乎也完全忘记了她还有一对儿女。直到有一天，她在街上看见了他们。

那一天玛莎和几个酒鬼坐在汽车站的长凳上，一个男酒鬼捡了路人丢弃的半瓶啤酒，他们正轮流喝着，这时她看见她的一对儿女穿过马路，正朝他们坐的这边走来。她那时还清醒，看见女儿直看她，并听见女儿对身边的哥哥说，那个女人好像是妈妈，儿子看了她一眼，说那不是妈妈。两个孩子走过去了，从她眼前。玛莎站起来，很想喊住他们，但又坐下了：她已经沦落为街头乞丐、酒鬼，她如此衣衫不整，蓬头垢面，她觉得愧对儿女。……那天，她流泪了，流泪后是更加疯狂地饮酒，她比以前更需要酒精的麻醉。

沈谦的养女玛莎的故事令人心痛。我不能想象受过高等教育的玛莎，竟然能和街头的酒鬼、流浪汉混在一起。一颗受到伤害的心从此就这样沉沦了？两个孩子就这样成了孤儿？

那天晚上我从鹰城返回莫斯科。一个熟人送我去火车站，他是沈谦的好朋友。在一条马路上，我们被路边一男一女两个要饭的拦住了，他们面色通红，满身酒气，衣衫肮脏，浑身散发出一股令人作呕的难闻气味。那个女人把一只手伸到我面前，我顺手掏出几个卢布，放在她的手里，赶紧走了。沈谦的朋友赶上我，说："那个女人是谁，你知道吗？"我愣了一下："是玛莎？""就是她，我认识她。""是吗？"我赶紧转回身，想仔细看看玛莎。在路灯下，那个乞讨的女人坐在汽车站的长凳上，手里夹着一支香烟，正把一个瓶子递给旁边那个男酒鬼，随后他们站起来，女人把烟头扔在了马路上，摇晃着走了。

她，就是玛莎，曾经拥有过那么美好的生活，两个漂亮孩子的母亲，善良的华侨养父和俄罗斯养母的女儿。如今她的生活是在鹰城的马路上乞讨、酗酒。

养女玛莎的沦落，使沈谦老两口深感痛心。没想到的是，他们共同生活了大半辈子，此后他们之间的关系也出现了裂痕。

不知从何时开始，感情很好的老两口变得爱吵架了，而且吵起架来互不相让。沈谦觉得老伴的脾气变了，变得古怪，让人无法忍受，而老伴觉得，自己年迈多病，丈夫不体谅她，没有男人的风度。就这样吵了几年，双方感情越来越冷漠。维系了几十年的婚姻，眼看是再也维持不下去了。这时，沈谦提出回国定居，因为俄罗斯经济每况愈下，物价不断上涨；多年在俄罗斯，他也深感寂寞和孤独；玛莎的堕落，更使他伤心和失望；与老伴的不断争吵，也让他心烦。他觉得在这里除了烦恼，已经没有任何牵挂和留恋。回国不仅生活会好得多，而且有亲朋好友可以往来。人老了，很怕孤独。但老伴无论如何不愿同行，执意要留在鹰城。以此为契机，两个人就分手了。

沈谦回到了北京，打算在这里安度晚年；老伴留在鹰城，一个人孤独地生活；而玛莎仍天天沦落街头，酗酒，乞讨。

叶利钦竞选，连任

是年六七月，当我不断奔波于莫斯科—奥廖尔之间时，俄罗斯正忙着选举总统。或者换句话说，叶利钦正在竭力争取总统连任。在这一年的2月叶利钦去叶卡捷琳堡时，就已经正式宣布将竞选连任。

叶利钦的第一任期1992—1996年，一晃就过去了，旧帝国的废墟上没有长出任何令人欣慰的东西，一眼望去，还是一片荒芜，百孔千疮，惨不忍睹。休克疗法的恶果仍在延续，1995年与1991年相比，俄罗斯国内生产总值下降了近

50%，经济仍是负增长，百姓生活更加困苦。私有化没有给这个国家带来任何生机，只是造就了几个寡头，财富的绝大部分都集中在他们手中。而叶利钦在四年之间换掉三个副总理，每一次都将所有责任推到他们身上，以此平息来自各界和群众的批评。1996年1月刚刚撤掉丘拜斯第一副总理的职务，随后还发表了令人哭笑不得的名言："全是丘拜斯的错。"

这就是第一届总统任期结束时的状况。可想而知，大多数百姓对叶利钦力求连任抱持什么样的态度。当时的民意显示，他的支持率仅有5%，这已经充分表明，叶利钦想连任并非易事。然而，对叶利钦来说，这还不是最大的麻烦，最麻烦的是他的健康状况，他的心脏病越来越厉害，发作间隔越来越短。就在第二轮投票前几天，他的心肌梗死又一次发作了，这已经是一年之内第五次犯病了。越来越频繁的心脏病发作，已经使他很难履行总统职责。他心里很清楚，就他的健康状况而言，他已经丧失了竞选总统的资格。但他仍想继续做总统。他绝不想把权力拱手交还给共产党。因此叶利钦采取了一系列措施。最重要的是对他的健康严守秘密，不让任何媒体泄露。此外的一个重大措施是与寡头妥协，达成秘密协议，取得他们的支持，这一点也不难办到，他们当时相互需要，一个谋求继续执政，一个想得到更多的钱，所以一拍即合。

但是光有这一点还是不够的。选举前的状况是，支持率位居第二的共产党主席久加诺夫，已构成了对叶利钦的威胁；而居第三位的，是不久前刚刚冒出的政治新星列别德将军。列别德将军1952年出生，性格豪爽，但年轻气盛，有勇无谋。他曾在阿富汗作战，其间曾任某部司令并荣获过最高奖章。后来获得四星中将军衔。其后由于他参与组建俄罗斯公众大会，被前国防部长格拉乔夫以军人不能从政为由逐出军界。列别德结束了25年的军人生涯，从此全力投入政治活动中。1995年10月18日，列别德宣布开展"荣誉与祖国"运动，同年底当选为俄罗斯杜马下院议员。1996年他决定参加总统竞选，在6月的投票中他的得票率居然名列第三位，一时成为风云人物。他的支持者基本是军人、警察和安全部门的人员。美国也对他公开示好，曾单独邀请他访美。这一切都使人对这位政治新星刮目相看。

然而叶利钦对这位老兄没有什么好感，但是迫于当时的形势，叶利钦也不得不放下身价，屈尊数次邀请他到克里姆林宫会面，对他大加褒奖，并直言不讳地说"为了俄罗斯"，他需要列别德的支持，同时施以好处，任命他为国家安全会议秘书、总统国家安全助理及俄总统驻车臣的全权代表。为了紧紧抓住列别德，叶利钦毫不留情地解除了格拉乔夫的国防部长之职。他深知列别德与国防部长格拉乔夫有矛盾。那时距最后的投票选举只有两周左右的时间。

叶利钦此法立竿见影，列别德退出了总统竞选，转而支持叶利钦。老谋深算的叶利钦又走了一步高棋：许给列别德小小的官位，就将他和他的支持者完全拉到了自己一方，大大增强了自己的支持率，加大了胜出久加诺夫的筹码。这是叶利钦竞选连任中关键的一招。记得当时看到一张小报，上面有一幅漫画，很有意思：叶利钦的餐桌上，一个盘子里有一只插着刀叉的烤鸭，旁边写着一行字：列别德（俄文意思为天鹅）成了叶利钦餐桌上的一只鸭子。叶利钦是个政治高手，列别德成了他的牺牲品；他有勇无谋，终究成不了天鹅，只是一只鸭子而已。叶利钦再次当选总统后不久，不再需要列别德，就以他“犯了一系列不能容忍的错误，采取了一系列未同总统协商的行动”为由而解除了他的职务。

此外，在这次选举中，另一个因素也为叶利钦连任起到了作用。1995年俄罗斯总理切尔诺梅尔金发起成立“我们的家园是俄罗斯”，新的“权力党”虽然在当时的杜马大选中没有能够取得多数席位，但在一定程度上确实起到了牵制以俄罗斯共产党为首的左派政治势力，从而为叶利钦胜出创造了一定的条件。

当然，不要忘记媒体的作用。媒体的作用是巨大的，媒体让叶利钦这个病夫以一个健康而充满活力的面孔出现；媒体大谈旧体制的弊端，引发大众的恐共心理，等等。舆论导向起了很大的作用。因此有人说，1996年叶利钦大选的胜利其实是媒体造势的胜利。这话不无道理。

不管怎么说，这个身材魁伟的农家儿子，酗酒者（在访美和访华期间由于酗酒而丑态百出），休克疗法的失败者，不断换马使人眼花缭乱的第一任总统，严重的心脏病患者，最终还是完满收场：1996年7月3日他再次连任成功，尽管是以微弱多数获胜。几个月后，即1996年11月5日，他安心地躺在医院里，接受心脏搭桥手术去了。

有钱却孤独的女律师

加琳娜是我的第二个房东。她是个女律师，经朋友介绍我认识了她。

加琳娜身材苗条，穿戴入时，额头上别着一个天蓝色的蝴蝶结发卡，衬在金黄色的头发上很耀眼。她看上去最多40岁，“我已经50多岁了。”我第一次去看她的房子时，她笑着告诉我，眼角显出了皱纹，但神情得意，像个天真的中学生。

她出租的不是单独公寓，而是一间18平方米的房间，同一个公寓里还住着另一个俄罗斯人。她的住房地点几乎可以说在市中心，离地铁站也不算远。在一栋五层旧楼房的顶层。贴着浅粉色壁纸的屋子空空荡荡，只有一个红色的沙发床、一个红色的小圆桌和两个红色的旧沙发。高高的屋顶上有一盏昏暗的灯。

“我刚刚搬了家，公司给我买了一套两居室的新房。”她在一家有名的律师事务所工作，我来之前就听说了。

“你们公司很有钱吧？”我随便问了一句。

“还可以，我一个月的工资是600美元，马上还要给我涨工资，不给我涨我就走人，另一家公司答应给我800美元一个月。”我心里吃了一惊，没想到俄罗斯还有这么有钱的公司和这么能干的女人。我想起我的第一个房东瓦莲季娜一个月的养老金才合50美元，女律师真的算是很有钱了。

“厨房、卫生间和走廊都是两家合用，还有电话。”她说，“但你不要担心，我的邻居人很好，刚刚退休，常常住在别墅里，一个夏天都不回来，所以你在这里和一个人租一套一室的公寓没有什么区别。”她将我领到厨房和卫生间，详细告诉我浴室的热水器怎么用，浴室的热水器是燃气式的，“莫斯科安这种热水器的住宅楼很少，虽然用起来费点事，要点燃它，但是每年夏天别的地方都停了热水后，你还可以随时洗热水澡，这是它最大的优越性。”她说，“吉娜，千万记住，头发一定不能从浴盆的下水道冲走，那会堵死下水道，大水会把我们淹死。”她夸张地说，我笑了，她也笑了。

几天后我搬来了。加琳娜和一个身材魁梧的俄罗斯男人帮我将天花板上的灯泡摘下来，换上了一个瓦数较大的灯泡，又挂上了粉红色的窗帘。拉开灯，房间里顿时显出几分温馨。

那男人干完这些活就走了。我沏了一壶茶，请女律师坐下。她点燃一支精致的女士香烟，很细很长，夹在食指和中指之间，吸了一口，优雅地喷出烟雾，抿一口茶，和我聊了起来。

“俄语很难吧？”她知道我是公司的翻译。

“是的，怎么也说不了那么地道。”

“没关系，能学得很好。我也不是纯俄罗斯人，你看我现在俄语说得和他们一样好，工作比他们干得还好。我10岁那年和父母从瑞典来的。”她又向空中吐出一口烟气，神情变得伤感，“一晃几十年过去了，爸爸妈妈都去世了，只剩下我一人。”

加琳娜说她没有兄弟姐妹，也没有成家，她念大学的时候有过一个男朋友，感情很深。就在他们准备结婚的时候，男友意外地死于一场车祸。“……我从此再也没有结婚找丈夫的愿望了。过了好多年，我认识了我现在的男朋友，就是你刚才见到的那个人，他关心我，帮助我，爱我。但他有家有孩子，不能和我结婚……我也不要求他和我结婚，我们这样就很好。婚姻只是形式，内容是最重要的。”

没有孩子，没有丈夫，没有父母，孤单单一个人。我觉得我面前的女律师，比我一人漂泊在国外还不幸。

她抽完了第二支烟，站起来说：“该走了，有事给我打电话。”

女律师走了，她留下的烟蒂还躺在烟灰缸里，静静地冒着一缕青烟，轻轻地在屋里散开。这么有钱能干的女人，却这么孤独和不幸。我真为她惋惜。

果然好长一段日子，都是我一个人在这套空空荡荡的居室里独住。两个月过去了，我甚至还没有见到过我的邻居。

白天一天比一天短，每天晚上下班回来，家里都是漆黑一团。房东偶尔来取一下房费，坐上三五分钟，抽一支烟，就走了。我一人倒很清静。

俄罗斯的传销

10月初，飘了第一场雪。就在那天晚上，我正闲得无聊，和一个熟人在电话中大聊特聊时，听到走廊上传来一阵嘈杂的脚步声，我想我的邻居终于回来了。我马上挂了电话，走到走廊上，果然，只见一个优雅富态的女人和一对年轻夫妇，还有一个小男孩，那是他们的儿子，站在走廊上，正在开隔壁房间的门锁。走廊上堆满了小麻袋和十几个南瓜。房东看见我，说他们是刚刚从别墅回来的，指着那些口袋和南瓜说，这是他们今年的收成。我看着那堆南瓜和土豆，笑着说："你们今年的收成不坏啊。"

我们就这样算是认识了。

女邻居很客气，对我说，对不起，吵了你了。俄罗斯人永远这样彬彬有礼，让人感觉很舒服。我赶紧说没有关系我睡得很晚。

他们忙乱了一阵，东西都搬进了房间，女儿和女婿走了，留下了她和外孙。小男孩还不到两岁，皮肤雪白，一对圆圆的灰色大眼睛，眼睫毛很长，活像个洋娃娃。他轻轻推开了我的门，向里张望。我招呼他进来时，他一下子跑掉了。

小男孩叫马克西姆，由外婆照看，自然也就成了我的小邻居。外婆名叫娜斯佳，虽然退了休，却依然充满活力，生活安排得井井有条。娜斯佳和丈夫早年离异，此后始终过着独身生活。"男人全都一个样，只会成为你的包袱，不会对你有任何帮助。"她对我说。还说后来她的丈夫想和她复婚，她坚决拒绝了，因为她看透了，丈夫意味着你要对他没完没了的付出，正如她说的是"包袱"，"我现在只想轻松地生活，我不会再把包袱背在身上"。但是她和离了婚的丈夫始终保持联系，像朋友一样，每到她的或他的生日，都会互相打电话祝福对方。

娜斯佳除了看外孙，还在为一家法国公司推销营养保健品。一个周六她来到我的房间，给我看她们公司的产品。十几个大大小小的白色塑料瓶包装很精致，她逐一告诉我这是些什么营养品，有减肥的，补充维生素的，健胃的和其他的等等。还给了我一本产品介绍手册，让我有时间一定看一看。"如果你有兴趣推销我们的产品，我可以详细给你讲一讲如何工作，报酬是很丰厚的，而且你完全可以在业余时间去做。"娜斯佳拿出一张纸，用铅笔在纸上画图，开始为我讲解，我没等她讲完就全明白了，原来就是中国的传销。我笑着说：“你不用解释了，我知道，中国也有这样的公司。”“明天我们有一个销售经验交流大会，你去看看吧，很隆重，总经理专程从法国来了。”我心想看看俄罗斯的传销也无妨，反正星期日闲在家里也无事。

第二天一大早，我和娜斯佳一起去参加传销经验交流会。交流会在莫斯科卢日尼基运动场的一个竞赛馆中进行。我们赶到的时候，场内场外已经挤满了人。买了票进到里面，会场中央是一个彩色气球装饰的大平台，台上已经站了一排人，据娜斯佳说，这些人都将介绍自己的传销经验。而四周的坐台上几乎座无虚席。看样子俄罗斯人的传销热情丝毫不亚于中国人。

不一会，台上一个西服革履的人宣布大会开始，第一项是总经理讲话。

一个精力充沛气度不凡的中年人走上台来，他就是公司总经理。他介绍了公司的情况和公司的产品、传销的好处以及最重要的带给销售者的诱人的利润等等。他讲的是流利的俄语，声音洪亮，语言精练，极富鼓动性，精彩处常常被热烈的掌声打断。我惊奇地对娜斯佳说：“这个法国人的俄语讲得太流利了。”娜斯佳说他是入了法国籍的俄罗斯人。

接下来台上那一排人一个接一个开始讲述自己的传销经验。第一个是一个瘦高个儿的中年女人，她说刚开始如何对这些营养品半信半疑，后来决定试一试，于是买了一点，吃过后如何如何好，于是把产品开始推销给她的家人，现在她的父母都在吃，父母又推荐给亲朋好友，销售网越来越大，她挣的钱也越来越多，上个月她挣了2000美元，她从来没有想到她一个月能挣这么多钱，这都要感谢公司，感谢这么好的产品，感谢总经理。说到激动处，她高举起双手，大喊起来，于是台上台下一起喊起来，场面很令人激动。然后是一个男青年发言，他是个大学生，在不知道这个公司之前，因没钱上学几乎要辍学了，可自从开始推销公司的产品，第一个月就挣了1000美元，台上台下听到这儿哗然了，娜斯佳也激动地说，好样的，真能干！

传销经验交流会后，我没有买娜斯佳的营养品，也没有去推销。娜斯佳表示遗憾。我耸耸肩对她说，向中国人推销吧，中国人已经不信传销了；向俄国人推销吧，我的俄语能力还达不到说服他们购买这些营养品的水平。于是娜斯佳也就不再说什么了。但她干得更起劲了，周六周日常常叫她的女儿来照看外孙，自己则去忙推销。女儿在旅游公司工作，偶尔也有来不了的时候，她们就请我帮忙。我没事的情况下都会答应。

可爱的“小情人”

第一次照看我的小邻居是个星期六。早晨我刚起床不久，有人敲响了我的门。是娜斯佳的女儿。她说娜斯佳出门了，她有急事要出去，请我帮着照看一下还在睡觉的马克西姆。我说没问题。我和小男孩已经不陌生了。

过了约一个小时，马克西姆醒了。我马上过去告诉他：“妈妈一会儿就回来。”他不理我，依然喊妈妈。我说来我给你穿衣服。他又蹬又踢，开始哭闹。我说哭什么，妈妈一会儿就回来。他索性下了床，光着脚站在地上，跺着脚高喊“妈妈妈妈……”，直哭得声嘶力竭，天翻地覆。我看怎么劝也不行，干脆不劝了，心想由你去吧。

我进了我的房间，不再理，开始做自己的事。

马克西姆跑到了走廊上，站在门边，边跺脚边撞门边哭喊，哭得很邪乎，我好几次想过去劝他，但都忍住了。我知道这种任性的孩子，你越说他，他越不听，最好的办法是不理他。但这办法对俄罗斯的孩子灵不灵呢？

哭声渐渐变弱了。我去厨房倒了一杯水，他看见我哭声又增大了，但只是雷声大雨点小，没有多少眼泪。我没理他，又进了我的房间。哭声越来越小，渐渐地一点声息都没有了。我突然发现房间里很安静，就悄悄向走廊张望了一下，发现马克西姆不在那里了。我轻轻走进了他的房间，看见他躺在床上，身上盖着毯子，已经睡着了，长长的眼睫毛上还挂着泪珠。

从那以后马克西姆变得分外听我的话，和我非常友好。我一下班回来，他就大声喊着我的俄文名字，朝我扑来。有时候我还没进门，就听见他大声对他姥姥喊道吉娜回来了，高兴得像过节。我进屋后，他会把玩具拿到我的房间里玩，或者让他姥姥把饭拿到我的房间里来吃，告诉我这一天他都做了什么。我看着他无忧无虑地玩着玩具吃东西，听他说只有两三岁的孩子才能说出的稚气十足的话，觉得这也是我一天最开心的时候。当只有我和他在一起的时候，他再也没有哭闹过，而是拉着我的手，非要我到他的房间里，说是请我做客。这时候他就像一个真正的小主人，要给我倒茶，并爬上椅子，找出巧克力请我吃。有时候他躺在我的床上，说：“我晚上在你这里睡觉行不行？”每天晚上腻在我这里不走，睡觉的时候常常是他姥姥强行把他抱过去，走之前还要在我的脸上亲一下。弄得娜斯佳都开玩笑说：“吉娜，我都嫉妒你了。”又对马克西姆说：“你成了吉娜的小情人了。” 我对娜斯佳说，这小家伙很聪明，知道和我在一起哭是没有任何用的。我给娜斯佳讲了第一天看他的经历。

有一个星期六早晨，我刚刚起床，脸还没来得及洗，马克西姆就过来了，手里拿着两颗生鸡蛋说：“吉娜，这两个鸡蛋留给你吃吧，我要走了。”一脸悲伤。

“上哪儿去？”我奇怪地问。赶快接过鸡蛋，生怕他一失手掉在地上摔碎了。这时他姥姥过来了。

“你看他和你多好，对他爸妈都没这么好过。”

我心里挺感动，也觉得很有趣：小家伙对我这么好，要走了送我生鸡蛋和我告别。我说：“你们要出门？”

“我们要去别墅住几天。”

小男孩和他姥姥走了，房间里又变得冷冷清清。每天下班回来，没有了马克西姆，我着实寂寞了好几天。

一周后他们从别墅回来了。马克西姆上楼进了房间，直接就跑到我屋里，一下子扑到我腿上：“吉娜，我回来了！”灰色的眼睛闪烁着快乐的光芒，脸蛋冻得通红，仰着头看着我。我也朝他笑着，在他冰凉的小脸蛋上亲了一下。

我在这里住了一年。一年后，我的房东把她的房子卖了，我也离开了这里，离开了我的小邻居马克西姆。

临走那天，我把我一直带在身边的最喜爱的一个布艺米老鼠送给他。马克西姆则抱着我的腿放声大哭，脚跺得地板咚咚响，任谁也劝不住，就像我第一次照看他时一样。

这一次我搬到了莫斯科城西。

★（来源：俄罗斯网站ЯНДЕКС）

1997年

莫斯科火爆的中医诊室

1997年的早春，3月底，在万物复苏的季节，全俄罗斯举行了大罢工，要求政府解决拖欠工资和养老金问题。据媒体报道，各地有200万人走上街头，参加抗议活动。这是自苏联解体以来全国性规模最大的一次抗议活动。在首都莫斯科有好几处抗议场所，仅在克里姆林宫附近就聚集了3万人抗议。我在电视上看到了这些场面。老百姓对政府的不满已经到了不堪忍受的地步。

那期间，我正在莫斯科一家中医诊室做翻译。

诊室位于基辅大街上，在一栋高楼面对大街的一面，一个商店和一个食品店之间。那是一个不起眼的小木门，上面挂着写有“东方诊室”的牌子。进去上二楼，右面的几间房子就是东方诊室。正如诊室的名字，它的医疗方法就是针灸和推拿，也出售几种中国的中成药。

这家中医诊室开办于20世纪90年代初期，是一个精通中文、了解中国文化的俄罗斯人创办的。据说诊室刚刚开办后，简直轰动了莫斯科，每天一大早，诊室门前就排起长长的队伍，不仅莫斯科人来看病，其他城市的人也远道来求诊。人最多的时候，头一天排队预约，三五天后才能轮上就诊。莫斯科人把中国的针灸、中药以及按摩说得很神，似乎可以包治百病。

中医诊室，自然要有来自中国的医生，因此这里一直有几个中国大夫坐诊堂。

诊室的中国大夫刚开始都由诊室发邀请，来莫斯科后需要办理的一切手续也由诊室办理，并且提供住处，各方面都有照顾。后来，由于各种原因，特别是经济危机，人们没钱看病，来就诊的人越来越少，诊室的经济状况也变得很拮据，当诊室最后一次直接邀请来的一对夫妻大夫回国后，诊室就不再为中国大夫费劲发邀请，为其办理工作许可等等，也不再提供住处。诊室改变了方法，就地招聘。中国来莫斯科的人很多，其中也有行医的，在这里聘用他们可以省去很多麻烦事，自然也省去了一部分花费。

看病的收入诊室与聘用大夫之间对半分成，但大夫拿到的一半中，还要交13%的税，剩下的就不是很多。记得针灸费一次是8—10美元，推拿一次好像稍微多一点，需要加针灸的，就多付一点钱，买中药须单独付药费。而药钱基本上可以归大夫自己所有。所以对中国大夫来说，除了治疗费，还可以挣到一些卖药的钱。有的病人需要到家中治疗，这样的医治费用会更高。大夫们挣的钱和经商的人没法比，少多了，但还是比在国内挣得多。

诊室中除了中国大夫，还有一名俄罗斯护士兼清洁工，一个专门负责消毒针具的老护士和负责挂号的人。诊室的主人有空闲时会来这里看看，和我们随便聊上几句。

来就诊的人大多是腰腿疼患者，针灸和按摩对这些病十分有效；或是在医院里治疗无效的病人，那些病五花八门，各种各样，有些在这里治疗有效，有些效果也不明显。大部分患者并非十分有钱，但诊室的医疗费还承担得起。

不同的患者，不同的职业，我经常接触的是各种各样的人，这里就犹如一扇窗口，让我看到了俄罗斯更多的方面。不少女患者都是独身，或者是单身母亲，她们的生活中充满了比常人更多的艰辛；有家长带着十几岁的孩子来到诊室求助，原来他们的孩子吸毒；有从独联体其他国家来到莫斯科谋生的人，带着他们重病的女儿来看病，他们在这里挣钱很不容易，生活艰辛，看病的钱是一点点积攒起来的……

在莫斯科北面的一个体育活动中心，也有一个不大的中医按摩室。老板是早年来自中国新疆的女人，已经不会说中文，入了俄罗斯籍。她曾经在中国的某个医院学过一段时间针灸，回到莫斯科后，很想开一个诊室，但凭她只有几个月的针灸学习证书，办诊室是根本不可能的。俄罗斯对于开办诊室的要求很严。于是她想了个变通的办法：开办按摩室，这比办诊室容易得多。按摩室开办后，她照样可以做针灸，收费也不低。我偶然与她结识，去过她的诊室几次，里面布置得很漂亮舒适。她的病人也很多，甚至多过东方诊室。

听说也有中国人想开办高级中医诊室，做针灸按摩，在很昂贵的地段租下了房子，花了大量资金作豪华装修，但因价格太贵，开张后无人问津，一大笔钱赔了进去，诊室也很快就关闭了。

我接触到的俄罗斯人，大都对中医中药抱有极大的兴趣，就像他们对待中国的太极拳和武术那样。但是他们说，在莫斯科找不到好的中医大夫，真正的好大夫还得去中国找。因此经济条件好一点的人，干脆就直接到北京看中医。我认识的一些俄罗斯朋友，多次向我咨询过北京中医看病的情况，也经常托我从北京买中药带给他们。

在莫斯科城南，还有一家藏医诊室，我看到过他们的广告，有照片，很吸引人。而且不止一次听到我的俄罗斯朋友和我谈起那家诊室，他们非常崇拜藏医，口气很虔诚。我一直很想亲自去那里看一看，看他们怎么治病，有没有藏族大夫，但是很遗憾，一直没有去成。

夜总会：脱衣舞女的“狂欢”

夏季的一天，一个电话打到我的住处，说他们是国内来的一个代表团，来考察俄罗斯市场，他们通过国内一个朋友知道我在莫斯科，熟悉这里的情况，想请我帮忙做几天翻译。

我去了他们的住处，在城南一个宾馆。经理姓王，同行的还有两男一女。我尽我所知介绍了这里的情况：机会，风险，华商状况，如何注册公司，海关手续如何办理等等。接下来，他们要各处看看，莫斯科红场等地和圣彼得堡的名胜古迹自然是不可少的项目，此外要看大市场，这是考察的重点，特别是有华人的市场，然后最好能去闻名世界的大剧院观赏闻名世界的俄罗斯芭蕾舞，最后还要采购，这也很重要。十天过去了，按照他们的计划这一切都进行完之后，王经理提出，是不是去看看莫斯科的夜总会和赌场？

说实话，我也很好奇。莫斯科的夜总会和赌场我还从来没有机会涉足，只

★莫斯科夜总会和赌场（来源：俄罗斯网站ЯНДЕКС）

是在电影电视里看到过场景。那些地方究竟是什么样的？当天晚上我带他们去了一家夜总会。

从外表看，那座大房子很像一个装修华丽的酒店，入口处站着一个年轻人，一身做工精细的蓝色工作装，打领结，对每一个来客都笑容可掬。走进去，缠绵的音乐已飘入耳内，长长的过道铺着红色地毯，一个素雅的屏风后面是正厅，音乐正是从那里传来。厅堂不小，暗红色灯光照在橘黄色壁纸上，营造出一种特殊的气氛。大厅右面是个不大的台子，旁边有一个小乐池。对面十几张小方桌，橘红底色花台布，方桌中央摆着一个粉红色花瓶，里面插着一束红灿灿的鲜花。桌旁有很多坐椅，那是来宾的坐席。

我们一行五人落座，身材窈窕的服务小姐即刻送上菜单，王经理要了牛排、沙拉、奶油甜点，一瓶伏特加。我建议他们尝尝有名的红菜汤。这些食品送上来不久，乐池的乐队开始演奏，小台上的灯刷的一下全亮了。六个面带微笑的俄罗斯女郎走上舞台，头上插着翠绿色羽毛，手里拿着一根同样颜色的羽毛，短裙，透明的连裤丝袜裹着修长的白腿。她们随着音乐扭动腰肢，踢腿挺胸，很性感。接下来一个女孩上场，超短裙只到她的臀部，透明的上衣里，乳房清晰可见，眼睛闪着蓝绿色光，像一只发情的母猫。她两手抓住上衣的两角，时而敞开，露出一对丰满的乳房，立刻又合拢，半遮住它们。一会儿，她干脆脱去上衣，走下舞台，来到一张小桌前，挺着那对乳房，对桌旁那个俄罗斯男人晃动，然后坐在那男人的大腿上，捧住那人的脸，送上一个吻。那个男人看样子也是情场老手，笑着搂住她的腰，拿出一万卢布，塞在她的裙腰上。她起身离去，来到我们桌边，对着王经理搔首弄姿，王经理尴尬万分，不知如何是好，那女郎示意王经理拉下她短裙后面的拉链，那拉链已经开了，王经理去拉，却拉反了方向，给拉上去了。大家轰然大笑。那女郎又把双手搭在王经理肩上，眼睛看着他。王经理不知所措，我对王经理身边的小张说，给她一万卢布，她就会离开。小张还挺机灵，赶紧拿出一万卢布给了王经理，王经理笨拙地用手拉开女郎的内裤，将一万卢布塞在她的裤腰上，女郎扭着腰肢走了。

我们起身准备离去了。这时，回到舞台上的女郎还在继续表演，她正在将最后的遮掩——内裤脱掉，她背对着观众，人们看见的是一个全裸的背影。

苏联解体后，俄罗斯允许夜总会合法经营，夜总会每晚都有脱衣舞，有时候也举办选美竞赛。很多人把夜总会看作半公开的卖淫之地。那里的脱衣女郎除了脱衣表演，还为有需求的客人提供特殊服务，包括开房，当然收费也贵很多。莫斯科街头，灯红酒绿的夜总会，脱衣舞女，这些被苏联消灭了的现象，在苏联解体后短短时间内全部死灰复燃了。

★皇冠赌场—新阿尔巴特街

赌场频现华人身影

从夜总会出来，一行人打车直接去了位于白俄罗斯火车站附近的一家赌场。彩色霓虹灯闪烁不定，照亮了街道，楼顶KAЗИHO（赌场）几个大字在夜幕中很醒目。走进赌场，里面的豪华装饰让我很吃惊，满目金碧辉煌，不亚于一座宫殿。有高大的绿色植物，上面挂着彩色饰灯，脚下一条溪流穿过一架小桥，里面游着各色金鱼。走过小桥，就看到很多张赌桌，每张桌前都坐满了人。庄家们站在桌后，熟练地洗牌、上牌，这是玩拉号子；另一边轮盘赌的大轮转动着，旁边几个人紧张地盯着。服务小姐穿梭其间，不停地为赌客送上免费饮料和各种小吃。

王经理他们买了几十美元的筹码去玩了，我要了一杯雪碧、一块蛋糕，坐在不远的吧台那儿等他们。我有时间仔细观看四周。我看见好几张赌台都有中国人在玩。离我最近的一张赌桌上，还有一个中国女人在玩21点，她装扮时髦，神色冷清，嘴唇涂得鲜红。我很奇怪，还有中国女人来赌？我一直看着她。她下的注好像还不少，一把下来，她赢了。我身边恰好站着一位服务小姐，我问她那个女人是不是常客，小姐说是的，她很有钱，是个中国人。

莫斯科在1992年出现了第一家赌场，此后博彩业发展迅速，赌场如雨后春笋般纷纷开业。很多赌场都在最繁华的地段，装饰修建得异常华丽漂亮。其实俄罗斯人也很好赌，但是和中国人比起来还是逊色不少。中国人可谓是莫斯科赌场的生力军。不仅在莫斯科经商的华人常常光顾赌场，消磨时光，而且国内来的人，无论是公家还是私营企业，都必到赌场一赌，试试运气。莫斯科很多赌场后来都专门为中国人配备翻译，场内有中文标志，甚至专门为他们开设了百家乐的赌法。因为一般来说，莫斯科赌场主要是21点、轮盘和拉号子三种赌戏。

莫斯科究竟有多少赌场？在2007年7月，大部分莫斯科赌场被关闭之前，有说莫斯科总计赌场500多家，有说是800多家。俄罗斯每一年博彩业的营业额高达40亿—60亿美元，上缴国家的博彩税近十亿美元。2006年，普京任总统时签署了法令，要求莫斯科所有赌场在2009年7月1日之前搬迁至4个指定区域：波罗的海的俄罗斯飞地加里宁格勒州、远东地区的滨海边疆区、西伯利亚的阿尔泰边疆区和南部的克拉斯诺达尔边疆区。这4个指定区域个个距离莫斯科千里之外。自此，几百家赌场从莫斯科街头消失了。

那晚王经理手气不错，好像赢了几百美元。后来我还去过皇冠赌场、法老赌场，都是带国内代表团去的。那些赌场一个比一个豪华壮观。而每个赌场都有很多中国人的身影。

1998年

叶卡捷琳堡见闻

这一年7月上旬，我和张经理一起坐飞机去了叶卡捷琳堡。

这是一家专门经销中国鞋的公司，我从春天开始在这里做翻译。女经理姓张小巧玲珑，眉清目秀、做事干脆利落，福建人。她的丈夫则显得敦厚老实，做她的助手。公司经营规模不小，在莫斯科北部的裘皮制衣厂租了很大的仓库。他们不亲自去市场卖鞋，而是专做批发。市场上很多人都来买他们的鞋，然后再到市场去卖。可靠的客户，他们也会先给货再收款。公司已经有了一批固定的大客户，其中不少都是老毛子，因此他们的鞋卖得不是一般的好，而是非常好，每个月可以销掉几集装箱。这次去叶卡捷琳堡，就是去看看他们那里的一个代销商。

我们要去的这座城市，建于1723年，目前是俄罗斯第四大城市。这是一个多年来备受关注的城市，因为末代沙皇尼古拉二世全家就是在这里被枪杀的，在1918年7月。而在1991年，沙皇全家被枪杀73年后，有人在叶卡捷琳堡市郊的林中偶然发现了沙皇全家的尸骨，经过英美专家鉴定已经确认为是真的。时年（1998年）1月30日，俄罗斯政府专家委员会再次正式确认其真实性。一个月后，叶利钦政府做出决定，将在这个月的17日，即尼古拉二世全家被枪杀80周年之际，在圣彼得堡的彼得和保罗大教堂俄皇族祖先的墓地，为其举行隆重的重新安葬仪式。而在7月14日，先要在叶卡捷琳堡举行尼古拉二世及其家人遗骸的迁出仪式。

我在飞机上对张经理谈到这些，她挺吃惊，这些信息她都不知道，她每天在忙着经营自己的鞋。

叶卡捷琳堡正好处于欧亚大陆交界处，城市本身跨过欧亚界线。从莫斯科坐飞机到那里也就几个小时，但它和莫斯科有两小时的时差。飞机在城市上空准备降落时，从高空望下去，乌拉尔山的东面，一座城市坐落在大片的绿色森林中，一条清亮的河流玉带般沿城蜿蜒流过，那是伊谢季河。叶卡捷琳堡依山傍水，真是个好地方。

一个年轻人已经在机场迎候我们。他就是张经理在叶卡捷琳堡的合作伙伴和代销商，能干的米沙。

几句寒暄后，我们坐上了他的小汽车。小车从飞机场直奔市区。路旁是飞机上看到的那些绿色森林，连绵不断。7月，骄阳当头，却感觉不到夏天的灼热，一部分酷暑大约让森林吸附了。总之，这里的天气让人觉得很舒服。

米沙在当地已是有名的卖鞋大户，这自然要感谢张老板们源源不断的货源，而且他是代销，拿货时不用付款，销售完了再结账。但是他付出的辛劳也不容否认。目前米沙在叶卡市有两个鞋店，还在好几个批发市场租有摊位。

说话间我们已来到一个市场，规模中等，但米沙说，在这里就是最大的市场了。下车进市场，走过一个个摊位（类似中国菜市场），米沙领我们来到他的摊位前，一个小伙儿在卖货，那是他的雇员。货架上琳琅满目地摆满了各种中国鞋，都来自张经理的公司。他一一指点着说，哪样鞋好卖，哪样不受欢迎，还需要什么新款式的鞋。张经理听得很认真，这都是来自市场的一手信息，对他们接下来发哪种鞋非常重要。

走出市场，接着驱车看了米沙在市中心的鞋店。沿街各种店铺、教堂、楼房从眼前闪过，火车站上还写着这座城市以前的名字："斯维尔德洛夫斯克"，1924年至1991年它就叫这个名字，1991年又恢复了"叶卡捷琳堡"的原名。名字更换的原因人人皆知，有着鲜明的历史印记。

米沙的鞋店位于一条繁华的马路上，有四五十平方米，整齐，干净。鞋架上摆着的还是那些同样的鞋，价格却比在市场上的贵很多。"来这里买鞋的都是有钱人，而店铺的租金也比市场的租金贵，这都要打在鞋的价格里。"米沙对张经理说。

从米沙的鞋店出来，我们在一家高加索人开的饭馆里吃了手抓饭，其实就是羊肉炒米饭，味道不错，每一粒大米都沾满了油，有着浓浓的胡椒味。吃过饭，米沙陪我们在附近随便转了转。这个有一百多万人口的城市，看上去还算繁华，街道上车辆川流不息，商店一家挨着一家。

最后一个项目是到米沙家做客，参观他的新居。米沙不久前买了新房，刚刚装修完。那套公寓两室一厅，面积不是很大，但装饰得非常雅致漂亮。进门处用带花纹的白色透明玻璃砖隔开，里面是客厅，浅灰色地毯，白灰相间的布艺沙发，沙发后面灯光朝上的落地灯，美观大方的水晶吊灯垂在小茶几上……我们赞赏不已，真的，很少看到装修得这么漂亮的居室。米沙也挺得意，这一切都是他自己精心设计的。当然，如果他不做张经理的代销商，不经营中国鞋，他不会赚到这么多的钱，至少不会这么快，也就无从谈及买房子装修了。

他很感激张经理。

那天的晚餐是在米沙家里吃的，很丰盛。

晚餐间谈论起要重新安葬末代沙皇一事，张经理问："沙皇被枪杀的那栋房子还在吗？"米沙说："那座独栋楼叫做伊帕杰夫宅邸，早就拆毁了，还是叶利钦下的命令呢。那时我还小，也没去过那里，只听父母说，经常有很多人去参观那座宅邸，拆毁后那里修成了马路。可惜，不然会带你们去看一看。"

★叶卡捷琳堡欧亚界标（来源：俄罗斯网站ЯНДЕКС）

回到莫斯科一周后，我在电视中看到了在圣彼得堡为末代沙皇遗骸举行的安葬仪式，场面很隆重，鸣礼炮19响，政府要员和各界知名人士以及罗曼诺夫家族60多名成员出席了葬礼，总统叶利钦在葬礼上讲了话。俄罗斯各地的东正教堂也在那一天举行了亡灵追悼仪式。

我回想起留学苏联时看到集会游行者手中举着的尼古拉和叶利钦的牌子，那个时候觉得不可思议，这两个人的名字怎么能在一起？现在看来，这两个人的名字放在一起没什么不可以，他们之间真的有着某种联系。

看着隆重的葬礼，我不禁想到，俄罗斯的历史真是跌宕起伏，反复无常。当年被民众推倒的那个腐朽的末代沙皇，80多年后的今天，又得到了重新安葬，其隆重程度不亚于国葬。是历史开了玩笑，还是人在随意篡改历史？孰是孰非，大概只能等待时间和后人来评价了。

金融危机飓风：哀鸿遍野

从叶卡捷琳堡回到莫斯科不到一个月，发生了又一次金融危机。这场金融危机是在不到一年的时间里的第三次，上两次分别发生在1997年年底和今年（1998年）五六月间。但这一次来势更为凶猛。

8月10日那天，我和张经理到银行办事，在那里听说了股市暴跌的消息。世界证券市场上，原苏联欠外国商业银行的旧债券价格跌至面值的36%，俄罗斯新发行的欧洲债券也缩水一半。银行里无论是客户还是职员，个个面色阴沉，忧心忡忡。我们也预感到，一场金融飓风正在到来，卢布肯定又要大跌。那一天被俄罗斯媒体称作“黑色星期一”。

第二天，俄罗斯国内证券市场的短期国债券收益率猛增至100%。12日恰好国债到期，需要清偿。为了增加投资者信心，财政部拿出53亿卢布偿还国债，原寄希望按期清偿后可能会有人继续投资，但事与愿违，债民不但未购买新债券，还将大部分清偿款购进了美元，一部分则撤出市场，或留在手中。8月13日国际大炒家索罗斯公开在报刊上敦促俄罗斯政府将卢布贬值15%—25%，加剧了危机的严重程度。那一天据俄国际文传电讯社计算，100种工业股票价格指数雪崩般暴跌，价值仅及年初的26%，跌掉74%。一些外资银行预期卢布贬值，也纷纷要求俄银行提前还贷。而后续还有一些国债券也将到期，税收也出现80亿美元缺口，年底前须偿还的内外债共计240亿美元，俄罗斯财政就像遇到了地震和海啸，哀鸿遍野，一片狼藉。

政府对此采取了应急措施：扩大卢布汇率浮动区间；延期90天偿还到期的外债；转换内债偿还期，将1999年12月31日前到期的价值200亿美元的国债，转换成3、4、5年期限的中期国债。在转换结束前，国债市场暂停交易。这些举措一传出，舆论一片哗然，股票跌停，卢布汇率再次猛跌，100种股票的市值也继续下滑。

张经理的公司自然逃不过这场危机，因为她的商品不少是代销，先销货后付款，而付款时卢布将会大大贬值。但是价格写在销售合同里，无法更改。卢布兑美元的汇率在金融危机最初几天已经从6.3贬至9.5卢布兑1美元，贬值达50%以上。在政府举措公布后，卢布更是暴跌，十天内跌到20卢布兑1美元。街上换汇点的汇率几乎每小时都有变化，很多兑换点干脆关门停业。张经理心急如焚，立即给各个代销商打电话，通知他们不要再销售一双鞋，目前情况下，危机刚刚开始，卢布不知道跌到何时才会停止，商品卖得越多，就赔得越多。但即使这样，她的公司还是遭受了巨大的损失。

大市场上的中国人，“兵营”和其他批货大楼里的华商，所有在这里经商的华人，都受到了这场金融危机的冲击，损失惨重，因为大多数人都来不及将手中的大把卢布换成美元。不少人血本无归，几年来辛辛苦苦挣到的钱全被这场风暴裹挟而去。当然不仅仅是华人，俄罗斯人以及其他国家在这里经商和生活的人，全都经受了这场灾难。

这场金融危机对原本就一蹶不振的俄罗斯经济犹如雪上加霜。一个直接后果就是消费品物价飞涨，9月，莫斯科的物价上升了40%，超过了休克疗法开始时的1992年2月，创下历史最高。而百姓的存款缩水一半，居民实际工资收入下降13.8%，生活在贫困线以下的居民接近全民的1/3。很多银行也濒临倒闭。

8月，叶利钦又免去了替罪羊基里年柯免的总理职务，他是在今年3月刚刚接替切尔诺梅尔金被任命为总理的。叶利钦想重新召回切尔诺梅尔金收拾残局，但由于国家杜马的反对，他任命了前克格勃官员普里马科夫为总理。

这场金融危机也使得叶利钦的威望进一步降低。

俄罗斯新富豪“鸽王”

“鸽王”是我近距离见到的第一个俄罗斯新富豪。

已经记不得他的名字，只好以“鸽王”称呼。其实这称呼也名副其实，他是俄罗斯赛鸽协会的二把手，家中养有很多赛鸽，其中不乏血统名贵的好种鸽。他还经常参加国际赛鸽协会举办的各种活动，在那里用不菲的价格买几只鸽子带回来饲养、训练和作为种鸽繁衍。

到他家去是应两个中国朋友的请求，他们想去看看他养的赛鸽，也没准要买几只，约我去帮忙翻译。王姓朋友也是个赛鸽迷，在北京家中养着很多赛鸽。

11月中旬的一天，我们约好与“鸽王”在某个地铁站见面，他开车在那里等我们，然后坐他的车一起去郊外他的别墅。

“鸽王”开一辆高档越野车，我们到达约定地点时，他已经等在那里了。他40岁左右，中等身材，穿着很普通，但目光有神，看上去很精干。他热情地与我们打了招呼，让我们上了他的车，一路向城南驶去。

路上我们与“鸽王”闲聊，知道他的职业是瓷器商人，干这一行已经十年了，之前他只是一名退伍军人。十年了，就是说，他从1988年就在做瓷器生意了，看样子这人头脑很是灵活，那时苏联还未解体，人们热衷于政治，而他却一心投入了商场。言谈中他并不炫耀，但自豪之情看得出来。他说自己算是一个成功的商人，他的商品在莫斯科很多大百货商店都有专门柜台，销售很好，利润可观。他也置下了别墅——正是我们现在要去的地方，原来的那套公寓闲置无用，但他宁愿空着，也不想出租，那能挣几个钱？

“鸽王”告诉我们，他主要经营法国和捷克等国家的瓷器，每年要购入几个集装箱。中国瓷器他没有做过。那时恰好中国最著名的景德镇瓷器厂家来到莫斯科，想开辟市场，我和他们有过接触，于是问他不想做点中国瓷器吗景德镇的，中国的瓷都，最好的瓷器。他说已经看过那些瓷器，做工粗糙，绘图俗气，俄罗斯人不很喜欢，所以他暂时不想做。后来他专门带我们去一家大百货公司看了他经销的瓷器，非常精美的茶具和装饰用的瓷盘，茶壶和茶杯上有着雅致美丽的绘图，乳白色的底色像凝脂般，拿在手中触摸，极其光滑细腻，但那价格，也高得吓人。

“鸽王”一家三口人，妻子不工作，专职家务；一个女儿，12岁，在城里读书，每天要母亲接送，幸亏他们的别墅离莫斯科不远——只有7公里；自然妻子也有一辆车，她的车是3万美元买的（这价格不算便宜，“莫斯科人”牌的小轿车5000美元就可以买下来），而他自己开的这辆越野车是10万美元买的。看样子他的生意真的很成功。“女儿快放假了，已经联系好英国一家学校，她要到那里学习几个星期。”“鸽王”说。

说话间车向右转，“不远了，就在前面。那里以前是一个著名的庄园，现在建成了高档别墅区，这是离莫斯科市最近的一个别墅区，属莫斯科市管理，热水和电都是莫斯科市直接供应，方便，有保障。”“鸽王”告诉我们。片刻，眼前便出现一片别墅，入口有门卫把守，看过他的证件，放行，“鸽王”一直向前驶去，小路旁是一栋栋风格不同、漂亮气派的别墅，每家别墅都有很大的院子。车停在一栋红色砖楼前，我们下车了。

“鸽王”的别墅红砖砌成，正面很气派，尖顶，上面有饰物，算阁楼共三层，窗上有雕花，他的别墅在这片小区位于差不多最里面的位置。“鸽王”指着四邻对我们说：“那栋别墅是税务局某个头头的，左面那栋是有名的工作服生产大王的，它的前面，那栋黄白色别墅是一个银行行长的……”原来这里住的都是有权有钱的主！

走进“鸽王”的别墅小院，一个很大的院落呈现在眼前。冬季，景色有点萧条，但依然看得出格局和规划都是经过精心设计的。“鸽王”一一为我们介绍：起伏的小山丘是他们自己建的，要运来好多的土，两旁栽满了矮灌木，有些很名贵，可惜我忘记了名字；春季还会在山丘上种很多品种的花，夏天姹紫嫣红，点缀得院落很漂亮；一座弯曲的小桥通向一个深黄色的小木亭，小木亭四面通透，安装着落地玻璃，夏季全家人在这里喝茶、赏花、看景、听风声雨落，很潇洒。我们走过小桥，来到小亭子前面，他开门把我们让进去。亭子中间有一张雕花圆木桌，配相同的八把雕花靠背椅，一个角落里立着和桌椅同色的小木柜，里面全是高雅的茶具。我们在那里坐了一会儿，听见车响，那是他妻子回来了，是个身材娇小苗条的女人，和我们打过招呼，就进屋去了，片刻为我们端上了茶点，我们就在那个小亭子里饮茶。时值冬季，挺冷的，一杯热茶下去，暖和了不少。然后“鸽王”提议我们去看他的鸽舍。

“鸽王”的鸽舍在院落的一角，木板搭建，分割成好多间，占了一大排。鸽舍中靠墙一面又分成一排一排的，有不少鸽子在里面，还有的鸽子在孵小鸽。靠门口的地方放着鸽子的饲料，打扫卫生的工具也整整齐齐挂在一面空墙上。整个鸽舍里显得干净整齐，没有异味。“鸽王”如数家珍，开始为我们介绍他的宝贝。他伸手抓出一只鸽子，告诉我们这是他最近刚刚从德国买回来的一只血统名贵的鸽子。“你看它的眼睛，它的身材，非常好的一只鸽子。它的父亲很有名，在某次比赛中得过第一名，我花了2000美元买下的，我也想用它做种鸽，哺育品种优良的鸽子。”他兴致很高，讲述了他如何喂养鸽子，怎么训练鸽子，他的哪一只鸽子在哪一次比赛中表现如何，怎么看鸽子是否有前途等等。“你看，好的赛鸽除了有一双好的眼睛，还得有一个好的身材，非常标致和漂亮，没有一点多余的脂肪和赘肉，比如，”他又抓住一只鸽子，“这只鸽子的体形就非常好，它能飞很远的路程，速度也不慢。”那是一只灰白相间的鸽子，头很小，眼睛灵活，羽翅坚挺，体形呈流线型。鸽王还介绍了他的鸽子的脚环，那是每个养赛鸽的人必须为自己的赛鸽佩戴的标记。总之，我为他们做翻译也感到饶有趣味，因为关于赛鸽我一无所知，我感到很新鲜，学到了很多我从未涉足和了解的领域的知识。真是，每一个行当都有着这么多的知识。

看过他的鸽舍，时间已经不早了。“鸽王”将我们让进他的别墅。哇，里面像一个小宫殿，漂亮的木地板，墙上的风景壁画，墙角古色古香的壁炉，屋顶垂下的水晶枝形吊灯，高档的木家具，还有，当然，满柜橱的琳琅满目的各种瓷器。1998年的莫斯科，大部分俄罗斯人还在贫困线挣扎，特别是刚刚经历了又一场最为严重的金融危机，老百姓的生活水平进一步降低，很多有钱人也受到不同程度的冲击，“鸽王”很幸运，他没有受到很大的损失，他的生活还是一流的，他是苏联解体后成长起来的俄罗斯一代新富豪的一个代表。

“兵营”：最大的中国皮货市场

从莫斯科南面的查里津诺地铁站出来，不远处换乘郊区轻轨向西，一刻钟左右下车，过一座高高的天桥，再走上不远的一段路，就到“兵营”了。

“兵营”的位置可以说相当偏僻，远离闹市，远离居民区。这里以前是俄罗斯士兵的营房，正因此中国人一直叫它“兵营”。

“兵营”是一座大院子，里面有两栋楼房，一栋紧靠马路，在马路上就看得见，另一栋在院内，两栋楼之间有一片很开阔的场地。“兵营”周围有黄色的高围墙，过往行人看不到院子里面，入口在北院墙的西边，一扇大铁门，平时都关着，车来时才打开，来人则从旁边的另一扇小门出入。进入“兵营”大院后，首先看到的就是两座楼之间的那个宽阔的小广场，水泥铺面，大概这是以前驻扎在这里的士兵的训练场地吧。

“兵营”的两栋楼大小、高矮、外观和内部结构完全一样。楼道还算宽敞，此外一切显得陈旧和简陋，脱色的木地板，刷着白粉的墙壁，老式的公用卫生间。当年楼里都是很大的房间，被租下来做皮货批发基地后，才用木板隔成小一点的房间。这里也像所有莫斯科的其他批货大楼一样，集睡觉、吃饭、仓储和批货于一体。但“兵营”的卫生状况比前文提到的“越南楼”强了很多，没有满地流淌的污水，也没有特别难闻的气味，公共厕所勉强可以走进去“方便”。

“兵营”是1995年因“莫丹”被关闭后找到的另一个地方，它取代了“莫丹”，成为做皮货生意的中国人的新据点。它的地点比“莫丹”更远，但也比“莫丹”规模更大，华商更集中。因此虽然远离市中心，但生意的火爆在开张不久就显现出来。“兵营”前面那条僻静的小马路，从此不再安宁，很快变得不逊色于市中心任何一条大街，拥堵，车水马龙，热闹非凡。而每天慕名来这里采购的人更是络绎不绝，有批发商，也有很多个体户。莫斯科人自不必说，还有很多远道而来的外地人和其他独联体国家的人。尤其在周六周日，每一层楼，每一个房间前，都人满为患，想从这头走到那头不是那么容易。有几个周六周日我都在那里，整栋大楼里的热闹劲儿，唉，真的不亚于节日的北京王府井大街！

“兵营”最大的一个优势是它院子中间那个不小的场地。那块水泥铺就的小广场，为这里的经营提供了极大的便利。每天车来车往，成百上千包的各种皮货，都在这里装卸，是的，不光是卸，还要装，送来了货，就要卸，有人买了，又得装。每一天这里都是最喧闹的地方，每一天这里都要装卸数不清的麻包，试想如果没有这么一个场地，那可不是一般的不方便！“兵营”院外没有什么空地，对面只有一个不大的停车场，那个地方绝对应付不了每天来往的车辆。

“兵营”的院子里还有一件东西值得一提，就是进大门左首，立着的一个石刻的列宁半胸塑像。人们来来往往，对它已经熟视无睹，但是，我第一次来兵营，在灿烂的9月的秋阳下，在满院子停满了大小货车，所有的人都忙得不亦乐乎，或装货，或卸货，或收款，或扛着重重的麻包上楼时，我突然看见了“列宁”，那个石头塑像，他蹲在那里，默然观望着眼前的一切。我久久凝视着“列宁”，很想知道，他如果看见眼前的这一切，心中作何感想？

1998年秋冬，我开始经常去“兵营”，有段时间天天去，是为一家公司做翻译。我想记下我看到的几个一直留在我脑海中的镜头：

10月初。上午。“兵营”大院。一个晴朗的艳阳天。“兵营”一天的生意刚刚开始。大门外已经排起了长长的队伍，人们等待一个一个放他们进去。我走进大院，看见已经有不少人，还有好几辆车，一辆长长的大货车停在南楼中门前，扛包队的人已经等在那里准备将包扛到货主的房间。这时又来了一辆车，车上跳下几个越南人，他们找到这个集装箱的货主——一个北京人，拆包看了一件皮衣，告诉他，这个车的皮衣他们全要了。扛包的人立时散去。在院子里听见他们的对话，我吃惊地看着那辆大货车，有几百包皮衣吧，就这样刚刚送来的一车货，还不等卸下，转眼全部卖掉！这生意可真是火得吓人！

10月底。周六。傍晚。我在南楼二楼，在那家公司。他们刚刚约我一起去找了“兵营”的主人——阿拉谈事，一会儿我会专门讲到这个女人。回到楼里，人越来越多，楼道里几乎挤得水泄不通，全是来买货的人，摩肩接踵，走都走不动。每一家的门前都有很多人在挑选，或皮衣，或裘皮，或皮帽，或皮手套。货主忙不迭地在收款，那些货款塞在脚下的大书包里，满满的，那时候还是旧卢布，货款全都得用好几个书包来装，然后换成美元。忽然几个人在追赶一个年轻的俄罗斯小伙子，那个小伙子跑到楼头，还是被抓住了，几个人上去猛打——原来他是个小偷，这里每天都会丢失几件皮衣，有时候是裘皮大衣，丢一件就是几百美金，大家都恨透了小偷，今天抓到哪能便宜了他？那小偷不吱声，因为做了亏心事，被打得鼻青脸肿，走了。他偷了一件皮夹克，被及时发现了。

11月。周日。像每一个公休日一样，从早上刚开门就拥进很多人，直至关门。斜对门有个文静的女孩在卖丝袜，她说想在这里看看销路如何，在其他市场上卖丝袜的人很多，不太好卖。女孩还在读研究生，只是周六和周日来挣点生活费。我看见那一天她忙得连上厕所的时间都没有，不断地收款，一天下来

★“兵营”曾经在这里

卖掉整整三箱，全是零售，每箱300双，一双挣0.3美金，三箱就挣270美金，扣除50美金的摊位费，她挣了220美元。她很兴奋。这个地方什么东西都这么好卖！不光是皮衣！

嗯，还要提一下，我在这里还遇见了小张，就是我在1992年底第二次来莫斯科时，火车上同车厢的那个小张。他那天正在院子里等货车送来皮夹克，我们不期而遇，在院子里聊了几句。其间他的货车来了，很大一辆车，他已经做得相当大了，现在每次发货都是上百包，在“兵营”里都数得上是个大户。但他告诉我，这几年也是酸甜苦辣，有挣有赔。

…………

确实，“兵营”火得让人惊讶。不仅皮衣裘皮好卖，而且其他地方不好卖的商品，像皮手套、丝袜、运动服、棉服等，拿到这里都卖得很好。真是奇了！

“兵营”如此火爆，可惜它的主人不是中国人。租下“兵营”的人，就是上面提到的那个女人阿拉。现在我想讲讲这个有点传奇色彩的女人。

“兵营女皇”的辉煌与落寞

“莫丹”的主人是几个做皮夹克生意的中国大户，但是“莫丹”好景不长，很快就以“扰民”的理由被查封了，大楼被收了回去。中国皮夹克商人因此焦虑万分，千方百计寻找新的地点。就在这个时候，不起眼的阿拉引起了众多华商的注意。

“莫丹”楼里的中国人对这个四十多岁的高加索女人并不陌生。阿拉全家在苏联解体后来到莫斯科谋生，在“莫丹”找到了清洁楼道的工作。这个女人一直在楼里打扫卫生，以此养家糊口。据说她的丈夫挺窝囊，俄语都说不好，找不到事干；她还有一双儿女，全家都靠她微薄的收入度日。那个女人相貌平平，工作好像还说得过去，比较负责，此外她有一双充满探究的眼睛，总是四处打量，看样子她不笨，也许还有几分小聪明。但谁也没有料到，“莫丹”楼的倒闭给这个女人提供了一个绝好的时机，而这个女人凭借着她的几分机灵，胆大，居然抓住了这个时机。

阿拉很可能早就幻想某一天自己也能租下一座房子，出租给商人，她只是轻松地收取租金，像这栋大楼里的中国老板那样。她整天在这栋大楼里，耳闻目睹，了解了很多有关情况，觉得那不是一件很难的事，需要的只是时机。果然，彻底关闭这座大楼为她提供了最好的机会。因此，当所有的中国人都在为“出路”发愁时，当“莫丹”的几个楼主还在满世界寻找新的地点时，阿拉，这个高加索女人已经捷足先登，通过一个熟人找到了“兵营”，地点她已经看过了，接下来就是如何操作的问题。

“兵营”的出租者张口就要巨额美元的定金。而阿拉也看到，那两栋楼都需要简单装修，

这也需要一大笔钱。其实，钱是阿拉最不发愁的事。她完全知道可以不用自己一分钱（当然她根本也没有钱），稳稳拿下“兵营”，啃下这块肥得流油的肥肉。当她把已经找到了新的皮夹克批发大楼的消息散布出去后，人们看着她还在发愣：这个其貌不扬打扫卫生的女人？她居然租下了大楼？她要做新楼主？人们开始还半信半疑。但几天之后，随着从“莫丹”大楼搬出去的最后期限的到来，随着人们越来越焦躁不安的心绪，很多人开始转向这个女人。他们仔细询问了情况，他们跟着她去看了新地点，他们询问了价格，总而言之，他们开始承认现实：阿拉真的找到了地方。最重要的是，他们觉得无论谁租下了新的地方，都不重要，重要的是有地方做生意。

几周过去了，阿拉的地位已经发生了极大的变化，以前默默无闻的清洁工，现在找她的人挤破了门，排不上队，因为现在的形势是，“兵营”确实已经被她租下了，而那里的房间有限，并非所有的皮夹克商人都能如愿得到一席之地。人们迫不及待地把钱塞在她的手里，只有这样，才说明他们已经有把握在“兵营”能占一席之地。

记得当时北京一家公司为了在“兵营”租地，急于和阿拉见面商谈，但一直排不上队，他们像热锅上的蚂蚁，坐卧不安。好不容易才与她约好了谈话时间，居然是在夜里2点钟。他们请我去做翻译，很不好意思地告诉我：真的没办法，找不到她，能约在夜里2点已经不错了，麻烦你，一定来啊，这对我们来说可是最关键的见面了。

我如约与他们一起去见了阿拉，半夜打出租去的，地点都记不清了。那是我第一次见到这个女人，个子不很高，没有特点的相貌，以致我现在根本回想不起她的模样。我一句句将公司经理的话翻译给她，强调了我们是北京的国有公司，很有实力，请她一定帮忙为我们租到一个房间，我们将会很感激她。谈话间，我将公司事先预备好的一个装满钱的信封适时地放在她的手边。那不是租金，而是额外的好处费！她心领神会，简单说了几句什么“地方有限”，“尽量考虑”之类的话，前后不到十分钟的样子，我们就出来了。最终，这家公司得到了房子，位置还很不错，南二楼中间，面积也不小。那次谈话起了作用，当然，主要是钱起了作用。

“兵营”的两栋楼房，每层隔出了50—60多间房子，大小不等，楼头也没闲着，也拦截成了房间，四层楼每栋楼就有200—250家公司或个人，两栋楼总共有500家左右，每平方米的租金是多少已经记不清楚了，只记得一间大点的

房间月租是2000—3000美元，平均算每个房间的租金也有1500美元，粗算下来阿拉每个月收的租金就有50万—75万美元！一个昔日的楼道卫生工，转眼间就成了两栋大楼的主人，巨额的月收入使她的生活也有了巨大的变化：貂皮大衣穿上了，豪华小车坐上了，保镖雇上了，还聘了一大堆工作人员，而她本人现在只是偶尔来一下，平时已经很难见到她。她完全不用再辛辛苦苦地上班了。据说一次她过生日，“兵营”里的中国人争先恐后地送礼，那些礼品都很昂贵，有的买自莫斯科的高档商店，有的特意从中国带来，堆满了她的办公室。中国人还在院子里进大门右首那家中国餐馆为她摆了生日宴。

那一段时间可以说是阿拉最风光的时候了。她的丈夫依然很窝囊，做不了什么，她委任他当了自己的助手。司机和保安前呼后拥，手下的工作人员也事事请示，中国人更是凡事都来找她解决，她的权势和金钱都达到顶峰。她从来没有这么春风得意过。就这样，1995年至1998年，“兵营”的名声越来越大，生意越来越好，为阿拉带来了滚滚财源。那时“兵营”里还出现了扛包队，好几家银行（为方便换美元和汇款），提供注册公司的公司（按照规定只有公司才可以进入“兵营”，个体户无权在这里经营，很多个体户都需要注册公司），饭馆等。楼里还经常有卖各种食品的中国人。保安和管理人员在北楼一楼把头有好几间专门的办公室。这里俨然是一个小小的世界，里面什么都有，很方便。但是，就在1998年年底某个阴冷的冬日，还是出事了。

那一段时间我扭伤了腰，一直在休息，已经不去“兵营”了。出事的消息是公司打来电话说的。11月底一个阴冷的清晨，突然去了很多税警，宣布查封大楼，因为阿拉的公司有严重的偷税漏税行为。查封期间所有的商品一件都不许出售，楼里也不许住人。人们忐忑不安地离开了那里。但很多人也并不是很在意，封楼停业在莫斯科是家常便饭，那些人（税警或是阿蒙）无非是想要钱罢了，或者说，只要他们想要钱的时候，就会查封一些商品批发大楼。查封后几番谈判，达成协议，给钱就会走人，大楼照常营业，几年来这样的情况屡见不鲜，见怪不怪。但是过了一段时间，“兵营”没有任何要恢复营业的意思。据说这次税警来头不小，要的是一大笔钱，和阿拉没有谈拢。其实那个时候俄罗斯所有的商人都会偷漏税，检查任何一家公司，都会发现问题，阿拉的公司也不例外。华商们着急了，他们也在和阿拉谈判，希望阿拉答应那些人的要求，无非钱给得多一点，多与少其实和阿拉有什么关系！每一次碰到这种情况，钱还不是都由各摊主掏腰包？

日子一天天过去，大楼依然被封，这一次希望真的很渺茫。后来传来了更坏的消息：这一次给多少钱都不会有用，大楼会被彻底关闭，所有的货物都会被税务局拉走上交国家。人们更加焦虑不安，惶惶不可终日。

查封大楼的时候正值销售旺季，每一家的货物都堆积如山，少则价值几十万美元，多则几百万美元！这些商品有的是华商们几年辛苦挣下的血汗钱，有的是厂家的大批资金，有的是个体户赊下厂家的货代为销售的，如果真的全部没收，于个人于企业都是一笔非常巨大的损失。据后来统计，“兵营”和当时另一家被查封的中国商品批发大楼“扩东”被没收的皮夹克等商品，总计价值约为1亿美元！此外除了里面的商品，每户都置办了电视机、电冰箱、录放机等各种电器。这些物品虽然和巨额的商品不能相提并论，但家家都有，合计下来也有几百件之多。

一个多月过去了，人们已经明白，“兵营”也将遭遇和“莫丹”同样的命运，被彻底关闭。传说后来阿拉准备答应税警的要求，但是为时已晚。有关方面已经决定全部没收里面的商品。

在将要拉走被查封的商品的前几天，有人通知货主可以回去取出自己的私人用品。公司老板约我和他一起去。我们最后一次迈进了那个院子，走进了南楼。楼道里静静的，空无一人，曾经的人声鼎沸和火爆场面消失得无影无踪。有的房门半开着，看得见堆得满满的麻包上落满了尘土。楼门口有人守卫，但肯定是税警而不再是阿拉的保安。公司的屋里也摞着很多麻包。经理进屋匆匆拿了自己的衣物，环视了一下房间，我们出了搂。院子的角落里，列宁半身塑像依然立在那里，默默地望着这一切，从落寞到繁华，再从繁华到落寞。

回到住处，“兵营”荒凉的情景依然在脑中，与以前的繁华热闹景象判若两个世界。我想起了阿拉，那个昔日的清洁工后来“兵营”的女皇，现在如何？不得而知。桌上的广播里正在朗诵普希金的《金鱼和渔夫的故事》，那个贫穷的老太婆贪得无厌，成个贵夫人还不知足，还要做女皇，小金鱼没有办法只好让她回到从前，依旧用有补丁的洗衣盆洗衣，住在破旧的茅草棚里。一瞬间我忽然觉得，阿拉真有点像那个贪得无厌的老太婆！她现在也像那个老太婆一样，又回到了从前，一无所有。其实她比那个老太婆还是强，3年的时间，她从“兵营”，从中国华人身上，不知道赚取了多少钱，这些钱她过一辈子该不会有任何问题。

“兵营”，留给了华人最繁华的一幕，也给他们心头留下了永远抹不掉的伤痛。

2006年7月，由于想记下“兵营”当年的点滴，我特意故地重游。真的，我还记得那个地方，没有问路，直接找到了那里。在通往那里的公共汽车上，看着窗外熟悉的一切，有关“兵营”的一切记忆，那些千方百计只想在那里租有一席之地的焦心的日子，那些眨眼间上百包皮衣卖得一件不剩的火爆日子，那些车水马龙水泄不通的热闹场面，那些一夜可以狂赚几百万美元的时刻，大挣之后大赔的惊心动魄，被查封的令人扼腕叹息的日子……华商所有的荣辱、成败，都出现在眼前。下了车，那栋高高的熟悉的黄色砖楼出现在眼前。楼前的马路很僻静，几乎没有行人，只有一个小男孩推着一辆小车走过；马路上车流量并不小，但那些车和这栋楼已经没有任何关系；入口处极其安静，大门关着，我站在门口向里张望，看不见什么，也没有人出来。据说这里现在是一个军队招待所。我真想进去看看，看看熟悉的院子，看看那尊列宁塑像，但我知道不会放我进去，尤其这里还是一个军人招待所。于是我只在远处拍了几张照片。

1999年

终于遭遇抢劫

萨沙是我的第三个房东，他是个快乐的小老头，个子还没我高，脸上永远带着孩子般单纯的笑容，而身上则永远有一股伏特加酒味。他的第一个老婆死了，现在的夫人是后来找的。

和她结婚后，他就搬到了夫人家住，自己的那套单元房就空了出来。

“我宁愿空着也不租给陌生人，现在的骗子太多了，许多人欠下巨额长途电话费不交就跑了，房东挣不上钱反倒要赔进去好多。”他笑眯眯地对我说，“5年前我曾租给过一个中国人，小伙子看上去挺不错，只是俄语说得不太好。一个月后我来收房费，一进门把我吓了一跳：一屋子大大小小二十几条狗朝我乱叫，我的家整个成了一个狗窝了。他说这些狗都要带回国去卖，中国难道没有狗？我限他三天搬走了。还好他没有欠下电话费。”

萨沙的房子简陋，空荡，确实很久不住人了。它离地铁很远，最糟糕的是在一楼，让我想起周老板的住房。但萨沙说他的邻居们都挺好，“有什么事他们会照顾你，而且外面还有一道大门，比较安全。况且我们就住在你对面的那栋楼里，有事可随时找我们”。

我租下了他的房，因为房费比较便宜，再说一下子我也找不到更合适的住房。

搬家那天他的夫人奥丽娅也来帮忙，她是一位待人亲切的老太太。房间里摆上了床、衣柜、椅子等家具，厨房里搬来了冰箱，窗上挂上了淡黄色的干净窗帘。基本生活必需品都有了。漂泊在国外还奢求什么呢？

由于在莫斯科已经生活了六七年，东西越来越多，每次搬家都要比上次多出好几个箱子，我想尽量扔掉不需要的东西，但看来看去觉得哪件东西都有用，只好搬吧。这次是租了一个小面包车，才勉强把所有的东西都拉过来。搬家时还出现了一个小插曲。

早上两个朋友来帮我搬家，东西太多，忙乱中把一个箱子丢在了一楼的走廊上。谁也没有发觉。搬到这里以后，我才发现我的宝贝箱子丢了，里面可都是我最重要的东西！于是我立即返回去寻找。当我匆忙赶回原处，走廊上空空如也，我很沮丧，觉得必定是被人捡走了。抱着一线希望，我询问了楼道里值班的那个中年女人，没想到她大大地舒了一口气，说，原来是你的箱子啊！我们捡到这只箱子吓坏了，左看右看，怀疑里面是炸药之类的可怕物品，不然这么好的箱子，为何丢在此处？有人建议报警，有人想把它扔出去，后来还是决定先把它放在那边的厕所里，如果下午没人来找，我们就要交给警察了。我听后真是哭笑不得，值得庆幸的是，我的箱子没丢。

我把丢箱子的事讲给萨沙老两口听，他们也觉好笑，但也感叹：莫斯科本来就不安全，抢劫杀人事件不断，现在更让车臣恐怖主义搞得人心惶惶，草木皆兵。他们去年冬天也碰到这样的事：一天夜里他们已经躺下睡觉了，突然接到当地警察局的通知，说有人给警察局打了电话，这栋大楼里安装了定时炸弹，消息的可靠性无法确定，但还是以防万一为好，于是警察局立刻通知这栋大楼的所有住户立即撤离。深更半夜，冰天雪地，不少人都入睡了，到哪里去？“附近有一所中学，暂时可以到那里躲避。”警察在电话中告诉萨沙。萨沙夫妇随身带了毛毯，在那里熬了一夜，直至第二天早上9点才回家。

萨沙夫妇喝过一杯茶，起身告辞了。我送走他们，开始慢慢收拾东西。

天还很亮。5月的莫斯科，夜里11点都不会天黑的。

晚上躺在窄窄的钢丝床上，久久无法入睡。毕竟是一楼，各种间接听到的直接看到的华人被抢被打的恐怖事件一一出现在眼前。我睁着毫无困意的眼睛望着挂着窗帘的窗口，总觉得随时可能有人破窗而入。如果有人来抢，我怎么办？这个问题在我脑子里始终挥之不去。想来想去，我想最好的办法是跑到走廊里，去叫醒邻居。于是我将屋子通向走廊的门打开，虚掩上，以便一有动静，能以最快的速度跑出去。

不知过了多久睡着了。但突然又被一种声音惊醒了。像是有什么东西来回跑，噼里啪啦，声音很大，而且是一群东西，就在我睡觉的那张床的墙外。接下来每天都是这样，我百思不得其解，究竟是什么东西？后来才猛然醒悟，我的房间紧靠垃圾通道，垃圾清理口就在我的窗下，那是老鼠的大本营，它们成群结队，多得很，每天清晨都会在那里来回奔跑，那声音自然传到我的房间里。

紧接着我又发现了一个问题，就是只要楼上有人倒垃圾，那巨大的声响就会清晰地传到我的耳里。先是哐当哐当通过垃圾道的声音，紧接着是一声巨响，或是玻璃摔碎的声音，那是垃圾落到了地上，可能是从最高的20层，也可能是从11层。

从此我就不得安宁，无法睡一个完整的好觉。老鼠的奔跑声、倒垃圾的哐当声，是每天惊醒我的“交响曲”。我戏称为“垃圾交响曲”。

转眼一个月过去了。还好，虽然天天饱受“交响曲”之扰，但也没有发生更可怕的事情。一次萨沙夫妇来看我，带来了巧克力和蛋糕，我们喝茶聊天。我对萨沙说：“你真狡猾，你的房子这么多毛病，你都没有对我讲。”萨沙对我嘿嘿地笑：“我工作了30年，就分到了一套这么糟糕的房子，你说怎么办？”

我也不时去他们家做客，给萨沙带上一瓶伏特加。萨沙看到伏特加的高兴劲儿，真让我觉得那是个老顽童。

那一年的夏天是莫斯科的多事之秋。车臣恐怖分子不断制造恐怖事件，扬言在莫斯科要开辟第二战场，搅得人心惶惶。刚刚有所好转的社会治安又恶化了。就在这个期间，我终于遭遇了一次抢劫。不是在家里，是在大街上；不是夜里，是在白天。

那天从公司回家挺早，出了地铁站，在附近的商亭里买了苹果，看看表才5点左右，决定步行回家。

阳光高照，行人不多，四处很安静。顺着马路一直走下去，向右穿过一个小道，就看得见我住的高楼了。我手里提着一个塑料袋，走上了那条便道。路旁是长势旺盛的青草，太阳从背后照来，将我穿连衣裙的影子拉得很长。忽听后边有人急急地奔跑，很快脚步声就到了我身后。我刚想回头看看是谁，就觉得手里的塑料袋一把被人拽走了。我愣了一下，最初的几秒钟不知道发生了什么，接着才反应过来，天哪，我被人抢了！这时我脑子里“嗡”的一声，只觉得双腿发软。

塑料袋里不仅有钱包、房屋钥匙，还有护照。在国外没有护照是不可想象的。

我下意识地朝那个人跑走的方向追去。其实那个人是什么样子，多大年龄，个子多高，甚至是男是女和向哪个方向跑了，我一概都不知道。我迈着发软的脚步，盲目地从小路折回公路，没有发现任何可疑的人影，前面是一栋大楼，周围没有一个人影。我茫然走过去，并不希望能找到抢劫犯，只想找到被他扔掉的塑料包。一般情况下他们拿走钱后会把其他东西随手扔掉。

我绕到大楼的另一面。周围是很高的杂草，在杂草中间的一块石板上，坐着一个穿黑衬衫的年轻人，脸色苍白，他的脚下扔着我的塑料袋。

我赶紧走上前去，说：“你为什么抢我的包？”提出这个问题后也觉得毫无意义。强盗抢人还问为什么吗？“拿走吧，这是你的包。”他指了指地下，然后站起来，扬长而去。

光天化日之下，强盗抢了钱，然后大摇大摆地走了。

我没去追他，因为我觉得没有用，只是赶紧拾起塑料袋，察看里面的东西。当我看到护照完好地躺在袋里时，松了一口气，谢天谢地，护照总算没丢。钱包也在，钱自然是一个戈比都没剩下，钱包里的家门钥匙也被拿走了，慌乱中他大概以为那也是钱吧。我回想了一下，钱包里的钱并不很多，总共也就是七八百卢布。

★1999年9月莫斯科居民大楼爆炸
（来源：俄罗斯网站ЯНДЕКС）

那一夜我住在萨沙夫妇家，他们知道我被抢了，说什么也不让我回家过夜。

“他不像抢劫惯犯，大概是第一次，为了这么一点点钱，就丢掉了自己的人格和良心。”我说，“还不如直接向我要钱呢，我会给他的。”

“我们的年轻人都变坏了，世风日下啊。”萨沙说，脸上没有了往日的笑容。

电视里在播放新闻，图像是一栋被炸塌了的大楼，那是莫斯科某区的一栋居民住宅楼。看着电视屏幕上那栋高大的灰色建筑，慢慢坍塌下来，化为一片瓦砾，感觉就像在看一部放慢了镜头的恐怖大片……这是几天之内被车臣恐怖分子炸毁的第二栋住宅大楼。莫斯科真像是一个看不见敌人的战场，到处充满了火药味。萨沙神色严峻，奥丽娅不时地说，我的上帝，他们就这样杀害我们的无辜百姓。

第二天晚上夫妇俩又来看我，带来了奥丽娅做的蛋糕。他们劝我如果害怕就住到他们家里去。对他们的关心我表示感谢，并告诉他们我过几天要回国办点事，就不去他们家住了。

就在那天夜里，凌晨4点，一声巨大的轰响震醒了我，整栋大楼在摇晃。我拉开灯穿了衣服，飞快地跑到街上。

不少人已经跑了出来。只见远处一大片烟尘，就是萨沙和奥丽娅住的地方，此时那栋12层的大楼已经面目全非，地上是一片巨大的瓦砾堆，大楼只剩下钢筋水泥框架。我呆呆地望着眼前的一切，不敢相信自己的眼睛。

回到我的住处，开了厨房的灯，桌子上还有萨沙夫妇昨夜带来的蛋糕和他们喝剩的茶水，而现在他们则被压在大楼的废墟下……

中国海外第一超市——莫斯科天客隆的命运

1999年8月初，在莫斯科市中心最繁华的黄金地段——阿尔巴特街头，出现了一家中国大型超市“天客隆”。这是中国半官方在海外投资开办的第一家超市，6000平方米的面积，几千种中国优质商品。听到这个消息，真的很高兴，莫斯科终于有一家如此体面的中国商场了！它不仅体现了中国改革开放后的经济实力，可以像一扇窗口，反映中国这些年发生的巨大变化，而且使这里所有的华人脸上增光。俄罗斯各媒体和居民也对此表现出极大的兴趣。

90年代以来，华人在这里的形象很不好，来自中国的商品大都是通过他们倒过来的低劣产品，这些产品都在各大市场上的集装箱里销售，生活不是很拮据的莫斯科人是不会去那里买东西的，而在正规的商店里则很少见到中国商品，那里没有它们的位置。很多莫斯科人已经对来自中国的任何产品都抱有疑心和成见，俄罗斯媒体更经常有负面报道，那些报道很多也是事实。在这种情况下，正规的中国超市天客隆的出现，对转变俄罗斯人对中国商品的看法，改变中国人的形象，提升中国商品的信誉，都有很大的意义。

此外对我来说，还有一种特殊的亲切感：我的北京住处附近就有一家天客隆超市，回国时，经常会去那里买东西。没想到，今后可以在莫斯科常常光顾天客隆超市了。

天客隆超市开张不久，一个周日，吃过早饭，我就兴冲冲地去了那里。

那座三层高的大房子位于阿尔巴特街的尽头，屋顶上装饰着一个大大的旋转的蓝色球体，远远就看得见，漂亮而现代。从地铁站走过去约十分钟就到了，入口处上方“天客隆”几个大红中文字已在眼前。超市的正门对着花园环线路，车辆川流不息，很是热闹，前面还有一个不小的停车场，这对莫斯科人购物非常必要。

走进超市，看到两侧暂时还空着，据说那里要开洗衣房和面包房，正在办理经营许可证。左拐就进了超市，面积很大，过道宽敞，商品品种也不少，按服装、百货、礼品、食品、饮料等不同种类一排排摆放。货架上除了一部分食品是俄罗斯的产品外，大部分都直接来自中国。丝绸制作的中国旗袍挂在服装区，很抢眼；包装精致的高档茶叶在另一边，那里是茶叶专卖柜台。还有酱油、粉丝、海带等中国特色食品。东西的丰富性当然比不上国内的天客隆超市，但可以理解，这里毕竟是遥远的莫斯科。

我慢慢地走在一排排商品柜之间，看着熟悉的中国商品，耳边飘着熟悉的中国流行歌曲，感觉有点像回到了国内。

也许是刚刚开张，人们还不太知道的缘故，超市里人不很多，三三两两的中国人，也有零星的俄罗斯人，一个俄罗斯男人买了一盒精美的茶叶，另一个俄罗斯中年妇女买了好几瓶酱油。

在超市里转了几圈，感觉这里的东西不比集装箱市场中国人卖的东西多多少，但价格却比那里的高，当然购物环境非常好。不管怎么样，还是买了几样小东西，算是不虚此行吧。

此后一两个月我会来这里一次，看看有没有什么新的商品，顺手买一些小东西，其实更多的是想在这里感受国内的气氛。记得有一次我来这里时，正巧香港凤凰电视台在这里采访，那一天人还不少，接受采访的好像是超市主管销售的人。他对办好这家超市很有信心。海外第一家莫斯科中国超市天客隆，也许会在这里扎下根，越办越好吧。但没有想到，事情并不那么简单。

后来每次光顾天客隆，我发现来这里的顾客一直不是很多，完全不像莫斯科其他超市那么兴旺。这么好的位置，东西价格也不贵，但为什么这里一直如此冷清呢？

再看超市里的商品，种类越来越少，新的商品迟迟没有上架，食品区更多地摆上了当地产品。天客隆的商品大概是运输出了问题。

2000年后，莫斯科陆续出现了不少大型超市，其中有土耳其人开的，法国人开的，瑞典人开的，都搞得很红火，其实它们的位置哪一家也比不上天客隆的好。

2002年，天客隆已经处于很艰难的状况了。外人只是看到商品断档，顾客不多，但其实问题远比这严重。恰在那时，有家中国公司想做食品检验，找到我咨询情况，我找到一家专门提供食品检验服务的俄罗斯公司。没想到那家公司恰好是为天客隆长期提供服务的公司之一，天客隆的所有食品入关都是请他们去做的检验，自然，中国这家超市的情况他们很熟悉。

在这家公司的办公室里，我向他们咨询时，也了解到很多天客隆的情况。天客隆确实碰到了问题，很严重。首先是运输，在第一批集装箱运来的商品基本销完后，第二批集装箱商品在路上居然走了4个月，到不了莫斯科。原因据说是由于车臣战争，铁路忙于运输其他物资。这还只是问题的一半。集装箱到莫斯科后，开始对约7000种商品进行检验，俄罗斯不仅海关收税很高，检验收费也不低，而且手续繁杂，这又耽误了很多时间（好像是几个月）。其次，超市的管理人员不很了解俄罗斯有关情况，出现失误，几次被罚款，损失不小。还有俄罗斯的腐败，所有俄罗斯能接触到天客隆业务的有关人员，都想利用职权白拿白占，需要打点和疏通的方面很多，仅这些被无偿拿走的商品就价值十几万美元。还有一个原因就是，这块黄金地段是国内另一家公司买下的，不属于天客隆所有，超市只有使用权，这在莫斯科操作时很多方面受到限制，对天客隆很不利。

中国政府和中国商人真的很想在俄罗斯做正规生意，遵守一切有关规定，但似乎此路并不容易走通。

其实后来还听说，天客隆刚开张时情况很好，第一天的销售额就达到20万卢布，超出预想；第三天很多货断档，后续商品由于上述原因跟不上，使超市极其被动；后来停车场被收回，没有停车场顾客会大大减少，面包房和洗衣房的经营许可迟迟拿不到……这一系列的原因，使天客隆处于危机之中。2003年6月，天客隆终于关闭了。它的邻居——楼上一家娱乐公司买下了这个黄金地段。

历时三年多，一千多个日日夜夜，海外第一家中国超市惨痛夭折。

开办莫斯科天客隆超市，天客隆集团投入近5500万元人民币，由于多方面的原因，收益仅几十万美元的现金，在关闭前还欠下5000万元人民币的租金。天客隆的倒闭使我震惊，更觉惋惜。俄罗斯真是个特殊的地方，在这里正规经商确实很难，这又是一个例子。难道只有像大多数华商那样走灰色清关的路吗？那是一条风险很大的路。

我后来经常路过那个地方。阿尔巴特街头依然车水马龙，灯红酒绿，一派繁华；那栋漂亮的房子照旧立在那里，但已经物是人非。此情此景，总让我心头涌起一种说不上的感觉。

我见到的莫斯科市长卢日科夫

我有幸近距离地见到了莫斯科市长卢日科夫。

卢日科夫身材健壮，个头不高，身穿黑色皮夹克，戴一顶鸭舌帽，表情是坦诚的，没有什么架子和官气。这是电视里经常见到的莫斯科市长的形象。客观地讲，莫斯科人非常拥戴他，因为他敢说，因为他为莫斯科人办过不少实事。卢日科夫可以说是几朝元老了。1977—1990年他是苏联时期的莫斯科市苏维埃代表，1978—1990年还是俄罗斯联邦的最高苏维埃代表。担任莫斯科市长是在1992年6月。在1996年的选举中，卢日科夫竟以95%的支持率再次当选为莫斯科市长，足见其威望之高。直至现在，73岁的他已经连任五届莫斯科市长了。卢日科夫也是俄罗斯赫赫有名的六大寡头之一。他的身高马大的第二任妻子，身家不菲，权势与金钱都不少，也是人们一度议论的对象，但她很少出头露面，善于保护自己，于是流言和议论也就逐渐淡去。

言归正传。我见到卢日科夫纯属偶然。那时我搬到了基辅大街一座民宅，那一片很多民宅是6—9层高的旧楼，包括我租住的那栋楼也是9层高，按照莫斯科市的规定，这些楼房在几年内将全部拆掉重建。新年前（或许是新年后）的几天，我在附近小店买食品，偶然听说，周六上午10点左右莫斯科市长要来小区视察，亲自讲解市委的有关拆楼重建的规划，小区居民可以自由前往，有问题、建议都可以当面向市长提出来。我并不关心我租住的这栋9层楼何时拆除，如何补偿，我只是一个临时住客，但我很想看看莫斯科市长如何接近和深入民众，于是周六那天我就去了。

严冬，很冷，那天没有下雪，但脚下全是厚厚的积雪。

市长来的地方就在我住的那栋楼后的一片开阔地。已经有不少人等在那里。我去得正是时候，过了片刻，就见一小群人向这里走来，他们大概把车停在了那边的马路上。为首的正是卢日科夫，后面跟着不少人，紧跟在他身后的就是在电视上经常看到的那个保镖，黄皮肤黑头发，很像亚洲人。人们围拢过来，一些人伸出手和市长握手，一些人开始和市长交谈，市长随后即兴讲了几句话，大意是说了小区未来的发展规划等。我看着莫斯科市长，觉得他真的很平易近人，我也很注意听他讲话，甚至我的目光还和他的目光相遇。前后约半个小时，他们离去了。后来在莫斯科发生了震惊世界的剧院人质事件时，报纸上报道，市长卢日科夫只身前往剧院，穿着那件皮夹克，戴着那顶鸭舌帽，提议用自己来交换被扣为人质的女人和孩子。我看着报纸上的字，眼前出现的正是我曾经亲眼见到的卢日科夫。那一刻我为莫斯科市长的勇气所感动，我也明白了，为什么莫斯科人这么多年一直这么拥戴自己的市长。

叶利钦提前辞职，代总统普京亮相

1999年12月31日，世界各地都在辞旧迎新。这一年的辞旧迎新非同一般，不仅是辞别20世纪，而且迎来一个新的千年。而那一天，俄罗斯人的辞旧迎新还多了一层意思，他们不只是告别了一个旧世纪，还告别了叶利钦时代。

叶利钦当晚在电视讲话中宣布提前卸去总统职务，为他的政治生涯画上了句号，也宣告了叶利钦时代的结束。

像他很多次的行为都大大出乎人们的意料一样，他的提前辞职同样让世界感到突然。他喜欢这种戏剧性。当然这是最后一次。

叶利钦提前退出政治舞台，是他一生中很多次最聪明的选择之一。相信这是他经过缜密思考后做出的最佳选择，得以全身而退。他卸下了早已力不从心的管理国家的重担，可以颐养天年，还任命了自己认为最可靠的接班人为代理总统，为代总统明年的总统竞选铺好道路，而这样的接班人在他下台后，可以保证在任何时候对他和他的家人既往不咎，使他全家人的晚年生活得到安全和保障。

叶利钦的选择之所以聪明，还在于某种程度上这一选择符合了民意。回顾一下叶利钦执政以来的政绩，再看看俄罗斯目前的现状，人们已经对这位当年的民主斗士不再抱有好感和任何希望。8年了，他没有给老百姓带来任何实惠，相反，不断的政治危机和经济危机已经折腾得人们筋疲力尽，使百姓受够了磨难。叶利钦频发的心脏病和苍老的面容，踉跄的脚步，经常酗酒的嗜好，也让越来越多的人怀疑，他是否还具备一个国家领导人必需的健康和能力。是的，在莫斯科，我多次听到周围的俄罗斯人对这位年事已高疾病缠身的领导人发出抱怨和不满，他们希望至少由一个年轻健康的人来领导他们的国家。那样他们的国家或许还有希望。

在叶利钦执政的8年时间里，一共任用了（或更换了）7个总理，9个财长，6个内务部长和3个外交部长。如此频繁地更换高层领导人，在俄罗斯历史上绝无仅有。这从一个侧面反映了苏联解体后俄罗斯政局的动荡不稳，也表现出转型中的俄罗斯社会各种势力的复杂性。

叶利钦还算有点自知之明，在告别讲话中他向俄罗斯民众道歉：他没能实现他们的期望，没有把一个繁荣的俄罗斯带入新世纪。回顾一下90年代，那是一个真正的混乱不堪，危机重重，民不聊生，盗匪横流的昏暗时期，很多俄罗斯人都认为，90年代是俄罗斯近几百年历史中最暗淡的时期之一。

叶利钦任命了个头不高，身材瘦削，刚刚47岁的总理普京为代总统。当时他的名字对很多华人来说还挺陌生，俄罗斯很多人也并不熟悉他，因为在今年（1999年）8月9日他刚刚被叶利钦任命为总理，取代了斯捷帕申。此前他是俄联邦安全局长。人们不知道这个“年轻人”会不会给俄罗斯带来光明的前景。但是普京年轻而有朝气的面孔，让很多人感到有希望。普京从此取代了叶利钦，活跃在俄罗斯政治舞台。

叶利钦推荐普京做代总统，使俄罗斯终于有了一位年富力强充满朝气的总统，很多人说，这是叶利钦为俄罗斯人做的一件最大的好事。

在几个月后的2000年新一届总统选举中，正如叶利钦所希望和安排的那样，他选中的接班人顺利当选为俄罗斯总统，叶利钦彻底放心了。俄罗斯从此开创了普京时代，进入一个新的时期。

★卷　三

新世纪的交错光影

2000年

“库尔斯克”号核潜艇沉没

叶利钦留给普京的，是一个破败的烂摊子：国家经济丝毫没有起色，百姓1/3生活在贫困之中，社会犯罪率居高不下，人的生命财产得不到保障，以及最令人不安的车臣恐怖分子的行动。人们期待着，年轻的代理总统面对这一切，将采取何种对策。

2000年1月，代总统普京宣布马斯哈多夫为车臣不合法的总统。普京的这一强硬态度和举动很得人心，不少人觉得他处事果断，敢作敢为。这为他后来正式当选总统赢得了不少选票。3月，开始投票选举，在选举前普京驾驶战斗机，访问了战争中几乎完全被破坏的格罗兹尼，这又为他赢得了选分。3月26日，代总统普京以53%的得票率，顺利当选为俄罗斯第二任总统。

8月8日，平静了一段时间的莫斯科市，重又笼罩在恐怖气氛中：市中心的普希金地铁站发生了新的爆炸事件，13人死亡，90多人受伤。人们开始惶恐不安，车臣恐怖主义又开始新的恐怖活动了。

几天后，人们还未从这次爆炸的硝烟中走出来，一个更大的悲剧发生了。“库尔斯克”号核潜艇沉没。这是普京当选为总统后，碰到的第一个重大事件，也可以说是对他的能力的一个考验。

8月12日11时25分，俄罗斯最现代化的核潜艇“库尔斯克”号在北冰洋的巴伦支海域进行演习发射鱼雷时，不幸发生事故，20多个小时内与指挥艇没有任何联系。军方和当局惶惶不安，不知道究竟发生了什么。经过竭尽全力寻找，直到13日上午9时左右，终于在巴伦支海海底找到了沉落在那里的“库尔斯克”号核潜艇。艇上有118名海军官兵，尽快营救出他们，是俄罗斯海军刻不容缓的艰巨任务。

俄罗斯各大媒体是在事发两天后，即14日报道了这一消息，这立刻引起了全俄罗斯的不安。那一天我是在吃晚饭时看到电视新闻报道的，消息说“库尔斯克”号潜艇在与指挥艇失去联系20个小时后，已经被发现沉没在巴伦支海海底。但现在还不清楚艇上究竟发生了什么，为什么会发生故障，似乎是发生了两次连续爆炸……播音员表情沉重，语气低沉，此后新闻开始不间断地播报有关的最新消息。我和房东都被这一消息震惊，尤其为潜艇上118名官兵的生命担忧。此外，艇上还有两座核反应堆，如果核反应堆也出了事，那将是巨大的灾难！

此后的一段时间乃至一两年，“库尔斯克”号核潜艇都是人们最关注的焦点新闻。

“库尔斯克”号核潜艇造价10亿美元，是俄罗斯最现代化的防御武器，1995年正式服役于北方舰队，潜艇长150米，有6层楼高，体积比两个大型喷气式客机还大。潜艇由两个核反应堆提供动力，在不加任何燃料的情况下，潜艇能在海上持续航行120天。潜艇的许多设计和高科技都是世界上独一无二的。它拥有独特的双壳艇身和9个防水隔舱，即使被鱼雷直接击中，也可以关闭防水隔舱的舱门，让潜艇没有受损的部分继续运转。此外，艇体表面特殊的吸声材料，精确坚实的导弹发射装置，高速鱼雷等，都是绝无仅有的高科技。就是这样一个核潜艇，现在沉没在海底。难怪这消息一经证实，美英等国家就表现出极大的兴趣，甚至在秘密追踪其下落。

事故发生后，普京宣布要尽全力救援，人们对此满怀希望。但是有多大的把握？随着时间一分一秒的过去，那些生命还能撑多久？据说，艇上储存的氧气够那些人10天用没有问题，因此，如果有幸存者，10天之内必须将他们救出来，这是极限。

英国、挪威等提出帮助救人和打捞潜艇，开始俄罗斯政府和有关方面拒绝了，他们想凭自己的力量解决。因为“库尔斯克”号核潜艇有着太多的科技和军事秘密，俄罗斯当局和海军当然不会希望别人知道。

紧张的营救开始了。微型潜艇在“库尔斯克”号核潜艇外围进行声呐搜索。在第9隔断舱的位置，他们听到了微弱的敲击声。这一消息令人鼓舞，可能还有海员活着！

救援从13日开始。俄海军的救援装置7次试图与“库尔斯克”号核潜艇的第9隔断舱的逃生舱口对接，都没有成功。这时已经过去了4天。在这种情况下，特别是面对国内外的多方压力，俄罗斯军方决定接受其他国家的援救。两天后，即18日，英国和挪威的救援人员赶到了。8月20日，事故发生8天之后，挪威潜水员终于打开了第9隔断舱的舱门，发现里面已经充满了海水，爆炸后舱内幸存的水兵也已全部遇难。据事后调查表明，艇上大部分海员在爆炸时即刻身亡，幸存的23人在坚持了8小时后也无一幸免，全部身亡了。

听到这一消息，俄罗斯广大民众万分悲痛和惋惜。电视中播音员一遍遍地念着那些遇难海员的名字，画面是无际的大海和波涛，118个名字一一映入人们眼中，又消失在大海里。

面对悲伤的民众，普京政府决定，无论付出多大代价，都要查清失事原因。要在10月18日后开始打捞遇难者的遗体，在2001年内打捞出沉没的潜艇。只有这样才能确切知道究竟发生了什么，也才能对全国人民和遇难官兵的亲属有个交代。

2000年10月21日，打捞遇难艇员遗体的工作在寒风中开始。由俄罗斯和挪威的18名潜水员组成了小组，两国潜水员轮流工作，每三人一组。2000年10月25日下午5时，俄罗斯潜水员进入沉没海底的“库尔斯克”号核潜艇。非常万幸的是，艇上的核反应堆没有泄漏！俄罗斯潜水员进舱后看到的情景令他们大为惊异，潜艇破坏的程度比人们想象的还严重，但是他们发现，核反应堆被关闭了，在千钧一发之际，从而杜绝了灾难性后果的发生。要知道关闭了核反应堆就是关闭了动力，也就是关闭了这些海员逃生的最关键的条件。为了不使核反应堆泄漏，他们宁愿堵住自己逃生的希望。

在艇内只找到12具尸体，其中有德米特里·科列斯尼科夫大尉的。在大尉的口袋里发现了一张字条，那是他在潜艇爆炸后写给新婚妻子的一封遗书：“奥莉佳，我爱你。请不要太失望。现在是13点16分，所有在6、7、8舱的船员都已经转移到第9隔断舱。这里一共有23人。我们决定在这里等待救援，因为我们中间没有人可以凭借自己的力量逃出去。”

“奥莉佳，我爱你，不要太难过，向加琳娜·瓦西里耶夫娜（岳母）问好！向亲人们问好！”

后面的字迹无法辨认，混乱而模糊，只有他的妻子奥莉佳能清楚地读出：

“15点45分，这里一片黑暗，但我试着摸着写，似乎机会已经不多了，大概也就10％到20％，我们希望，有人能看到这封信，这是我们现在9号隔舱内的全体人员的名单，我们现在要再试着出去，别放弃希望！此致。”

这封遗书极其珍贵地记下了潜艇爆炸后的情况，证明潜艇爆炸后至少还有23人活着！

关于德米特里·科列斯尼科夫大尉，还有一段故事。这个做事一向仔细严谨的人，在这次出航前不仅忘记带自己的身份证和一个从不离身的十字架，还给妻子留下一首诗，诗中写道：“虽然我真的不愿意想到死亡，可当死亡即将来临的时候，我真想悄悄地对你说：亲爱的，爱你到永远！”大尉似乎在此次出航前，就已经在冥冥之中感觉到某种不测和危险。

“库尔斯克”号核潜艇沉没事件是俄罗斯整个民族的悲哀。有俄罗斯机构对这一事件做过一次社会调查，结果表明，“库尔斯克”号核潜艇的沉没是20年来最令俄罗斯人痛苦的历史时刻，甚于苏联的解体。俄罗斯人一直沉浸在大海般的

★“库尔斯克”号海员墓地（来源：俄罗斯网站ЯНДЕКС）

悲痛中，很长时间，他们继续注视着媒体的后续报道，关注着为打捞上来的12具尸体的隆重安葬，看着遇难者家属和亲人的悲伤眼泪，很多人也流下了眼泪。

近11个月后，即2001年7月9日，俄罗斯政府在荷兰打捞公司的帮助下，耗资7000万美元，动用了3000人力，经过3个月的艰苦努力，终于打捞成功。2001年10月22日，“库尔斯克”号核潜艇残骸终于在罗斯利亚科沃的浮动船坞上浮出水面。

至此，俄罗斯当局唯恐泄密的担心消除了，接下来要对潜艇全面检查分析，找出事故的原因，分析事故的经过。那些经过媒体已经报道了很多，我在这里不再重述。

“库尔斯克”号核潜艇沉没事件已经过去了，但它留在俄罗斯人心头的伤痛还会长久存在。人们忘不了那个沉痛的时刻。

新总统普京在处理这一事件中自始至终的表现，大部分俄罗斯人还是满意的。

2004年，我搬到陀思妥耶夫斯基街的一栋民宅后，一个周日去了离住处不远的军事博物馆。在博物馆附近，我看到了一组崭新的雕塑，大海，波涛，翻飞的海鸥，一艘舰艇，上面站着几名挺拔的海员，下方写着：“库尔斯克”号核潜艇纪念碑。我不知道这个纪念雕塑是什么时候竖立在这里的，但我知道它承载着俄罗斯人民深深的怀念，是这座城市的又一个悲伤的记忆。

奔萨的中俄合资农场

七八月间，我随烟台政府的一个代表团去了奔萨。代表团带着一些大企业家，应邀访问，看看有什么合作项目。此行使我最感兴趣的是，那里有一个中俄合资的农场，我们将参观那个农场。

奔萨市是俄罗斯一座古城，建于1663年，它位于风景秀丽的苏拉河畔，50多万人口，距莫斯科铁路长709公里，公路只有600余公里。我们乘火车去，夜里上车，清晨就到了。官方访问，方便很多，有州政府的专车接送，吃住也由他们安排。白色面包车将我们一行十几人拉到一个类似招待所的楼前，我们就住在那里。记得那个招待所很简陋，房间很小，走廊很窄。安置好住处，吃过简单的早餐，双方简单地进行了交流，好像是在州政府的一个会议室，国内代表团带了翻译，所以我比较轻松，只在一边听着。烟台政府代表团介绍了每个成员，有做旅游鞋的老板，有经营食品的企业家，还有饮料企业及其他行业的专家们。奔萨政府也介绍了他们的工业农业情况。他们特别希望有人来投资，资金是他们目前发展经济的最大问题。

中午，奔萨州政府宴请我们，在政府大楼的一个大厅中。那顿宴请真的很丰盛，很多东西我在莫斯科这么多年也未品尝过，各种色拉和冷盘，美味的熏鱼，几道热菜，精致可口的小甜点，香气浓郁的各色葡萄酒和伏特加、果汁等，品尝着这么一桌丰盛的美餐，你会忘记这是在经济困难的俄罗斯。

下午专车送我们参观了奔萨的一家糖果厂、糕点厂、啤酒厂和一个商场。走到哪里，参观的最后一个项目都是品尝他们的产品：在糖果厂品尝了各种包装精美的糖块和巧克力，糕点厂的厂长则拿出刚出炉的香气扑鼻的面包夹奶酪黄油，在啤酒厂品尝了他们的汽水。酒是必不可少的，每一个地方都会有一瓶高档伏特加，每人必饮一杯。厂长们很热心，亲自带着我们参观，一边还充当讲解员。那些工厂其实规模都不大，工艺陈旧，需要更新换代了。啤酒厂由于缺乏资金，有一部分车间根本没有开工。他们很渴望中国人能与他们合资生产。在参观商场的时候，当地一家电视台来采访，拉住我问了几个问题，好像是对奔萨的印象以及代表团此行的目的，我简单做了回答，不知道晚上在奔萨电视中是否播放了。

吃过晚餐，州政府陪同我们的人建议我们去附近一家夜总会看看，我们闲着无事，欣然前往。走在路上，看到路边有一片建筑，只建起了两人高的墙，就停建了。陪同者说这里计划要建一个很大的星级宾馆，因为没有资金，已经停建5年了。5年！我们听后唏嘘不已。

那是一家专跳迪斯科的夜总会，我们到时外面的霓虹灯已经在闪烁，隐隐传来迪斯科的音乐声。迪斯科夜总会里面挺大，音乐震耳欲聋，年轻人就在忽明忽暗的灯光下自由而尽兴地随意舞着，一曲接一曲。我们刚开始只在一旁观看，后来烟台做旅游鞋的那个精干的女老板提议，何不也去健健身？于是我们几位女士走进舞池，跟着音乐的节拍，舒展腰身。回到招待所，已经是深夜了。

第二天一早，有车把我们送到了郊外那家中俄合资农场。

奔萨土地肥沃，黑土带占该州总面积的68%，中俄合资农场也位于黑土地上。我们到达时约上午10点。俄方农场主亲自接待我们，介绍情况。中国方面在这里工作的有十几个人，其中有园艺师、饲养工，还有种植专家。农场主要经营种植业，也有一个养牛场，养着很多奶牛。中方员工住在农场的宿舍，吃饭有自己的食堂。我们中午就在他们的食堂中吃了一顿中餐。其间和他们聊起来，他们都说这里的俄罗斯人对他们还不错，但是由于管理无方，农场效益很差，那个奶牛场的奶牛都骨瘦如柴，根本不产奶，因为奶牛的饲料都被农场的俄罗斯工人偷回家了.居然要偷奶牛的饲料？可见俄罗斯员工们连肚子都吃不饱！

下午我们去参观了农场的麦田。嗬！一大片金色的麦田，在阳光下闪光，快到收割季节了，麦穗沉甸甸的，颗粒饱满。脚底下是黑油油的土地，黝黑，泛着光泽，肥得流油。抓起一把黑土仔细看，似蕴涵着丰富的养料，令我们爱不释手。这么好的土地，农场居然还亏本，甚至农场的员工吃不饱肚子，我们对此十分不解。

那农场后来再没有机会打听，但那片黑黝黝的土地，那片金色的大海般的麦田，一直留在了我的记忆里。奔萨，有这么好的黑土地，理应很富才是。

切尔基佐沃集装箱市场

2000年年底，12月初的一天，我去了切尔基佐沃集装箱大市场。周六，冬季，但天上飘着小雨。真奇怪，莫斯科12月飘雨，全世界的气候真的都在变暖。

切尔基佐沃集装箱大市场位于莫斯科东北部，在三个地铁站之间：巴尔吉扎、切尔基佐夫和肖尔科夫。这三个地铁站中当属切尔基佐夫离得较近，但出了地铁也要走上那么一站地左右。因此我一般选择坐到这个地铁站，下车步行过去。

地铁里人不少，大部分都是去那个市场的。果然，到了切尔基佐夫站，几乎所有的乘客都下了车。我忘记了从哪个口出地铁，不要紧，对任何人来说，这都不是问题，跟着人流走就是了。

切尔基佐夫地铁站几年前还很荒凉，没有多少人来这里，周围也没有几个商亭和商场。但是随着切尔基佐沃市场的火爆，这里变化很快，每次来到这里，都觉得比之前更繁华热闹。这次也同样，走出地铁，发现对面又有了一个新的大商场，周围也有了更多的商亭，就连走向大市场的那条小道两旁，也站满了卖食品和其他商品的小摊贩。

我随人流向东走去。阴沉的天空依然飘落着雨丝。举目远望，看见了更多的人，手中举着伞，匆匆向大市场走去。远处那座天桥——去市场必经的，上下都挤满了人，水泄不通。雨天，人居然一点不见少！

不多时我也加入了那个缓缓移动的人流，上桥，下桥，继续向东走去。大市场的西入口已经映入眼帘。从那里进去，大部分是黑毛（莫斯科人对中亚人的称呼）的摊位，他们的东西，价格比中国人和越南人的要贵不少。我是要去大部分中国人所在的新ACT区，要继续往前走，从北口进去。

路上已经有人在向回走了，那是早早逛了市场已经买了自己需要的东西的人，他们手里提着大包小包，或者拉着一个装满东西的小车，更多的人开车来这里，特别是外地人，在市场上大大采购一番，然后将车塞得满满的，开车回家。

路边也站满了卖东西的人：巧克力，各种小礼品，项链手镯，皮衣，手套，居然还有卖文凭的人。这市场的外围也已经变成了市场。

切尔基佐沃市场存在十年了。20世纪90年代初，这里还是一片空旷之地，鲜见人影。风任意吹过，伴着乌鸦的聒噪。空地总面积有200公顷，其中72公

★切尔基佐沃大市场（来源：俄罗斯网站ЯНДЕКС）

顷属于俄罗斯体育运动大学，14公顷属于莫斯科市政府。1991年，在苏联解体前后那个混乱的时期，体育运动大学校长将自己的地盘出租给了莫斯科的山地犹太人。谁也没有想到，头脑灵活的犹太人在这里又创造了奇迹，再次显示出他们非凡的经商能力。他们将这里建成了一个超级大市场，转租给来这里做生意的中国人、越南人、印度人、阿拉伯人、阿塞拜疆人等。很快，市场火爆起来，来这里购物的人越来越多，市场的面积也不断扩大。

市场后来由四个有限责任公司承包，其中两个最大公司的经理都是山地犹太人。头号主人是小有名气的捷利曼·伊斯梅洛夫，身家十几亿美元。此人从不接受媒体采访，也不在公众前露面，据说四五年才会来大市场一次。后来，伊斯梅洛夫在土耳其投资15亿美元修建了豪华宫殿，仅开幕典礼就花费6000万美元。在他巨大的财富中，切尔基佐沃市场的贡献功不可没。

今天，切尔基佐沃市场不仅是莫斯科七八十个大市场中最大的一个，也是俄罗斯最大的商品集散地，也有人说它是全欧洲最大的商品批发市场。它的面积还在不断扩大，集装箱摊位也在不断增加，在这里经营的人和采购东西的人也快速增长。不久前它和附近的另一个主要经营食品的市场伊兹马伊洛沃相连，成为一个巨型市场。

中国人习惯把这个市场叫做集装箱市场，因为这里的每个摊位都是一个货真价实的集装箱，铁疙瘩，结实保险，晚上锁上，任谁也打不开。莫斯科人常常称呼它为切尔基佐大市场，因为离他最近的地铁站叫做切尔基佐夫。和伊兹梅洛沃食品市场相连后，很多中国人又称呼它为“一只蚂蚁”，这是另一个离它不很远的地铁站名字“伊兹梅洛沃”的谐音。

每次走进这个庞大的市场，都如一脚迈进了商品的汪洋大海；每次来这里——无论多少次，都会迷失在里面，不知道该往哪儿走，也不知道从哪里出去。眼前是一排接一排的集装箱摊位（有的区域是简陋的小棚子），纵横交错，望不到头；每个集装箱前从上到下挂满了各种皮衣、帽子、围巾、睡衣浴衣、时髦时装、西服牛仔系列、款式繁多的连衣裙、儿童服装、各种鞋、毯子、被褥、窗帘甚至布匹等，总之，所有人需要的服装和生活用品在这里都可以找到，当然，服装鞋类是随季节更换的。此外，这里有其他一切需要的生活用品：化妆品，假发，莫斯科人一年四季离不了的丝袜，内衣，首饰，炊具……应有尽有，令你眼花缭乱，目不暇接。

这里常常十分拥挤，你只能顺着人流走。顾客自然是主流，他们来自四面八方，各个城市，每个人都在忙碌着找自己需要的东西，仔细挑选，耐心砍价；人流中会有人突然大喊“让道！让道！”，那是拉着满满货物的塔吉克斯坦搬运工从你身边擦过，市场上的搬运行当被他们垄断。他们的喊声又急又高，经常吓你一跳，躲避不及的人会被推到一边或被碰倒；推着小车大声吆喝卖热茶热咖啡和面包圈小烤包的女人，也挤在人流中兜售食品；此外如果留心，你也会发现小偷挤在这里，伺机寻找猎物，窃取不义之财；乞丐混杂其间，向行人乞讨，很多人会慷慨解囊。据说这里有上百个乞丐，不要小看他们，他们每天要到的钱可能比某个摊位的售货员一天挣得还多！大市场养着他们，成了他们的衣食来源。最可恶的是一些骗子，他们也看中了这个地方，在成千上万的人中间，找几个蠢货骗骗，还不是轻而易举的事！还真的有人上当受骗，我自己遇到过骗子，也亲眼见到被骗上当的人。骗子往往是几个人合伙，缠着你不放，不断地劝说你在他那里换钱或是买他的某种商品，把你的思维搞乱，你就像中了邪一样，不由自主地听他们的话。有一次在市场上，听到一个俄罗斯女人撕心裂肺的哭声，原来这女人被骗了3000美元，这钱是她带来要买东西的，可如今分文不剩。而骗子早就无影无踪……

切尔基佐沃大市场有12个区，中国人主要集中在新ACT区和太阳区。其他各区的经营者也都以不同民族划分，比如越南区、阿塞拜疆区、黑毛区等等。这样便于山地犹太人管理。在大市场里，你可以听到十几种不同的语言，看到十几个不同的民族，堪称国际大市场，但在这里工作的俄罗斯人极少，据说在10%左右。中国人占到一半以上。

大市场里除了买卖商品，还可以找到看病的地方。来自不同国家的大夫在市场的某个地方租下了小小的房间，门上写着“牙医”、“专看内科”、“妇科”、“按摩室”等俄文、中文和越南文，专为市场里的人看一些小病。有几家诊室在1号线和丁香市场之间的右边。那里的阿塞拜疆和越南牙医诊室，拔一颗牙300卢布，而镶一颗500卢布。这些地方来看病的人不算少，因为毕竟不用出市场，价格也便宜。喜欢做按摩的人很多，大都是搬运扛包等干苦重活的人。

食品有专门的区域，各色蔬菜水果肉鱼奶制品琳琅满目，中国人的区域还有各种中国调味品，从花椒粉到粉条、木耳、鲜豆腐、绿豆芽等，全能买到。我一年之中来大市场几次，主要就是去那里买点中国食品。

市场里的饭店、小吃店、咖啡店有很多家，足以满足市场工作人员和购物者的需要。它们大都集中在一起。走在那里你会看到写着各种文字的饭店、咖啡店等，一个接一个。有的地方好几家中国饭馆挨在一起，高悬在头顶的大招牌上写着象形文字，随处可以听到熟悉的中国话，让你恍若感觉是走在国内某个城市旧城区窄小的胡同里。走进中国饭店，诱人而熟悉的香味迎面扑来，高朋满座，人声鼎沸，好不热闹。来这里就餐的不仅有中国人，还有市场上其他民族的人。据说阿塞拜疆人、越南人、巴库人开的那些小饭馆，生意也都不错。

这里还是很多人的“家”，他们白天在集装箱里售货，晚上门一关，集装箱就成了他们过夜的地方。这些人大多数是售货员和搬运工，来自独联体其他国家，如乌克兰、白俄罗斯、阿塞拜疆、塔吉克斯坦等，其中有的人是没钱去租单独的公寓或住房，有的是没有合法居住签证，走出市场很麻烦，会遇到警察盘问和敲诈，还有的是为了额外挣点钱，被雇在这里看夜。住在这里的还有不少夫妇。把这里当作“家”的人，是市场上最苦的人，处于最底层。集装箱里堆满各种商品，空气污浊，睡觉都是临时搭铺，夏天炎热，但还好忍受，冬天极冷，铁铸的集装箱或许可以挡挡风，但对寒冷毫无作用，它甚至是寒冷的帮凶，可以吸走人身上的全部热量，睡在这里，像睡在冰窖里一般。

市场里据说还有一座小教堂，1997年专为犹太人设立的。这里的山地犹太人据说不少。市场的大股东没有忘记自己的信仰和传统，在世俗的海洋中辟出了一小块神圣之地。那座小教堂我从来没有看见过，因为它所在的地方实在是太不显眼。据俄媒体报道，教堂虽小，但里面做祈祷用的专门服装、蜡烛、圣像一应俱全。周六是犹太人传统的礼拜日，但周六又是大市场最红火的一天，这是一个令犹太人头疼的问题，最后，他们还是放弃了周六必做的祈祷。挣钱似乎更重要，祈祷可以换到别的时间。犹太人也在小教堂里举行婚礼。东正教信徒去离此不远的丁香林阴道教堂。穆斯林则在自己的牙医那里，或者咖啡店做礼拜。

据俄媒体披露，市场里还有一处斯大林当年的秘密工事，是在市场内挖存放蔬菜的地窖时偶然发现的。工人们发掘出伸向各处的一大片已经掉落渣子的隧道，主道从市场地下穿过伊兹马伊洛沃市场，直通军队当年秘密通道2号地铁线的前面。后来在国防部档案中找到了图纸，从图纸中才明白，这里发现的正是斯大林当年的地库，1933年在“斯大林人”体育场的掩饰下秘密建设的。设施里面有一张会谈圆桌，小食堂，斯大林的办公室兼卧室，但斯大林总共来过这里2次。它的位置就在现在的那一大片钢铁隔成的仓房下面，从犹太教堂的窗口望出去，可以看见那片10万平方米的库房。它的上方就是市场的另一个入口和几个小饮食亭。

总之，这里有生活需要的一切，住在这里的人可以几个月不出市场，什么也不会缺。因此后来有俄罗斯媒体把这个大市场叫做“城中之城”、“国中之国”。

切尔基佐沃市场里的中国人

我已经从北门走进了切尔基佐沃市场，走进了这个商品与人的汪洋大海。

我经过新ACT区，直奔中国人聚集的太阳区去，我能找到那里，在那里也不会迷路。那里有几家卖中国食品的小店。然后我会原路返回，走进新ACT的中国商品区，顺路看看那里的服装，再从北门出去，坐地铁回家。我不敢在这

★切尔基佐沃大市场

里乱走，无论一直往里，或者朝其他方向，都会绕迷了路，半天出不来，很累。有一两次就是这样。

食品店里的东西还真不少，快到新年了，上了不少新货。卖货的是个姓刘的小伙子，东北人，在这里打工，人挺热情。店里几个中国人在买东西。柜台上有一包包切好的羊肉片，还有新鲜豆腐和绿豆芽，他看我惊讶的神色，说："这是这里的中国人自己做的。"

我拿了几样东西，走出食品店，嗬，旁边是一家新开张的美发店，中文大字贴在门上，一看就知道也是中国人开的。连理发店也有了，真是方便。在莫斯科市里任何一家理发店理一个发，男的，不洗不吹，最便宜也要几百卢布，这里便宜很多，才几十卢布。

顺原路走到新ACT区，突然想起一个熟人，杨颖，也是北京来的，她在这里给人打工，卖毯子、毛巾等物品。何不去看看她？

顺着一排排集装箱，我找到了那个摊位。很多人围着在买她的东西，根本挤不上去和她打招呼。于是我沿着那排集装箱逛了一圈。卖棉服的，卖皮靴的，卖皮手套皮帽子的，每个集装箱都前挤满了人，站在里面的售货员很多是中国人，个个忙得不亦乐乎。一家卖皮夹克的在降价甩卖，质量很好，款式也不差，牛皮，带纯毛内胆，才50美元，真便宜！老板是河北新集来的，亲自卖货，他说这批皮夹克是跳楼大甩卖，因为这款式已经过时了。我仔细看了看，那皮衣确实不错，主要是价格合适，于是给儿子选了一件。

逛了一圈回来，杨颖摊位前的人暂时少多了。她正在点钱，抬头看见我，赶忙招呼，让我进去。“发财了吧？货卖得这么好。”我问她。“那有啥用，还不都是老板的，加一点点提成，我一个月也就挣500美元。”“这里天天这么热闹？”“平时人还少一点，周六周日简直就和打仗一样紧张，没时间吃饭喝水，上厕所，特别是这里就我一个人。”“那怎么办？”她用头向一边示意，“看见了？那就是我的厕所。”我看见集装箱里货物旁边的一个角落里有个便盆。她起身从一个暖瓶里冲了一杯咖啡，问我要不要，我直摇头，看见她端茶杯的手冻得通红，我问：“很冷吧，冬天在这里卖货？”“岂止是冷？人都快冻干了。这铁疙瘩。”她用手拍拍集装箱的铁壁，又用手握握我的手，冰块一样。“人呆在里面越呆越冷，我告诉你，”她压低了声音，“冻得都尿裤子，小肚子常疼，我怀疑得了什么病，就是冻的。”看着她白里泛青的面孔，我觉得她真的生病了。“歇几天呗，别玩命！”我对她说。“撑到过年吧。你还做翻译？”我点点头。“你多好，懂俄语，不像我，受这份罪。”

这集装箱里真的是越呆越冷，短短几分钟，我已经感觉到一股寒气直往衣服里钻。我想起那些不得已晚上睡在集装箱里的人，整整一个冬天他们都要睡在这里。

雨已经停了，市场里人更加拥挤。一排排的集装箱里都站着黑头发黄皮肤的中国人，站在这个铁疙瘩里。他们像杨颖一样辛苦，从他们焦黄的面孔上能读出来。其实辛苦还是次要的，只要能挣到钱，只要付出有回报，他们甘愿这样辛苦。而这里的大多数摊位，都挣钱，只是挣多挣少的问题。最令他们不安的，是中国区的集装箱经常被关闭停业，理由是他们的产品没有上税的，来路不明，他们的产品是假冒伪劣的。关闭停业带来的只是小损失，最惨的是将他们的商品全部没收，拉走。那种情况下，他们辛辛苦苦几年的心血全都会瞬间付诸东流。

杨颖的集装箱前又来了人，她也忙起来了，于是我起身告辞。

中国人由于商品来源方便、丰富，因此他们在这里许多方面都比其他人有优势，特别是在价格上。市场里其他区的很多人没有商品来源，只租了摊位，他们要跑到中国人的区来买货，再拿到自己的摊位上销售，价格肯定会高出来。因此，聪明的俄罗斯人会直接来中国人的摊位买东西，这是第一手的商品。中国人的生活状况总的也比其他人强，没有睡在集装箱里的，他们都有住处，哪怕很挤，八个人十个人挤在一间屋子里。中国售货员的工资每月在300—500美元之间，货要销得好还会有提成，那样挣得会更多。而来自独联体其他国家的有些人很惨，一个月挣的卢布也就合200—300美元，有些人没有住处，或睡集装箱，或和很多人挤在一间房子里，睡在地板上。看到媒体披露，一个来自乌克兰的女人，在这里当售货员，只租一个20厘米大小的睡觉之地，每月要交3000卢布。20人一个房间，没有淋浴，洗澡要花钱到市场里专门洗浴的地方。

在市场卖货都非常辛苦，中国人也不例外。早上他们一般会乘莫斯科第一班地铁（5：30）早早来到这里，因为大客户往往来得早，特别是外地客户，他们不会放掉卖货的好机会。早餐和午餐在这里随便吃点什么，方便面、面包、香肠之类。市场一般下午三四点关张，劳碌了一天的中国人，有的直接回自己的住处做一顿丰盛的晚餐，有的在市场里的中国饭店吃上一顿正经饭，喝点酒。大部分人不懂俄语，俄文报纸和电视看不懂，好在有当地华人办的几份报纸，可以为他们提供新闻。此外，他们没有其他文化生活和消遣。有钱的老板开始往赌场跑，消磨时间，排遣寂寞。莫斯科的赌场几年来发展飞速，如雨后春笋般，一个接一个出现，这对好赌的中国人是抵挡不住的诱惑。

中国集装箱老板有的聘了老毛子做售货员，她们讲俄语，会招揽顾客，不用解决她们的住处等，工钱还比聘中国人低，但老毛子很多都有小偷小摸的习惯，所以很多摊位还是由中国人销售，毕竟比“外人”可靠。

还有一些精明的中国人，在大市场刚开始时，就极有远见地买下了好几个，那时的价格相对便宜得多。几年后价格大涨，他们留下一个自己用，或者全部转手租出去，每月坐在家里就有几千美元的集装箱出租费，在这里过着优哉游哉的富裕生活。

市场上还有一些朝鲜族中国人，来自东北偏远的朝鲜族乡村，他们只会说自己民族的语言，说不了几句中文。其中很多人目不识丁。当时联系的通讯工具还是大哥大，发过来的信息，他们根本看不懂，还得问身边的其他人。

1991年切尔基佐沃市场一开张，这里就有了中国人。那时我已经结束留学，回到国内，因此刚刚开张的这个大市场是什么样，没有见到。据说刚开始这里的中国人不是很多，绝对无法和现在比，也不如其他市场里的中国人多。而且当时中国人很多是地道的倒爷，不间断地往返于两国之间，在这里支摊位，由国内供货销售这种方式刚刚开始。但是随着火车上禁止带货，随着莫斯科大市场的不断增多，随着这个市场的逐步兴旺，在切尔基佐沃经营的中国人越来越多。特别在1998年最大的皮夹克批发基地“兵营”被关闭后，很多经营皮夹克的厂家和大户也转移到这里，他们集中在一起，形成了中国商品区。

中国人主要集中在新ACT区，老区也有一部分。上面介绍过，这个区属于山地犹太人、亿万富翁捷利曼·伊斯梅洛夫管辖。中国人主要经营皮衣，包括裘皮等皮毛大衣、鞋类、箱包以及其他各种服装。

切尔基佐沃大市场离俄罗斯的权力中心克里姆林宫仅15公里，夸张点说，市场里的嘈杂声都可能会传到那里，这位置太不合适；而集装箱市场周围的居民、组织、团体等，自然也不喜欢大市场在他们附近存在。彻底关闭这个市场的传言一直存在，至少在当年我就听到过。但年复一年，这个市场依然活跃，并没有关闭，于是人们已经不在乎这个传闻。

切尔基佐沃集装箱大市场又存在了8年。这期间这里发生过火灾、斗殴，多次被短时间关闭，很多中国商品被没收，使华商蒙受了巨大的损失。不少中国人走了，或者发了财，或者损失惨重，但很多新人又不断涌现。

当人们已经不把关闭市场的消息当真时，切尔基佐沃大市场却突然被关闭了，在2009年的夏天。那时我已经回到北京，后面有文章会专门谈到。

两颗新星：卡巴耶娃和维塔斯

第26届奥林匹克运动会正在悉尼举行。那天晚上莫斯科电视台转播的是艺术体操比赛的决赛。俄罗斯最有希望夺魁的17岁美少女卡巴耶娃出场了。苗条的身材，甜美的微笑，清纯的面孔，娴熟的技巧，举手投足都散发出青春的美丽和艺术的光泽。她是俄罗斯人的最爱和骄傲。1998年15岁时，她赢得了欧洲艺术体操冠军，此后四次夺得这项冠军，成为无人可以匹敌的真正的世界艺术体操女皇。

我已经多次看过她的表演，每一次都为她的精湛技艺所折服。无论是绳、环、球操，还是缎带操，她都做得尽善尽美，无可挑剔。她的每个造型和姿态都会给观众带来莫大的享受和美感。自从第一次大约在1998年还是1999年看过她的体操表演，此后她的每场比赛、每次表演我都不会放过。我完全被她的魅力吸引了。电视里和媒体上也常常看到她的身影，她的甜美迷人的微笑。卡巴耶娃，一颗体操新星已经冉冉升起。但是人们没想到，几年后她会踏入政界，还成了普京绯闻的女主角。

★卡把耶娃kabaevazz

（来源：俄罗斯网站ЯНДЕКС）

在悉尼奥运会上，很遗憾，她那么渴望的奥运会，却在做圈操时失误了，圈飞了，最终只得了铜牌。人们对此非常惋惜，我也不例外。我还记得那个场面，出现失误的卡巴耶娃走出赛场，脸上仍然挂着平时常有的微笑，非常平静，看不出一丝沮丧。接下来的竞赛中她发挥良好，没有受到一丝影响。这一幕令人惊异，她才17岁，心理素质却如此之好。她的教练也很感动，说她展示给人们的永远是真诚甜美的微笑，即使她输了也是这样。她永远以微笑面对一切，她的微笑像阳光，吸引着人们。

卡巴耶娃1983年5月12日出生于塔什干，在那里长大，后来去了乌兹别克斯坦。父亲是鞑靼族，曾是职业足球运动员，后任该共和国高等足球运动技巧学校队的教练。母亲住在莫斯科，在乌兹别克斯坦篮球联队打球。

妈妈希望卡巴耶娃或者学习艺术体操，或者是花样滑冰。但在炎热的乌兹别克斯坦没有很好的花样滑冰学校，因此只好选择了艺术体操。卡巴耶娃从3岁半就开始学习了。

在她12岁时，妈妈明白，在塔什干她的潜力不会得到充分发展，于是将她带到莫斯科，拜"金牌教练"伊琳娜·维娜为师。教练见到卡巴耶娃后，立刻提出了条件：减肥。对艺术体操来说卡巴耶娃太胖了，她的第一个教练甚至说她像"脚上的电视机"。1995年起她在莫斯科接受伊琳娜·维娜的训练。小姑娘很有毅力，刻苦学习，远离一切使人发胖的诱人食品，甚至每周有三天只喝开水。她知道自己属于易发胖人群，而保持苗条的身材是她艺术成功的基础。她技艺进步很快，1996年就进入俄罗斯国家体操队，并很快成为国家队的王牌。

悉尼奥运会失败后，卡巴耶娃又遇上另一个挫折，在她们的食品中查出了兴奋剂的成分。为此她和另一队友被停赛两年。这期间她应邀在日本拍了电影故事片《红色幽灵》。

2004年雅典奥运会上，她终于如愿以偿，获得期盼已久的艺术体操个人全能金牌。

2007年卡巴耶娃退役了。2008年她每周一次在俄罗斯某电视台的节目《脚步与成就》做主持人。俄罗斯很多体育、文艺和政界名人都是她的特约嘉宾。

卡巴耶娃酷爱舞蹈音乐，开始涉足时尚娱乐圈：主持时装节目、演动作电影、当模特，样样不落，样样都行。2007年12月，卡巴耶娃在接受《俄罗斯报》采访时坦言，无论是做主持人、演员还是平面模特，都只是"爱好"而已，她还想当个"政治家"，"目标有些高，但我相信我能够做到。对于我来说，国家的未来很重要"。

在2002年俄罗斯媒体的一次评选中，她力压网球美女库尔尼科娃和体操"冰美人"霍尔金娜，当选为俄罗斯头号性感运动员。

卡巴耶娃18岁涉足政界。2001—2005年她是统一俄罗斯党最高委员会成员。2007年被选为国家杜马成员，和霍尔金娜、茹可娃等四位前体坛美女一起，以统一俄罗斯党候选人身份当选新一届国家杜马议员，被称为“普京宝贝”。2008年我已回到北京。一则关于普京的绯闻传遍世界，看过那条消息，我才知道，原来其中的女主人居然是卡巴耶娃。25岁的卡巴耶娃现在是俄罗斯杜马青年事务委员会副主席。

虽然不断有各种绯闻，虽然她为一些杂志拍过裸照，但是俄罗斯人仍然喜欢她。她为俄罗斯夺得过18面世界体操锦标赛奖牌，为俄罗斯人争过光。她优美的艺术体操表演深深留在了人们的记忆里。

另一颗新星是歌坛新秀维塔斯。

记得是在这一年年底，莫斯科电视台的一场文艺演出会上，一个刚出道的年轻歌手一下子吸引了我。他脸庞清瘦，身材单薄，动作优雅，面带微笑，眼睛闪动着聪慧的光芒；一身黑西服，一条红围巾。他擅长的那首歌的名字是《歌剧》，歌声很美，特别是歌尾的超高音，如海啸般回响，震动了周围的一切，也击打在观众心上。舞台布景也很奇特：两边各站着四个陪唱者，黑布蒙面，一袭黑色长袍，拿着乐器做伴奏的动作，给人一种神秘感。听过他那首歌，那特殊的高而亮的歌声一直回响在耳边，令我久久不忘。后来我买了他的一盒磁带，经常在收录机里听。而莫斯科的电视里只要有他唱歌，我必会聆听，百听不厌。我觉得俄罗斯音乐界的一颗新星在升起，因为他有着别人没有的出众的歌喉。

果然，维塔斯引起很多人的注意，以不可想象的速度声名鹊起，他那首歌也成为他的代表作，一直唱到今天。

维塔斯出生在乌克兰敖德萨，读完九年级后，来到莫斯科，开始参加商业演出。他的真实姓名是格拉乔夫·维塔利·弗拉达索维奇。但他的准确出生年份始终没有人知道，有三个说法：1979年，1980年，1981年。但生日肯定是2月19日。这不会错。

维塔斯从不接受媒体采访，他在广大观众中是一个谜，是一个传说。他的不可思议的歌喉，让俄罗斯人着迷，人们甚至说他来自外星球，地球上的人不可能有他那样的歌声。他可以唱男声，圆润有力；可以唱女声，极高而亮，连女高音歌唱家也难以达到的高度，还可以唱出老妇人的声音。最初连俄罗斯最著名的女歌唱家布加乔娃都不太相信，是他唱出那么高的歌声。

维塔斯喜欢东方思辨，尤其是东方的直观和分析。他去过西藏敬拜神庙。

他尤其喜欢电脑，很多时间消磨在电脑上。他开了自己的正式网站，他的网站连黑客都嫉妒。他还喜欢画画。自己写歌，据说写了40多首。

在2010年北京电视台的春晚上，我又“见”到了维塔斯。我看了他的演唱。

维塔斯第一个出场，一身镶嵌着金色花纹的白西服，红黑条长围巾，脚步从容走上舞台，接着听到了那首熟悉的歌，完全与我10年前在莫斯科听到的一样，这首歌真的是他的代表作。还是那迷人的微笑，优雅的动作，美妙的歌喉，海啸般的超高音，伴随着他特有侧身仰头抬手的动作，但是明显的，维塔斯长大了，成熟了，更自信了。他已经是一颗耀眼的明星了。中国观众很多都熟知他喜欢他，称他为“海豚王”，而他也同样喜欢中国。

俄罗斯人也极为喜爱这位年轻歌手，我在俄罗斯网站上看到很多人给他的留言，特意选了几段放在这里：

他是一个奇迹，他有无与伦比的歌喉，非凡的天才

他是我们的太阳，我们爱他，我们全家都喜爱他

谢谢他给听众带来欢乐，他的美妙的歌，每分钟每一天我们都想听他的歌

他是一个如此美妙可爱的男孩

超级，顶尖

…………

从中可以看出维塔斯受到广大听众追捧和喜爱的程度。

2001年

和东方博物馆合办“中国牡丹画展”

2001年3月，莫斯科依然冰天雪地，我却开始在街头奔波。洛阳牡丹花女画家梅振荣想在莫斯科举办个人画展，她的丈夫梁先生委托我帮助联系画展地点，我正是在为她寻找一个合适的场所。

联系了几家博物馆，不是价格太贵，就是场地不很正规，都不太理想，于是我还是把眼光投向了莫斯科国家东方博物馆。

以前我曾去那里参观过，各种东方和中亚文物色彩艳丽，风格独特，印象很不错。这次为了画展也去过一次，但这是俄罗斯国家级博物馆，是莫斯科唯

★电视台采访中国牡丹画展

一展示东方和亚洲艺术品的地方，肯让一个中国画家举办画展吗？

东方博物馆地处莫斯科市中心美丽幽静的尼基茨林阴大道。这栋楼房以前是大贵族鲁宁的宅邸，建于1818年，主楼为三层，正面宽大的阳台有八根白色大圆立柱，既有气势，又显优雅；侧楼为二层，展厅都在这里；一层为仆人住房。整栋建筑是19世纪初俄罗斯著名建筑师多明尼克的杰作。宅邸的主人去世后，几易其主，最后成为国家东方博物馆。馆内藏有亚洲和东方各国的精美绘画、瓷器、服饰、布艺和地毯等展品计有15万件之多。这里还定期举办东方艺术和绘画展览，还为莫斯科的儿童举办各种东方美术和工艺讲座学习班。既然这里可以定期举办各种艺术绘画展，就不妨试试看。我信心满满，某一天的上午，再次走进东方博物馆。

走进一楼大厅，走过展示彩绘瓷器和东方风格的服饰的玻璃橱窗，我直接走向服务台，说明我想见他们的总经理。文雅的中年女值班员问明了缘由，告诉我馆长不在，副馆长晚些时候来，她可是个中国通和中国艺术迷，和她谈就可以。听此言我很高兴，喜欢中国艺术，那么这件事就比较容易谈了。

我按照女值班员的建议，在楼上楼下转悠了一圈，再次观赏博物馆的展品，特别留意了每个展厅的大小，其中一个展厅挺合适。半小时后走下楼，恰好看到一位50岁左右的中年女人走进博物馆，值班员告诉我，她就是这里的副馆长，也是中国展品的负责人。我上前问好，说明来意，她立刻把我让到二楼的办公室。

简单说吧，交谈很顺利，比我想象的简单得多，举办画展没有任何问题，交钱就可以，问题是博物馆今年（2001年）的画展早在去年年底前就全部安排得满满的，唯一的希望是看看有没有可能在两个画展中间挤进来。“你们想在几月份办？打算办几天？”“一切看你们的方便，什么时候展厅有空，就什么时候举办。”我怀着一线希望说。她拿出一个本子仔细察看，“7月初有十天的时间，2号厅是空的，可以举办。”“真的？”我很惊喜，“可以看看那个厅吗？”“当然。”副馆长说着起身领我去看。

2号厅不是我刚才看中的那个展厅，这个厅略微小一点，也还可以。我又询问了价格，记在本子上，随后告辞。我要和女画家的丈夫通报情况，请他最后决定。

一周后，我和女画家的丈夫一起来到博物馆，再次与副馆长商谈，这次一切都谈定了。两天后我们来签了合同，交了定金。画展的事就这样敲定了。

6月下旬，画家梅振荣来到了莫斯科。7月2日，画展前三天，我们一起来到东方博物馆，开始做画展的最后准备。梅振荣女士的画是水墨写意牡丹，六十余张画卷起来也没有多少，很容易就带过来了，但现在的问题是如何将这些画悬挂起来，用什么来挂。用无框的玻璃？那要去买很多玻璃，还要按照每幅画的大小划开，很费劲；买画框？画展过后画框怎么处理？不仅成本贵，而且工作量大。左思右想，最后决定用硬纸板试试，把画用透明胶带粘在硬纸板上，四周留下边，再把硬纸板悬挂起来，简便易行，节省资金。按此设想，我们立刻做了一个样板，挂到墙上，画好像镶在了框子里，效果出奇的好。于是我们找到了一家卖硬纸板的厂家，买了几大张硬纸板，按照画的大小裁开。很快，所有的画都粘好了，错落有致，悬挂在展厅中，整个展厅即刻变得像一个牡丹盛开的“花园”。全部准备都就绪了，只等开幕。

7月5日，尼基茨林阴大道像往常一样幽静，不同的是在国家东方博物馆门前，一块醒目的大木牌吸引了过往行人的注意。木牌上方画着几朵栩栩如生的红色牡丹花，下面写着一行大字：“中国牡丹画展”。正是这一天，由“新新”有限责任公司和东方博物馆举办的洛阳女画家梅振荣的“中国牡丹画展”开幕了。

开幕式于当天下午3点在画展大厅举行。当俄罗斯电视台、广播电台、报社等新闻媒体的记者们和大使馆官员、俄中友协、华人社团的代表及华人各报社记者百余人走进90平方米的展厅时，无不为四面墙壁上挂满的千姿百态的各种牡丹写意画而赞叹。他们惊呼仿佛一下走进了一个美丽的花园，置身于牡丹花丛中。不少人说他们没想到中国女画家笔下的牡丹如此多姿多彩和美丽。

博物馆馆长和副馆长都出席并讲了话，那个“中国迷”副馆长特意穿上了她的中国丝绸唐装，很引人注目。

俄罗斯电视台文化频道的记者当场采访了梅女士。他提的问题是特别喜欢花的俄罗斯人都想知道的：“世界上有许多花，为什么您一直最喜欢画牡丹花？”梅女士不假思索地回答道：“因为牡丹是我生活和工作的城市——洛阳市的市花，又是我们中国的国花。牡丹花象征着幸福富贵和吉祥，它是我最钟爱的花。”

1953年出生的梅女士，自幼喜爱绘画。从河南大学美术系毕业后，分配到洛阳市当美术教师。她来到洛阳的时候正值牡丹盛开的季节。雍容华贵、多彩多姿的牡丹一下子就吸引了她。从那时开始，她几十年来没有间断画牡丹。各种各样的牡丹在她笔下栩栩如生，充满了生气。梅女士在绘画中没有固守成规，而是不断探新，改进画技。她在传统中国画的基础上糅进了西方油画的技巧，因此她的画看上去既不失国画的儒雅精巧，又具有油画的遒劲和力度。梅女士曾在香港、新加坡和马来西亚举办过画展，都受到当地群众的好评。

接下来10天的画展，虽然恰逢莫斯科反常炎热的天气，但前来观看的人却络绎不绝，每天近乎上百人。其中有的是看了文化台的新闻报道特意赶来的，有的是在亲朋好友看过之后慕名而来的，还有的人看过一遍之后又特地带上朋友和孩子来看第二遍。俄罗斯人对画展表现出的热情和喜爱，使东方博物馆的工作人员都大为惊讶，也超过了主办者和画家的想象。

许多观看者对画家和主办者说：“谢谢你们举办了这么好的画展，它带给我们美的享受，使我们更好地了解了中国。我们希望看到更多的中国艺术家的作品。”

“我年轻时曾经在中国留学，中国给我留下了美好的印象。‘中国牡丹画展’使我回想起那一段美好的时光，甚至使我恢复了青春。谢谢你们。”现任某大学副教授的莉吉娅对我们说。

一个中年男子在展厅里足足观看了两个小时，走的时候对画家说：“我是个病人，进来时感觉身体还很不舒服，看了你的画，我的心情变好了，感觉也好多了，你的画能治病。谢谢你。”他走了不久又回来了，原来他是专门去买了一张明信片，献给了画家，表示了他对画家最好的祝福。

一群年轻的大学生驻足在每张画前，他们看得很仔细。临走时他们在留言簿上用歪歪扭扭的中文写下了热情的赞美词：我们是远东大学中文系的大学生，牡丹画展太美了。我们喜欢中国。祝两国友谊像美丽的牡丹一样永远盛开。

两个俄罗斯女大学讲师写道：你的画太美了，它是心灵之作。衷心地感谢你把这个美带给了我们。祝愿你取得更好的成就。希望再次在莫斯科看到你的画展。

“世界上居然有这么美丽的画作！我们对中国的文化艺术了解太少了。谢谢。”一个叫谢尔盖的人写道。

…………

厚厚的留言簿上留下了人们对画展发自内心的赞美，留下了俄罗斯人民对中国的文化艺术的热爱和对中国人民的友谊。

画展结束前夕，从莫斯科召开的申奥表决会议上，传来了北京赢得2008年奥运会主办权的喜讯。最后两天前来观看画展的俄罗斯人，无一不向我们表示热烈祝贺。他们说，牡丹画展像你们的国家和北京一样美丽。愿中国牡丹永远盛开，不仅在中国也在莫斯科；愿我们两国的友谊像盛开的牡丹一样长久不衰。

莫斯科的东方茶香

那里相连着三个地铁站，可以换乘不同的线路去不同的方向。三个地铁站都以最著名的俄罗斯文学家的名字命名：普希金、契诃夫和高尔基。

我从契诃夫地铁站出来，顺一条幽静的马路走去。

★莫斯科茶文化俱乐部（来源：俄罗斯网站ЯНДЕКС）

头上是9月的骄阳，天气却并不炎热。莫斯科的秋天非常舒适。

行不多时，就到了艾尔米塔什花园。闻名莫斯科的茶文化俱乐部就设在这里，花园中一栋楼房的一层。

从一扇很普通的小门进去，迎面是一个小小的茶店，架子上摆满了各种中国茶，精致的包装或散装的，品类繁多，琳琅满目，还有漂亮的陶瓷茶具和一些东方风格的小礼品及饰物。一个年轻人礼貌地询问我想要什么，我说想看看莫斯科的中式茶吧。年轻人殷勤地为我引路。

顺着走廊往里走，有两间隔开的小室，那是品茶间，中式风格，不很华丽，墙上挂有中国山水画和饰物，地上有矮桌软垫，供来客围坐品茶。一间茶室还空着，另一间已经坐着四五个人，看样子像是白领或者大学讲师，每人面前一杯清茶，带小碟子的茶杯有精致的彩色绘图，茶水显然是刚刚沏上不久，袅袅清香在室内飘动，伴随着它的是轻柔曼妙的音乐，而茶客则静静地席地而坐——他们都脱去了外衣和鞋，这是规定，有的微合双目，冥思静想，有的端起茶杯，慢慢品茗，氛围静谧温馨，又透着灵动和严肃。陪我们进来的年轻人低语说，他们正在茶与音乐中品味心灵的安宁，体验东方文化的魅力，那是一种与其他地方完全不同的灵魂的休酣和洗礼。我默默地注视着那个场面，感觉与中国茶禅很有几分相像，空寂，虚无和精神的极大丰富与享受。

莫斯科茶文化俱乐部创建于1997年8月，创办者米哈伊尔·巴耶夫是一位酷爱中国传统文化并对之深有研究的俄罗斯人。他想在莫斯科复制他深爱的关于中国的一切。正如我们看到的，这里从茶叶到饮茶方式、环境的风格，也确实都是中国式的。我们有幸在他的办公室见到了他。

米哈伊尔身材不高，目光有神，显得干练。他对我谈到了创办茶文化俱乐部的目的：“简言之，是为了加深俄中两国文化交流和相互理解，引进健康的生活方式。以茶论道，以茶聚友，以茶接触和了解东方文化，这是最好的方式，所以我创办了这个俱乐部。我们的客人边饮茶边学习茶的一切知识——从外观、品味、性能和作用、历史等。在学习中我们发现，世界上任何其他国家，都不如东方人对茶有如此精深的论说、研究和品茶的讲究。醇香的茶水不仅带给我们极大的享受，更多的是心灵上的欢乐。在这样的环境中，静坐，饮一口香茶，耳边伴随着音乐，清新淡泊，有回归自然和自我的感觉。”停了一下，他接着说：“除了饮茶，我们还开办了中国气功和武术班，人们对此很有兴趣。现在每天早上和晚上，都有气功和武术小组活动，有专门的师傅教授他们。饮茶是健康生活的一个标志。气功、武术也都对健康有益。所以我们这里的一切活动都在生理和心理上给人们带来益处。”

是的，我已经听说，这个地方很受俄罗斯人欢迎，开张不久就声名鹊起，被媒体争相报道。一杯清茶，每个人收费是300卢布（约合8美元），但来此小坐的人络绎不绝，从清晨至夜晚。其中有白领、商人、政府官员和大学生等等。晚上位置常常不够，要事先预约。

“你们这里饮茶为什么要席地而坐？”我饶有兴趣地问。

“最初我们制作的是一般的桌椅，但后来发现，喝过三杯茶后，最好的休闲和放松，就是席地而坐，自在随意，因此后来特意做了矮桌和软垫。”

可以想象得到，这里清醇的中国茶香把莫斯科人带入了一个绝妙的境地，一个文明古国，一个完全有着另一种历史的异国他乡。这里除了茶什么也没有，茶就是一切。正像墙上的一张纸上写的：茶可清心，茶可增加你的智慧，茶可使你摆脱烦恼，茶可使你更加健康。就是这些，得到了越来越多的莫斯科人的认可。

我告辞了。路过那间品茶室时，看见那几个茶客正在热烈地议论中国的茶道，矮桌上摆着几本有关茶的知识的小册子。

很快，这样的茶俱乐部风靡了莫斯科，市里出现了好几家类似的茶吧，名字也很中国化，比如“铁凤凰茶”俱乐部、“保龄茶”俱乐部、“茶道”传统茶俱乐部、“龙井茶”俱乐部、“道德经老子茶”俱乐部等等。他们都以饮用中国茶为主，同时学习和传播茶文化和其他传统文化。这些茶俱乐部也有一些差别，比如挺有规模的“中道”茶俱乐部，面向的是25—35岁的年轻人，2个大厅，2个小厅，有商店、按摩室、瑜伽和太极拳厅，总面积413平方米，可容纳100人喝茶，可以欣赏中国音乐，很受年轻人喜爱。而有着15年历史的传统“茶道”俱乐部，是由爱好生活和品茶的人们发起组织的，这里可以买到最好的中国茶叶，品尝到最美味的茶水，还可以在舒适安静平和的环境里享受茶艺的全过程，晚上还有美妙的音乐。他们对“茶道”的理解也很有意思，一家茶文化俱乐部的墙上写道：茶道，即饮茶中悟出的“道”，“道”的直译是道路，是规律，也是内心的平静和谐。这是一个内涵深刻的理论，在中国流传了几千年……后来，不仅莫斯科，在俄罗斯和独联体很多城市也相继出现不少这样的茶吧。圣彼得堡、基洛夫、罗斯托夫、克拉斯那达尔、车里雅宾斯克、叶卡捷琳堡、基辅、里加、维尔纽斯等城市都有中国式的茶吧开张。而开办最早的米哈伊尔的茶文化俱乐部，已经发展到很大规模，不仅在莫斯科的艾尔米塔什花园扩建了大本营，占据了整整一层楼，在莫斯科还开了十几家分店；不仅有品茶、气功、武术等项目，还有教授茶艺的学习班。

我没有机会再次光临米哈依尔的茶吧，但我不时地在俄罗斯报刊上看到关于他们的报道；在他们的网站——非常出色的网站上——那些图片和文字，足以使我充分感觉到茶文化俱乐部目前的规模和获得的成功。

中国茶香连同它承载的东方传统文化，已经深深吸引了莫斯科人，飘荡在莫斯科的大街小巷。

广东商客遭遇“俄警”抢钱

一年前注册了自己的公司后，我在当地华人报刊上为公司作了广告，因此不断有电话来要求提供翻译等服务。9月初，接到一个电话，对方说刚从国内广东来到莫斯科，四个人，来考察莫斯科的食品市场，打算在这里做饼干糕点生意。他们住在中国驻俄罗斯大使馆的招待所，感到很烦闷，问我能不能为他们联系去哪里游玩，哪里都行。我说，可以为你们找一个莫斯科人，去她的郊外别墅做客，公司负责接送，车费自理，吃的自带，除付公司服务费外，还须付俄罗斯人100美金。对方说很好很好，就这样定了，第二天就去。

我带他们去的正是我的好朋友薇拉的别墅。薇拉很高兴，她正要去别墅住几天，于是乘我们的小面包车一同前往。

一路上大家聊得挺带劲。四个广东人两男两女，都是做饼干生意的，听说俄罗斯市场很大，机会很多，这里的人特别喜爱甜点，于是一起来看看市场，合适的话打算在这里投资办厂。但是没想到，唉，他们直叹气，郁闷！非常郁闷！在中国驻俄罗斯大使馆的招待所里已经呆了两整天，一步门都没出。今天和我们出来心情才稍微好一些。“为什么？”我不解地问。“别提了，倒霉透顶！”为首的陈先生说。接下来他讲的事真让我们愤愤不平！

四个人都不懂俄文，出门也没带翻译，看样子他们真的不了解莫斯科的情况，这样确实很危险，即使你所有的证件都没问题，也难免遭到意外！果然，来到莫斯科的第二天，他们打了一辆出租车，在市内随便闲逛。出门时不放心把钱放在招待所，认为带在身上最安全，所以5000美元全都揣在了身上。车行驶在某条大街上时，突然被一辆警车拦住了，车上下来一个警察，还有四个坐在车内，那个警察说要查看证件，他们完全听不懂，但意思还是懂了。这应该没问题，住在中国大使馆的招待所，有那里的落地签证和盖章，因此拿出来给警察看。这时另外四个警察也下了车。他们一个一个轮着看，确实找不到问题，面前的四个中国人，显然是刚从国内来的，正是警察们敲诈的最合适对象。五个警察很不甘心就这样放过他们，他们还没有借故弄到钱呢。“Money，Money。”一个警察用英语对他们说，一边用大拇指和食指做点钱的动作。他们当然听懂了，互相看看，没有拿出钱来。一个警察开始动手动脚，钱被他们从一个人的口袋里翻了出来。那些警察看到厚厚的一叠美元，眼睛都直了。一个警察开始点那叠钱，点完后抽走两张，当着中国人的面，接着是第二个警察，同样抽出两张装入了自己的腰包，然后是第三个、第四个、第五个，钱在他们手里绕了一圈，再递给中国人时，已经少了1000多美元！警察们拿了钱，巴不得赶快离开这帮中国人，于是为他们拦住一辆出租，让出租司机将他们拉走了。“随便什么地方。”他们对出租司机说。四个中国人就这样眼睁睁地看着自己的钱被那些名为警察的人抢走了。如果不是亲身经历，他们无论如何不敢相信这就发生在俄罗斯首都，光天化日之下，被理应保护他们不被抢劫的警察抢劫了钱！

我把他们被警察抢钱的经历翻译给薇拉听，薇拉也非常气愤：“这帮人真是强盗！就如我们老百姓说的，警察比土匪还坏！他们这简直就是明抢！你们没有记住他们的车牌号吗？可以告他们！”一个人说她记住了那个警车的牌号，但是有什么用？他们不懂俄语，怎么追？怎么告？反映给大使馆，问大使馆可不可以帮助追查这辆车，大使馆的人都摇头表示为难，还能怎么办？

唉，我听了也只有叹气。我告诉他们俄罗斯就是这样，特别是莫斯科，警察随时随地都会敲诈勒索，特别是对不懂俄语的外国人。无论如何，你们应该带一个懂俄文的人，那样警察至少不会那么肆无忌惮。陈先生说，俄罗斯之行真像一场噩梦，没想到莫斯科连警察都明抢，外国人在这里哪有什么安全保障？我们还幻想来这里投资，哼！……

那一天他们在薇拉的别墅玩得很开心，在附近的森林中散步，参观薇拉新盖好的别墅，在院子里烤香气扑鼻的羊肉串吃……他们似乎暂时忘掉了几天前的遭遇和损失，但是，那笑声依然掩盖不住内心的气愤！

俄罗斯的腐败，仅从这件事就可以看出严重到了何种地步。

“白乌鸦”柳芭，流浪的灵魂

第一次见到柳芭，是我住在丽达家时。丽达是我租房最久的房东，后面我会专门谈到她。现在我想讲讲她的朋友柳芭。

那是莫斯科7月的一个清晨。天未亮，整栋楼都还在沉睡中。我隐隐约约听见门铃响了，丽达去开了门，又关上门，接着室内又恢复了寂静。我知道那是丽达的朋友柳芭从乌克兰来了。

约一个小时后我起了床。在厨房里见到了她：一个六十开外的女人，穿一件艳丽的紫红色睡衣，体态丰满，白发中衬托着一张白皙的面孔，脸颊和额头已刻满皱纹，但那双眼睛依然清澈，充满活力。我看见她坐在饭桌旁，面前放着一叠纸，似乎在写什么，却没有动笔，而是在沉思。

我和柳芭其实已经可以算是认识了。几天前，她从乌克兰给丽达打电话时，丽达不在家，电话是我接的。她告诉我她是丽达的朋友，三天后要从乌克兰来莫斯科，让我转告丽达，然后突然问我："你是吉娜吧？"她还知道我是从中国来的。然后又问中国现在怎么样，人们的生活好吗。就这样，我们在电话里聊了几句。

丽达后来告诉我，柳芭是个很另类的人，不同于她那个年龄的一般女人。她当过40年的中学老师，退休后开办了自己的公司，规模不大，但经营不错。她是个挺体面的经理，在自己的圈子里颇受人尊敬。但是有一天她突然宣布将关闭公司，说她要寻找一样东西，那东西是她一直想寻找的，比她的生命还重要，她经营的小有成就的公司与她想寻找的东西根本不可同日而语。公司的几个职员呆呆地看着她，不明白究竟发生了什么。关闭公司之后，在周围人异样的目光中，她选择了另一种生活。从此她一年365天大部分时间都是在颠簸的旅途上度过的：在俄罗斯，在印度，在麦加……她并不是一般的出游，而是朝拜各地的修道院和教堂，与那里的神父们交谈，听他们布道，面向耶稣虔诚地祷告。她成了一名忠实的教徒，在宗教世界中，她寻找着她心灵中渴望的东西，把全部的爱献给了上帝。在探求和追寻对上帝的热爱中，激发了她的创作力，她开始写诗，把自己的感受、经历、思考和对上帝的颂扬都凝聚在那些诗句中，据说在教友的帮助下，她的一本薄薄的诗集已经出版了。除了写诗和周游世界宗教圣地外，在乌克兰家乡居住的时间，她则行善，给左邻右舍的熟人们看病，看病的方式主要是用民间的土办法和宗教的心理疗法。

我一向对特殊的人和事抱有极大的好奇心，听了丽达这番话，就怀着浓厚的兴趣等待柳芭的到来。她究竟在寻找什么？她是否找到了她要找的东西？她以什么来支撑她的这种周游世界的生活呢？她到底是一个什么样的人？

此刻柳芭抬起头来，看见我走进厨房，忙和我打招呼，我们像老朋友那样互相问好。

"你在写东西？"我问她。

"写诗，我最近刚出版了一个小册子，我给你念念其中一首怎么样？"没想到这个问题一下就引发了她的热情，她兴奋得眼睛发光，闪动着与她那个年龄不相符的激情。没等我回答，就拿出一本薄薄的诗集，翻开第一页，朗咏起来：

★东正教堂和十字架
（来源：俄罗斯网站ЯНДЕКС）

朝圣者

我环绕修道院徘徊，我跑遍了半个世界，
没有人讥讽我，也没有人夸赞我，
我虽没有痛苦，但也没有成就。
所有的尝试犹如那灰烬和沙粒。
我曾是一个干扁的小麦穗。
在九月的艳阳下，
我按照上帝的旨意
收拾好行囊去朝圣，
我渡海远洋，一路祈祷，
一切都使我那么惊奇，
泪水洒在足迹上。
……

她念得有声有色，抑扬顿挫，念完后，抬起头来看着我。我点点头，出于礼貌地说："不错。"说实在的，虽然我可以和俄罗斯人进行多方面的深入交谈，但是这些诗句就这样听她读一遍，也只是明白个别句子。于是我问她："这是你的诗集吧，能不能让我仔细读读它？"柳芭说："我正想送给你一本呢。"然后拿起一支笔，翻开小册子，在封里写了几行字：送给吉娜！这就是我的生活！致礼！柳芭 2001年7月17日。写完之后，她把小册子合起来，递到我的手中。

那是一本近50页的淡蓝色封面的小册子，封皮的上方印有一个十字架，下面印着书的名字：《遥远的过去，现在和永远》，署名是柳波芙·克里明科（即柳芭），印刷时间是2001年。翻开小册子，里面收集了柳芭的47首诗歌。那天晚上，我把小册子从头到尾翻看了一遍。

这些诗歌的内容大概可以分为这么几个部分：对上帝的敬仰歌颂，对自己过去生活的回顾，描述自己目前作为一个朝圣者的生活，对生命的理解和思考等等。从她的诗歌中，我知道柳芭有一个不幸的童年，父母很早就去世了，留下他们姐妹四个孤儿。那时正值卫国战争期间，他们的生活相当艰难和不幸。此外还有几首诗写的是她在近几年对生活的茫然、探索和苦苦追寻。有一首诗里有这样的句子：头眩晕——/因无聊的传言喋喋不休。/我的家成为驿站和车厢，/而我不停地飞翔，但不知去向……/不要消失，不要走开，/来寻找忧伤的我。/只有信仰能排忧解愁，还有上帝的保佑。

在诗集中有三首是哀悼在“库尔斯克”号核潜艇上牺牲的118名俄罗斯海军官兵的。那件发生在2000年8月的悲剧，曾引起世界的关注和悲哀，也是俄罗斯人民心中永远的伤痛。柳芭诗歌的标题是：祖国为你真诚哭泣——献给人类最优秀的儿子。诗句凄凉感人，其中一首这样写道：

大海寂静了，
那是波涛低头为你们致哀。
你们谱写了一曲世界哀歌，
汹涌的海浪会永远弹奏。
你们走了，走入了海洋深处，
没有勋章，没有花圈，
没有亲爱的人为你们送行。
但请不要寂寞。
有上帝与你们同在，
还有我们对你们的爱。
除此而外其他都不需要。
静静安息吧！人类最优秀的儿子。

这些诗句让我看到了一个富有同情心的女人，饱受过生活的磨难，但她并不屈服于命运和生活的压力，依然还在追求着什么。她有一个不安分的灵魂，那份不安来自对生活的茫然和不理解，来自对生活的思考，对生命真谛的探求，也来自她的祖国苏联的解体。她在度过了大半辈子之后，忽然醒悟了，开始苦苦地追寻。之所以说是苦苦地追寻，因为那份苦不仅仅是体力上的奔波，理念上的探究，更是由于不知道方向的旅行。她在《我的路通往何方》的诗中，集中地表现出这一点：

我，痛心后绝望地哀叹：
大家究竟为何都如此罪孽地
不遵守规则地生活？
为何远走他乡去寻找，做祷告，
是为了得到原谅？
或是为了原谅这腐败？
永远奔波在旅途上，
但奔向何方？
很少有人知道。

到哪里去？——冰雪之路让人迷惑。

我渴望爱和同情。

于是忏悔向我走来。

啊，我的痛苦的愿望，

没有怜悯的爱

老天最好不要对我们发怒。

柳芭有着深深的迷茫，不知方向的奔波和心灵上的痛苦。她究竟在寻找什么，找到了没有？我期待着与她交谈。

柳芭在丽达家的那几天，我恰好记了一篇日记，以下便是我当时的真实记录。

2001年7月23日　周二　晴

7月的莫斯科还真热。在闷热的地铁里竟睡着了。幸好没有睡过站。

懒洋洋地回到了家。楼门口有一具镶着黑色花边的棺材格外引人注目。棺材上方是一个精致的十字架。真是不幸，这栋楼里的不知什么人在这个炎热的夏天告别了人世。

走进去，看见楼道口放着一张小桌子，上面摆着一个插满了野花的花瓶，花瓶前立着一个黑框照片，里面是一个戴眼镜的十分文雅和帅气的小伙子，旁边还有三个精美的小花圈。我只瞥了一眼照片，就觉得心在发颤：啊，这么年轻的生命居然夭折了？！他是谁？

以后的几天我进出楼门都能看见那张充满朝气和聪慧的年轻面孔，每一次心里都像灌了铅一样沉重，这个充满阳光和朝气的年轻人是怎么死的？一天早晨我去上班，经过一楼值班室，碰巧值班的老太太走了出来，相片还摆在那张小桌上。于是我问她这是谁，怎么死的。“20岁的大学生，三年级，门门功课都优秀，死得太可惜了，游泳淹死了，在莫斯科郊外……”老太太说着掉下了眼泪，“他的父母伤心极了，痛不欲生……还有他的小弟弟，真不知道他父母何时才能从痛失爱子的状况中解脱出来。”

我听后眼睛也酸酸的，赶快走开了。

人的生命如此脆弱，死神随时可以攫走它！死神其实就在我们身边，它藏在阴暗的角落里，在人们没有防备的时候，突然伸出魔爪，把人们拉入地狱。生与死就是一步之遥，就是一瞬间！

吃晚饭的时候，我对柳芭说，太遗憾了，这么年轻，却在游泳时被淹死了。柳芭看看我说，他到更好的地方去了，这个世界不适合他。她说这话的时候非常安详，没有丝毫的遗憾和惋惜。那一刻我诧异地望着她，觉得柳芭完全超脱了人世，看破了红尘。她真是一个奇怪的女人。

次日晚上，丽达去朋友家做客，安东上夜班，家里只有我和柳芭俩人。我得以和柳芭促膝深谈。

晚饭后我们坐在厨房的餐桌旁，她依然穿着那件鲜艳的睡袍，我为她沏了一杯中国茶。

“你的睡衣真鲜艳。”我说。

“是不是和一个虔诚的教徒有点不相称？我女儿也这么说我，但我就是喜欢这种颜色。”

柳芭说她的女儿住在高尔基市，她们几乎不来往，各自过着自己的生活，她觉得这样也不错。我没有追问原因，那肯定也是她心头的一块伤疤，说不定和她选择现在这样的生活都有关系。

我换了话题，告诉她读过了她的诗，挺有意思。“你喜欢那些诗吗？”她的眼睛又在放光。“嗯，写得不错。”“那是我生活的真实写照。”

“柳芭，你为什么要这样生活？你究竟在寻找什么？你找到了你要找的东西吗？”

“是的，我的生活方式让很多人奇怪，包括我女儿都不理解，他们称呼我是‘白乌鸦’，意思是与众不同，可是我已经没有办法过常人的那种生活了。为什么？我也不知道，只是觉得内心深处有这样的愿望，我不能违背它，我要抓紧时间去寻找，生命给我的时间有限，我必须抓紧时间去做这件事……你有过这种时候吗？”我点点头。

“你问我在寻找什么？我在为我的灵魂寻找一个可以放置的地方，或者说是寻找心灵上的安宁……我是个孤儿，爸爸妈妈去世时，留下了我们姐妹四人，最大的12岁，最小的才3岁。我当时7岁。那是一种什么日子？你想象不到。阴暗潮湿寒冷的家，吃不饱穿不暖，经常遭人白眼，被迫街头乞讨……后来我长大了，读了书，又去教书。我工作了近40年，退休后生活也不错，有自己的公司，但不知为什么，在我内心深处总有一种深深的不安甚至是恐怖的感觉，总觉得缺少了什么东西，特别是生命越走越远，快要看见尽头的时候，这种惊慌就越是明显。当我抛弃了那种一成不变的四平八稳的生活，去寻找能使我的心灵安宁的东西时，我感觉好多了，我的心灵已经开始充实了，因为它寄予了希望。”

柳芭说她已经找到了，那就是上帝，也是信仰。她的心灵因此得到了安宁。“那是我以前完全没有的感觉。我似乎变成了另外一个人。我心平气和地看待人世间的一切，我从容不迫地做我该做的事，我不抱怨我的命运，能忍辱负重，对一切淡然处之，总而言之，自从心中有了上帝，我再不感到内心空荡荡了。我把上帝放在自己的心里，我的心灵也就有了归宿。”柳芭的话很有点哲理。

“其实生命的意义不在现在，而在死后。信仰上帝的人死后是会进天堂的，他的灵魂。” 柳芭接着说，而我恍然大悟，为什么柳芭对那个大学生的溺死一点儿都不惋惜。生是暂时的，没有意义，死才是归宿，才能得到生命的永恒。

柳芭饮了一口茶，问我：“中国人都信什么教？佛教？”

“也有人信天主教，甚至有东正教堂，但主要是佛教。”

“我觉得，不管信什么教，不管他叫耶和华也好，叫阿拉也好，叫释迦牟尼也好，上帝只有一个，只是名称不同而已。”

“也正因为如此，你不仅朝拜俄罗斯的教堂，而且去印度的佛教堂和耶路撒冷这个宗教圣地？”

“是的，你很难相信，我只身一人，语言不通，身上也没有很多的钱，居然去了那些地方。我和当地的信徒用手势完全可以沟通，我们不需要语言，因为我们都信上帝。印度很美，那里的人民很友善，而耶路撒冷非常神圣。”柳芭的眼睛变得深邃，陷入了对异国朝拜的回忆之中。片刻之后她问我：“你信教吗？你去教堂吗？”

“我在莫斯科十多年了，每当路过教堂，也都进去看看。虽然尼采说教堂是上帝的坟墓，但教堂里那些圣像画、闪烁的烛光、虔诚的信徒和空灵得似乎来自天际的歌声，这一切构成的气氛，如此吸引我并使我感动。”

柳芭听到我说“感动”二字，为之动容，我看见她的眼眶中立刻溢满了泪水。

“是的，吉娜，当一个人站在受难耶稣像前，想到上帝为了解救人类的罪过，让自己的儿子钉死在十字架上，想到圣母玛丽亚献出了自己的儿子，是为了拯救人类，还有什么能比得上上帝对人类表达的爱？还有什么能超过上帝对人类的爱？！看到这些，你能不感动吗？你能不赞美和颂扬上帝吗？你能不对他充满爱吗？”柳芭用手绢擦去了眼泪。

“你说的就是东正教的核心吧，上帝、圣子和圣灵，三位一体。”

“对极了。三位一体，缺一不可。”

那一夜的长谈并没有什么新鲜东西，柳芭的回答和每一个信徒的回答没有什么两样。上帝，天堂，灵魂不死等等。但是我觉得，对他们来说，找到了什么东西也许并不是最重要的，最重要的是他们在寻找，是过程和路途。在寻找的过程中他们会感到心灵的充实，感到生命有了意义，感到安宁，特别是感到灵魂将有最终的归宿。

柳芭和所有虔诚的信徒把一个虚无的上帝放在自己的心里，于是感到温暖，感到不再孤独，感到被爱也有所爱，因而不再感到惶恐。温暖和爱，这些都是软弱的人类最需要的情感，往往也是现实生活中最缺少的。所以与其说是有上帝的存在，不如说是需要上帝的存在。上帝爱所有的人，不分贫富贵贱！这，弥补了现实生活中的不足。

她问我是否信教，我觉得我面对的问题首先是相不相信上帝的存在。

上帝是否存在，这个问题争论由来已久，双方都有一万条理由证明自己是正确的。暂且把这个问题抛到一边，来看看现实。在现实生活中，上帝的形象，他的故事、威力，早已存在了千百年，存在于千千万万的信徒中。历经多少沧桑，相信宗教的人有增无减，宗教的势力和社会作用也在不断扩大，所以从这一点来说，无论有多少无神论者的反对，无论你信不信它，上帝的存在已是一个不争的事实。是人们的需要创造了上帝，应该是不错的。而且还应该说，正因为上帝在现实中并不存在，而是存在于人们的意念中，所以他才得以永存。

还有一种说法，即是说上帝其实就是你自己。没有人能够帮助你，只有自己能够解救自己。造一个上帝，作用是帮助你找到自我，做一个能够驾驭自己心灵的人，有自信，有善心，有智慧的人，让你看到你自己就是你的上帝。我以为这种解释最为精妙！

柳芭临走前得了重感冒，发烧咳嗽，卧床不起。她没有带药。我为她一下冲了两袋感冒冲剂——俄罗斯人丰满高大，剂量要大一些才能见效。她一口气喝了下去，第二天就不再发烧，咳嗽也减轻了好多。柳芭晚上要走了，回乌克兰。临走她对我说："吉娜，下次我会给你带来新诗。现在，我要给你们做点好吃的。"于是她下厨，做了一锅喷香的小扁豆汤。

晚饭后丽达送她去火车站。我站在窗前向她们招手，看着她富态的身影慢慢消失在楼房后面。

"白乌鸦"柳芭走了。她还会继续写诗，继续周游各地，继续虔诚地朝拜上帝，继续寻找心中的缺失，为那个不安的灵魂。她的选择不仅有个人原因，也折射出社会和历史的变迁，有着深深的时代印记。柳芭的彷徨、苦闷和苦行僧般的寻找，是苏联解体后很多俄罗斯人的精神状态的集中写照。

我理解她，也祝福她！

丽达与安格尔：谁是孩子的父亲

我在2000年年底搬到莫斯科南面。新房东就是上文提到的丽达，一位中年俄罗斯妇女，她和18岁的儿子安格尔住在一套三室的公寓里。

"我家里养着一只狗，不知你是否在意？另外我空着的那间房子比较冷，是楼房的尽头，还有我晚上要打不少电话，是工作的需要。"丽达在电话里对我说。

我说没关系，先看看房子行吗？

那栋楼离地铁站很近，而且必经一个大农贸市场，买东西很方便。

上到七楼，敲门，一个脑后扎着长发的年轻人开了门，彬彬有礼。而我的新房东丽达却不在家。“我妈妈去地铁站接你了。”年轻人——他叫安格尔——说，并把我让进屋。是的，我们说好在地铁站里见面，但我没有找到她，于是直接找到了她的住处。

房间收拾过，看上去还算舒适，满墙都贴满了各种各样的汽车图片。厨房很大，有十几平方米，靠墙一排是做饭的电炉、洗碗池等，对面窗边是一张餐桌和半圆形的座椅，斜对面还有一个小电视，可以边吃饭边看新闻，很方便。全身黑毛只有头顶和尾巴尖长着两片白毛的小狗跑前跑后汪汪叫着，瞪着眼看着我这个不速之客。

一个小时后，丽达才回来。她穿一件棕色短皮衣，黑色矮腰靴，五十出头，干练，说不上漂亮，但平和的神态一看就给人一种可以信赖的感觉。

“我一直在地铁站里等你。”丽达边脱靴子，边对我说，口气没有任何抱怨。

“可能是我听错地点了，真对不起，让您等我这么久。”我心想，就凭这一点，这个房东肯定不错。

看过房间，谈好价格，第二天我就搬来了。

丽达是煤气管道工程师，在国家煤气公司工作。她的父亲曾是一位老军人，房间里有他的照片，很威严。她告诉我她父亲在斯大林时期曾受过迫害，几年前过世了。母亲比父亲去世还早。丈夫嘛，她从没有讲起过，不知道是离婚了，还是过世了，我也从没有问过。

安格尔是个自行车赛车业余爱好者，中学毕业后暂时不想上大学，在一个公司打零工，挣点零花钱。安格尔所有的业余时间和挣的钱都花在了他的业余爱好上。走廊里的那辆自行车是他最心爱的东西了。他加入一个自行车赛车俱乐部，定期参加活动。周六周日他们常常结队骑车到城郊或是更远的地方。夏天放假期间，他会和伙伴们带上自行车坐火车到其他国家，然后在那里骑车旅游。有一年他和同伴们到了天山脚下。

安格尔年纪轻轻，却已经尝到了人间悲喜。丽达告诉我，他有过一个女朋友，聪明漂亮，和他是赛车俱乐部一个小组的，他们每次活动都在一起，形影不离。一年前在一次远行中，他们扛着自行车翻越一座大山，山势险峻，那个女孩在山腰上一脚没有踩稳，连车坠下山去，安格尔眼睁睁地看着自己的女友在眼前消失了……

“我和安格尔还有女孩的家人，不久前刚刚去给女孩扫过墓，我们每年都要在她的忌日去给她扫墓。她是他们家的独生女儿……”

我听了这个故事，觉得想流眼泪。

后来我在安格尔的房间里看到桌上摆着一个女孩的照片，高挑个儿，一身灰白相间的运动服，骑在自行车上，金发甩在脑后，脸上露着开朗的笑容，很阳光的一个女孩。丽达说的就是她。

我问过丽达，为什么不劝安格尔去读大学。丽达说，他不想做的事情，我不想强迫他。总有一天他或许会想去读书，那时候读书才是他真正的兴趣，也才能读好。我觉得丽达是个通情达理的母亲。

丽达很爱读书，她家里几个书架上各种文学和宗教方面的书满满的，我经常在夜里11点左右，还看见她在厨房的餐桌上读书。我也受益匪浅，常常翻看她书架上的书，看完后还和她讨论。我有时觉得奇怪，像丽达这样博览群书酷爱文学的人，怎么会做煤气管道工程师的工作，而且一干就是一辈子，她不觉得枯燥乏味吗？“一点也不，相反，我喜欢我的工作，当莫斯科市所有的煤气管道展现在我眼前时，我把那些年久失修的煤气管道标出来，交给维修人员，我感到自豪，我感到我的工作对莫斯科居民很重要。一个人干他喜爱干的工作，就是幸福。”我觉得丽达说得太好了。

丽达在家的大部分时间都是在厨房里度过的。下了班，她就一头扎在厨房里，在厨房里看电视，在厨房的餐桌上画煤气管道图纸，但更多的时间是在那里烹饪。她喜欢烹饪。她是一流的烹饪师。你看她做饭，就像在看艺术表演。她把洗净的西红柿、黄瓜、小绿葱切成小丁，再把煮熟的鸡蛋用叉子搅碎放到蔬菜里，有时撒上奶酪渣或碎核桃，用沙拉酱搅拌在一起，就是非常可口的蔬菜沙拉；或是把西葫芦切成一片一片的，放在油锅里用文火煎得焦黄，撒上盐，吃起来很有味道；或是在平顶锅里倒上油，文火煎上一个牛肉丸，再打进一颗用牛奶搅拌好的鸡蛋，然后就是满屋飘香。她不停地做各种食品，一分钟也不闲，每天晚上12点以后才睡觉，早上6点准时起床，我常常惊讶她哪里来的这么旺盛的精力。逢到节假日或有朋友来做客时，丽达会烤出浇上奶油和奶酪的散发着诱人香味的漂亮甜点。我不止一次品尝过她做的甜点，比商店里买来的蛋糕还可口。总之，只要她在家，屋子里总是香味四溢。

而丽达最心爱的东西是那只有两片白毛的小黑狗，它的名字叫“小家伙”。

丽达每天上班走之前都要对它说，小家伙，乖乖在家等我，妈妈晚上就回来了，给你买骨头。每天下班回来还未进屋，小家伙就知道了，迫不及待地守在门边，丽达一进屋，它就扑上去尾巴摇个不停，两条后腿站立前腿搭在“妈妈”身上，大声叫着，用舌头亲热地舔丽达的手，然后在屋子里飞快地跑来跑去，高兴得直撒欢。丽达则用手轻轻拍打它，抱着它的头亲了又亲，嘴里说“你这小傻瓜，想妈妈了吧？”然后第一件事就是领着小傻瓜去散步。

小家伙除了偶尔啃一块生骨头外，吃的东西和主人吃的没什么两样。丽达给它煮荞麦饭，给它炖带骨头的肉，炖猪肝，喂它香肠，还给它喝酸奶，有时还喂它在专门的动物食品店买来的香喷喷的罐头和自己烤制的甜饼。

丽达走到哪里都会带上她的宠儿，因此小家伙有幸到过黑海边，去过圣彼得堡，去过乌克兰的基辅，还和主人一起坐汽车去大森林旅游露宿。小家伙简直就是家里的一员，而且是最受宠爱的一员。丽达对它无微不至的照顾甚至胜过对儿子安格尔。一天丽达回来很晚了，进门就问安格尔是否带小家伙散过步了。安格尔正在看电视，说还没有，丽达一下子火了，大声责骂安格尔，说家里最重要的就是小家伙，它不会说话，特别需要我们照顾好它，你这么大了怎么连这个都不懂？还能安心坐在这里看电视？！丽达那天很生气，我还从来没有看过她发这么大的脾气。安格尔一声不吭，乖乖地给小家伙套上皮带，牵着它散步去了。其实那天安格尔不舒服，感冒了。窗外风很大，夹着雪花。但我想即使丽达知道这一点，也会坚持认为安格尔应该带小家伙去散步。

在丽达的身上有一种很人性的东西，就是善良和理解。她对我很好，体现在很小的一些事情上。她有一些交往多年的好朋友常常来做客。每当这时她都特别注意不冷落我，她觉得我一人在国外已经很孤独了，她和朋友们的聚会会更加衬托出我的孤独，所以每次聚会她都会把我叫来参加，因此她的朋友也都成了我的朋友。对丽达的这种善解人意，我心里特别感动。而使我最感动的是那一年的三八妇女节。

三八妇女节是俄罗斯人最重视的节日之一，那是男人讨好女人的最好时机。节前的几天，莫斯科会整个笼罩在热烈喜庆的气氛中，不比新年逊色。每一个男人都在为自己的亲人、爱人、情人买礼物。工作日也作了调整，连放三天假。

看着满大街选购礼物的男人，看着脸上挂着心满意足的微笑准备接受礼物的幸福女人，这一切使我更感孤独。一个人漂泊在异乡，亲朋好友远在国内，这里没有人在这个日子记得我，不会有人送我礼物和鲜花，或打电话问好……总之，在莫斯科没有任何人牵挂我，关心我，也没有任何人让我牵挂和关心，有的只是思乡的忧郁和伤感。那一天傍晚我就是带着这种心情回到了住处。

“小家伙”照例汪汪叫着表示欢迎，我无心理它，无精打采地走进自己房间，关上了门。我不饿，没有心情吃饭，只想静静地躺一会儿。

有人轻轻地敲门。我开了门，原来是丽达，只见她手捧一束郁金香笑着对我说：“祝你节日快乐，我给你买了一束花。”那一刻我差点掉下了眼泪。

第二天我们一起吃饭的时候我问她，三八妇女节，你们女人之间也送礼物吗？她说为什么不？要好的女友之间都相互送礼的，最坏不过——自己也可以给自己买礼物啊。自己要爱自己，自己要对得起自己。她说这话时，轻松而愉快，没有一点忧郁。我看着丽达，没想到这番话能从她嘴里说出来，突然感到俄罗斯女人很伟大，很聪明，很达观。

我又说，我看到俄罗斯男人这么重视这个节日，大街上的每一个男人都在给自己心爱的女人买礼物，俄罗斯女人多么幸福。丽达笑了，她反驳我说，男人们在这个借口下也无所顾忌地给自己买酒买肉，在祝贺女人节日愉快的借口下也趁机豪饮，他们把这个节日变成了他们自己的节日。三八妇女节其实成了男人节，不是吗？我不禁笑了起来，觉得她说得很精彩。

其实丽达的个人情感和生活经历很坎坷，我后来听她的一位很要好的女友说过。

丽达善良、热情，工作出色，只是人长得不很漂亮。她年轻时有过一个男朋友，但就在他们举行结婚典礼时，那个男人突然改变了主意，不愿和她结婚了。穿着婚纱的丽达怎么也没有等来她的未婚夫，她也绝没有想到那个男人在那个时刻抛弃了她。这对丽达犹如一场雪崩，打击实在太大了。丽达大病一场，从此不再谈婚论嫁。但她想要一个孩子，不管和谁。于是就有了后来的安格尔。谁都不知道安格尔的父亲是谁，直到现在。丽达对此一直缄口不言，那是她心中永远的伤痛，也是她永远的秘密。她不想揭示给任何人。即使他父亲——那个老军人——临终前都没有从她嘴里得到答案。丽达忍辱负重，拼命工作，养育儿子，这是她生活的全部内容。终于，安格尔长大成人了。

安格尔是个聪明的小伙子，也很听妈妈的话。他没有多过嘴，打听自己的父亲，他知道妈妈不想说，自己打听也没有用。但是他多么想知道自己的父亲是谁，是死是活，现在在哪里。有一天夜里，我经过丽达的房间去厨房倒开水，偶然听到，他在母亲房间里问，究竟谁是他的父亲，为什么一直不告诉他。那一天是他20岁的生日。但屋子里只是一片沉默。

新年到了。那一年的新年，安格尔和他的俱乐部的伙伴们骑车远行，以此欢度新年，家里只剩下我和丽达两人。我们在她的家里一起迎来了新年。

丽达做了几样漂亮可口的俄罗斯菜，我也做了两个中国菜。夜里11点，我们一起坐在厨房舒适的餐桌旁，摆上那些菜肴，高脚玻璃杯中斟上了果汁、啤酒和红色的马提尼葡萄酒，边吃边聊。我们看着电视，等待那里传来新年钟声。也就是那次，丽达告诉了我她守了一辈子的秘密。

“你一定也奇怪，谁是安格尔的父亲吧？”

“最想知道这个答案的应该是安格尔。”我避开她的问题，说。

“安格尔知道不知道这个答案，其实都没什么意义……那只是我在一次旅途中偶然遇见的一个男人，他是谁，在哪里，干什么，我都不知道，也不想知道。因为这些对我都不重要。我只知道我想要一个自己的孩子，而且我会永远爱这个孩子。”

“那么你告诉安格尔了？”

“是的，告诉他了。”丽达平静地说，“当然，他感到遗憾，因为他永远不会知道谁是他的父亲……这是我犯下的错误。”

静默。然后我说：“但是他很庆幸，他有您，这么一个关爱他的母亲。来，我们为安格尔干一杯，”我举杯提议，“这个世界因为有了他，你的生活才变得有意义。”

“谢谢你，吉娜，谢谢你的理解。”丽达将手中的马提尼酒一饮而尽。

电视中敲响了新年钟声，窗外也立刻响起此起彼伏的鞭炮声，我们走到窗前，看见远处流光溢彩的烟花划破夜空，纷呈而美丽。有人在街头大声唱着歌。

又一年过去了。

又一年来到了。

我们迎来了21世纪的第二年。

…………

2002年

列宁：金牛星座的男人

〔题记〕我们可以对他们的看法有异议，但不应当不了解他们的观点；毕竟，他们离那个人比我们更近，他们比我们更了解那个人。

在俄罗斯电视的某个频道，看了电影《Телец》，演的是列宁，但这个词却不知何意，查过字典才知道是金牛星座的意思。列宁出生于1870年4月22日，属于金牛星座，因此这部反映列宁生命最后的悲剧生活的影片以此命名。

影片上演的是身患重病的列宁在莫斯科郊区高尔克庄园养病的一天，时间为1922年夏季。那一年，列宁52岁。那个时间离他去世还有6个月。

列宁虽然仍是新生的苏维埃政权的领袖，但事实上他现在是一个卧床的病人。他养病的某一天的生活，影片以流水账的形式枯燥而没有生气地呈现在观众眼前：面无表情半身不遂，只有靠轮椅和护士的帮助才能行动，阴暗的天空下萧瑟冷清的灰色庄园，病人独自僵硬地枯坐在沉闷阴暗的居所里，周围不友好的侍卫和常常发出怪笑的老妇，粗俗而平庸的领袖夫人，苍老孤独病态僵化的面孔，怪异的性格。这完全是一个病入膏肓的人，完全丧失了思维和生活能力。我们面前就是这样一个可怜、孤独、痛苦和即将走向死亡的人。

影片结束的镜头尤使人感到难受和不忍：列宁坐在轮椅上，周围是一片随风摇曳的青草和树木，他的夫人克鲁普斯卡娅去阴暗的居室接电话了，留下他一个人。列宁呆坐了半晌，紧闭双目，似乎忍受着巨大的病痛，灰白的面孔笼罩在一片死亡的阴影中。忽然他睁开了双目，周围不见一个人影，于是他费力地站了起来，挪动着已经瘫痪了半个的身体，四处张望着，仍没有看到一个人，于是他发出了很恐怖的吼声，像一只受了重伤的野兽，痛苦，凄凉，令人惊悚，然后又跌坐到轮椅上；那声音在空旷的林间回荡，回荡……

看不到对他的爱，看不到同情，甚至没有尊敬。这就是列宁生命的最后写照？！这与我们脑海中原来的列宁形象相差巨大。事实就是如此吗？

《金牛星座》的导演是阿·索库罗夫，这是他的系列片的第二部。第一部名为《蜥蜴》（或译作《恐怖恶魔》，1999年上映），反映的是希特勒和爱娃的生平。无独有偶，希特勒也是金牛星座，而扮演希特勒的演员在《金牛星座》中又扮演了列宁。无论导演想表明什么，或许真的如他自己所说，这不是一部政治影片，他只是想真实地将列宁生命的最后一幕搬上荧屏。但影片总能引起人们的某种联想。无疑，一般来说，身体健康状况属于个人隐私，应当受到保护不被公开，但是列宁不是普通人，他最后的健康状况与苏联当时的内外政策有直接关系。一个重病至此严重地步的人，已经完全担当不了国家领导的重任，那么当时苏联实行的各种政策是出自一个几乎没有思维能力的病人，还是出自其他人？这是这部影片想达到的效果和目的。

其实，对列宁的负面评价早就如潮水般涌现，甚至在苏联解体前就有了。

苏联解体后，列宁的名字并没有像他缔造的那个红色帝国一样消失。在莫斯科和很多城市，还保留着以列宁命名的街道、广场、地铁站；列宁的全身半身塑像也随处可见；在莫斯科最中心的红场，还有列宁墓，列宁还躺在那里；而俄罗斯各类媒体中，也不断出现这个名字。但毫无疑问，他头上的光环已不复存在。列宁一时成了人们最熟悉的陌生人，因为多少年来，列宁都被当作神，头上有着耀眼的光环，脸上有着神秘的面纱，所有的文章都赞扬他，为他贴金，以致人们对一个真实的作为人的列宁有着太多的不了解。

当这个红色帝国的缔造者，一直被誉为“人民的领袖”和“伟大的无产阶级导师”的人，在去掉了头上的光环，揭去了神秘的面纱后，一时间各种看法、评价、观点、传闻，潮水般出现了。俄罗斯大多数的文章和评论，毋庸置疑，都是负面的，灰色的：有人将他与希特勒相提并论，认为他们是一丘之貉，是独裁专制者；有的称他为骗子、恶棍、权力欲者，红色恐怖的制造者；有的认为他一直崇尚暴力，从来都不是一个马克思主义者；历史学家和理论界在重新审视历史时，也都在用新的观点剖析列宁的人格、品质和他的理论。与此同时，他的私生活也浮出水面——他的恋爱和他婚姻外的女人。

一个著名的女作家在不久前谈到列宁时说：他们（指列宁、斯大林和希特勒）绝对是阴暗的人，有着令人很不愉快的个性，他们三人没有一个是受过完整的高等教育的。列宁只上了大学一年级，剩下的是自学的，他一辈子没有通过自己的劳动挣过一个戈比！他什么也不会做。他能做的只是搞阴谋诡计和厚着脸皮要钱，其实他是一个喜欢享受生活的小伙子，历史把他说成一个谦虚和慷慨的人，编造了一个神话。他父亲去世后，乌里扬诺夫家里没有任何人工作过。他依靠五品文官的寡母妈妈领取她五品文官的丈夫的体恤金生活，尽管大儿子作为国家罪犯被绞死了，沙皇仍付给他们每月100卢布，在当时这笔钱是个相当大的数目。他们家有很多孩子，弟弟很晚才工作养家，玛莎和阿尼亚（列宁的弟弟和妹妹）根本没有工作过，但是几乎每年他们都去国外，而列宁则经常在很体面的国外疗养院中休养。他喜欢住漂亮的公寓和旅店，坐在那里喝啤酒；他喜欢安宁舒适的资产阶级生活方式。他得过肺结核，弥漫型小病灶几乎布满了右肺，所有的花费——包括最小的开支，肥皂等，都要报销，由党费支出。他永远向所有的人要钱，包括自己的亲妈妈。他总是说："不然我们就会饿死！"在他的一个朋友不能应邀前来时，他写道："为什么不来，亲爱的朋友？如果没钱买票，这不成问题，钱，不用劳动就可以搞到。"

这只是最近出现在莫斯科某家报纸上的一段话，而诸如此类的文章经常见诸俄罗斯各种媒体，包括影视。

列宁究竟是一个什么样的人？他肯定不是我们头脑中以前固有的形象，即一个被神话了的列宁，但是否就像上述很多俄罗斯人认为的那样，是一个独裁

★卡卢什斯卡娅广场上的列宁塑像（来源：俄罗斯网站ЯНДЕКС）

专制者，甚至是恶棍、骗子、权力欲者？这些看法和观点，是恢复了一个人的真实面目，还是在恢复过程中的矫枉过正？

而我一直很想弄清楚的，是俄罗斯普通百姓到底是怎么想的？他们如何看待和评价列宁？我多次和我的俄罗斯朋友谈论过这个题目，很遗憾，结果是对列宁持正面评价的人少而又少，绝大部分人不喜欢他。他们不喜欢他发动的十月革命，不喜欢以前的社会主义制度，不喜欢苏联共产党，尤其不喜欢列宁的性格。

★游人排队参观列宁墓

在红场我看见，阳光下，列宁墓前那个队伍还很长，像很久以来一样，甚至和苏联解体前没什么两样，俄罗斯各地的游客，当然更不用说国外游客，都会排队去瞻仰列宁墓。但与其说他们是像从前那样来瞻仰伟大的革命领袖，不如说这只是出于对历史的尊重罢了。列宁代表了那一段历史。列宁是那个时代的标志和象征。列宁是一个历史人物。

列宁的命运与苏联社会主义的命运有直接的联系，或者可以说，列宁的命运就是苏联社会主义的命运。假使苏联社会主义获得成功，得到人们的认可，那么列宁头上的光环会依旧存在，对他的评价绝不会是现在这样。很可惜，苏联的社会主义失败了，列宁也随之一落千丈。但是，如果社会主义的失败只是暂时的，是苏共自身的原因而不是体制的原因所造成，那么上述对列宁的很多看法很可能失之公允。历史是一个漫长的过程，而社会主义的历史很短。苏联的试验失败了，并不等于社会主义学说完全丧失了生命力。经过不断改进，包括接受苏联失败的教训，说不定今后的某个时期，完善的社会主义还会表现出新的生命力。而那时对列宁也将会有一个新的看法和评价。而这一切，恐怕只有时间才能做最后的解答。我们需要的是等待。

列宁从神坛上下来了，可他的面目依然不清，至少在现在。

列宁，金牛星座的男人，还躺在那里，那个真实的列宁，他在等待人们给他一个客观公正的评价。

《嫁人就嫁普京这样的人》

9月，《环球时报》有一篇约稿，内容是关于当时莫斯科流行的一首歌：《嫁人就嫁普京这样的人》。经过了解和采访，我写了下面这篇稿件。

一首《嫁人就嫁普京这样的人》的歌曲，一个月前在俄罗斯电台播出后，迅速在俄罗斯全国流行起来，成为各大电台的播放金曲。这首歌为早已在俄罗斯全国掀起的“普京热”推波助澜，把这位深受俄罗斯妇女心仪的偶像，用流行歌的方式推向一个新高度。

《嫁人就嫁普京这样的人》是一首曲调优美的流行歌，歌曲短暂的前奏后，是三个女孩动听的合唱。它以失恋女孩的口吻，在抱怨自己男友的种种不是后，历数了普京的所有优点，唱出了“嫁人就嫁普京这样的人”的心愿。

这首歌的歌词如下：

我的男友打了一架
遍体鳞伤，喝得酩酊大醉又沉沦毒海
他简直令我无法忍受
我把他逐离我的身旁
我如今想要一个像普京的人
昨天我在电视上看到了他的身影
他说这个世界正处于十字路口
他是那么具有说服力
使我下定决心想要，想要一个像普京的人
像普京那么强有力
像普京一样不酗酒
像普京那样不会令我伤心
像普京一样不会舍我而去的人

据说广大听众很喜欢这首歌。俄中联络社的一位工作人员说，这首歌虽然播放不久，但很快受到欢迎，特别是在年轻人中间。一位中年家庭主妇说，她是几天前偶然听到这首歌的，并且一下子就喜欢上了，遗憾的是现在商店里还没有出售这首歌的磁带。一个大学教师说，这是一首幽默情歌，他的学生们都很喜欢它。甚至一周前普京在远东回答记者提到有关这首歌的问题时，也颇直率地说，这是一首不错的歌。但由于歌曲面世时间不长，不少俄罗斯朋友说，他们不知道有这首歌，当然也没有听过。

这首歌迅速蹿红，但在它后面却隐藏着一个很大的谜：没有人知道这首歌的作者是谁，也无从得知谁是这首歌的演唱小组“共同唱”的组织者和录制者。普遍的说法是，一个月前的某一天，一名不速之客来到俄罗斯电台，请保安人员将一盒录音带交给台长。莫名其妙的台长从保安手里接过录音带后，请工作人员放在录音机里听一听，顿时，他被录音机里传来的美妙乐曲和生动的歌词所吸引，随即决定在电台播放。一首敬仰普京的新歌就这么和听众见面了。

这首新歌出现后，马上成立了一个名为“共同行动”的有名的亲总统的社会运动协会组织。此间一些人士认为，新歌和新的亲总统组织的出现，都不是偶然的。这首新歌是克里姆林宫授意一些广告公司精心制作的，目的是进一步提高普京的威望，为两年后的总统大选作舆论准备。克里姆林宫发言人否认了这一点。

但也有人指出，这种猜测是没有根据的。大多数听众认为，看不出这首歌与两年后的大选有什么必然的联系，况且总统本人一贯反对个人崇拜。

但不管怎么说，在俄罗斯早已形成的“普京热”是一个现实存在。前不久，在莫斯科一座艺术馆内出现了普京的画像挂历，立时引起了参观者浓厚的兴趣，该挂历现已上市出售；切梁宾斯克市的一家酒吧今年（2002年）6月曾以普京的名字命名；而以普京形象制作的套娃，也摆满了莫斯科的大街小巷。至于有关普京的家庭生活、爱情、生活习惯、子女及总统本人的衣食住行，更早已成为所有媒体关注的对象和大小报刊的热门话题。总而言之，“普京热”仍在持续升温，高烧不退。目前普京的支持率是70%左右。

“普京热”现象的出现绝非偶然。这个个头不高、性格内向、办事干练沉稳、有一双天蓝色眼睛的中年人，当选总统之初，并不被人看好：短小的身材，无表情的面孔，呆板的语言表达能力——没有哪一点能表明他具有总统的素质和才干。但出乎人们的意料，普京在很短时间内用自己的行动改变了人们的看法。他以铁腕对付车臣匪徒，是他威望提高的重要一环；很会和各种人打交道，没有明显的意识形态，办事务实，赢得了各派的支持；善于把自己平民化，缩小总统和普通人之间的距离，穿柔道服摔跤，穿海员服出海，穿滑雪服滑雪，并亲自驾驶战斗机上天，还宣称自己最大的愿望是当一名出租车司机。他的口才也有了很大提高，许多场合，他的幽默常常引人捧腹大笑；在另一些场合，他的言语则显得很锋利。这些都使他在公众中的威望不断提高。短短几年，他不仅赢得了大多数人的支持，而且成为许多俄罗斯妇女心中的偶像和暗恋的理想男人。当前流行的这首歌可以说是道出了不少俄罗斯妇女的心声。

这是普京执政的第三年。短短三年间他的威望大大提升，人们对他刮目相看，特别是一些俄罗斯妇女，对他崇拜得五体投地，这是始料不及的。写上面这篇文章时，我集中翻看了当时不少俄罗斯报纸，对普京的报道采访铺天盖地，从衣食住行到家庭生活乃至个人业余爱好、生活习惯、总统的爱犬……无一不是俄罗斯媒体津津乐道的话题。一个记者在总统家里采访，看到总统居室里沙发是鲜艳的黄色，与其他家具的颜色不很协调，记者问总统对他的黄色沙发感觉如何？普京说：“没什么，挺好的。”另一篇报道讲述了几则有关普京的轶闻，很有趣，也令人深思。我将主要内容翻译如下：

上帝太高　沙皇太远　求助普京帮助最现实

俄罗斯百姓拦住总统寻求帮助

从前人们常常去列宁那里寻求帮助。他们来到列宁的会客室，一边喝着招待他们的白开水，一边慢慢向伊里奇讲述自己的生活。

如今，克里姆林宫红墙外的俄罗斯普通公民，自然不可能随意去找总统，他们只能抓住国家领导人走出克里姆林宫的机会斗胆接近总统，向他诉苦。俄罗斯报刊有文章告诫大家，如果有这种机会的话，千万不要打瞌睡放过它。而为了能见到总统并引起总统的关注，既需要智谋，又需要胆量。不少俄罗斯人用这种方式直接得到了总统的帮助。丽季娅·瓦莲季娜就是其中之一。

今年夏天，瓦莲季娜的家乡库阪发了大水，镇上所有的人都遭受了损失，她的损失是最大的，家里的一切几乎全被淹没：花园、菜地、养的鸡，特别是她的两头奶牛都被淹死了。瓦莲季娜有两个孩子和5个孙子。5个孙子全靠她抚养，因为他们的父母都在两年前的一次车祸中丧生。瓦莲季娜的养老金本来就不够这一家人糊口，现在又突遇这么大的灾难，无异于雪上加霜。于是她去请求区领导援助一些钱，使她能再买一头奶牛。但是该区需要帮助的人太多了，地方政府无力答应每个人的要求。

瓦莲季娜很失望。但恰在这时普京总统来到克拉斯诺达尔边疆区视察工作。瓦莲季娜决定碰碰运气，斗胆直接去找普京，说不定总统会帮助她。

她坐火车来到首府克拉斯诺达市，一下火车就直奔市政府大楼。那里正在举行会议。自然，瓦莲季娜被突然出现的警察和持枪便衣拦住了，他们对她说："请离开这里，女公民。"

这时普京本人恰好从大楼里走了出来。瓦莲季娜看见了他，立即不顾一切向他跑了过去。

"亲爱的普京……"她边跑边喊。

警察再次拦住了她，将她拿着信的那只手扭向背后。但是普京听到了瓦莲季娜的喊声。他突然转过身来，看见了被保安抓住手臂的瓦莲季娜。总统命令放开她。这时，站在总统面前的瓦莲季娜由于激动，把所有事先准备好的话都忘得一干二净，她只是重复说道："请帮帮我，请帮帮我……"把写好的信递给了总统。

普京接过信，放进口袋，然后对警察说了些什么，转身走了。警察从"上帝"那儿放走了瓦莲季娜，告诫她以后不要用这种方法直接来找总统。

过了两周，区政府叫瓦莲季娜去一下。她看到那里所有的人都毕恭毕敬地对待她：从克里姆林宫打来了电话，请区政府想办法尽快拿出25000卢布帮助瓦莲季娜买一头奶牛。就这样，瓦莲季娜得到了买奶牛的钱。

“这就是说，普京没有扔掉我的信，而是读了它，并交给了应该交办的人。”她兴奋地逢人便说，并且经常指着她新买的奶牛，得意地对镇上的居民夸耀说，“瞧！这就是普京总统送给我的奶牛。”

还有奥姆斯科的两个妇女想请求普京帮助医治她们的孩子。普京来到她们居住的城市后，她们早早站在一条路边——那是普京那天行程的必经之路。果然，不多时，被保安人员护卫着的普京走过去了。两个妇女用尽全力高喊“普京，普京”，普京听见后走过去问：“你们在叫我？”两个女人激动地点点头，赶紧拿出了给总统的信。保安人员跑过去接过了信。不久之后，她们的孩子很快在克里姆林宫的过问下得到了治疗。

还有一些俄罗斯人在普京到当地视察时，特别是与当地居民交谈时，为了引起总统的注意，有意带上他们的孩子。普京很喜欢孩子，常常会把他们的孩子抱起来。一次一个5岁的男孩对普京说想当总统，普京对自己的小“接班人”说：“那你就赶快长大吧。”

想求助普京帮助的俄罗斯人很多，他们采用的方式各种各样。他们有的直接写信给他们的总统，从任何一家邮局寄到莫斯科旧广场4号。总统特别管理局公民信访办公室在那里工作。特别信访办公室每天接到各地约5000封来信。虽然寄去的信普京总统不见得能亲自读到，但他的助手会认真阅读，并有效处理。来信提出的问题各种各样，有的请求经济上的帮助，有的请求多上演对孩子们有教益的本国动画片，代替那些凶杀恐怖等进口电视片等等。

想亲手将信交给普京的人，最好等待普京到某个城市视察的时候，特别是如果普京决定亲自和一些老百姓交谈，那么这将是把信直接交给总统的最好的时机，没有任何保安来干预你。但是这些方法无论任何时候和在任何情况下，在莫斯科都是行不通的。只在边疆区域或小城镇上有效。

俄罗斯人用这种办法寻求总统的帮助，新鲜有趣，也总能见效。这既反映了普京的亲民意识和对百姓的关心，也反映了人民对普京的信任，同时说明俄罗斯各级领导办事效率低下，官僚作风严重，对民生问题关注程度的远远不够。老百姓只有直接找到总统才能得到切实有效的帮助。

用这种方式得到帮助的俄罗斯人毕竟是少数，大多数老百姓只能靠各级政府解决他们的困难——其实往往都得不到解决，俄罗斯各级官员的腐败和办事效率的低下，比中国有过之而无不及。所以这也是一个悲哀，世界性的悲哀。

俄罗斯媒体最后还建议大家如何在必要情况下用拦截总统的方式寻求帮助，很有意思，也很有人情味。

（注：《莫斯科流行的一首歌：嫁人就嫁普京这样的人》以“西蒙”笔名刊登于 2002年9月5日《环球时报》）

令人惊心的莫斯科人质事件

2002年冬。像往年一样，这个冬天很冷，雪花飘飘。与往年不同，这个冬天发生了比寒冷更为可怕的事：10月23日夜里，在莫斯科东南区一个叫做“东北风”的音乐厅，发生了震惊世界的人质事件。在演出下半场刚开始时，另一场真实的演出——恐怖分子劫持人质事件——拉开了序幕。当头戴黑面罩手端机枪腰绑炸弹的车臣恐怖分子登上演出台时，观众一时都没有反应过来，几分钟后才明白，他们全部做了人质。其时音乐厅内有几百名观众，其中很多是中小学生。

事件发生时我恰好回了北京，从国内的电视新闻中得知此事，虽然莫斯科几年来一直发生着恐怖分子制造的各种各样的悲剧事件，但这次的劫持人质事件仍令我震惊！看着电视中熟悉的街道，雪花飞舞中下那些可怖的画面，我的心也仿佛浸在冰雪中。俄罗斯人又在经受着磨难！

劫持人质事件僵持了两天多（57个小时），以击毙了全部恐怖分子和牺牲了不少人质为代价而告终。

事件过后没几天，我回到莫斯科。阴暗的天空下，是无数张阴沉的面孔。整个莫斯科以至全俄罗斯，人们还没有从惊恐中恢复过来。报刊电视中还在连篇累版地报道这次事件，人们上班回家谈论的也是这件事，街头小巷中行人表情肃穆，不苟言笑，他们刚刚度过一场劫难，付出了极大的代价。

音乐厅劫持人质事件，让他们想起几年来车臣恐怖主义在莫斯科搞的一连串的袭击事件，而这一次发生在几乎可以说是莫斯科市中心，被劫持的人质数目如此之大，这对莫斯科人的心灵是一个巨大的打击：他们那么多的同胞又死于非命。此外也让他们深感恐慌：老百姓的安全多么没有保障，在他们国家的首都居然都会发生这样大规模有组织有计划的挟持人质事件，他们多么容易受到袭击。莫斯科人无异于生活在布满陷阱和地雷的大都市，任何人随时随地都有可能碰上下一次惨剧。他们生活在世界上最没有安全感的地方。

媒体的报道很详尽，我每天买来主要报纸，很留心阅读相关报道，一些细节让我感慨而感动。一张报纸的标题是：“惊心动魄的57个小时，在音乐厅上演的一场恐怖事件的活话剧”。

一位人质的母亲写道：“从我的住处到音乐厅只有200米，这是拐弯走，按直线算还要近。但是在‘东北风’音乐厅下半场节目开演时发生的人质劫持案，我得知这一消息却是通过手机。女儿打电话对我说：‘赶快来，这里出了极恐怖的事。’

“我穿过院子抄近路走去，在明尼科夫街的拐弯处已被路警禁止通行，而杜博罗夫街则被武装军人围成一个环形。在已经聚集的人群里我看到了熟悉的面孔：同一栋楼里的邻居，报社和电视台的记者。

”近午夜时，周围各处出现了志愿者，他们自愿以自己做人质为代价来换出剧院里的妇女和儿童。”

另一篇文章说，事发当晚，莫斯科市市长卢日科夫穿一身便服，戴着他那顶著名的鸭舌帽，来到“东北风”音乐厅，与守卫在门外的劫匪进行交涉。市长提出用自己换取人质中的儿童和妇女，让劫匪放了他们，把自己带走。那个守在门口的劫匪看着他，说（大意）：“回去吧，市长先生，我现在把你当作一个有勇气的男人看待，我佩服你的勇气，但放人是不可能的。”

还有一名年轻的香水店女售货员只身来到这里，试图劝说劫匪放掉所有人质。她是在家里看到消息后立即赶来的，她很震惊，觉得难以相信，不顾家人反对，执意要去亲自说服那些劫匪放掉人质。她觉得自己有能力说服他们。那些人质很多都是无辜的孩子！年轻的女售货员很有正义感和同情心，但她太天真了。在“东北风”音乐厅门口，她试图走上前去劝说劫匪，劫匪见有人走近，很慌张，根本不听她在说什么，唯恐那是莫斯科当局的阴谋。他们呵斥她后退，她没有听，于是一颗子弹穿透了她的胸膛，她被劫匪当场开枪打死了。这个普通女人的勇气感动了很多人。

总之，各种报道详尽，大量，包括最后解救人质的过程，如何击毙全部劫匪。我在这里不再详细转述，只是把我看到的某些细节讲述一下。这些细节很感人，特别是那个普普通通的女售货员。

2003年深秋，一个俄罗斯朋友带我去了音乐厅。我看到的是一栋很普通的房子，而那次劫持人质事件就发生在这里。音乐厅前面不远处已经立起一个纪念碑，一束束鲜花摆放在纪念碑周围。而我眼前又出现了那一幕幕恐怖的场面。

莫斯科这场看不见战线的战争，不知道什么时候才会结束。

中国人开的茶馆反不受欢迎

华商刘先生在莫斯科经销中国茶叶有几年了，那一年——21世纪初，他萌发了在莫斯科开一家中国茶馆的念头。俄罗斯人这么喜欢喝茶，这么喜欢喝中国茶，大街小巷中开始出现俄罗斯人开的中国茶馆，那么由中国人开一家真正的中国茶馆，想必一定会成功，比俄罗斯人开的还要成功。他抱着这个信心开始实施他的计划。

刘先生瞄准的时机不错，时下莫斯科人越来越认可中国茶，绿茶、茉莉花茶、龙井茶、铁观音，还有各种减肥茶，无一不受到大众的欢迎；他选的地点也很好——市中心离马雅可夫斯基地铁站不远的北京饭店，绝佳的地点，漂亮的建筑，人人皆知，他想在那里租下饭店侧面的一个小厅。在响当当的北京饭店里，开中国茶馆再合适不过了，大约用不着任何广告也会顾客盈门。

那时北京饭店已经被俄方买下。几经周折，刘先生和北京饭店的俄罗斯经理达成协议，签订了合同，租下了饭店侧面那个小厅，七八十平方米的样子，月租金2000美元。接着他兴致勃勃地开始装修，茶叶嘛，本来就是他的经销商品，无需单独采购，但他还是特别购进了一些高质量高价位的好茶，此外还准备了很多套茶艺的行头——茶盘茶盅茶板等，以及不少中国小工艺品。经过紧张的筹备，终于，茶馆在11月正式开张了。

开张的那段日子，我在那里帮了几天忙，所以我看到了这个唯一由中国人在莫斯科开的最地道的中式茶馆的兴亡。非常遗憾，刘先生的茶馆很短命。他的尝试很快就以失败告终。

其实，刘先生为他的茶馆颇费了一番心思，开张头三天他决定大酬宾客，来者一律免费品尝茶水和干果——花生米、杏仁和蜜枣各一小碟，免费观看中国茶艺表演，一个月之内为顾客提供三成的优惠价格。为了广为人知，他让我们把自己的俄罗斯朋友和中国朋友都请来，在开张的头几天免费品茶。

我请来好几拨我的俄罗斯朋友，有大学教师、商人和我原来的房东，包括莫斯科原工商会副主席。其他人也各尽所能，将自己的朋友和熟人请来，一时间顾客盈门，很热闹。有的人在三天之内来过两次。他们兴致勃勃品尝了中国茶和干果，看了茶艺表演：从如何洗净小小的茶盅到怎样沏茶，如何品茗，全都做得很地道，很精巧，很艺术（连我都是第一次看到）。他们看得津津有味，交口称赞。还有一些人慷慨解囊，购买了价格不菲的全套茶艺器具和昂贵的茶叶，情况很令人振奋。

这是头三天的情况，来客很多，络绎不绝，从早到晚，直至深夜。

但是，三天后，人开始减少；一周后几乎一整天无人光临，茶店没有任何收益。就这样维持了两个月（或许更短的时间），刘先生实在撑不住了，无可奈何关闭了茶馆。算下来，短短时间，他的5000美元打了水漂。

而与此同时俄罗斯人开的那些茶吧却一如既往，不断地吸引着来客，搞得红红火火。

为什么真正的中国茶馆生存不下去，而俄罗斯人开的中国茶馆却如此兴旺？其实道理很简单，俄罗斯人喜欢饮茶，也喜欢中国茶，但他们更看重有着文化元素的茶协会（或茶吧），如果去茶馆仅仅是饮茶的话，他们完全可以在自己家里做到，但在俄罗斯人开的茶吧里，那种浓厚的中国风情和环境，欣赏着中国古典音乐，慢慢品尝中国香茶，同时学习和了解关于茶的各方面的知识和深奥的理论，却是他们在自己家中做不到的，而正是这一点最吸引他们。刘先生开办的中国茶馆，虽然是真正意义上的中国茶馆，但恰恰缺少了这些，难怪不能吸引客人。换句话说，类似茶文化那样的茶吧，集中国传统文化于一体，品茶论茶，陶冶心灵，修身养性，还有气功班武术班，浓浓的文化气氛与茶香融为一体，体现了俄罗斯老板的精明之处，他已经做了创新和发展，使之更适合本国人民的需要和兴趣。

俄罗斯人开的茶文化俱乐部式的茶吧，是莫斯科版的中式茶吧。也只有这样的茶吧，才会在异国的土地上生存、开花和结果。

但无论如何，我还是为刘先生的茶馆惋惜。也许坚持三个月会有效益，但那不仅要付出很多金钱，还要付得出才行。

俄罗斯人盛赞中国改革

一位不久前去过北京和深圳的俄罗斯朋友回来后对我说："中国的繁荣和生机勃勃，商品的丰富和价格的便宜，现代化的气势磅礴而又不失中国风格的城市建筑，都令他震惊。中国的发展和变化令世界刮目相看……我实在想象不出，你们中国人怎么还能忍受在我们这个发展缓慢、物价昂贵和毫无秩序的国家里工作？！"

另一位朋友说："我去过世界上许多国家，但是去了北京之后，才知道世界上最漂亮最繁华的地方不是华盛顿，不是巴黎，而是北京。我要把我的这一感受告诉每一个俄罗斯人。"

我的房东丽达在电视上看到上海浦东的画面后，惊叹道："太漂亮了，名副其实的东方明珠。"

中国的飞速发展越来越引起俄罗斯媒体的关注。电视里经常有关于中国的节目，报刊上经常刊登有关中国的文章，介绍中国近十年来的经济发展和中国古老的文化和历史。不久前还出版了一本名为《天龙的故乡——中国》的专著，详尽生动全面地介绍了中国的历史、现状和近十年的巨变。

出于对中国的巨大兴趣，俄罗斯到中国旅游观光的人也越来越多。每一个从那里回来的人都表示，他们被中国迷住了，他们看到的是世界上最美的国家。

莫斯科的中国商品也慢慢洗刷掉了劣等货的名声，逐步以自己的高质量和低价位赢得了大量购买者；另有中国的优质产品已开始跻身于莫斯科最高档的商店，与欧洲名牌商品摆放在一起。特别是今年（2002年）6月底在莫斯科举办的广东省商品展销会，使俄罗斯人再次大开眼界。展品从一般商品到高科技产品，其质量和工艺都令莫斯科人赞叹不已。而这不过是一个省的产品而已。

中国式的茶馆已悄悄在莫斯科风行，许多有身份的政界和商界人士经常光顾那里，由于往往高朋满座，不提前预订就没有座位。一个莫斯科人已经开了四家这样的中国茶馆，分布在莫斯科各区。在这些茶馆里，有中国传统的茶艺和上百种最地道的中国茶。虽然价格不菲，每个人每次的消费是15—50美元不等，但越来越多的俄罗斯人认为，以高昂的价格去那里谈生意和度过闲暇的时光是值得的，他们在那里不仅品尝了最好的中国茶水，还可以了解和学习中国源远流长的历史和哲学。

越来越多的年轻人对学习中文感兴趣。那些有幸考入中文系的大学生，都以自己的专业和选择自豪。20岁的莫大女学生玛沙说，她本来没想报考中文系，一个偶然的机会使她结识了在莫大教中文的一个中国老师，她被他讲述的中国文化历史迷住了，毅然改学中文。她的父母都非常支持她的这一选择。

中国热的另一表现是人们对中医中药的普遍认同。传统的中国针灸和穴位按摩，这种治疗方式正在莫斯科和俄罗斯其他城市不断扩大；不少俄罗斯的年轻医生都以有此手艺而深感自豪；另一些年轻人则表示他们很想学习中医；一些私人门诊到处打听哪里可以聘到中国针灸大夫。外地某个城市的一名俄罗斯针灸大夫说："我用针灸和中药治好了许多病人，人们很相信这种方法，我的病人越来越多，根本忙不过来。"俄罗斯前总统叶利钦自从某次访问中国回来后，身体和精神明显好起来，人也一下子年轻了不少，俄罗斯媒体披露说，这归功于一个中国名医的指点，叶利钦在访问中国期间看了这位中医。这个报道不论真假，但确实反映了俄罗斯人对中医药的崇尚和赞扬。在今年（2002年）8月举办的莫斯科国际书展上，叶利钦指着中国展台上的中医药书籍说，希望多出这类书，因为越来越多的人对此感兴趣。确实如此，中国展出的图书中，有关中医药和中国健身的书，几乎在第一天就被一抢而光。这些都集中反映了俄罗斯人的热情和兴趣。

中草药也在以很快的速度打入俄罗斯的保健品市场。据统计已有50种以上的中成药正式注册，以各种方式和渠道在俄罗斯各地销售，受到广泛的欢迎和好评。其中一些像三九牌皮炎平、三九胃泰、华佗再造丸、速效救心丹等药，疗效很高，几乎家喻户晓，许多药店和医院都出售。

总而言之，中国奇迹震撼了俄罗斯，中国热风行于俄罗斯。俄罗斯人说，我们的邻居在十年之内发生了如此巨大的变化，经济上升了20个百分点，而我们还在爬行，是到了好好思考的时候了。

中国的巨变举世瞩目。身在海外的华人感受是最深刻的。在俄罗斯生活和工作了十年以上的华人，对此都有强烈的对比和感受。虽然这里不少华人还时常受到警察的不公对待（这些违法警察对所有的人都是如此，包括俄罗斯人），但总体而言，他们已经感觉到了俄罗斯人对中国和华人的态度有了明显的变化；他们开始感到了做一个中国人的自豪和骄傲。这种自豪和骄傲都源于自己祖国的飞速发展和强大。

（注：此文曾刊于2002年11月29日《环球时报》）

我见到了政坛“开心果”日里诺夫斯基

日里诺夫斯基是俄罗斯自由民主党创始人，从俄罗斯第一次总统选举他就是候选人，而且那一次选举他获得了600多万张选票，位居第三，仅次于叶利钦和雷日科夫。在1993年俄罗斯杜马选举中，他领导的政党虽然不是第一大党，却获得24%以上的选票，位居第一，在政坛中的影响已不可小觑。他本人则三次参加总统竞选。自2000年1月日里诺夫斯基任国家杜马副主席。

他是个极其活跃的政坛人物，有“怪杰”、“刺头”、政坛“开心果”之称。他言辞激烈，好走极端，经常语出惊人，遭到不少人的质疑，但他依然我行我素，信口开河，毫不在意人们的议论。更令人称奇的是，日里诺夫斯基多次在杜马和总统竞选辩论中，因言语不合而大打出手，被电视台曝光。例如，1999年，他和副总理涅姆佐夫进行电视辩论时，因言语不合互相对骂，日里诺夫斯基竟然掏出气手枪要求对方自杀，让人大跌眼镜。在2003年年底的国家杜马竞选过程中，他在俄罗斯电视台与“祖国”联盟主席安德列·萨韦利耶夫的辩论中也动起手来，结果他被扇了一记耳光，大煞风景。2005年3月，在杜马会议上，他与祖国党议员萨韦利耶夫发生争执，两人随后大打出手，场面一度失控。这些花边新闻在俄罗斯家喻户晓，成为笑柄。

也正是这个日里诺夫斯基，对中国一直抱有偏见，大谈“中国威胁论”，直到2005年访问中国后，才改变了看法，称俄媒体总是提中国计划占领远东和部分西伯利亚，这是“敌视性宣传和毫无根据的威胁”，“中国人民和领导人连这个想法都没有”。他还说“我已经没有理由不喜欢中国”。

2006年1月，日里诺夫斯基在接受采访时，居然称前美国国务卿赖斯之所以一贯对俄罗斯态度强硬，纯粹是因为她至今仍是一名“没有孩子的老处女”。此话一出，世界哗然，这句话出自俄罗斯一个高层领导人之口，实在有失体面。在保加利亚访问期间，日里诺夫斯基也曾因侮辱该国总统而被驱赶出境，他还被禁止进入德国。

由于他的率直以及鲜明的个性，俄罗斯不少人把日里诺夫斯基当作政坛的“开心果”，作为茶余饭后的谈资。尽管他不断惹起风波，但他并不惹人讨厌，还被“全俄社会舆论研究中心”评为俄罗斯最幽默的政治人物，有时候甚至还抢了总统普京的风头。

日里诺夫斯基其实是个博学多才的人，他获得过哲学博士学位，通晓英、法、德和土耳其4种语言。

2002年年底，一个俄罗斯朋友邀我去参加莫斯科市举办的优质产品质量评比表彰大会，大会要为优质产品发奖，还有模特表演，会后是丰盛的晚宴。我去了。大会在市中心一个学院的小礼堂举行，很气派，很隆重。我的朋友曾经是电影导演，熟人很多，进去后他忙于应酬，我自己也乐得东张西望。会场布置得很漂亮，悬挂着各色气球，大厅里有很大的塑料彩色充气米老鼠和其他动物，很多鲜花和绿色植物。模特们的服装表演很独特，看点全在他们的帽子上——以各种动物为原型造型奇特的帽子，看上去新颖有趣。模特们在台上走完还走下来从与会者中间穿过，离观者近在咫尺，看得很过瘾。但那个表彰会也实在冗长，不断地讲话，发奖，直饿得我们肚子咕咕叫还没开完。总算只剩下最后一项：评选年度最佳政治人物，主持人宣读了那个名字，原来就是著名的说话口无遮拦的日里诺夫斯基！日里诺夫斯基西装革履，走上讲台，讲话，感谢。我在台下远远地给他拍了几张照片。

晚宴很丰盛，桌上有刚刚评为最佳葡萄酒类产品的葡萄酒，忘记是什么牌子的了，口感浓郁，香气袭人，名副其实。我边吃但环顾四周，想看看日里诺夫斯基是否在晚宴上，他会说些什么。但是，好像他并没有参加晚宴。

爱情，家庭，婚外恋，俄罗斯人如是说

在那次中国牡丹画展上，我认识了莉吉娅。她六十多岁，穿白色绸衬衫，下配淡紫色裙子，头戴一顶很漂亮的宽檐帽，帽上缀着精美的紫花。莉吉娅举止优雅，说话不紧不慢，五官端正，额头和眼角有很多细碎的皱纹，但看得出，她年轻时一定很漂亮。莉吉娅是某大学的退休教师，来东方博物馆看牡丹画展，纯粹是办事路过这里，偶然瞥见了路边的牌子。她是抱着好奇心来看的。没想到被画展迷住了。她对展出的牡丹水墨画非常赞赏，说还要带朋友一起来看。果然，她来了第二次。其实她住的地方离这里很远，城南，在布拉格地铁站附近，而我也住那里。“噢，有机会一定到我家来做客，你记一下我的电话。”我把她的电话记在了小本上。

11月，刘先生在北京饭店新开了中国茶馆（详见前文），头三天免费招待各方来客，让我们把自己熟悉的朋友都叫来，特别是俄罗斯朋友。我给莉吉娅拨了电话。

那天莉吉娅准时来到，黑色长呢大衣里面穿着绿毛衫和厚裙子，脸上容光焕发，精心装扮过。这种场合俄罗斯女人都会精心打扮，不光是因为她们非常注重外表，还包含着对别人的尊重。她很高兴我能邀请她，说是第一次来这么富丽堂皇的地方喝茶，而且是真正的中国茶。我说不是我，是这里的老板请所有光临的客人免费品尝。莉吉娅兴致勃勃地品茶，不断打量四周，北京饭店的豪华令她赞叹不已。

那天她很晚才离去，我也该下班了，于是我们一起回家，在同一个地铁

站下车。出地铁站后她指着西面一栋居民楼说，她就住在那里的六单元二楼。“过新年时一定请你来做客。”分手时她说。

新年快到了，莫斯科街头立起了高大的圣诞树，上面挂满了闪闪发光的饰物；各大商场也都里里外外张灯结彩，灯火辉煌；农贸市场和商店里人满为患，人们疯狂地采购年货。俄罗斯的经济确实有了好转，人们手里有钱。

年前的一天，莉吉娅打来电话，请我去做客。

莉吉娅住的是一套两居室的公寓，面积不大，房间一大一小，大间做卧室，小间做会客室，厨房可以兼做饭厅。一个人住也完全够了。是的，她是一个人住在这里，此外她的家庭情况我一点不了解。

丰盛的午餐已经准备好，鱼冻、沙拉、鸡块，还有一盘冬天来说价格昂贵的西红柿和黄瓜，切成了片，码得很整齐。我将刚刚在附近店里买的一个小蛋糕放在桌上。餐后要喝茶或咖啡，甜点是必需的。

我们边吃边聊，女人嘛，自然也聊到了最感兴趣的话题，爱情，家庭，婚外恋等。

莉吉娅说她有一个女儿，但她从未结过婚。“我是独身主义者，我只对爱情感兴趣，对家庭没有兴趣。这是两回事。”

我用惊异的目光看着她：这个女人很有个性，也很直率。

谈及爱情，她滔滔不绝，看来有很多感受。“爱情是两个人之间无条件的热恋。什么年龄、相貌、有没有钱、生活条件如何、有没有孩子、别人怎么看等等这些问题，统统不在考虑之内，考虑的就是爱人，看到的就是爱人，听到的就是爱人，总之，爱人占据了你的整个身心，爱人就是一切，爱人就是你的世界。这才是爱情，真正的爱情。这种爱情惊天地泣鬼神，是人类最珍贵的感情之一。但这种爱情不是每个人都能拥有，恰恰相反，大多数人一辈子也碰不到这种爱情，不知道什么叫爱别人和被别人所爱。所以不少人对真正的爱情也并不理解。性可不是爱情的唯一体现。不少人只知道生孩子，根本不懂爱情为何物。”

她停了一下，拿起葡萄酒，给我和她各自又斟了一杯，接着说：“真正的爱情并不多，正因为如此它才感人，才珍贵。男女之间一旦开始考虑对方的条件，那么这已经不是爱情了，而只是考虑如何生活。不少人拥有完满的家庭但是却没有爱情。爱情恰恰常常存在于完满的家庭之外。所以这就是我为什么选择独身的理由。我不想让家庭束缚我对爱情的追求，我追求的是爱情而不是家庭。”

“但大部分人结婚还是以感情为基础的，也有一些家庭很完满，夫妇相爱，感情很深。”我说。

“不排除不少人是在爱情的基础上结的婚，但爱情常常都是短暂的。爱情很快会消失在琐碎的家庭生活中。失去了爱情的家庭生活我不能忍受，所以我从不考虑结婚，独身最好。”

“但是人老了会觉得需要家庭，否则会感到很孤独。”

“可能会有一点，但是这种孤独是我需要的。”

我看着她，无语。她接着说：“人的生命是短暂的，有的人一辈子追求金钱，有的人一辈子追求声名，我只想一辈子追求爱情，体验爱情。我渴望找到我爱的又爱我的人。”

“那么您找到了？”

“找到了，不然怎么会有我的女儿？那是我们爱情的结晶。”

“不止找到一个吧？”

“当然，”她朝我眨眨眼睛，“我说过，爱情是短暂的，需要不断寻找。”

我也笑了。“笑什么？”莉吉娅问。

“怪不得俄罗斯人男男女女差不多都有婚外恋，就是你们独身主义者搞的吧？”

她也笑了：“其实这正证明了婚姻与爱情是两回事，很多家庭早已经不存在爱情了，自然要到外面去找。”

“婚姻是爱情的坟墓？”

“对，婚姻是爱情的坟墓。”

她谈这一番话的时候两眼炯炯有神，根本不像一个六十多岁的老太太。

在爱情、家庭、婚姻等问题上，我还碰到过一件趣事。去年（2001年）秋天，我那时还住在莫斯科市的东北边，离伊兹梅洛夫天然森林公园不远，坐地铁三站地就到。森林公园不收门票，游人随便出入其间。公园里有密密的森林，大片的绿地，小吃店咖啡店儿童游艺场散落其间，还有五个小池塘，天气晴朗时，蓝天白云清晰地倒映在水中，景色美丽幽静。我经常在周末去那里散步，看聚在林中空地上的很多老年人跳舞。一个周六的上午，我又去了那里，刚刚走进林间，身后一个人走上几步对我说：“可不可以像奴仆那样跟着你散步？”我回头看到一个三十几岁的年轻人，戴眼镜，旅游鞋，米色夹克衫，黑裤子，很有精神。散步聊天有什么不可？我随口说道：“请。”

年轻人很健谈，对中国蛮有兴趣，也很佩服中国的改革。他问了很多有关中国的事情，听得津津有味。而他自己是学金融的，在做股票生意。我在俄罗斯第一次接触这样的人，也很感兴趣。他讲了很多，我却一点不懂股票，加上那些专门的俄文术语不很明白，听得云里雾里，但我感觉到他非常聪明，他说他的股票做得很好。“不用上班能够养家糊口？”他耸耸肩，那算什么问题？比上班要挣得多得多！谈起他的妻子，他对妻子的爱溢于言表。“似乎像你这样爱老婆的俄罗斯男人并不多见，很多俄罗斯男人女人大都有婚外恋，是这样吗？”他笑了：“说实话，婚外恋并不算一个人道德有问题，而且道德观也是不断变化的，其实这是个人性的问题。比如说，让我一辈子面对一个女人，此外没有一点点余地，例如不可以跟其他女人交往，不可以对其他女人产生好感，或是感情和亲密接触，这就好比让我永远吃一道菜，难免有厌倦的时候，我觉得我做不到，大部分人都很难做到。我可以不离婚，这做得到，但人的感情是自然而然产生的，你自己都无法命令你的感情；以此类推，我的妻子，我也难以想象她一辈子每时每刻都只爱我，对我有感情，不会厌倦，难以想象！那生活该多么枯燥无味。其实她暂时情移他人，喜欢上其他男人，我觉得很正常。我会容忍她。”好豁达的男人。

“不怕离婚吗？”

“如果夫妻两人之间的爱超过她临时的爱，那肯定不会离婚；如果一定到了要离婚的地步，那么非要保持一个已经没有了爱的家庭又有什么意义？”小伙子回答得很精辟。

俄罗斯人的婚外恋确实很普遍，他们不把它当作一个什么问题，甚至喜欢这种弥漫于各处的浪漫情调，社会对待人的感情和性往往也很宽松。他们觉得这样的生活更丰富多彩。男女比例失调是产生这种情况的土壤，女人比男人多很多；当然也与他们的观念有关，例如莉吉娅和公园里碰到的年轻人，他们对家庭、婚外情等等问题的看法。有物质基础（男女比例失调），又有理论基础，自然婚外恋会很风行。因此俄罗斯人的家庭很不稳固，离婚率极高，随之产生出一系列其他问题：独身女人，单身母亲，被遗弃的孤儿，妓女等。其实在苏联时期这些问题就已经存在，现在只是更加严重而已。

2003年

俄罗斯妓女：飞向世界各地的“夜蝴蝶”

4月，我采访了白俄联盟总书记，请他介绍了白俄罗斯和俄罗斯联盟的情况和他对白俄联盟前景的看法；此后我开始关注俄罗斯很严重的社会问题之一：色情业。

苏联解体后，俄罗斯色情业发展极为迅速，成为令政府最为头疼的社会问题之一。我查阅了很多资料，也做过一些调查，写了这篇综述。

俄罗斯妇女在国外卖淫的现象非常普遍。在德国每年有50万来自中欧和东欧的“白奴”工作，其中很多来自俄国。法国仅知道的就有上百名俄罗斯妇女卖淫，主要集中在巴黎。在奥地利从事这一犯罪行业的俄罗斯妇女有2000名左右。在土耳其的监狱里经常关押着不少俄罗斯女孩，她们大部分都犯了卖淫罪，当地人甚至用“娜达莎”这个漂亮的名字作为俄罗斯妓女的代号。在西班牙发生了一桩与俄罗斯妓女有关的丑闻：一名地方官员用俄罗斯妓女提供性服务作交换，给她办理了长期居住。在日本，俄罗斯妓女引人注目，已被俄罗斯女作家专门写了一本书。在挪威与俄接壤的边界小城，俄罗斯妓女成群结队，每到周末准时出现在那里，就像赶集一样随便……俄罗斯媒体自己说，在德国、法国、英国、美国、以色列及捷克、比利时、匈牙利、北欧五国、以色列、韩国、中国、以色列，特别是南斯拉夫，无处不飞舞着这些“夜蝴蝶”。难怪有文章说，在全世界的每一个角落，都可以看到俄罗斯妓女的影子。

俄罗斯女人乘坐各种小船、帆船、快艇、舢板，搭乘运货车，乘公共汽车或出租车，用上了一切交通工具，从俄国最北部的维堡城来到芬兰的哈明市。当地人开玩笑说，俄罗斯女人暂时还没有穿越空间的本领，难道她们是乘降落伞从天而降？

俄罗斯女人对斯堪的纳维亚半岛感兴趣是理所当然的，这里的红灯区比西欧要早得多。她们可以拿着芬兰人发来的有效期3个月的签证，漂洋过海到芬兰，然后完全合法地前往挪威，再经由陆地来到瑞典。如果盘缠没有问题，还可以再坐轮船去丹麦或坐飞机赴冰岛。

在俄罗斯和芬兰的交界处，当地人都搞不清楚，怎么突然就出现了那么多从事性服务的俄罗斯女人。这些来自穆尔曼斯克的俄罗斯姑娘乘坐公共汽车，整车整车地来到这里。体格彪壮的当地人，像苍蝇见到了蜂蜜般蜂拥而上。他们乘各种车来到那个名叫扎波利亚尔的小城，接走自己的“女俘”，将她们带到最偏远荒寂的坐落在无边际的原始冻土带上的小村镇里。戴大檐帽的边检人员往往对此不加多问。但当局被这种状况所困扰：管还是不管？不久前因卖淫丑闻关闭了一家位于离俄罗斯边境40公里的旅馆，似乎要管，但问题在于，芬兰法律并不禁止个体有规范的卖淫行为，惩罚的只是那些拉皮条的或者卖淫活动的组织人，一般处罚只是坐4个月的牢。

在穆尔曼斯克海关，每到周五就热闹异常，那里很早就排起长龙，那些俄罗斯女人带着漂亮的内衣、伏特加和香烟，等待通过检查到挪威去。那边的“内线”早已为她们准备好了客人。这种情况已经持续三年，因此对穆尔曼斯克人来说，这已是一个很普通的现象。最初是几个女孩“闯路”，现在每周都有200多人。不但是妓女去，连良家妇女也蜂拥前往。没有工作，没有工资，而每周去一次挪威就能带几百美元回来，干吗不去？27岁的莲娜以前是护士，现在每周都去吉尔盖涅斯市，那里有她的挪威牵线人，她一般都事先通知他，以便他找好嫖客。周五到周日三天时间接客8人，多时12人，每个人收30—50美元，1/4给牵线人，自己留3/4，一次平均能挣300美元。大部分俄罗斯女人都是这么做。这些俄罗斯女人的年龄在50岁以内。挪威宗教界人士对这种现象很担忧，看着这些俄罗斯女人带来了烈性伏特加酒，然后是他们的年轻人在妓女馆里和她们胡混，经历第一次性体验，不仅有伤风化，而且是件很可怕的事。但更多的人认为这没什么不好。挪威处于高寒地带，那里多少世纪来缺少的就是女人。恶劣

★莫斯科街头妓女（来源：俄罗斯网站ЯНДЕКС）

寒冷的气候，整天在农场里枯燥乏味的工作，而女人，他们只能在电视里看到。挪威的一个官方代表团访问穆尔曼斯克时，竟然说他们需要俄罗斯妓女，提出在这些女人回国时，希望俄方海关不要放她们入境。

在瑞典，“夜蝴蝶”的生存要比在挪威艰难，因为那里通过了禁止卖淫的法律。按照该法律，无论是勾引男人的女人，还是同意付给为他们提供了性服务的女人钱的男人，都同样要受到处罚。

东南亚各国是俄罗斯“夜蝴蝶”聚集的另一个地方。这些俄罗斯女孩主要是从远东如哈巴罗夫斯科、海参崴、欧姆斯特去的，当然也有莫斯科和圣彼得堡的女孩。她们一般经中国或蒙古南下，前往她们的目的国。女孩们大部分是在名为旅游公司或中介服务公司的诱骗下，抱着出国工作挣钱的目的前往。之前她们被告知是去这些国家工作，在酒吧或沙龙里跳舞，做摄影模特、饭店厨师、餐馆服务员、家庭教师和保姆等。她们和公司之间甚至没有签订任何工作合同，挣钱心切的俄罗斯姑娘就迈出了国门。等她们到达了目的地，才明白等待她们的是什么样的工作：每个女孩每夜要接待10个客人，绝对不许以任何理由拒绝；不许随便打电话，不许有手机，不能随便出入；没有任何医疗条件可言；常常会因为客人的不满而被罚款；护照嘛，早就被她们的主人没收了。而挣的钱大部分要交给鸨主，少部分是自己的。总而言之，这些女孩完全失去了自由，被当作活的商品弄过来，沦为性奴。她们不懂语言，不了解当地情况，甚至不知道到哪里寻求帮助。此外她们的人身安全也得不到保证。在韩国，一名在酒吧跳舞的俄罗斯女孩就被杀死在她住的宾馆里。年迈的父母盼望她挣钱回家，她5岁的女儿也盼望早日见到妈妈，但盼来的却是一具装有尸体的棺材。

在希腊，被从莫斯科郊区“招聘”去的姑娘，被迫在脱衣舞厅工作。她们坐公共汽车经保加利亚，再从那里坐汽车到希腊，运送到各个城市，再被送到某个小客店，关在有保安值班的客房里，没收了护照。她们的一切都处于严格的监控下，每天从客店到工作地和从工作地回客店都是用汽车接送。此外，这些白皮肤的性奴还被定期转给新主人，在新主人的妓窑或脱衣舞厅工作。

在土耳其，这些被诱骗去的女孩像犯人一样被严加看管，她们不能向家人透露哪怕一点点信息：自己在哪儿，在干什么。她们的主人对这些姑娘谎称，如果碰到警察而没有护照，或者签证已经过期，按照当地的法律将受到严厉惩罚，会完全剥夺你的自由。

这些女孩是如何沦为妓女的？应当说，其中相当一部分是被诱骗去的。一些旅游公司、中介服务公司或国际婚姻介绍所都在从事这种勾当。他们用各种各样的办法来征召，而是在各个国家都有一套完整的体系和征召人。例如瑞典某个公司，招聘到国外工作的女孩，年龄要求是14—15岁，在招聘表上有一栏，希望应招者填写自己的身高、体重、胸围、腿围等所有情况。他们实际是在征召妓女。还有一种方式是征婚，这类公司的业务是帮那些一心想找一个外国丈夫的俄罗斯女孩服务。等那些女孩上钩后，国外的“未婚夫”或“丈夫”为她们办理出国护照，信以为真的女孩迈出国门后，才知道掉入了陷阱。那些罪犯毫无阻碍地将自己的“未婚妻”召到某个码头城市，在那里将她直接转手给他人做性奴。

希腊有一套完整的性商业组织和征召人，他们遍布整个俄罗斯：从莫斯科到圣彼得堡，从邱瓦士到南方各个城市。远东也有不少专门从事这一活动的公司。他们的行骗方式是工作、征婚、学习等名目。这其中，还有不少女孩的亲属成为行骗的帮凶。他们良心泯灭，竟将自己的亲戚“介绍”给这样的公司，换取并不很多的中介费。

除了有组织的贩运和用出国工作诱骗外，还有相当一部分是完全自愿的。在欧姆斯特，有一项调查问是否愿意到国外当妓女，令人惊异的是居然有30%的姑娘明确表示，她们出国就是要去做妓女。这些女孩在国内找不到工作，或是找到的工作挣钱很少，而她们的熟人女友，那些比她们早出国干这一行当的，早就在挣大钱了。她们已经落后了。上面提到的穆尔曼斯克一带的妇女，每个周末成群结伙越过边界来到挪威，为那里的人提供性服务。其中不乏母女同往的现象。有的丈夫也很清楚他们的妻子是去干什么，一些人的丈夫很不安，但更多的是无奈。一个女人的丈夫说，如果我有两个年幼的孩子，而我的工资是一个月1200卢布，我面对妻子的行为又能说什么呢？

俄罗斯妓女进军世界，队伍越来越庞大，地域越来越广阔。她们已成为当今世界卖淫行业中一支新的生力军。在这支生力军中，其中大部分是失业者，也不乏教师、舞蹈演员、护士、大学生甚至研究生，还有不少未成年的少女。

卖淫和贩毒吸毒有着天然的联系。这些走上用自己的肉体挣钱的俄罗斯姑娘，不少也走上了吸毒甚至贩毒的毁灭之路。

莫斯科姑娘尼娜，是18名被关在土耳其监狱中的俄罗斯女孩之一。原因是她不仅卖淫，而且贩毒。她来到土耳其后，和其他俄罗斯姑娘在旅店里租了一间廉价房，每人每天交8美元。房间简陋，肮脏，满地头发，无人收拾。她们开始在附近引诱嫖客。在这当中她爱上了一个土耳其人，同居了半年，土耳其人扔下她走了。过了几个月又打电话请她去做客。她去了，看到满屋子他的朋友。他们像使用工具那样使用她，第二天早晨又把她扔到窗外，说不需要她了。尼娜从此完全绝望，酗酒吸毒，最后发展到贩毒，因而进了监狱。

监狱里这样的俄罗斯女孩不止她一个。这些女孩想起亲人就泪流满面。但是她们从不给家里写信。她们只是常常在心里默念：妈妈，别等我。现在她们唯一盼望的就是早日获得大赦。但即使是这样，当问到她们出狱后打算干什么时，有的女孩表示还得做妓女，只不过要换一个国家。

而俄罗斯本土的卖淫业，也十分猖獗和发达。

在莫斯科市中心离儿童世界商场不远处的一条街上，每到周末都会有大批妓女站在那里，等待她们的客户。而那些嫖客（不乏政界人士和体面的公司经理）下班后则驱车前往，在那条街上他们会放慢车速，注视着车窗外的女人，看准了哪一个就会把车停下，向中选者招招手，隔着车窗谈好价格，接下来汽车会奔向郊外某个别墅。

大饭店是妓女聚集的另一个集中地。她们每天会准时来到某个星级宾馆的大厅，寻找客户。那些高雅的妓女看上去很有品位，穿戴得体，就像名牌大学的大学生，而事实上其中也确有大学生干这一行。嫖客的眼光很敏锐，一眼便能看出谁是妓女，而那些女孩也很机灵，能够准确地知道哪一位客人有这方面的需求，他们往往很快就谈好，双双离开。有一次我和我的俄罗斯朋友坐在宇宙宾馆的咖啡厅等人，旁边桌上有一男一女，男的50岁左右，外国人，俄文说得很蹩脚，女的20多岁，俄罗斯金发女郎，显得文雅而有教养，白裤子浅灰衬衫。不多时他们就一起离去了。我的朋友说那是妓女，我简直不敢相信。几天后，在同一地点，我们又在那里和几个朋友谈事，恰巧又看见了那个女孩，这次她的同伴是一个30岁左右的高个男人，同样是外国人。一杯咖啡之后，他们又双双离去了。我相信了。

俄罗斯色情广告比比皆是，在很多报刊上，甚至街道的广告上，那些袒胸露乳风情万种的女人照片，已经无需任何文字，人们都会明白她们是干什么行当的，需求者只要记下那上面的电话即可，需要的时候一个电话打过去，什么都解决了。

夜总会就不必说了，这是一个公开提供性服务的场所。那里的女孩表演的脱衣舞本身就是一种性服务，满足的是男人的感官和意念的性欲望。如果还感到没有满足的男人，可以指名和某个女孩过夜，只要付钱就行。莫斯科这样的夜总会不在少数。

俄罗斯还有很多提供这类色情服务的网站，上面的服务很到位：妓女的照片，年龄，性格，身高，三围的尺寸，肤色和发色，以及每小时的价格，全都写得清清楚楚，瘾君子们可以随意挑选，像选购商品那样。

莫斯科还有很多在家里卖淫的妓女，其中不少都来自独联体的其他国家。她们租下一套公寓，作为“工作”地点。至于客户，或是通过卖淫组织者介绍，或是在报纸上寻找——在那些“消遣和娱乐”以及“招工”的栏目下，找到一两个嫖客是再容易不过的了，或者她们自己花上一点钱，在这样的栏目上登上一条小广告，很快，电话就会不断打给她们。

俄罗斯法律对卖淫明文规定，卖淫者要处以一定数额的罚款，卖淫活动组织者最高罚款20万卢布，或者坐监3年，不能说不严厉。但莫斯科和俄罗斯的卖淫业依然如火如荼。

如今，遍布世界的俄罗斯妓女，已成为当今世界有关组织和俄罗斯当局最感头疼的一个问题，也是最需要迫切解决的一个问题。

新纳粹：俄罗斯光头党

4月，莫斯科的春天。

那一天我走过洒满4月阳光的街道，走进火车站，在报亭买了一份当天的《论据与事实》报，然后登上了去基姆勒的郊区火车。

窗前闪过一片片森林，田野，漂亮的木屋，抽出新芽的灌木……阳光是明媚的，但景色依然萧瑟。这是一个冬去春来的季节，是一个转变的时刻。4月的阳光照耀着一切，萧瑟的大地已透出春的迹象。

我展开报纸，一行大标题赫然出现在眼前：“4月的阳光下：光头党又要蠢蠢欲动”。顿时，我觉得4月的阳光不再明亮，眼前似乎蒙上了一层阴云。是的，每年4月，春回大地的季节，在希特勒生日（4月20日）的前后，莫斯科的光头党都会大肆活动。这些狂热的年轻人，新法西斯分子，极端的民族主义者，会在地铁、街头、商店、校园寻衅闹事，甚至制造血案，杀害无辜。在莫斯科的所有外国人，对俄罗斯光头党都会闻之色变。这些身穿黑皮夹克，脚上是鞋底厚重的皮靴，剃成秃头的半大少年，成群结队，高呼口号，挥舞着皮带，吹着刺耳的口哨，从你身边呼啸而过，经常无缘无故地殴打过往行人，特别是中亚和非洲等有色人种。中国和高加索、阿富汗及其他非斯拉夫族国家的一些人都遭遇过这种不幸。

每一年的4月，俄罗斯媒体都会有这样的报道：来自某国的留学生被无故打伤；光头党在某地制造事端，伤及很多人；某国大留学生被光头党无故打死等等，其中不乏中国人被他们伤害。光头党已成为莫斯科危害社会安全和百姓（所有非斯拉夫人）生命的最大隐患。我在明亮的阳光下读那篇文章，却已经觉得莫斯科其实很不明亮。光头党的恐怖行径不仅是阳光下的罪恶，而且是人们心头抹不掉的阴影。

具有这类极端民族情绪的青年组织，起始于20世纪90年代初期，最初是由年轻人当中的球迷变异而成的。目前，按照俄罗斯国家内务部警察局官方的统计，包括郊区在内的莫斯科地区，共有32个这类青年组织。其中11个具有民族色彩，其余的是足球发烧族。未正式登记的这类组织分别在靠近莫斯科市的周边几个小城镇。在莫斯科市内的是自称极端组织的年轻人。越是处于市中心，活动越猖獗，也越能引起一些年轻人的共鸣。在2002年，这些非正式登记的青年联合团体聚众闹事10多次，其中两次发生了杀人事件。

★光头党（来源：俄罗斯网站ЯНДЕКС）

但很多百姓认为，官方上述的统计数字偏低了。因为这类装扮的青少年经常能在地铁里和街道上见到。最近在查里津和雅樹聂沃地铁站及市中心跑马场发生的殴打凶杀无辜行人的暴行，都使人感到，光头党活动越来越频繁，参加其活动的人似乎有增无减。

我在地铁里等车时见到过一次光头党，夜里11点左右，很可怕。先是听到一阵喧哗和刺耳的口哨声，随后大约十几个身穿黑色皮衣的光头年轻人尖叫着出现在地铁里，有的人手中拿着皮带或是铁链之类的东西，他们没有停下来，从地铁里呼啸而过，而等车的旅客全都惊慌地闪开了。

光头党成员都是些什么样的人？莫斯科地区内务部主管未成年儿童事务的局长奥里卡·奥尔罗娃说，大多数是些未成年少年，他们参与光头党的活动只是出于好奇，抱着玩玩的心态，并没有认真考虑行为后果和这种活动的思想意识，只是图时髦。就像1995年突然出现的一股宗教热，青少年成立了恶魔组织，他们把猫吊起来，点燃它，搞恶作剧。现在时髦又转移到纳粹的标志上来。在狂热时他们往往相互殴打，也殴打过往行人。但是，像所有时髦的东西都会过去一样，这种时髦也会过去的。另一些激进的未经登记的青年组织，他们的行为通常是一般的滋事扰民，没有民族色彩。大部分参加者都是迷惘和无知的少年。果真是这样吗？不少人持有疑问。

光头党除在公共场合行凶闹事外，还在网站上宣传、联系、组织和发展自己的势力，这是他们活动的另一种主要方式。这类激进的青年组织，利用网站扩大影响，吸引青年。下面是其中一个这类网站的几段话："小子们！为了战胜黑人和那些笨蛋，请速派20—30人前来援助。你们的白人弟兄克拉斯诺科尔斯克。""我是半个犹太人，能成为光头党成员吗？因为我恨黑人和中亚人，伯铎里斯克。""谁想和白人弟兄在一起，请给季马打电话，电话……"网络上这类留言很多。互联网在愈演愈烈的光头党的活动中，确实起到了一定的作用。

面对越来越猖獗的光头党活动，政府究竟采取了什么有效措施呢？莫斯科州有关领导说，他们在努力用更多的方式占领青年的业余娱乐时间。开放了新的体育馆，举行各种竞赛，组织参观劳教所等。但据青少年反映，这类传统教育方式对他们来说既单调又枯燥。因此，这些举措的作用恐怕也是很有限的。

据“促进与合作”社会技术基金会的一项社会调查资料表明，莫斯科市和莫斯科地区的中学生在对待俄罗斯这类激进青年组织和光头党的问题上，20%的学生反对从法律上取缔纳粹符号标记，21%的人回答只从有关资料上知道这些亲法西斯组织的存在，6%的孩子完全赞同这些新法西斯分子的观点，25%部分地赞同他们的观点。这些数字相当令人震惊和引人深思，居然没有人或者是没有统计出有没有人对光头党完全持否定态度。看样子，光头党在俄罗斯社会是被宽容和理解的，至少是在中学生中间。难怪《论据与事实》报最后说，我们的人权保护机构还不好意思称光头党的行为是国际种族冲突和暴行，在这种情况下，“光头党有机会得到发展和进一步扩大影响”。恐怕，这是俄罗斯光头党活动越来越肆无忌惮的基础和主要原因。

中国“风水”迷倒莫斯科人

位于红场边上的莫斯科最大的百货商店“古姆”，从正门进去走到头右首，有一个礼品店。玻璃窗上挂着的一把硕大的中国扇子，将我吸引了进去。店铺不大，但各种木雕古玩、编织刺绣，还有挂在空中的中国风铃，倒也琳琅满目。在一个墙角处的小书架上，我突然发现了关于风水的书，于是颇有兴致地翻看起来。这一看不要紧，竟然在这个小小的角落里，发现了近十个版本的风水书：有装帧精致漂亮的大厚本，也有简朴的小薄册；有概括论述风水的，也有分类论述的，如商业风水、家居风水、别墅菜园风水、健康风水、爱情风水等。封面有的是阴阳太极图，有的是中国风格的建筑物和飞舞的金龙；不少书的封面都有中文“风水”二字。书中除了文字，还有许多图解，论述非常详细。出于好奇，后来我每到一个书店或书摊，都要看看有没有风水书，结果几乎在所有卖书的地方，都可以找到关于中国风水的书。我心中暗叹：“风水”真是风行在莫斯科的各个角落！

如果说，在莫斯科街头巷尾看到这么多的风水书使我惊奇，那么在仔细看了这些书的内容后，可说让我汗颜：风水学说竟如此博大精深，我作为风水之乡的中国人竟然不知道！

俄文版的所有这些书在论述风水时，首先都论述它的历史发展形成和理论基础。这在书中都占据相当的篇幅。一般从伏羲造卦开始，直至道家学说，阴阳太极，人的生辰属相、八卦算命等等，都独立成章，专门介绍。他们把这些内容统统归结到风水学说中。其中对阴阳学说的解释尤其深刻，认为阴阳说高度概括了自然规律，是风水学说的核心。一本书中这样解释道：“阴阳图标是所有生命统一的标志，即在自然界的事物中，一切都是阴与阳的组合，没有对方，另一方不能存在。没有宇宙，时间不存在，没有女人，男人不存在，不去实行就不存在创造，没有负就没有正，可以这样无限演绎下去。”

那么，究竟何为“风水”？在一本书里这样定义：“风水——这是中国古老的艺术，这门艺术教你如何正确建造房屋，安排各个房间和在房屋中怎么摆放家具；教你如何与自然和谐生活，这是存在于周围中的自然的力量。如果人在学会改变这个自然力的运动方向中追踪它的源流，那么这个人将得到三个吉祥物：健康、幸福和成功。”这个理解恐怕已经比中国传统意义上的风水深刻得多。

在具体论述某一方面的风水时，这类书的讲解繁琐而详尽，比如建房如何选择地址，家居应怎样摆放家具等；商业风水谈到应如何给公司命名，商店摊位的布局走向等，都有详细规定；园林风水中，则谈到建造别墅种菜园时，如何选择地点等等。这多少还有点类似中国的风水。但不同的是，在谈到这些很具体细微的问题时，也常常贯穿着上述理论。

总而言之，俄罗斯的风水书，似乎已大大超出了中国风水书的范围和内容，它俨然是一本中国文化史的缩写，将中国几千年的哲学文化贯穿其中。应当说内容十分丰富，内涵相当深刻；强调的是人与自然的和谐，认为只有和谐才能得到幸福。当然在某些方面不乏繁琐、牵强和神秘甚至带有迷信的色彩。而大多数俄罗斯普通百姓则认为，风水学是一门古老的中国学说，它世代相传，演绎到今天，其中仍然有很多科学道理，也很适用。

★俄罗斯有关风水的书
（来源：俄罗斯网站ЯНДЕКС）

俄语的“风水”一词，就是中国风水的音译。绝大多数俄罗斯人都知道这个外来词，而且它恐怕是俄罗斯现在最流行的外来词语之一。

很多人都相信风水，但确切的数字不好统计。一个公司经理来找我，问能不能帮他找一位中国风水先生，他的公司要买地盖房，需要一个风水好的地方。这还是5年前的事了。另一个俄罗斯朋友对我说，这几年很不走运：妈妈去世时，正赶上她在医院生孩子；女儿一岁时又发现右腿有残疾，看遍了医生也没治好，还欠了一堆债；丈夫不久前又失了业。“我们家的风水不好，我现在在研究风水。”说着一下拿出三本风水书，并让我帮她指点指点。一个月后，我又来到她家里，看到她家整个变了个样，家具都重新摆放了，壁纸也换掉了。

“一个风水先生指点过，我按他的做了。希望这样能给我带来好运。”她满怀希望地说。

电视里关于风水的节目和俄罗斯人对风水的痴迷程度，也让我惊叹和好笑。一个戴眼镜的中年俄罗斯妇女在回答主持人的问题，主持人的问题是：你是否相信风水？为什么？你是怎么做的？这位女士说：“我非常相信风水，因为我觉得风水学很有道理，特别是当我按照风水的原则去做之后。”“你做了什么？”主持人问。“我每个星期日夜里1点钟准时将我家里的柜橱和床铺挪动一次地方，虽然我丈夫厌倦了我这么做，可是我一直坚持。”听众一片笑声，主持人也笑了：“那么为什么一定是在周日而且是在半夜1点钟移动那些家具呢？”“恰恰就需要这么做。”主人公仍是满脸严肃认真的样子。这位俄罗斯妇女只是从一个方面表现出俄罗斯人相信风水的痴迷程度，当然大多数人并非像她这样走火入魔。更多的人只是在家里的某个位置上摆放一些象征吉祥、平安、幸福的中国饰物。

随着风水热的兴起，一些专卖中国礼品的店铺干脆挂牌为“风水”店，这些店铺备受俄罗斯人欢迎。小店主要出售有吉祥如意、幸福昌盛之意的中国小礼品，比如挂有“福”字、“爱”字等的各种风铃，写有祝福汉字的大扇子，红丝带编织的吉祥如意图，中国山水画，写有中国方块字的瓷器、茶杯茶壶，人物脸谱画、十二生肖图以及项链手镯等等。不少俄罗斯人逢年过节，结婚生子，都专门到这些店来买一些礼品，以求吉祥太平如意。他们认为，中国是风水的发源地，家里挂上或摆上来自中国的吉祥物，一定能驱赶邪气，求得幸福，平安吉祥，万事如意。我在许多俄罗斯朋友家里，都看到了这些吉祥物，而且逢年过节，你若送这样的礼品给他们，也会使他们惊喜不已。

中国“风水”为何在莫斯科如此风行？首先，莫斯科的风水热，透视出俄罗斯人对东方文化，特别是对中国文化的浓厚兴趣和某种认同，而在这背后自然与中国改革开放后的发展与繁荣密不可分。其次，俄罗斯风水书中深奥的哲理，使俄罗斯人觉得这是一门严肃的学问，并非是浅薄的算命看相。第三，与自然和谐，有一个好运气和幸福，这对崇尚自然又希望有好运的俄罗斯人颇有吸引力。当然，最后还有一点，俄罗斯不少人对神秘的东西异常有兴趣，一些人还很迷信；东方风水在他们眼里新奇而神秘，某些方面多少还存在迷信色彩，这也是吸引他们的一个原因。但是不管怎么说，俄罗斯人以他们独特的理解，在冠之以“风水”的名目下，正在某种程度上扩大和传播中国文化。

（本文曾以西蒙笔名刊载于2003年6月《环球时报》）

伊巴杰夫宅邸和"滴血教堂"

一则消息引起了我的兴趣：叶卡捷琳堡市建起一座新的教堂，地址在沙皇尼古拉二世全家当年被枪杀的伊巴杰夫宅邸原址，名为"滴血教堂"，意在纪念沙皇尼古拉二世全家在此遇害。这是在1998年隆重地重新安葬沙皇全家后，又一个对末代沙皇做出的平反举动。

这里我想先讲讲关于伊巴杰夫宅邸的一些趣闻轶事。

伊巴杰夫宅邸建于1880年末，是一座石头建成的二层小楼，位于一个小山丘上，独栋。设计和建造者是尼古拉·伊巴杰夫，因此人们以他的名字称呼这栋建筑。1908年这栋房子归他所有。

十月革命后，1918年伊巴杰夫宅邸被布尔什维克没收，当时主人正好外出不在家。7月，沙皇全家及仆人等被关押在这里，不久之后，即7月17日夜里，尼古拉二世全家在地下室被枪杀。此后，这栋房子在不同时期归不同的政府高级官员和机构使用，但它一直都是叶卡捷琳堡市最著名的建筑，保持了自己的风貌，不断吸引人们前来观瞻。白天有官方党代表团前往，夜里人们经常来到这里散步，他们对末代沙皇的命运极感兴趣。

20世纪70年代叶利钦领导斯韦尔德罗夫（叶卡捷琳堡在苏联时期的名字）的山区委员会，在他的回忆录《我的忏悔》中他这样写道："与俄罗斯最后一个沙皇的生命有关联的一个日子临近了，西方媒体和记者有了新的调查（了解），西方的俄语无线电转播了这些资料中的某些内容。这大大增加了人们对伊巴杰夫宅邸的兴趣，甚至很多人都从其他城市专程前来看这座房子……"

正是人们对这所房子持续不断的极大的兴趣，促使当局在1977年决定拆毁它。当年克格勃领导人安德罗波夫提出此建议，苏共中央通过了拆毁这座房子的决定。公开的理由是通向它的一条马路必须扩建，而这栋房子妨碍了修路。而最后的命令是叶利钦下达的。1977年9月22日，叶利钦当时任斯韦尔德罗夫州委第一书记，按照他的指令，拆毁了伊巴杰夫宅邸。这栋房子和在这里被枪杀的尼古拉二世一样，遭到了同样的厄运。叶利钦后来在自己的回忆录中写道："我们所有的人早晚会为这一野蛮行为感到羞耻，但无论怎样已经无法挽回了。"

伊巴杰夫宅邸被夷为一片平地，荒凉落寞。风呼呼地吹着，吹过旁边那条公路。但是，即使这栋房子被拆毁，人们依然络绎不绝前来这里。不知何时，这里立起了第一个十字架，很小，木制的，接着第二个，然后有了铁制的十字架，后来还有人在这里搭起了简易的教堂框架。

我在俄罗斯网站上查看了这座著名宅第拆毁前的图片，古色古香，大气典雅，正面的门楣上和细而窄的窗上都雕着漂亮的花纹。拆毁后的图片也有，一条公路，穿过一片荒地，荒地上孤零零地立着木制的东正教十字架，旁边有一座简易的小教堂木框架。

世事变迁难以预测。十几年过去了，红色帝国的历史发生了巨变，苏联突然解体，一切似乎都预示着要回到从前。既然苏联的社会主义是一场历史的误会和错误，那么沙皇就不应当被推翻和枪杀，于是为沙皇恢复名誉和平反的呼声，在苏联解体后日益高涨。1991年，在叶卡捷琳堡市郊发现了疑为沙皇及其全家的遗骸，经英美有关机构鉴定是真的，俄罗斯最后作了鉴定，在1998年年初宣布确凿无疑。叶利钦不失时机地宣布，政府将为其举行重新安葬礼。两年后，即2000年正式开始在沙皇被枪杀的位置，即那座在1977年被拆毁的伊巴杰夫宅邸遗址上建一座教堂，就是本节开始提到的“滴血教堂”。2003年“滴血教堂”几经波折建成了，中间因缺乏资金几次停建。不久叶利钦前往朝拜，已任总统的普京稍后也前来观瞻。现在它是叶卡捷琳堡最著名的建筑和标志，吸引着世界各国政要、名流以及大批旅游者前来游览。

“滴血教堂”在全俄罗斯一共有两个，一个在古城乌格利奇，那座“滴血教堂”是为纪念1591年5月15日在那里被杀害的年仅9岁的小皇子德米特里的，称为“德米特里滴血教堂”，于1692年在小皇子被害地建成；另一个就是这里谈到的这座，为纪念俄国末代沙皇尼古拉二世及全家被杀害，于今年（2003年）在伊巴杰夫宅邸的废墟上建成的。后一座滴血教堂为纯白色，七个葱头式

★伊巴杰夫宅邸，1971年（来源：俄罗斯网站ЯНДЕКС）

圆顶，寓意沙皇全家7个人被枪杀。

莫斯科浪人：工程师宁愿与垃圾为伍

浪人是莫斯科的另一道风景，与亮丽相反，阴暗，丑陋。

他们也是一座城市的污迹和缺憾。

还要补充一句，也可以将他们看作对现代文明的反叛和讽刺。

我在地铁里遇到过浪人：蓬头垢面，衣衫破旧，污迹斑斑，看不出颜色，浑身散发出一股刺鼻的屎尿味，臭不可闻。他们那身衣服日夜穿在身上，不知道有多少年没有换洗过了。

浪人经常是一个人乘地铁，都是男性。他一上车，乘客就像躲避瘟疫一样，四散开来。浪人的污浊形象太刺目，身上的异味也太浓烈——不是一般的令人作呕，简直可以把人熏倒，即使离开他，臭味也早已在车厢里飘散，总会刺激你的嗅觉。没有办法，人人掩鼻侧目，用异样的眼光看着他，像看一个怪物。而到了下一站，很多乘客会下车，转到另一个车厢；上车的旅客看到这情景，也会马上掉转身，走入另外的车厢。于是，其他车厢都很挤，唯独那节车厢空荡荡的。

浪人并不理会这一切，神态淡定，旁若无人，从容坐下，那一条长椅上，只有他一人，很宽松，因此，他会很快躺下，占满整条长椅，呼呼大睡——估计他没有急于要去的地方。

浪人污人眼目，散发臭气，实在是大煞风景。但他们不乞讨，不扰人，也没有其他危害民众和社会的行为。可是莫斯科就有人爱管闲事，对浪人厌恶透顶，欲消灭这一丑陋的社会现象。2003年秋季，几个年轻人自愿组织在一起，目标就是寻找浪人，赶尽杀绝，大有为民除害的意味。这个小组很快就开始了行动，一个浪人已被他们射杀身亡，他们在继续寻找其他浪人。

杀害流浪者的事件引起了社会和媒体的关注，一家报纸的记者想写一篇关于浪人的报道，于是找到了那个行动小组的一员，从他那里得知了浪人的踪迹。

莫斯科街头其实有很多流浪汉，人们早已司空见惯了。他们相当一部分是酒鬼，无所事事（客观讲是酒精使他们致残，丧失了做事的能力），整天浪迹大街小巷，向人乞讨，或捡拾行人丢弃的啤酒瓶——里面还有一些残酒，或拾起行人丢弃的烟头，再抽上几口过过瘾。这些流浪汉有些人只是白天混迹街头，晚上则回到自己的住处；无家可归者或在地铁过道中露宿，或在街头树丛中过夜。浪人与一般的街头流浪汉有些区别，除了不乞讨，不在街头拾人牙慧，他们是真正的无家可归者。浪人也不在街头过道里过夜。他们有自己的地方，有自己的生活方式和“来源”。

他们在哪里生活？如何生活？为什么这样生活？那位记者跟踪报道，揭示了这一切。

莫斯科郊区有几座垃圾场，巨大，各种垃圾堆积得如同一座座大山，在阳光下散发出各种令人不愉快的味道。起风时，上千万个塑料袋、废纸片哗哗作响，异味随风飘荡。垃圾堆中还有扔弃的小汽车、沙发、桌椅、床铺等。这里就是浪人的家。那些垃圾，大约就是他们的生活“来源”了。

那位记者在一个周日，来到这里，想亲眼见识这些“另类”是如何生活的。

记者还挺走运，在离垃圾山不远处，看到三个浪人，年纪在20岁至40岁之间。一个人面色黝黑，看样子像中亚人，好像患了重病，躺在铺在地上的一条旧毛毯上；另一个年轻些的坐在旁边晒太阳；第三个在远处垃圾堆中翻找什么东西。晒太阳的男子看了一眼记者，没有任何反应和表情。记者走过去，坐下，和他聊了起来。下面是他们谈话的一些内容：

记者：你们住在这里？

浪人：是的，我们经常在这里。

记者：你们有几个人？

浪人：4个。有一个人出去了。

记者：他病了？（记者指指那个躺着的人。）

浪人：嗯。

记者：什么病？

浪人：不知道。

记者：你们帮助他？

浪人：我们都互相帮助。

记者：看医生了？

浪人：没有，他自己会好的。

记者：可不可以问你，你以前是做什么的？

浪人：以前？（露出一丝笑容）我是工程师。

记者：上过大学？

浪人：是的，我毕业于××大学。

记者：那你为什么不去找工作？

浪人：我有工作，辞了。

记者：为什么？

浪人：不为什么，很简单，不想那样生活。

记者：那么现在的生活……

浪人：现在很好，是我想要的生活。

记者：为什么？

浪人（耸耸肩）：喜欢这样生活，没有为什么。（说完掉转头，看着远处。）

记者：你的同伴是什么情况？

浪人：各不相同，但有一点是一样的，我们都喜欢这样的生活，无牵无挂，无拘无束，自由自在。

记者：有人想杀掉你们，知道吗？

浪人：知道（沉默片刻），他们没有权力杀我们。如何生活，是我们的权利，我们没有犯法，别人不应该干涉我们的生活……

……

记者无言。他仔细看着面前这个人，看不出他脸上的任何表情，除了衣着肮脏，也没有发现他与其他人有何不同。

看完记者与浪人的对话，我和那名记者一样，无语。

大千世界，人生百态，各种活法，各种选择，无奇不有。有人追求金钱，有人追求权位，有人追求爱情，有人追求真理，有人追求自由。浪人的选择，是与垃圾为伍，他们本身的污浊，似乎可以说已经变为城市垃圾的一部分。

浪人的话并不完全对，他们的肮脏已经影响了别人。他们所到之处让人望而生畏，掩鼻而逃，像逃避灾难。

当然，裹在肮脏衣服里的也是一个生命，他同样有生存的权利。

几年过去了，不知道那些浪人如今状况如何？漫漫人生路，他们要在垃圾山旁一天天度过，日子对他们来说也不是那么好过。但或许，这只是旁人的看法。

萨拉托夫繁琐的注册公证

9月的一天，我提着一个小旅行包，来到巴维列茨火车站，在售票厅买了当晚去萨拉托夫的火车票。

我已经如此熟悉莫斯科，完全像一个当地人。我不需要人送站，也不用人来接。我知道在哪个火车站可以买去哪里的票，多少钱，怎么走，甚至到了前往的那个城市，下火车后如何坐车直奔张经理他们的住处。我挺喜欢这样独来独往，感觉轻松自如，潇洒自在。

当然，15个小时的旅程，也会感到枯燥乏味。但也没什么，睡一觉就过去了。明天一早，就到了那个叫萨拉托夫的城市了。想想很有意思，我这是三天内第二次去那个城市。也就是说，我已经连续三天在这趟列车上睡觉了。

我在餐车上吃了晚餐，回到包厢看窗外的风景，看累了就读书——我随身带了一本阿赫玛托娃的传记，然后，车厢熄灯，我也倒头便睡。

第二天9点火车抵达萨拉托夫。一下火车我就打了一辆出租车，直奔奥林匹克宾馆。张经理他们住在宾馆附近的民宅。

空中飘着雨丝，阵阵秋风吹来，透出几分凉意。很快就到了。

张经理等几人已经是第三次从国内来这座城市了。他们原来与这里的俄罗斯人有一家合资公司，但办起事情来不是很方便，于是想成立一个独资公司，由于语言不通，特意请我从莫斯科来帮他们办理。于是才有了上面所说的一幕，即我在几天之内不得不几次往返于莫斯科和这个小城之间的经历。

眼前这栋九层楼房是那么破旧，肮脏。斑驳的墙面已露出了砖头；窄小的楼道里台阶倾斜着，要小心翼翼地爬上去才不会扭了脚。没有电梯，我爬到最高一层，已是气喘吁吁了。在一个木门上使劲敲了几下，门开了。他们已经在等我了。“文件都译好了，我们抓紧时间去办吧。”我对他们说。

十分钟后，我们又站在了马路上。路边刚好停着一辆出租车，打开车门一看，我和司机都笑了，就是刚送我来这里的那个司机。“我知道你们还要打车。”他说。“真聪明！那好，老朋友，给点优惠吧。”我半开玩笑地说，他马上爽快地答应了。

我们又来到玛丽娅的公司——这是一家提供注册公司服务的事务所，公司经理是个三十出头的女人，名叫玛丽娅，精明能干。我将文件全部交给她，她看后很

★萨拉托夫和桥对面的恩格斯城（来源：俄罗斯网站ЯНДЕКС）

满意，说现在需要的最后一个文件是去公证处公证总经理的签字。之后一周之内，公司就注册完毕了，全部文件可以交还我们。她派了一个叫阿克桑娜的个头很高的女孩和我们一起去公证处签字。

阿克桑娜领我们走了一段路，又坐了几站公交车，来到了一个公证处。我有点担心在这里又会出什么节外生枝的问题，甚至又会像上次那样，不得不跑回莫斯科去做这份文件的公证。但阿克桑娜和玛丽娅说，已经打过电话，说只要有总经理的工作卡，不会有其他问题。

公证处还蛮体面，大厅里有沙发，沙发旁边都是一盆盆绿色植物，感觉很舒服。我们坐在沙发上等候，阿克桑娜进去了。过了一会儿来叫我进去。

公证员是个胖女人。她说："你俄语很好吗？"我说不是很好是非常好。她说："公司创始人是张先生，你是总经理，但是问题在于，张不懂俄语，我们无法确认他是否委任你做总经理，无法证实这一点，我们怎么能公证呢？"我心想不好，果然又要出问题。"那怎么办？""需要找一个翻译。"那胖女人说。我说："全萨拉托夫都没有一个懂中文的翻译，我今天刚刚从莫斯科回来，就是为了翻译一份在这里无法找到人翻译的文件，现在又要跑回莫斯科？在莫斯科办事都没有这么复杂，你们这里怎么会这么复杂？跑来跑去真是为难人。""那么他能说英语吗？"胖女人问。我摇摇头。

胖公证员听我抱怨后，开始给领导打电话，只见她拨了好几次号，始终占线。我等得不耐烦，走到外面，和张经理把情况说了。此时我心里烦透了：又得跑回莫斯科？只是为了公证一份文件？要不再找另一家公证处试试？让张经理事先准备一下，哪怕只说出一句俄语来，说不定问题就解决了。于是我拿出一张纸，在上面写了一行俄文，并用中文注上音，交给张经理，让他尽快记住，"否则我还得回莫斯科，不，恐怕是我们两人得一起去，你写一份中文委任书，在那里翻译公证。但那样既耽误时间又得多花钱"。我说："所以你最好尽快背下这句话。"我知道这对他很难，但别无他法。

之后我又回到里面，胖公证员已拨通了电话，在请示，我已经听明白了，不行。赶快走吧，找别的公证处去。

阿克桑娜还在那里磨蹭，又说要先回办公室再打电话，我当机立断说，不用，直接去找另一个公证处，不行再说。我已经想好，什么都不要解释，公证的是总经理即我的签字。我的签字是真实的，公证处没有权力不给公证。

出租车开了好久，似乎横穿了整个城市，然后又兜了个大圈子，找了半天，终于找到了另一个公证处。这个城市还挺大的。阿克桑娜解释说，全市只有三个公证处有涉外权，所以只好跑这么远。这个小城，还很封闭和不开化。

车停在一个僻静的路旁，我和阿克桑娜走进那个离城中心很远的公证处，我特意嘱咐张经理他们在外面等候，省得又额外出事，什么创始人和总经理不是一个人等等。我又嘱咐阿克桑娜千万别多话，就拿出我签字的文件，要求公证即可。

果然，这一次办得非常顺利。公证处那个中年妇女没问任何问题，很快就给我们办好了。我对她露出一脸灿烂的笑容——我想一定很动人，问她是否去过中国，她说没有，但很向往，我说我们一定会邀请她去中国的。

拿好文件走出大门，心中一块石头才算落地。总算办好了，不用只为公证一份文件再跑回莫斯科了。真不容易。

回到玛丽娅的公司，将准备好的所有文件签过字，在萨拉托夫开办公司这件事就算是万事大吉，告一段落了。

感到很轻松，也突然感到肚子很饿，看看表已快下午3点，出门来又打一辆出租车，直奔张经理他们那栋破败的大楼。

司机是个性格开朗的人，很爱说话。他说很佩服中国，特别爱看成龙的功夫片，说俄罗斯的情况一片糟。“我们的孩子完全搞不清我们的历史了。我儿子有一天问我：‘爸爸，第二次世界大战是德国人胜了还是我们胜了？’我惊讶万分，说难道学校老师没有讲过。儿子说没有。我们的孩子居然提出这样的问题，不可思议，令人深思。”司机沉默了。

路上突然下起了瓢泼大雨，只一会儿工夫，马路上已积满了雨水。我们到达住处时，雨停了，但马路上的雨水汇成了河流，对面的住宅楼如在大河对岸。我们只能望水兴叹，无法过去。街上行人也都像我们一样，站在路边发楞。这里的马路根本都没有下水道，因此一遇大雨，水流滚滚，马路都变成了河流。

几天后我又只身来到萨拉托夫。这次在这里只有两天的时间，所有要办的事必须都在两天之内办完。因此来到张经理住处，几乎没有停留，打了几个电话，就出门了。

先到当地的移民局，打听清楚了这里的劳动卡如何办理，然后直奔办理邀请的地方——张经理想下一步完全用自己的公司来办这些事，之后在路上碰上了他们原来的合作伙伴，即合资公司的俄方经理，与他们一起到办公室坐了一会儿，谈了办工厂和橘子生意的事，这时已是下午2点了。回到住处吃过饭，又打了几个电话，与盖纳——一个做钢材生意的人见了面，谈了废钢材的事，就已经是下午6点了。盖纳说已为我找到旅店，让我坐上一个叫伊琳娜的姑娘的车，拉我去宾馆。

好紧张的一天，很累，头疼。

车开了很长时间，还没有到那个宾馆。我觉得奇怪，问宾馆这么远吗。伊琳娜解释道，萨拉托夫所有的宾馆都住满了，因此只得在离它很近的另一个城市——恩格斯市给我找了伏尔加河宾馆。我这才明白是往哪里去。这时车已开上一座大桥，桥很长，足有3公里，跨过宽阔的伏尔加河，河对岸就是恩格斯市。据伊琳娜说，这座城市有50万人口。说话间汽车已驶入恩格斯市了。

小市很安静，树木郁郁葱葱，车子驶到市中心，停在伏尔加河宾馆前。前面不远处就是奔流不息的伏尔加河。伊琳娜领我走到河边，河面开阔，天蓝色的河水在阳光下平静地流动着。

伊琳娜个子高高的，很苗条，淡黄色的头发在脑后扎了一个马尾，一身条纹西服，热情，健谈。她就在当地一家房地产公司工作，丈夫3年前在车臣牺牲了，她独自带着一个儿子生活。国家作为抚慰给了她一套住房，在萨拉托夫，但她更喜欢恩格斯市，一直住在这里。啊，这么年轻，丈夫就战死在车臣！真没有想到。我看着她明朗的面孔上始终带着微笑，心中暗想：俄罗斯女人真的是很伟大。

晚上一个人在陌生的城市陌生的宾馆过夜。这是一个双人间，有厕所和淋浴，设施非常陈旧，墙纸多处破损，被褥我怀疑是否换过，卧室中有一台破旧的黑白电视机，我甚至都没打开它。伏尔加河宾馆的条件可能还不及国内的二星级旅店，收费却是四星级的。俄罗斯还很穷，特别是莫斯科以外的其他地方。

很渴，到值班室一问，那个胖胖的中年女服务员说她那儿有开水，我端了一杯回来。跑了一整天，真累啊。什么也不想干。躺在床上想睡，但窗外就是马路，来往的车辆吵得很。还不止噪声，蚊子也飞来捣乱，嗡嗡声一夜不绝于耳。

我昏昏欲睡中还在想，恩格斯市——居然在苏联解体后没有改掉它的名称，有幸……伏尔加河，俄罗斯的生命之河，我住在伏尔加河边的伏尔加河宾馆……

大约后半夜，终于睡着了。

次日上午8点30分，伊琳娜准时来接我。我们先到了张经理的住处，然后来到萨拉托夫最大的一家食品批发公司。公司经理已经在宽敞的办公室里等我们了。主要是谈在这里开办合资豆类食品加工厂的事。谈话期间我的手机响了，是莫斯科一个朋友打来的："祝你节日愉快。""什么节日？"我问。"中秋节啊。"对方说。是的，完全忘记了。中秋佳节。全家团聚的日子。我只身孤影，又在外地奔忙，当然不会记得。

从这家公司出来后，我们在萨拉托夫市的步行街漫步。街上行人还真不少，难怪，这也是有100多万人口的一个城市呢，只是这里中国人极少。

街头没有什么现代化的高大建筑，也见不到超市。很像十年前中国的某个中等城市。间或看到某个建筑物上悬挂着手机的大幅广告，让人感到几分时代的气息。看到一栋楼前贴有出租广告，我们走上去，门关着，于是又走下来，在入口处恰巧碰到它的主人——一个满脸络腮胡子的中年男人。他把我们带上二楼，用钥匙打开一个房间的门，一边问我们租下来想干什么。"开饭店或诊室。"走进屋，里面是一个很大的厅，装修过，厅的一侧有搭好的几个绿色圆台子。我问以前这里做什么。他说这并不重要，都可以拆掉。这台子好像是表演用的，我又说。他说，是的，原来想开女士俱乐部，还没开就变主意了。我心里暗暗惊讶：在这个看上去不那么发达和开化的小城，居然也会有女士俱乐部！最后问了月租金的价格：一个月20万美元。“20万还是2万？”我怀疑听错了，又问了一次。“20万。”大胡子毫不含糊地说。真是天价，我们听后直咂舌头。

在街头，张经理买了一只烧鸡，又在楼下买了一瓶葡萄酒。好歹也是中秋节啊。回到住处焖了米饭，炒了几样菜，大家在一起权当过节了。

吃过晚饭，他们要送我去火车站。“不用，不用，我已经很熟悉萨拉托夫了。”于是他们送我到楼下的汽车站，我一个人乘车去了火车站，登上了返回莫斯科的列车。

很累很累。火车开出不久，我便倒头睡觉了。赏月呢？完全忘记了。伏尔加河上空的圆月，一定很美。

早上6点醒来，感到又有了精神。

火车行驶在秋天的原野上，这里离莫斯科还有几小时的路程。

走出包厢，站在过道看窗外的风景。9月的清晨，凉意很浓。窗外流过萧瑟的田野，田野上一片片变成浅黄深黄鲜红色的树林，色彩斑斓，景色美丽。一幢幢别墅使田野变得更有生气，远处还时时看到秋天特有的美景——轻盈缥缈的白雾。它飘荡在田野上，环绕在树丛中，轻轻移动着，像轻歌曼舞的少女，无比清新，美妙动人。我抬头望天，突然，最动人的景色映入我的眼帘：在田野的上空，在浅蓝色的黎明的天际，银盘般悬挂着一轮明月。天空虽已很亮，但圆圆的月亮依旧那么清晰，传说中的吴刚、桂树和玉兔，都历历可见。月亮挂在空中，随着我们的火车移动，好像舍不得离开我们。我呆呆地望着那轮圆月，忘记了一切。

八月十五的圆月，应该阖家团圆。而我……我突然觉得我的独来独往和潇洒自由，其实是那么苍白无力，空洞和孤独。面对天空的圆月，一股深深的思乡之情油然而生。这一刻，我突然觉得我很想家，很想很想……

我觉得眼睛涩涩的，圆月在我眼里变得模糊了，随后一大颗泪珠顺着我的面颊滴落下来……

莫斯科记者爱卧底采访

9月底，环球时报要我写一篇关于俄罗斯记者如何卧底采访的文章，于是我开始关注这个题目。翻阅了很多俄罗斯报刊，我发现，莫斯科的记者真的很爱卧底采访，方式也有自己的特点。他们以“卧底”和“暗访”的方式进行采访报道，收到了很好的效果。他们写出了生动真实和有深度的报道，吸引了很多读者，提高了报纸的威望和知名度，增加了报纸的发行量，揭示了各种社会问题，引起了有关部门的重视，为促进这些问题的解决起到了新闻媒体应起的作用。同时，这些记者也深受大众的欢迎和好评。

在众多的俄罗斯新闻报刊中，经常能看到记者用“卧底”和“暗访”的方式进行采访报道的是《论据与事实》报。这份报纸创刊近30年，24版，周报，曾多次被评为俄罗斯和世界非英文优秀报刊。报纸除在俄罗斯发行外，还在其他国家发行。它目前的读者据权威人士估计在1000万以上。报纸的社会问题栏目经常能看到对社会现实中严重的社会问题的深度报道，其中不少文章都是记者亲身经历即用“暗访”的方式得来的第一手资料。比如，利用儿童做色情交易，拍摄淫秽录像带出售，这是俄罗斯社会长期存在的一个隐秘而肮脏的犯罪活动。俄媒体时有报道，但很少有详细真实的具体报道，因为很难搞到有关的一手资料，只是风闻而已。为了对这个题目做出生动真实的报道，揭示这一犯罪的肮脏内幕和其严重性，引起全社会对这一问题的关注，《论据与事实》报记者叶卡捷琳娜·卡拉切娃想尽办法，与从事这项活动的一个犯罪分子联系上了。他们达成协议：犯罪分子同意有条件地接受叶卡捷琳娜·卡拉切娃的采访，并在拍摄黄色录像带时允许她观看。而记者绝对不许照相，不许录音。女记者在深入现场后，写出了令人触目惊心的摄制儿童黄色录像带的报道，引起了人们的深思和关注。再如，莫斯科有着上百万的国际打工族，他们来自各个国家。国际打工族如何在这里谋生？他们怎样找到工作？其中有些什么问题？他们在莫斯科的生活状况如何？为了深入了解这些问题，《论据与事实》报记者马克西姆·契若夫找到了打工族聚居的地方，扮作一个普通人，了解到了许多情况，反映出这一领域存在的许多问题。

最近还看到该报的两篇很生动的社会问题报道。一篇是莫斯科交警如何利用人们的无知，乱收罚款并揣进自己腰包的内情，他们派出记者卧底探访，透露出惊人数字：90%的莫斯科交警乱收罚款并揣入自己腰包，每年收取的贿赂高达3.7亿美元，令人震惊。另一篇是关于莫斯科的毒品交易市场见闻：记者与一个贩毒者达成协议，与他同行，亲眼目睹了一次贩毒交易，在莫斯科市中心的卢比扬卡广场，写出了这篇令人震惊的报道：现在吸毒者可以在俄罗斯的任何一个街角处、中学和大学里买到毒品。交易场所卢比扬卡广场就在国家安全部的窗户下，在克里姆林宫、国家杜马、总统行政管理委员会和儿童世界大商场旁边进行。

除《论据与事实》报外，其次经常用这种方式进行报道的是《莫斯科共青团》报。这份日报历史悠久，创刊于1919年，经历了80多年的风风雨雨，目前是莫斯科最抢手的报纸之一。该报的特点是新、独、快，它提供的新闻快餐，很适合快节奏的现代生活。《莫斯科共青团》报对当今俄罗斯的不少社会问题，都有深入的独家报道，并在社会上引起一定反响和关注。例如，记者为了解市场生意人的情况，特意在市场上租了一个摊位，记者在那里扮作摊贩，卖一天货，获取了最真实的资料；该报记者还扮作买住房的客户，了解到一些不动产公司专门从事孤寡老人的房产的许多内幕。《莫斯科共青团》报采取这种方式写出了不少生动有趣的报道。最近，该报记者米哈伊尔·奥欣听说有一个组织专门在休息日到莫斯科郊区的大垃圾场追杀捡破烂的流浪汉。讲的人有眉有眼，甚至说出其中有的人的姓名。听者半信半疑。为了弄清事情真相，记者找到了其中一个当事人，他直言不讳地说，自己就是追杀流浪汉的人。记者与他达成协议，到现场进行深入的采访，写出了令人震惊的《猎杀流浪者内幕》的长篇报道。

除了上述两份报纸外，时而能看到用“暗访”方式进行采访和报道的还有《共青团真理》报。《共青团真理》报的一位记者乔装打扮成巫师，开了家“巫师沙龙”，在这次体验中，他深入了解了这个行业的状况和求助者的心态，了解到俄罗斯社会当今的迷信情况。他的《我在莫斯科当巫师》的报道生动有趣，文章揭示的社会问题引人深思。此外，《大都市》报、《交谈者》报等，也有记者采用这种方式采访。

俄罗斯记者用“卧底”和“暗访”的方式进行采访的题材，都是当今俄罗斯社会存在的比较普遍和严重的社会问题，也是大众比较关注的问题。像上面列举的妓女问题、利用儿童制作黄色录像带的犯罪问题、交警乱罚款的问题、吸毒贩毒问题、国际民工问题、巫师行医和社会迷信问题以及流浪者不时被杀害的问题等。记者抓住这些问题，通过亲身经历，写出了深入的、鲜为人知的报道，不仅在社会上引起很大反响，而且引起了政府的关注。俄罗斯记者在写这类题材时，除了耳闻目睹和亲身体验的生动情节外，还深入剖析原因或者提出解决问题的建议。

此外，除了这类社会问题的题材外，还有一些比较新颖独特的体验性报道。比如日本艺妓的生活，俄罗斯一位女记者为了写出独家报道，特意去做了一夜艺妓，写出的报道很生动有趣。再比如俄罗斯人极感兴趣的关于菲律宾民间医师做手术不用任何器械，只用自己的双手的传闻，《论据与事实》报专门派出记者，不远万里赴菲律宾，在那里呆了一周，亲眼看他们给病人治病并亲身让那些医师治病，回来写出了长篇独家报道，文章也很引人入胜。

经常做这类报道的报纸，像上面提到的《论据与事实》、《莫斯科共青团》、《共青团真理》等，都是综合性报纸；而像《生意人》、《经济报》、《文化报》及政府官方报纸很少有用这类方式采写的报道。不能说其他报纸不受大众欢迎，但是发行量最大最受欢迎的报纸恰恰是《论据与事实》、《莫斯科共青团》、《共青团真理》这些报纸。其中一个原因与它们经常采写这类社会问题，特别是用亲身经历的方式来采写报道有很大关系。

用这种方式采访的俄罗斯记者，一般都是负责社会问题栏目的，对社会普遍存在的问题写出深入生动的报道，是他们的工作，而亲身体验是最好的方式，因此只要需要和有可能，他们都采取这一方法。在收入上，这些记者与其他记者没有太大差别，当然如果出国采访恐怕会有一些补助。另外，俄罗斯记者在做这些采访时，资金自然都由报社出，比如临时租一间房屋作为巫师的办公室，或者在市场上租一个临时摊位，这些费用无疑出自报社；再如远涉重洋去菲律宾采访等，昂贵的差旅费也不会是记者个人支付。而记者的人身安全一般没有问题，因为这类采访涉及的基本都是一些社会问题；即便与犯罪分子打交道，也都事先谈好了条件，只要遵守他们的条件，不会有生命危险。

俄罗斯记者的“卧底”采访有一个特点，即他们找到的协助者常常就是当事人或违法者，记者的目的是在这些人的配合下完成自己的报道，而对这些人他们一般不去触动，在文章中会隐去他们的真实姓名。这是他们能取得采访的重要条件，也是他们人身安全的条件。记者在这里的重点是揭示某一领域存在的普遍问题，而不是求得某一个具体问题的揭示和解决。

经常作这类采访的记者，在新闻界圈子内和他们的读者群里，会有一定的知名度，但在整个社会上，他们的知名度还是很有限的。

（注：本文曾刊登在2003年10月《环球时报》）

俄人眼里的中国“黑手党”

俄罗斯黑手党，无论其组织的严密，还是权势之大，以及血腥和残忍，堪与意大利黑手党相比，还有人说它已经超过了意大利黑手党。中国有没有黑手党，因多年不在国内，不是很清楚。但老毛子对中国黑手党的描述，读来令人哑然失笑——他们太有想象力了！中国即使有黑手党，也绝不是他们描述的这样。

俄罗斯媒体说，俄罗斯人所了解的中国黑手党，基本是从好莱坞的枪战功夫片中看到的。例如在《死亡武器-4》一片中展现的同香港“马匪”黑帮“三巨头”（香港最大黑手党组织）的枪战火并场面。这类影片永远是中国“马匪”（俄语黑手党мафия的音译）得胜。其次，他们还从俄罗斯的媒体上了解中国黑手党，不少人都知道，中国黑手党早就是俄罗斯犯罪团伙的一个组成部分，他们不仅在俄罗斯本土活动过，而且在香港是俄罗斯妓女的保护伞。

总的来说，中国“马匪”，在俄罗斯人眼里像所有国家的“马匪”一样，残忍，凶暴，胡作非为，掠钱无数。但他们又觉得中国“马匪”具有某种神秘色彩和几分“爱国心”；他们除了善于枪战，还有极高的武功。另外，中国

“马匪”历史源远流长，经过了两千多年的风浪，即便在近半个世纪里，都没能奈何他们一根毫毛——这样的黑手党绝不是其他国家所能比的。他们有足够的经验对付任何局面。这是中国“马匪”与其他国家“马匪”的不同之处。

中国“马匪”的形成：三个和尚的联盟

俄一家报纸称，中国“马匪”的存在至少已有2500年的历史。它的雏形可以追溯到公元前221年的秦始皇时期。那时只存在一些小的海盗团伙和贩卖奴隶的黑帮组织。后来他们决定归顺到三个名为“荷花影”的大帮会里。但那还不是现在名为“三巨头”的前身。

“马匪”三巨头的名字只是在17世纪才叫出来。1644年牧马部落出身的清朝统治者统治了中国后，抢劫和毁坏了闻名世界的少林寺艺术，僧人全部被枪杀，活下来的只有三个和尚——他们在此期间恰好外出去寻找食品，因此捡了条命。当他们寻得食品回来后，看到的是寺毁人亡，一片残迹。他们的师兄全部被杀害，尸体已经冷却。这三个和尚也就是最初的“三巨头”。

侥幸没被杀害的三个和尚打出了“替天行道，天地联盟”的口号，组织了新的秘密联盟，其战斗网络很快遍布全国。所有的店主都给他们交税。他们用这些钱为各地的起义军购置武器，反抗清统治者。

三个和尚死后，他们的继承者接过联盟的统治权，这时他们的帮会组织已经建立了无条件绝对服从的铁的纪律，其成员都必须遵守和随时准备执行任何命令。新的马匪头领在贩卖人口、海盗活动、非法淘金和敲诈中以游击战的方式躲避政府和法律，并以得来的资金补充“马匪”联盟的活动，同清政权斗争。这就是黑手党“三巨头”的来历。

中国黑手党现状

据该报称，中国香港“马匪”“三巨头”旗下早就有上千个小马匪团伙，总共有120万人。其中不少都是体格健伟的年轻人，身上文有骷髅、飞龙或眼镜蛇的图案。“三巨头”黑手党现在完全监控着全中国所有的非法商业经营。他们手里有海洛因、鸦片；他们控制着外汇黑市，从事俄罗斯和乌克兰的贩卖性奴活动，将那里的妓女运送到香港和澳门的妓院。他们做军火生意，还充当当地生意人的“保护伞”。每个月底“三巨头”都会派专人去收取“保护费”，检查你的利润额，收取总数的15%，如若不交，当天夜里店主就有可能被杀掉，或者店铺被焚烧。按期如数交纳保护费的人，可以在遇到生意上的麻烦时得到慷慨的帮助，还有可能在出现经济问题时得到优惠贷款，免费得到如何同自己的生意对手取胜的咨询，甚至所在地区有谁惹了他，还可以请“马匪”出面去摆平或收拾对方。

俄罗斯人说，中国“马匪”早已打入国家机构和警察局。但他们只能买通小官吏，高官暂时还没有路子收买，而对中央政治局成员，他们也还没有能力施加影响并打通。

中国“马匪”与警察勾结时，会请心理学家分析他们在警察系统选中的人，如果结果是此人已是执法人员中的腐败分子，才会在需要时派人将装有钞票的信封送去。在这之后，此人会被他们视为自己人。

“马匪”“三巨头”的权力一直是世袭制，即由父亲传给儿子。中国目前最大的两个黑手党世家是“14K”和“绿龙”，它们早在秦始皇执政初期就产生了。

俄中黑手党的区别

俄罗斯人认为，中国“马匪”很注意研究国家和党的政策，并且在有些方面不去触犯它。

比如，“三巨头”从来都不抢劫在中国的外国游客，因为他们知道，来中国的旅游者越多，他们收取的保护费——从礼品店和饭店里——也就越多。“三巨头”甚至努力加强中国的经济发展，把在美国贩卖毒品挣的美元都汇回国内。他们还把在欧洲敲诈中国店主的美元、在非洲走私军火、在南海抢劫的钱都弄回国去，并且不允许把钱存入瑞士。中国黑手党之所以这么做是为了自己国家的富强，所以这一点与俄罗斯的“马匪”不同，他们多少还有几分爱国心。而俄罗斯“马匪”则相反，无视国法，毫无爱国心，并把所有的黑钱都存入海外。

数年前的非典型肺炎在中国的广泛传播引起了一片惊慌。面对这一灾难，人们似乎都没有注意到中国香港黑手党的一个声明，而俄罗斯人注意到了。俄罗斯人说，那个声明的内容是，“马匪”将出资100万美元，奖励研制出抗非典药品的医生和科学家，黑手党“三巨头”之中的一个同样声音，准备资助所有进行研制抗非典疫苗的科学家，并出资建立该研究所必需的实验室。对中国的黑手党来说，这个举动似乎不符合常规，不过没有人惊奇，黑手党在自己国家的“哥们”急需时，采取类似的行动，这已经不是第一次了。

2004年

住在“陀思妥耶夫斯基街”的日子

2004年3月，普京毫无悬念地再次当选为总统。执政四年来，俄罗斯各方面情况都比他从叶利钦手中接过来时有了很大好转，特别是刚刚过去的2003年，俄罗斯经济状况喜人，经济增长速度提高，财政货币状况良好，居民收入大幅度增加，对外贸易也有很大发展，前景更加看好，已经进入经济增长的新时期。人们也对普京更增信心。当然，问题依然很多，有的还很严重，但大多数人都相信，普京的连任对解决这些问题很有利。

4月，我从莫斯科南郊搬到了北边，离花园环线不远，在莫斯科的市中心。我租住的那栋旧楼离地铁站挺近，步行也就十几分钟。楼房周围有很多高楼，空地不多，楼距不大——到底是市中心，感觉挺拥挤。一条有轨电车直达楼前，老式的，开起来丁丁当当响，每次看它驶来了又驶走了，丁当声中总有一种回到20世纪初的莫斯科的感觉。我有时坐它去上班，更多的时候步行。那天从地铁站走回家，一眼瞥见路旁边的楼上标着“陀思妥耶夫斯基街”的字样，心想，原来这次我搬到以这位俄罗斯大文豪的名字命名的街上了。

回到家和房东尤利娅谈起，她告诉我，陀思妥耶夫斯基的童年就是在这里度过的，他的全家曾住在离我们只有一街之隔的一个医院里，那套公寓早就成为大文豪的故居博物馆。“是吗？”我很惊喜，“一定要去参观。”我对尤利娅说。

陀思妥耶夫斯基的名字自然是熟悉的，像熟悉托尔斯泰和普希金那样。而他的著作，遗憾，只读过《罪与罚》和《被侮辱与被损害的》，而且还是很久以前了，上中学的时候。这两本书的情节已然记不清楚，但书中贯穿始终的绝望和宿命的悲剧气氛，一直留存在脑海中。

也真的很巧，在搬到陀思妥耶夫斯基街住下不久，还没来得及去参观他的

★陀思妥耶夫斯基塑像

故居，某个电视频道恰好开始播放电视剧《白痴》——根据他的名著《白痴》改编的。久仰这部书却未读过，天赐良机，于是每晚在家里一集接一集专心欣赏。

与陀思妥耶夫斯基故居为邻，欣赏以他的名著改编的电视剧，顿觉这位大文豪并非远在天边，而是近在咫尺，甚至心生几分激动。

10集电视剧《白痴》拍摄于2003年，此前在苏联时期，1958年拍过一部电影。电视剧忠于原著，没有大的改动；演员的表演极其精湛又不失朴实无华。原著中主要人物被表现和刻画得深刻生动，栩栩如生，在电视剧中也被出神入化地演绎出来；被称为“白痴”的梅什金公爵，他深爱的贵族美女娜斯塔霞，娜斯塔霞的丈夫罗郭仁，他们之间的关系，上流社会的虚伪、奢华，被扭曲的心灵，近乎病态的心理，都通过生动的故事、曲折的情节和令人惊悚的最后结局表现得淋漓尽致。电视剧和我读过的小说《罪与罚》和《被侮辱与被损害的》一样，也始终笼罩在灰暗绝望的氛围中。

善良的梅什金公爵单纯坦诚得像个孩子，与19世纪的俄罗斯上层社会有些格格不入，被认为没有头脑，傻瓜，他对娜斯塔霞的爱也是这样。而娜斯塔霞觉得他是这个社会唯一一个真正的人，不戴面具，善良正直，她也爱他，决定嫁给他，但在迈进教堂举行婚礼的一刹那，像鬼使神差般，娜斯塔霞却逃走了，投入了罗郭仁的怀抱，梅什金受到极大的打击。

娜斯塔霞嫁给了她并不爱的花花公子罗郭仁，最后被罗郭仁杀死在家中……电视剧那一集如此灰暗：罗郭仁带梅什金去了他家，沉重的大门打开了，死一般的寂静，幽暗的走廊像地狱般。走进屋，梅什金问罗郭仁，娜斯塔霞在哪里，他回答说就在那里，那张床上，梅什金走过去，看见娜斯塔霞卧在床上，一动不动，他明白那是一具死尸，于是浑身颤抖，问道：“你杀的？”罗郭仁点头不语。“用刀子？”罗郭仁说：“正是。”沉默了一会儿，罗郭仁突然哈哈大笑，梅什金依然在发抖……他脆弱的神经已经濒临崩溃，第二天他就完全丧失了意识，成了一个真正的“白痴”。

他爱的女人从他身边逃走了，又被杀死；他变成了白痴，余生只能在神经病院度过，而杀人犯罗郭仁被判15年流放苦役，医生鉴定，说他患有脑疾……电视剧从头至尾充满令人窒息的绝望和痛苦，最后以血腥和死亡结束。

最后一幕是公爵夫人去神经病院看望完全痴呆的梅什金。他穿着病服，目光呆滞，认不出公爵夫人。他对一切都视而不见，听而不闻，对他谩骂也好，嘲笑也好，怜悯也好，喜欢也好——他再不会明白，是不幸也是万幸，他可以活在自己的世界里，静静的，安宁的，没有痛苦，没有欢乐。

这部作品深刻反映了农奴制改革后的俄国上层社会，通过深入刻画一系列人物的心理，揭示了伦理道德等问题，人性的复杂，悲剧式的结局表明作者对社会前景的悲观，一个善良正直的人无法在这样的社会生存，更不要说去改变它，最后只有变为白痴。

看过这部电视连续剧，我去书店买了一本俄文版的《白痴》。我准备有时间再好好读读原著。

接下来的一个周六下午，我去参观了陀思妥耶夫斯基故居博物馆。

真的很近，穿过南面那条僻静的马路，走进一个很大的院子，已经看见了大文豪细长高大的塑像，立在医院主楼前的青草丛中。我径直走向那里。

这就是当年那个免费为穷人看病的医院，陀思妥耶夫斯基的父亲那时在这个医院里工作，全家住在医院侧楼的一套公寓里。他出生于1821年11月11日，从小看到的就是出入这所医院来这里看病的社会最底层的穷人，看他们如何绝望地挣扎在病痛的折磨中。他在这种环境和氛围中生活了15年，直到1828年他的父亲获得贵族称号。父亲获得贵族称号后不久，在距莫斯科不远的图拉省卡舍尔县购置了庄园后，全家才搬到那里。但童年的生活无疑在他的记忆中留下了深刻的印记，并影响着他后来的创作。

那个小男孩，后来誉满世界的大文豪，180多年前就生活在这里，在这个院子里跑来跑去，瞪着好奇的眼睛东张西望……但他的雕像……我举起手中的相机，拍了下来。

雕像是年老的陀思妥耶夫斯基，立在一块高石上，只能抬头仰望。一身灰色长袍，清癯消瘦；身体前倾，双手叠合胸前，眉头紧锁，忧思重重，额头有着深深的皱纹，长胡须上嘴角下弯，似忍受着身心的双重痛苦。他很像一个苦行僧，一个殉道士，充满悲情，与他小说的格调很相称。

陀思妥耶夫斯基的一生充满痛苦、矛盾和磨难。他最快乐的时期大概是全家居住在图拉庄园里的那段时光。森林，田野，村舍，蓝天，白云……少年陀思妥耶夫斯基陶醉在大自然的美妙风光中，流连忘返。但这段时光很快就过去了。17岁时他被送到圣彼得堡军工学校学习。

23岁时，在工程部当制图员的陀思妥耶夫斯基，完成了他的处女作《穷人》。小说以社会底层小人物的悲惨命运为主题，反映出他们身上高尚、善良和纯洁的品质。《穷人》在别林斯基主编的《祖国纪事》上发表，受到广泛好评，陀思妥耶夫斯基因此一举成名。

在作家的经历中最难忘的是经历死亡。1847年4月，他被捕了，关在彼得保罗要塞的监狱里，原因是他参加了一个革命团体小组。稍后，陀思妥耶夫斯基和其他被捕的小组成员被军事法庭判处死刑。行刑那天，当士兵举起枪瞄向他们时，突然一个宫廷侍从武官来到刑场，传达了沙皇的特赦令：陀思妥耶夫斯基及其他人由死刑改为苦役，流放西伯利亚。原来这是一场假处决，是为了在精神上摧残他们。但西伯利亚的流放却真的使他的身心受到极大的摧残。1850年圣诞节前夕，他被送往鄂姆斯克要塞服苦役。他把那里称为“死屋”，后来据此写下了《死屋手记》。他在“死屋”中度过了1500多个日夜，恶劣的环境使他神经受到严重刺激，患上了癫痫病，经常口吐白沫，四肢抽搐。这种病伴随他度过了一生。

在陀思妥耶夫斯基大量的著作中，最富有传奇色彩的是《赌徒》的写作。当时由于缺钱，他签约了这本书并让书商预支了书的稿费，却一个字也没写，直到规定交稿前的一个月，才找到一名女速记员，两个人一起创作，26天完稿。《赌徒》写完了，他也得到两个收获：他和速记员斯尼特金娜结了婚；他疯狂地迷恋上了轮盘赌，成为他笔下人物的影子，另一个赌徒。矛盾的陀思妥耶夫斯基，激情的陀思妥耶夫斯基，由此可见一斑……

望着陀思妥耶夫斯基忧伤的雕像，痛苦的面容，回想他的一生，回想刚刚看过的电视剧《白痴》，不禁心生感慨：只有经历过如此痛苦、曲折和悲惨的人生，才有可能写出这样深刻的作品。雕塑大师传神地再现了他，抓住了他的灵魂——那颗痛苦矛盾忧郁的心灵。

我在他的纪念塑像旁转了几圈，然后向医院的侧楼走去。一个很不起眼的小门，写着只有走近才能看见的“陀思妥耶夫斯基故居博物馆”的字样。

里面静静的，没有人，除了一个值班的老太太。公寓里都是一些家常物品：桌，床，椅，书柜等，还有他上学时使用过的教科书——这些东西只因陀思妥耶夫斯基使用过而变得不一般。我仔细看过一遍，15分钟，走了出来。

离开院子前，我又回头看了看陀思妥耶夫斯基的塑像，他仍在那里低头沉思，站在洒满阳光的翠绿的草丛中，他会一直站在那里，站在他小时候玩耍过的院子里，他爸爸工作过的地方……他在想什么呢？

森林湖疗养院

4月12日，我和薇拉去了森林湖疗养院，我们将在那里疗养12天。我在搬家中不慎将腰扭伤，我需要好好休息一下。此外我早就想体验一下俄罗斯的疗养院。据说森林湖疗养院以前是专为克里姆林宫官员服务的。

我们头一天先去了薇拉的别墅，在那里住了一夜。第二天一早，从那里直接去疗养院——比从莫斯科去疗养院近多了。

汽车驶入森林湖疗养院的大门，沿一条水泥铺就的林阴大道一直向前驶去，左面是一栋两层的白色楼房，那就是森林疗养院的主楼。疗养院的对面是一个圆形的喷泉，由于早春季节，还没有放水。喷泉周围有长木凳，天气暖和的时候，人们可以坐在那里休息，欣赏喷泉。疗养院的主楼呈工字形，入口处有高大的白色圆形立柱。餐厅、酒吧、游艺大厅、电影厅、游泳池、健身房、各种理疗室和疗养室、图书馆，都在这栋大房子里。工字形楼房的另一面被森林和湖水三面环绕，只有我们来的那条路是陆路。真是名不虚传：森林，湖，疗养院。

我们在一楼办理手续，年轻漂亮的接待员好奇地看着我，问：“中国

★森林湖疗养院

人？”我点点头。“我们这里从来没有来过外国人呢，告诉你的中国朋友们，欢迎他们来疗养。”她察看了预约登记，收了钱，问我们要一楼还是二楼的房间，单人间还是双人间。

春天是淡季，来疗养院的人不很多，价格比夏季便宜不少，而且房间还可以由你挑选。我和薇拉都选了一楼的单间，朝阳。接待员给了我们房间的钥匙，告诉我们放好东西后，可以到二楼的餐厅用早餐了。“不要忘记，早餐后去找你们的大夫。”我们走的时候，她又叮嘱道。

房间14平方米左右，进门是个小小的走廊，右首是厕所和浴室，左首是一个大衣柜，屋子里有彩电、冰箱，一张沙发一张床。家具比较陈旧，房间也不华丽，但干净整洁，必需的都有了，还算方便舒适吧。我匆匆把东西放在沙发上，锁好门，和薇拉一起上二楼的餐厅了。

餐厅很大，能容纳400人左右。就餐的人果然并不很多，不少餐桌都空着。每个人的座位是固定的，我们的餐桌靠窗，向窗外望去，能看见高大的树木和开始发绿的草地。每张餐桌坐四人，我们这桌暂时就我们俩。餐桌铺着红色台布，摆着鲜花和白色餐巾，服务员穿着洁白的工作服，推着小车，穿梭在餐桌间，将冒着热气的诱人食品，分送到每个桌上。

新的环境很舒适很惬意很轻松。我们坐在干净漂亮的餐厅里，欣赏着窗外的美景，等待着丰盛的早餐，真舒服啊，这就是疗养。

早餐非常丰盛，水果沙拉，浇炼乳的奶渣烘糕，牛奶咖啡，火腿肠，酸奶，面包和黄油每餐必备。此外还额外给每人加了一杯红葡萄酒，因为是复活节。

桌上还有一张明天的食谱，每个人早餐后都要定好明天的食谱。食谱第一页上写着：要合理饮食！吃饭不仅要符合自己的口味，而且要遵循科学原则：细嚼慢咽，食品多样，定点定时。一个人的健康、工作精力和寿命取决于他的饮食。不少疾病都和不善于正确饮食有关。第二页是第二天的食谱，一日三餐有四种可供挑选的套餐，并注明哪一种适合哪一类人，有肠胃病的人，还是有心脑血管病的人。疗养院做得很周到。

早餐后我立即去找自己的大夫，这是最重要的。他将安排你在疗养院期间治疗和理疗项目，确定你需要做哪些检查和检查时间。每个前来疗养的人，进入疗养院的第一天，就会指定一位大夫负责你。

我的大夫是一位45岁左右的中年妇女，很有经验，也非常和蔼耐心。当然首先还是聊了中国，因为我是这里的第一位外国人，大家都很感兴趣。

女大夫仔细询问过我的健康情况，为我做了如下安排：早晚去游泳，9时早餐后，到二楼的音乐室听音乐，放松30分钟，然后去做按摩，接下来去体操室做体操，再去做水中按摩，14时午餐，午休，下午自由活动，散步，19时晚餐。晚上有电影，有舞会，可自行选择。另外还需要做妇科检查，B超检查，肺部和骨科需要的话可以照片子。具体时间她会提前通知我。这一切除了B超检查要另付费，其余都已包含在每天的费用中，不需再付费了。薇拉的日程安排和我的差不多，只是她多了泥疗，没有水压按摩。

如此看来，每一天都安排得满满当当，没有多少空闲时间。于是午餐后我们急忙走进了疗养院后面的森林去散步，急不可待地欣赏那里的美景。

穿过疗养院主楼后那片不大的树林，就到了湖边。湖面很开阔，微波涟漪，轻轻荡漾，像一个美女静静地卧在森林边，享受着春天的阳光。沿岸向前走，湖中竟然有一大片枯黄的芦苇，在微风中轻轻摇曳。湖对岸有个小村庄，掩映在绿林中，风光秀丽，十分迷人。

我们走在用水泥方砖铺就的小路上，林中残雪还未消尽，但小草已经冒出绿芽。周围极静，偶尔闻得不知名的鸟啼和鸦噪。湖边有草搭的小棚，有伸入湖水中的小桥。空气格外清新，令人陶醉。一路也碰见三两个散步者，悠然自得，慢慢踱步，他们像我们一样，都是来这里疗养的。

晚饭后，我和薇拉又去散步。我们顺着来疗养院的那条林阴大道走去。寂静的夜晚，夜色很美。唱支歌吧，我对薇拉说。我知道她的嗓子不错。

“唱什么呢？好，唱我祖母小时候常常给我唱的那首歌吧。”她清了一下嗓子，开始唱：

少女们欢快地在林中采蘑菇，
欢快地歌唱，
这时有人喊少爷来了，
那挺拔的身影我已看见，
我赶紧躲到一棵丁香树后，
心儿怦怦跳个不住……

曲调优美，有几分忧伤，歌声飘在静静的夜色下，雪地上。

薇拉说这是一首乡村少女爱上了地主家少爷的情歌，她祖母每次唱这首歌，都禁不住掉下眼泪。“也许唱的是她自己？”我说。“也没准。”薇拉说。

薇拉祖母的爱情歌曲是20世纪初期的俄罗斯农村流行的，那肯定包含着一个非常动人的爱情故事。于是我又问：“你爷爷是东家的少爷吗？”薇拉说不是。我说，那么你祖母的爱情故事更感人了，带有悲剧的色彩。“你真会联想。”薇拉说，“我还有一个动人的爱情故事呢。”

“你自己的？讲讲。”

“我在大学读书时，我们班有一个中国留学生，他叫周大光，从上海来的，学习很好，人也谦恭有礼。我爱上他了，他也爱我。可惜，快毕业时，两国关系已经恶化，我们面临着选择，他如果娶我，就得留下来，他的家人就会受牵连，我说我可以和他去中国，他说不行，如果老婆是俄罗斯人，他照样会被怀疑是苏修特务，反正怎么也不行，只有分手一条出路。”薇拉不再说话。他们不得不分手了。“他的话很对，我想，如果我们结了婚，我们肯定都会倒霉，中国的‘文化大革命’多么残酷，国家主席都被整死了，别说周大光了。”

“你说得很对，我认识的一个老师，中国人，他夫人是俄罗斯人，他们结了婚有了孩子，可最后还是被迫分离了。这是历史造成的悲剧。”

“吉娜，你再回国的时候，能不能帮我打听打听他？”

“周大光？”

“对。我想知道他的消息。这么多年来，我一直没有忘记他。”

我知道让我去找一个只有名字的中国人，无异于大海捞针，但我还是答应了。

薇拉是我认识多年的老朋友了，她是莫斯科航空学院毕业的大学生，一场病后落下了后遗症，走路略有些跛，因此一直找不到好的工作，现在靠养老金生活。她的这段故事我还是第一次听说。

说话间我们已走到了林阴大道的尽头，再往前就是疗养院的大门了。薇拉挽住我的胳膊，我们掉转头，向回走去。夜静极了，黑黝黝的森林中不时传来猫头鹰的叫声，清冷悠长，有些瘆人，森林也因此变得更加神秘莫测。

第二天早餐后，按照女大夫的日程安排，我一一去做。音乐室在西二楼，一间30平方米左右的房间，室内飘着薄荷的清香。中央一张桌子，两边靠墙摆满了椅子，我们就坐在那里；一个角落里还有一张小桌，上面有一台收录机和一个泉水流动的盆景。屋子里基本没有光线，为的是让人们更专心地听音乐。

安静地坐好，像所有的人一样，全身放松，微闭双目。薄荷的清香，潺潺的流水，轻柔的乐曲，把我带入美妙的意境。音乐时而传来海浪声，你就像站在碧波无垠的海边，呼吸到了潮湿的海水气息；时而传来清脆的鸟鸣，你眼前会浮现出苍翠的森林，鸟儿在树上歌唱；时而像田野上的微风拂过，你会觉得你的脚下是鲜花盛开的原野，有明媚的阳光……30分钟的音乐，在心灵彻底放松之后结束了。

按摩室很漂亮，窗台上、桌上和地板上，摆满了鲜花绿草，给人一种生机勃勃的感觉。按摩师是一位30岁左右的年轻女人，她做的是西式按摩，也就是肌肉按摩。

健身房就在按摩室的对面，自带被单，铺在地板上，健身操的全部动作都是躺在地板上做的，老师在旁指导，有音乐伴奏。很累，所有的部位都活动到了。

水中按摩是在地下室。我以前没有做过，很感兴趣。做水中按摩的是个中年妇女，她让我像洗澡那样，躺在一个灌满温水的大浴盆中，然后用一个类似高压管的东西，在水中对我的身体各部位喷水，由上而下。水的力量很大，击在皮肤上，有一点麻疼的感觉。正面做完了，还要翻过身去做后背。她解释说喷出的水是加压水，力量很大，不能直接对着人，一定要在水中操作。10分钟左右，水压按摩做完了。我跨出澡盆，擦干身上，穿好衣服，感觉浑身轻松和爽快。原来这就是水中按摩！

做完所有这些理疗项目，离午餐只差30分钟。一上午就这样忙忙碌碌过去了。感觉很好，每天都将如此。两周下来，我想我会精力充沛地回到莫斯科。

第四天，我们的餐桌上有了新客人：56岁的莲娜和48岁的瓦莲季娜。莲娜在政府部门工作过，现已退休。她举止优雅，衣着得体。脸上虽然有了明显的皱纹，但身材依然苗条。瓦莲季娜是某大学的办公室主任，戴一副近视眼镜，身材粗壮，是典型的俄罗斯胖女人，但她脸如满月，白里透红，皮肤像婴儿般娇嫩。此时她一边夹起一根火腿肠，一边说："我每年都来这里休息几天，主要是呼吸新鲜空气，散步，放松。" 瓦莲季娜性格开朗，直言快语，言谈举止中有一种做领导的威严。

四个女人，话题更多了，气氛也更热烈。

"这里的饮食这么好，我吃了还会发胖。" 瓦莲季娜边说边吃，看看自己，但并没有担忧的意思，"瞧你们三位，一个比一个苗条。"

"吃点减肥药？吉娜正好有中国的减肥胶囊。"薇拉说。

瓦莲季娜叹了口气："我倒想减肥，但一减肥我就会得病。想一想，胖一点好呢，还是得病好？与其得病不如随它去。"说话间，她把自己那份早餐全部吃光，又拿了一片面包，抹上一层厚厚的黄油，还在黄油上放了一片奶酪，拿在手中像看一件艺术品那样看了看，感觉满意，津津有味地吃起来。我们看着她都笑了，薇拉说："好好吃吧，你说得对，胖总比得病强。"她自己也笑了。

饭后四个人在林间散步，闲聊，不觉间走到疗养院大门外一个小食品店里，瓦莲季娜又买了一盒酸奶，说是餐厅没有，她晚上要吃。她真的是想吃就吃，想喝就喝，根本不在乎自己的胖瘦。

回去的路上，几个人在马路上手舞足蹈，说是晚上准备去跳舞，现在要热热身。有意思的俄罗斯人，豪爽，大方，自我，随意，不在乎别人。

有一天晚上，我和薇拉去参加唱歌活动。大部分俄罗斯歌曲我都不会唱，于是做了他们的观众，坐在沙发上听他们唱。来了十几个人，都是上了年纪的老人。他们一首接一首，兴致很高。后来开始唱苏联时期的歌曲，老人们唱得更带劲了。有一首卫国战争的歌曲，唱的是士兵上前线的，旋律悲壮、激昂，我看见一个老人唱着，眼中竟闪出了泪花。歌曲将他们带到了从前，使他们想起遥远的回忆，光荣的历史和那个已经解体的国家。

在疗养院的图书馆我还借到了有关茨维塔耶娃的书，厚厚的三本，一早一晚的空闲时间，我认真地阅读了她。女诗人坎坷的经历、艰难的创作、悲惨的结局，令我震撼和感动。疗养期间，疗养院还组织大家去参观了离这里不远的柴可夫斯基故居博物馆。

我在这里还结识了不少人，有巴库来的在莫斯科做了好几年生意的萨伊特，有在医院工作的安东，还有教师达莎。我经常和他们聊天，知道了很多有趣的事。达莎让我极感兴趣，因为她的妈妈是中国人。我刚听她说时，惊讶地打量着她，还真的看出她有中国血统：头发偏黑色，皮肤不很白。她后来给我讲了她妈妈的故事，一个非常令人伤感的故事。她爸爸是苏联红军，20世纪50年代初到了中国东北，在那里认识了她的妈妈。她妈妈当时在离苏联红军驻地不远的小镇邮局工作。达莎的爸爸常去邮局寄信，认识了那位中国女孩，两人相爱结婚了。达莎的爸爸回国时，带走了自己的中国妻子。但那个女孩没想到，她一走就是三十几年，再也没有见到自己的父母。那原因人人皆知，由于两国几十年互不往来。1989年，两国僵冷的关系终于松动。达莎的妈妈办好了回国探亲的一切手续，她归心似箭，要回去看望自己的老母亲，而父亲已经在几年前去世了。在家乡的妈妈也望眼欲穿，等着自己多年不见的女儿回来。也许是太兴奋，也许是太高兴，老太太一天夜里突然心脏病发作去世了。家里人把这个悲伤的消息告诉在莫斯科正准备上火车的达莎的妈妈，没想到她在电话那边一听到这个消息，高血压猛然上升，抢救无效也去世了……听后我唏嘘不已。在历史的大悲剧下，普通人的命运那么捉摸不定。

疗养院丰盛的三餐、各种有效的理疗、清新的空气，让我得到了很好的休养。它还像一扇窗口，使我更多地看到了俄罗斯人的生活。来这里疗养的人大都是领取养老金的老年人，疗养时间长短可以任意选择，哪怕一天也可以，费用依我看不算贵，每天870卢布（约合40美元），包括了吃、住、理疗所有项目。俄罗斯经济开始复苏和发展，老百姓的生活有了明显提高，在这里看得很明显。

12天很快就过去了。临走的前一天下午，我绕着森林湖疗养院的幽径，最后一次散步。

地上湿漉漉的，空气无比清新，雨后的绿草绿树显得生机盎然。林中的小鸟，鸣叫得格外清脆。到处是被雨水冲到了柏油路上的蚯蚓，不小心会一脚踩上。一只青蛙从脚下的草丛中蹦走了，不慌不忙，倒是行者被吓了一跳。树丛中有一只蝴蝶在阳光下飞舞，黑黄相间的羽翅很漂亮，那一定是春天的第一只蝴蝶。远处有音乐声，走近，原来在湖边的大树下，有人在烧烤。音乐是从他们的汽车里传来的。临时搭起的一张长条木桌上，摆满了各种食品。三男两女正围坐在一起开怀痛饮呢。这大概是俄罗斯人的春游。

我站在湖边，看芦苇摇曳，看碧波荡漾，看对面的小村庄。我深深地吸了一口气，空气带着春雨后泥土的气息，带着青草和森林的清香，带着万物复苏的生机，深深浸入我的肺腑，浸入我的每一个细胞。我第一次感到，呼吸不仅是生命的需要，也是最好的享受。

和俄罗斯律师一起解救中国偷渡者

莫斯科。2004年夏。我像每天一样，乘地铁去上班。

从十月革命地铁站出来，眼前永远是脚步匆忙的上班族和来来往往的人流。地铁站对面是卡卢斯基广场，广场上高高矗立着列宁的全身塑像，身穿大衣的列宁不知疲倦地昂首挺胸站在那里，多少年来就这样，一直处于莫斯科的闹市中心。列宁塑像早已失去了当初塑造它的意义，对于苏联解体后一个全新的俄罗斯，它只是个历史文物，告诉人们曾经有过一个苏维埃社会主义联邦共和国。

地铁站右首是一条宽阔的大街，那就是著名的列宁大街。这名字没有改掉，和列宁塑像一样，让人们回想起过去。列宁大街和莫斯科所有的街道一样，也呈放射状，从市中心向外延伸。它从花园环线一直向西南伸展下去，像一束射线，直通到莫斯科市的西南边缘。列宁大街宽阔，笔直，是莫斯科市的主要街道之一。街道上永远车水马龙，热闹非凡。我的办公室就位于这条大街上，离地铁站只有两站地。我常常步行走过去。

保安是一个秃顶的老头，客气地打过招呼，上到三楼，左边就是我的办公室。开门进屋，刚刚把书包放在桌上，电话铃就响了。

“喂，哪一位？”

“是律师事务所吗？”是个中国人在问。

“是，我们提供律师服务。”

“我有事请你们帮忙。”那人口气挺着急的。

“什么事？你说吧。”

“你是律师？还是……”那边问道。

“我们公司聘有专门的俄罗斯律师，很专业，有十几年的工作经验，莫大毕业的高才生，你有什么事？”

“是这样，有24个中国人在斯马林斯克市被当地的警察局抓起来了，关在监狱里，已经两个多月了，其中有8名妇女，那里条件很坏，有的人健康状况很糟糕……他们的亲属托我们找人和当地警察局交涉，希望尽快把他们放回国，他们愿意交赎金……”

“你是……”

“我是莫大的学生，他们的熟人托到我这里，我想都是中国同胞，能帮就帮帮他们。”

“为什么不找大使馆呢？”

“他们不想通过大使馆解决这个问题，而是想通过俄罗斯的律师来解决。”

“那你到办公室来谈吧，我把律师也约来，下午3点怎么样？”

“好，说定了。”那边放下了电话。

3点。尤里准时来了。他急匆匆地进了门，有点上气不接下气。

“别着急，他们还没来呢。”我示意他坐下。尤里把那个走到哪儿都背着的大书包放在地板上，里面有笔记本电脑、小型打印机和录音机，这样他走到哪里都可以随时工作。

尤里中等身材，穿一身牛仔服，面孔富有朝气和同情心，第一眼就给人一种好感觉。他近40岁，已经有了丰富的律师工作经验。半年前我在报纸上看到他的广告，约他来面谈，感觉不错，于是和他建立了合作关系。后来委托他处理的几件事，他都做得很漂亮。他不仅熟知俄罗斯法律条文，有经验，敬业，勤恳，守时，处事公正，而且恪守律师的职业道德，能为自己的客户尽一切力量。这是我首先看重的一点。

“什么事情？”尤里喝了口茶，问道。

我简单告诉他有24个中国人被关在斯马林斯克的监狱中，两个多月了，需要律师交涉，放人出来。至于什么原因被抓，这些人是干什么来的，为什么在斯马林斯克被抓起来，我一概不清楚，马上会来人，向他解释这一切。

尤里边听边点头。这时有人敲门。我说：“他们来了。”

两个年轻人走进来。样子斯文，一看便知是学生。让座，倒茶，介绍他们和尤里认识，随后谈话进入了正题。

为首的小伙子姓杨，电话就是他打的，情况也主要由他介绍，他的同伴小李有时插几句话作补充。

“你尽量讲详细一些，小杨。”我说。

“行，我说不清楚的地方，麻烦你给尤里翻译一下。我的俄语还不很行。”

“没问题。”我说。

小杨讲了半个多小时，情况基本搞清楚了，大致是这样：这是一帮由蛇头组织想通过莫斯科逃往西方某个国家的偷渡者，大部分是福建人，蛇头把他们运往莫斯科后，计划让他们从莫斯科周边的小城斯摩棱斯克逃往目的地，并拿走了他们的护照。但在斯摩棱斯克他们被当地警察抓住了。想想看，24个中国人，在马路上无所事事，能不引起警察的注意吗？警察首先要看他们的护照，结果，他们当中除两个人外，其他人都没有护照。俄罗斯法律规定，警察有权随时随地检查任何人的身份证件，如果没有证件就视为违法，警察有权拘留审查。于是24个人都被关入当地的临时监狱。其中有护照的两人，罚款后可以自己出钱买机票，被遣送回国。有一个人就这样被遣送回国了，另一个人由于没有钱买票仍与他的同胞一起被关押着。也正是回国的那个人，把这些人被关押的消息带回了国，告诉了国内偷渡者的亲属。他们的亲属知道这一情况后，想找蛇头理论，把钱要回来，但蛇头早已不知去向。在没有办法的情况下，他们又凑了好多钱，派了两个人来到莫斯科，想给警察塞钱，让他们把人放出来，辗转找到小杨他们，小杨又找到了我这里。

“我前几天受他们委托去过那里一次，坐火车去的，给他们送些吃的、香烟等东西。那个监狱阴森森的，只让我们从一个很小的窗口把东西递进去，窗口露出来的是一张张苍白的面孔，有的人已经神情恍惚。据说每天只供给他们半个面包和白开水，两个多月了，他们身体状况很差，再不出来有的人可能会病倒，甚至还严重。”

“那需要我们做些什么？”尤里问。“能不能和我们一起去斯摩棱斯克，与那里的警察局谈谈，问清楚怎么可以让他们回国？需要交多少钱才能放出来？”小杨说。

尤里算了一下自己的时间，说：“大后天我没有事，后天晚上坐我的车出发，大后天一大早就可以到那里，我们立即找警察局交涉，问清情况，当天晚上就可以回莫斯科了。”

尤里开的是一辆吉普车。那天晚上他们三人8点出发，夜里12点左右就到了斯摩棱斯克。他们找了个旅店住下来，第二天直奔警察局。

警察局值班警察爱理不理，对尤里说：“中国人的事你操什么心，他们的大使馆都不管。”尤里说：“我是律师，既然他们找到我，我就要过问，也可能你们没有关押他们的理由呢。”那人打量了一下尤里，感觉莫斯科来的律师，可能不那么好对付，说：“你去找我们的头吧。二楼右拐，门上有牌子写着呢。”

走进二楼那间办公室时，那个当官的正在打电话。片刻，他放下电话，问清了来由，冷淡地说：“这事我看没有必要和你谈吧。你还是该干什么就干什么去，我也忙着呢。”说完拿起一叠文件看起来，不再理会他们。小杨他们看看尤里，正要说话，那小头目抬起头说：“请你们出去，不要妨碍我工作。”尤里看到这种情况，很气愤，说：“既然这样，我只好找你们的法院了。”三人起身要走。

那人听说尤里要去法院，顿时客气了很多。他抬起头，说你们到底想知道什么。尤里严肃地说：“我们受他们的亲人委托，想知道他们目前的状况，犯了什么法，怎么可以放出来回国。”

瓦西里耶维奇，那个小警官的名字，简要讲了一下被抓的24名中国人的情况：没有护照，属违法行为，按照俄罗斯宪法要坐监狱等等。

“已经两个多月了，还要关多久？”

“我们已经给中国大使馆写了信，要他们尽快处理这个问题，但迟迟没有回音，只好等待。”瓦西里耶维奇说。

“如果他们的亲属给他们买票，可以放他们回国吗？”尤里问。

“我们求之不得，但前提是他们得有护照，没有护照，无法遣送回国。有护照的，买好票以后通知我们，我们的警察将他们押送到机场，直接上飞机送回国。”

“如果找不到护照呢？”

“那就到中国大使馆给他们办理返乡证，有返乡证也行。”他说着从一堆文件中抽出几页纸，递给尤里，“这是所有关押人员的名字、年龄、籍贯等，可以照此去给他们到大使馆办理返乡证。”

尤里接过来。

“还有问题吗？”瓦西里耶维奇问。

“可以见见他们吗？”

“我认为没有那个必要吧。如果有东西给他们，我们一定会转交的。”

“听说他们的饮食很糟糕，只有面包和水……”

“非法在俄罗斯逗留，难道还要我们好吃好喝地款待他们？”瓦西里耶维奇盯视着尤里。但小杨和小李知道这句话其实主要是说给他们听的。

“我作为一个律师有必要提醒你，他们虽然犯了法，但归根到底他们也是受害者，组织偷渡的人才是真正的罪犯。在关押期间他们当中万一有人出了事，我想你也不会很轻松。”尤里毫不示弱。

“谢谢啦——”瓦西里耶维奇拉长了声调，语气依然冷冰冰的，并站起身来说，“那就这样吧，我等你们的消息，有了文件，买好机票，通知我们，可以从莫斯科打长途，不必非坐车跑来。”

尤里知道这次也就这样了，于是三人告辞出来。

尤里三人当天回到了莫斯科，小杨和小李立即把情况转告给当事人的亲属。我们等待他们的文件。

经常听说有偷渡者以莫斯科为跳板，再偷渡到西方。我第一次接触到这样的人，是几年前在莫斯科的国际机场。

那次是回国，在候机室等待登机，忽然有俄罗斯机场工作人员朝我们走来，问谁会说俄语。然后看着我说：“你会吧？请帮个忙。那边有几个中国人听不懂我们的问题。”我跟他们走去，看见不远处站着6个中国人——我的同胞，站在那里显得很异类，引人注目：他们个头都不高，像南方人，衣着古怪，服装颜色不协调，面部的神色最使我难堪，很难用语言来形容：愚昧，茫然，不安，强作镇静，躲闪的眼神，猥琐的举止……大概所有这些都混合在一起。机场人员的问题很简单："你们到哪里去？"回答是西班牙。"去做什么？"回答去看望朋友。"为什么不买往返机票？"6个人互相看着，没人回答。"没有往返机票你们不可以出机场，也不可以去西班牙，只能返回中国。"我把这句话告诉他们后，机场人员对我客气地说了声谢谢，示意我可以走了。那个小小的插曲，但那一小群人的尴尬表情，茫然的眼神，至今留在我的脑海里，挥之不去。我真为他们感到羞耻和脸红，我的同胞居然是这样……

还有人给我描绘过偷渡者最后一刻的经历，惊险之极，冒着生命的危险。讲的人信誓旦旦，说是千真万确。听者自然无法考证其真实性，于是既不敢肯定，也无法否认。那种偷渡方式是直接从边界线的这边逃往那边，中间是一片开阔地，蛇头将偷渡者带到事先选好的地点，避开边界巡逻兵，时间都定在夜里，一群人在黑暗中等待，听见有人喊一声"跑啊"，顿时几十个人撒开腿就向前跑，跑过去就算大功告成，那边是一个充满诱惑力的世界，能挣大钱的地方，是偷渡者憧憬的天堂，是他们认为值得冒生命危险于不顾的。但如果万一碰上巡逻兵，那就看谁的命大了。也有被打死在边界上的，就在逃往天堂之路上，离边界只有几步之遥。和他们比起来，在斯摩棱斯克被抓的偷渡者，只是做了一场美梦，之后又坐了几个月的监狱，没有丢掉性命，还算是幸运。

一个星期之后，小杨打来电话，说有11个人的护照找到了，让尤里和斯摩棱斯克警察局联系，他们的亲属想给他们买5天后的飞机票回国。

5天之后，我们拿着买好的机票，等候在莫斯科国际机场。不多时，斯摩棱斯克的警车也到了。11个面色苍白表情木然的中国人走下车，在警察的押送下进了候机厅，所有的乘客都用异样的目光看着他们。我也看着他们，心中说不出是什么滋味。他们坐了三个月的监狱，今天总算要回国了。比起剩下的14个人来说，运气好多了。

其余的人还得在监狱中苦熬。他们何时才能返回祖国呢？

剩下的12个人仍然在监狱中过着每天只有面包和水的生活。最后一次去给他们送东西时，小杨已发觉有的人神情恍惚。长达近半年的囚徒生活，已使他们身心交瘁。他们已不再做天堂的美梦，而是度日如年，归心似箭，等待着被遣送回国。不久前不惜一切代价想逃离的故乡，如今却那么企盼和渴望回去。斯摩棱斯克的警察也着急起来，他们想尽快了结此案，想在新年前把他们全部遣送回中国。他们开始不断地给尤里打电话，让尤里催促那些人的亲友尽快给他们办文件买机票。

"为什么一开始他们不积极呢？扣住人，好像根本不愿意解决这个问题？"我问尤里。

“想从中捞取好处，想要钱。记得第一个被遣送回国的人吧？那人有护照，给了他们好处费2000美元，才很快就被送回国了。其实不给钱，按法律规定就应该遣送回国。”

“后来的人都没给他们钱吗？”我问。

“没有，律师一插手，特别是俄罗斯的律师，莫斯科来的，他们害怕，就是想讹钱也不敢了，那是明显的渎职罪。如果不找俄罗斯律师，是中国人自己去解决，至少每个人得花上好几百美元，甚至上千也说不定，俄罗斯的警察以职谋钱，搞敲诈是有名的，特别是对外国人。”“这一点每个中国人都有深切的体会，别说没有护照，就是一切都合法，警察也会想出办法敲诈你。”我说。

终于，在新年前夕，又有了消息，他们当中的9个人可以回国了，他们的返乡证办好了。

和上次一样，小杨他们买好了9张飞机票，通知斯摩棱斯克警察局，约好了时间，在机场等候，看着他们被押送上飞机……

还剩3个人了。这3个人只好在异国他乡的监狱中度过新年。

新年前夕，我们在办公室举办了小小的迎新宴会。我的几个雇员——罗莎和克里亚，还有尤里和会计，围坐在一起，举杯相互祝愿。突然间我想起了那3个人，此时此刻，还在监狱中的他们，有着怎样的心情！

新年过后，斯摩棱斯克的警察又开始催促尤里，尤里把电话打给我。我只好如实相告：这3个人不是福建人，因此没有人再管这件事了。没人给他们办理返乡证，没人给他们筹钱买机票，因此最后的3个人究竟如何，我也不知道该怎么办。

尤里把我说的话转告给斯摩棱斯克警察局。过了不久，尤里打来电话，说剩余的3个明天将全部遣返回国。我很诧异，问是谁给他们办理的回乡证和出钱买的机票。尤里说是那些警察实在等得不耐烦了，用国家的遣返费给他们买了机票。俄罗斯政府专门有这样的费用，他们只是在迫不得已时才使用。最后被遣返的这几个人付出了多坐几个月监狱的代价，省下了一笔回国的机票费。是有幸还是不幸？不得而知。但归根到底，能活着回国见到自己的亲人，确实还是万幸的。

别斯兰悲歌

就在我们忙着解救被关押在斯摩棱斯克的24名中国偷渡者时，俄罗斯却发生了一场最为严重的悲剧：9月1日，开学的第一天，车臣武装分子袭击了北奥塞梯共和国别斯兰的一所学校，挟持了一千多名人质。武装分子要求俄罗斯政府释放在6月的袭击中逮捕的数十名车臣武装人员，并将俄罗斯部队撤出车臣。一些挟持人质的武装分子身上绑有炸弹，他们随时会做出自杀性爆炸袭击，杀害无辜，造成惨案。

车臣恐怖分子的活动一直就没有停止过。2002年在莫斯科剧院的人质事件人们还记忆犹新，现在他们又制造了这起最大的恐怖事件，而且在这期间，还在莫斯科和其他地方制造了多起恐怖事件，使不少百姓丧命。而这一次，在远离莫斯科的地方，选择一所中学，在开学的第一天，突然冲进学校，将全校教师和学生绑架为人质，谁也没有料到。被绑架的人数之多也实属罕见。据报被绑架的人质有1200人，其中70％为学生。

全俄罗斯，全世界都被这一次的劫持人质事件所震惊。

俄罗斯立即出动特种部队进行抢救。那是惊心动魄的三天三夜。具体的抢救人质过程、细节、激战，当时的媒体已有详尽的大量的报道，我不再重述。9月3日，三昼夜激战后，终于将绑匪全部击毙，解救出尚且活着的人质。人质中有大批死亡，据报有338人，其中有186名儿童。别斯兰惨案堪称俄罗斯恐怖事件中最大的悲剧！

那些日子俄罗斯电视台天天报道，每一个莫斯科人的心情都无比沉重。电视上的画面，硝烟战火，被救出的浑身鲜血表情木然的人质，特别是校内那一大片人质尸体——很多无辜孩子的尸体，令人惨不忍睹。

各国领导人纷纷谴责绑匪，对死难者表示哀悼。中国领导人胡锦涛也发去了慰问唁电。

生还者，特别是那些中学生，被劫持的恐怖日夜一直会留在他们幼小的记忆中。9月5日，别斯兰中学开学了，很多学生甚至无法再迈入他们熟悉的校园，他们的许多好朋友、同学，刚刚在几天前，在这里，被恐怖分子杀害了。

别斯兰事件在俄罗斯人伤痕累累的心头，又添上了一道最深的伤疤。每年的9月1日，这个本应该像节日一样的开学第一天，带给俄罗斯学生的首先就是深深的哀伤。

2005年

盛大的节日：反法西斯胜利60周年

5月，俄罗斯人即将迎来反法西斯胜利纪念日。今年的纪念日不同于往年，今年是一个大庆，是60周年纪念日。

纪念庆典我们在家看的电视，在比特采夫新租来的居室中。

节日的红场多姿多彩，空中一艘悬挂着红旗的飞艇缓缓飞过，红旗上“胜利”两个大字很醒目，红场边的历史博物馆外墙上悬挂有当年指挥卫国战争的数位元帅的画像。

上午10时，盛大的典礼开始。普京总统讲话。他回顾了过去，肯定了卫国战争中苏联红军和人民做出的伟大贡献，对俄罗斯前景表示了极大的信心，他说俄罗斯一定能够将自己的国家建设成一个强国，俄罗斯已经在迈入世界发达国家之列。普京讲话后，军乐队奏国歌，礼炮齐鸣，盛大的阅兵式拉开序幕。阅兵式分为两部分：历史和现代。各兵种部队的一组组方阵迈着整齐有力的步伐一一从红场通过，气势震撼，场面浩大，展现了俄罗斯武装力量的风貌。最后还进行了空中飞行表演，战斗机从红场上空飞过，喷出俄罗斯国旗造型的白、蓝、红三色烟雾，蔚为壮观。

我看着电视中的阅兵式，回想起十年前反法西斯胜利50周年的纪念日，那时的俄罗斯正处于严重的经济危机和社会动荡之中，那一天我去了红场，人们虽然也沉浸在节日的气氛中，但他们心头的阴影不会抹去。今天与当年相比，确实大不一样，这从人们的脸上就可以读出来。俄罗斯开始振兴了。

当晚8时，全国默哀一分钟，舒曼音乐伴奏，纪念在反法西斯斗争中献出生命的人。随后演奏颂歌《献给那些伟大的年代》。之后红场举行了纪念反法西斯胜利60周年的大型历史剧的演出，那台演出气势恢弘，技艺精湛，情节编排独特，非常引人入胜。我和阿雷看后都赞叹不已。

为庆祝这一盛大的节日，莫斯科独立电视台增加了“胜利的诞生”节目，其中有一次是采访现任总统普京。在采访中普京讲述了他父母在卫国战争期间的遭遇：父亲在涅瓦大街某个地方受重伤后，被送到列宁格勒野战医院医治，母亲经常去医院照料他，两人共吃父亲的病号饭，事实上，父亲把自己的那份饭全让给母亲吃了。如果不是这样，母亲未必能活下来，未必能渡过封锁期间艰难的日子。医护人员很快发现了这件事，他们不让母亲再来探视父亲。但是父亲不放心妻子。有一天他请假回家去了，结果当他到家时，发现丧葬人员正在从居民楼里向外抬尸体，在尸体中他发现了母亲，她还活着，只是失去了知觉。父亲扑向母亲，不让丧葬人员把她抬走，他们对父亲说，她不可能再醒来了，但父亲强迫他们将妻子抬回了家，经过悉心照料，终于使她活了过来。

普京在战后7年，即1952年出生。战争夺走了他的姥姥和哥哥的生命，父母家至少有一半人不幸去世。这个节日对普京，当然也是对所有的俄罗斯人，具有非常重要的意义。正是因为在战争中所有的家庭、社会、国家的相互帮助，才使苏联人民最终战胜了法西斯，取得了卫国战争的胜利。

为纪念反法西斯胜利，俄罗斯政府付出了巨大的财力物力人力，迎来近60个国家元首和领导人参加莫斯科庆典活动，中国胡锦涛主席前往。全市各处挂起5万面彩旗，张贴了200多条横幅标语、3000多张纪念画，装饰了200多公里长的彩灯。在胜利广场一侧增加了15座铜制纪念碑，形似华表，上面刻着苏联主要参战和后勤部队的名称。还有100辆公交车将披挂着胜利纪念的宣传画和标

★红场纪念反法西斯胜利

语穿梭于大街小巷。为准备此次庆典，俄政府共花费60亿卢布（约28卢布合1美元）。

俄罗斯“80后”：莫大学生娜佳

娜佳来我的公司做兼职翻译，是在2004年。那时她在莫斯科大学中文系读四年级。她告诉我，她是从新西伯利亚考来，三个月前刚刚生了一个儿子，丈夫是她的同班同学。他们租了一套公寓住，每月房租就要500美元，还要交学费，养儿子。因此她特别需要工作。我恍然大悟：难怪她的身材异常丰满。

娜佳圆脸大眼，皮肤不很白，但很有光彩，笑起来现出两个酒窝。她的中文说得不错，发音也挺准。我知道莫斯科四年级的大学生业余时间工作是很普遍的，特别是学外语的学生，不仅可以挣一些学费，而且可以实践语言，那是毕业后找一个好工作的必要准备。但娜佳还要喂养儿子，她有时间吗？“我妈妈从西伯利亚来莫斯科帮我了。当然，如果你的工作可以在家里完成，最好了，我儿子还要喂奶……我家里有电脑，我会按时完成，复制在软盘上交给你。”她期待地看着我说。

我桌头已经堆了很多文件，需要尽快译成俄文，只要及时准确译好就行，无所谓在哪里，因此我答应了。我们很快谈妥了条件，然后我把一大堆文件交给她。这些文件全部是中国保健品方面的，涉及中医中药，很专业。娜佳麻利地把所有的文件翻看了一遍，提了几个问题，穿上大衣，兴冲冲地走了，像一阵风。

这女孩干脆利落，挺能干，这是我对她的第一印象。就不知道她翻译水平如何。那些文件并非人人都能译好。

一个星期后，娜佳又出现在办公室，依然是风风火火的样子。

她进屋后，脱去外衣，从书包中拿出一个软盘，插到我的电脑上，打开，20份文件全部译完了，她让我一一过目，时不时对有疑问的地方还确认一下，是否译得准确。我仔细看过那些译文，只有几处理解有误——都是很难译的地方，大部分都不错，准确，而且更地道。我很高兴，说“译得不错，也挺快的”。娜佳脸上也露出笑容，说那就好，我回家全部打印出来，明天送给你。她很快收拾好文件，放进书包，说了声“再见”匆匆走了。

来去匆匆，也难怪，又要读书，又要养儿子，还得工作，真不容易。

果然，第二天下午，她把全部打印好的文件送给了我，又按照俄罗斯卫生部对保健食品报批的要求，把所有的文件一份一份整理好，按顺序摞在一起，放到硬纸壳的公文袋中，然后在封面用铅笔写上产品的名称和还需准备的文件。做这些事时，娜佳不仅迅速敏捷，而且井井有条，一丝不苟。那一堆文件在她手中，一下子就搞得有条有理。我不由赞叹地说："你做事真利索。"她说："我就是这样的性格，要做就做好，不然就别做。"其实我也是这样，我发现我们还挺对脾气。

娜佳经常来去匆匆，我们很快就熟悉了，有时也坐在一起聊聊天。娜佳说，她的同班同学丈夫是莫斯科人，和她同岁，都才21岁。娜佳和他恋爱了半年就有了孩子，然后就结了婚。俄罗斯年轻人结婚草率，离婚率很高，这么年轻就结婚生孩子，他们的婚姻能维系多久？我很怀疑。娜佳还说，柯斯佳，那是她丈夫的名字，算不上好学生，他的中文水平比娜佳差远了。他根本就不用功读书。"因为他并不十分喜欢中文，不像我。"柯斯佳也在边读书边工作，在莫斯科一家有名的法国超市打工，月工资800美元。"那么多工资，还需要你这么辛苦再挣钱？"我不禁问道。"下个月他就不工作了，所以我还得工作。"娜佳说。

有一天，娜佳和一个年轻人一块来了，"这是我的丈夫柯斯佳。"娜佳对我介绍道，"我妈妈要带小家伙回西伯利亚，需要我送他们回去，这段时间我不能为你工作，和柯斯佳商量过，他答应代替我。"

柯斯佳，瘦高个，戴一副眼镜，显得很文静。他对我点点头说："吉娜，你放心，食品检验所的事我和你去跑。"我和娜佳约好了下周一起去食品检验所办一个文件，现在要和柯斯佳一起去了。

那天早上，我到了约好的地点，在距莫斯科食品检验所最近的地铁站里，柯斯佳如期而至，没让我等。我觉得这小伙子挺有责任心。路上我和柯斯佳闲聊，他很少说中文，说了几句也确实词不达意，娜佳和他的中文水平还真的不是一个档次。但小伙子规规矩矩，待人诚恳，还是博得了我的好感。我想，娜佳运气还不错，找了一个好丈夫。

娜佳很快就从西伯利亚回来了，一切照旧。她经常来我这里拿走文件，回家翻译好，然后送来。有时我会问娜佳："柯斯佳还好吧？"娜佳也只淡淡地说上一句"还好"。"你丈夫人不错。"我接上一句，娜佳回一句"是吗？"这个话题就到此为止了。

一天，娜佳问我想不想去听一个音乐会，"是摇滚乐，去的都是年轻人，很多大学生，你不是一直对俄罗斯大学生很感兴趣吗？去看看他们的业余生活"。

娜佳是俄罗斯80后。和她在一起，让我常常想起我在苏联留学时看到的一幕：1990年夏天，红场，一群新入队的小学生在无名烈士墓前宣誓，一个个花朵般的面孔，严肃认真。那时的娜佳就是那么大。那一代人后来经历了国家解体，动乱，贫困，恐怖，他们是在国家经历沧桑之变中长大的一代。我确实很想了解他们，想知道他们如何生活、学习，如何看待国家的前途和历史。

音乐会在清水塘附近的一个小餐馆举行。我们到达时里面已经挤满了人，都是二十出头的年轻人，座位早就没有了，很多人席地而坐。片刻，乐队登场了。4个红棕肤色的健壮小伙带着他们的乐器，站在台上。他们好像是斯里兰卡人，个个充满活力，精神饱满，长长的头发披散在脑后，刚劲中显出几分柔和。随即铿锵有力的乐器敲击起来，很有节奏，一股震撼人心的声音冲击着你的耳膜，弥漫在整个大厅里。

室内除了震耳欲聋的音乐，还飘荡着浓浓的烟雾——大厅里很多年轻人在抽烟。乐声中坐在我们前面地上的人群中，有两个女孩突然扔掉了烟，伸出长长的胳膊，在空中随着音乐挥舞，脸上的表情梦幻般不可思议，完全像是着了魔。左边还有一个女孩站起来，如鹤立鸡群，跟着音乐在那巴掌大的地上扭动身躯。斯里兰卡人的敲击乐，好像富有魔力，使她不由自主地和节拍合二为一，晃啊扭啊，不能停下来。而烟雾中的其他人，也都似睡似醒，随着音乐或摇头，或击掌，深深沉醉在音乐中。

俄罗斯的年轻人如此痴迷于打击乐，真是我没有想到的。我被烟熏得头晕，也被激昂的打击乐吵得受不了，我问娜佳想不想出去呆会儿，她说好的，于是我们走出烟雾弥漫鼓乐飞扬的大厅，在街角处的一家咖啡店要了两杯咖啡。

“那个女孩，就是站起来跳舞的那个，是我们学校的，旁边那个男孩是她的第四任男朋友。”娜佳说。

“是吗？她有这么多男朋友？每个大学男生都有女朋友吧？当然不一定是四个。”我问。

“男孩子都有女朋友。没有女朋友的，按中国话说就是有病，不正常。”

“他们也经常换朋友？像那个女孩？”

“那倒不是。那个女孩是个很疯的女生，现在他们还在玩一种游戏，叫做换妻，就是已经结了婚的，或是没结婚但准备结婚的，双方交换女友或妻子，他们觉得很好玩，很刺激，就像今天的打击乐一样。”娜佳说。

我没有想到莫斯科的大学生如此开放，早婚，早恋，换妻。片刻，我换了话题：“那么现在的大学生最大的愿望是什么？”

“女孩子最大的愿望是找个有钱的丈夫，哪怕是个老头都行，只要有钱；男孩子，他们想有个体面的工作，能挣钱的工作，有钱就会有一切，房子、汽车、漂亮的老婆，还有可以不断地换老婆。”

“你说得太夸张了吧？”我笑着说。

“一点也不夸张，没看见我们国家的那些政治家，一个个都做爷爷了，可都在娶小老婆，一个比一个年轻，比他们的孩子都小。”

确实是这样，对此俄罗斯媒体时有曝光，俄罗斯是个婚姻最不稳定的国家，离婚再娶，对男人来说司空见惯。

转眼就到了三八节。在俄罗斯这可是个很重要的节日。

那天我让罗莎（公司文秘）买了蛋糕和香槟酒，约了几位女士来办公室坐坐，以示庆祝我们自己的节日。人陆续都到了，就差娜佳了。她是最后一个赶来的，神色显得异常疲倦，坐下后不停地抽烟，心事重重，话很少。罗莎给她倒了一杯香槟酒，她一饮而尽。罗莎问："儿子还好吧？还跟着姥姥在西伯利亚？"没想到这一问，娜佳突然用手捂着脸，伏在桌上，失声哭了起来。我们面面相觑，不知怎么回事。"柯斯佳要和我离婚，这就是他送给我的节日礼物……他这么狠心，儿子还那么小，他就不要他了……"娜佳抬起头，眼泪不住地滴落下来。

娜佳和柯斯佳结婚时，柯斯佳的家人就不同意，但那时柯斯佳很坚决，他爱娜佳，娜佳已经有了他的孩子，他不顾家人的反对，和娜佳结了婚。娜佳生孩子后，娜佳的母亲来照顾她，柯斯佳觉得住在这里很不方便，就回自己家住了。他们谁也没有想到，柯斯佳不会再回来了。那个时期，他有时来看看娜佳，但从不过夜，更多的只是在课堂上见面。渐渐地娜佳发现，柯斯佳回自己家后，似乎变了一个人，不关心她，也不关心他的儿子，经济上几乎不给娜佳任何帮助，娜佳主要靠父母的资助和自己的辛勤工作，才得以支撑住房、上学、养儿子的不菲的经济开销。娜佳心里越来越不安，他不知道柯斯佳在想什么。

后来妈妈带着娜佳的儿子走了，但是柯斯佳仍然没有回来的意思。一天晚上下课后，娜佳把柯斯佳叫回来，他们发生了激烈的争吵，柯斯佳扬言根本就不爱她，娜佳说那你也不爱你的儿子？他说那是你的错，还说是娜佳引诱了他，才有了儿子，后果应该由娜佳承担。"你看看你的样子，胖得像个老大妈，我打赌再没有任何男人能看上你。"这是柯斯佳最刺激娜佳的一句话。柯斯佳走了，娜佳气得一夜睡不着觉，她没想到柯斯佳如此绝情。第二天晚上，她把班里的亚沙叫到家里，她要和他睡觉，夜里12点时，娜佳用手机拨通了柯斯佳的电话，让亚沙和他说话，柯斯佳非常奇怪，说怎么是你？亚沙？娜佳呢？亚沙说，娜佳在睡觉。柯斯佳一下就把电话挂了。

娜佳只是想气气柯斯佳，她还希望和柯斯佳和好，但她这样做的结果适得其反。至此，娜佳和柯斯佳两人心里都明白，他们的婚姻将不复存在。

娜佳和我们说这些时，语气已经变得非常平静，就像在讲述别人而不是她自己。莫斯科80后年轻人的婚姻让我感到意外，开始和结束如此短暂。只是他们的小儿子挺可怜，从小就没有了父亲。娜佳说她再不想结婚成家了，一次就够了。她已经有了那么可爱的儿子，她要把他培养成人。

三个月后，娜佳毕业了。她被一所大学聘用，做中文老师。娜佳对自己能被大学聘用很满意，虽然工资比在公司工作低多了，但其他条件很好，可以贷款买房，条件很优惠，还有医保和养老金。

再次遇见娜佳，是一年后，在地铁里，娜佳还是那么匆忙，刚刚下班往家赶。她瘦了些，但很精神。她告诉我，她在父母的帮助下已经在莫斯科买房了，母亲带着儿子也来到莫斯科，和她住在一起。大学的工作很顺利，还不时有机会去中国。“与柯斯佳还有联系吗？”“儿子前些时候过了周岁生日，那天他发了一封短信祝贺。仅此而已。我现在过得挺幸福，妈妈和儿子都在我身边。”娜佳说这话时，脸上现出发自内心的微笑。

2006年

赤塔——离中国最近的俄罗斯城市

2006年6月去了赤塔。6月的赤塔，给人的第一印象是翠绿、干净、凉爽和阳光。整齐的街道，小巧的建筑，规模不大但品种繁多的商亭，穿着得体的行人，都给人一种平和轻松的感觉；此外还有随处可见的建筑工地，也让人感到这是一个正在蓬勃发展的都市。赤塔市——这个后贝加尔边疆区政府所在地，远东西伯利亚的小城，沙皇和斯大林时期的政治犯流放地，它没有莫斯科的宏伟气势、喧嚣热闹和咄咄逼人，也全然不见昔日流放地的荒凉冷漠，有的是边远小城特有的淳朴和乡土气息，恬静舒适和正在建设发展中的欣欣向荣景象。在大城市呆久了，走在赤塔市洁净的马路上，看缀满白色花朵的苹果树，有着另一番情趣和感受。

据俄罗斯历史学家考证，在17世纪中叶，俄罗斯人来到这个地区。1653年秋，哥萨克士兵的首领彼得·别克托夫在这里盖起了过冬的房屋。这几座简陋的房屋，就是赤塔市的雏形，而彼得·别克托夫被认为是赤塔市的奠基者。

★赤塔艺术品

"赤塔"一词不是俄文，它的确切含义至今仍是个谜。1711年赤塔被改建成小城堡，建起了一个小村寨。小城堡逐步发展，到1823年成为州中心。1812年，沙皇将十二月党人流放到这里，从那时起，赤塔才逐步发展成为一个城市。有文字记载，1851年这里仅有居民659人，1852年755人，

★孩子们在参观十二月党人博物馆

1863年3410人。当时的赤塔就是个大村镇，有很多木屋，镇中心有一条尘土飞扬的土路。1851年尼古拉一世颁布命令，成立了以赤塔为中心的后贝加尔区，并建立了哥萨克部队。

1920年4月成立了远东共和国，赤塔是其首都。赤塔市波利洛—欧西别克街头的一座美丽的三层小楼，就是当年远东共和国政府的所在地，它是西伯利亚有名的商人弗托罗夫建造的。1922年远东共和国加入苏联的俄罗斯联邦。

赤塔州正式成立是在1937年苏联时期。赤塔是州首府，30多万人口。卫国战争后，赤塔市有了一个比较大的发展，建立了大学、图书馆、医院和各种轻工业企业。

目前，赤塔市已成为后贝加尔地区的政治文化经济中心，有三十多万居民，市里有7所大学、4个博物馆、普希金图书馆、各种企业和食品厂以及西伯利亚最大的毛纺厂，郊区还有矿泉水疗养院等。市内新建了许多商厦，许多居民住宅楼也在兴建之中。

赤塔市中心有宽阔的列宁广场，列宁大街由东向西从广场中间穿过。广场上至今仍高高耸立着列宁塑像。身穿西服的列宁，神情庄重地注视着列宁大街，几十年如一日。列宁塑像的后面是修剪整齐的灌木，广场的另一头，在列宁塑像的对面，有几个小喷泉，喷泉后面是州政府大楼。值得一提的是，几年前这个城里还没有一个体面的广场，眼前的这个广场是两年前由中国人承包刚刚修建好的，广场上的每一块绿色方砖上都写着中文……

在赤塔市街头，即使在市中心，仍不时可以看到一个半世纪前的小木屋，在离市中心偏远的地方，这种小木屋一个接一个，连成了一片。小木屋自然全部为木结构，或一层，或两层，有的粉刷一新，有的历经沧桑，木墙已经变得黝黑，窄小的窗户窥视着过往行人，窗户上方雕刻着古朴的花纹。有的木屋旁盖起了很现代的楼房，历经风霜的简陋木屋和漂亮的新建筑，正体现了古风与现代的交融。

赤塔市中心虽远远比不上莫斯科那般宏伟和繁华，但街道旁鳞次栉比的商亭，商亭中琳琅满目的商品，街上行人甚至比莫斯科人还要时髦得体的穿戴，以及气派的剧院、图书馆等建筑，已然让你感到这个小城的日益繁荣。赤塔人的生活说不上奢华，但那份悠闲自在却是莫斯科人所没有的。

赤塔州资源丰富，风景秀丽。它坐落在起伏的山峦之间，英格达河和赤塔河流经市区，郊外有最大的牧场和大片的森林，地下有丰富的矿泉水和矿藏。赤塔市的奶制品以优质著称。我们多次在街头买了冰淇淋品尝，奶味浓郁、甜美、纯正，甚于莫斯科的冰糕。

赤塔市最闻名和值得一看的地方，是十二月党人博物馆。那是为纪念当年被沙皇流放到这里的十二月党人而建立的。

博物馆其实是一个木建筑的旧教堂，位于赤塔市旧城区的边缘。我和阿雷（我先生）决定步行，穿过市区走到那里。

教堂名为米哈伊尔，建于1710年前。那座不大的尖顶木建筑，看上去更像一个朴实无华的乡村小教堂。教堂的三个顶是绿色的，恰和四周浅绿色的围栏相配。顶上耸立着东正教十字架，在阳光下闪烁。

当年十二月党人的监狱，就散落在教堂周围的26个木屋中。而这个教堂是他们那时唯一能够经常自由出入的地方。85位被从圣彼得堡流放到这里的十二月党人（其中有11位女性），从1812年至1830年，在这里度过了他们最宝贵的青春年华。他们在这里没有自暴自弃，依然保持着尊严和乐观，生活过得井井有条。他们互相帮助，互相鼓励，俨然像是一个充满友谊的大家庭。

其实，正是十二月党人给赤塔市带来了大都市的文明、文化和科学，为赤塔市的发展奠定了基础，做出了贡献。赤塔市的旧城区，就是根据十二月党人扎瓦利申设计的规划图建成的。所以说，赤塔真正开始发展成为一个城市，是在十二月党人来到之后。

如今，他们当年住过的那些木屋早就拆毁了，只留下这座教堂，后来改为十二月党人博物馆。这座经历了几百年沧桑的建筑物，不仅是对反对沙皇专制起义者的十二月党人的永久纪念，也是那段历史的最好见证。

我们走进博物馆，恰好一群孩子在那里参观，接受历史和爱国传统教育。讲解员正在为他们讲解。有的孩子在好奇地看着我们。

博物馆共两层，一层展示了十二月党人1812年起义失败的大幅油画，画面上沙皇正在对十二月党人作宣判。另一幅画上标示着从圣彼得堡到赤塔的路线，那是一条非常遥远漫长的路途，当年那些被流放者是被押送着徒步从圣彼得堡走到赤塔的，一路上的艰辛劳苦可以想象。此外，一层还陈列着能够搜集到的十二月党人的照片、日常用品、衣物、书籍、书信等文物。二层展有他们的书信，在犯人脸上做印迹的铁模具，普希金写给十二月党人的诗歌等文物。大厅还辟出一块20多平方米的地方，专门纪念11位女流放者，墙上挂着她们的照片，在一个小桌子的抽屉里，整齐地放着她们当年写给莫斯科和圣彼得堡的亲人和孩子们的一封封亲笔信。就在这个教堂里，十二月党人还举行过婚礼，用石头雕刻的结婚证书摆在大厅的中央……

十二月党人是赤塔人的骄傲。

赤塔是俄罗斯离中国最近的州级城市之一，也是两国交往必经的铁路要道。随着中俄两国交往的日益深入，赤塔和中国的往来也更加频繁。也正因为如此，这里的教育对中文教学十分重视。阿雷就是当地师范大学专门聘请来的中文教授。

国立师范大学看上去不很起眼，几栋橘黄色的四层楼房，但它成立于20世纪30年代，是当地最早的一所大学，而它的中文系尤为有名，不仅在后贝加尔，而且在全俄罗斯。这里甚至有专程从莫斯科和俄罗斯其他城市来学习中文的学生。他们认为远东这个城市的师范大学中文教学水平会更高。

师范大学的外语系有英语、法语、德语、日语等专业，但最热门的当数中文。据阿雷的学生们说，中文系毕业的学生好找工作，工资也高。问起他们毕业后有何打算，不少人都说最大的愿望是去中国工作。此外，经济大学、工业大学都设有中文课，就连当地的一些中小学也教授中文。

那天我们在五一广场散步，一名俄罗斯中年妇女上前和我们攀谈。得知我们是中国人时，立即把她站在喷泉边上的女儿叫了过来。12岁的女孩金发碧眼，戴眼镜。女孩见了我们用地道的中文问了好。交谈中我们得知，她女儿学中文好几年了，不久还要利用暑假带女儿去天津某大学学习中文。我很诧异：“这么小的孩子去大学学中文？”“让孩子熟练掌握中文是我们全家最大的愿望，也是女儿的愿望。天津有我的朋友，是个教中文的老师，我专门请假带女儿去朋友那里学一个月的中文，吃住都在我的朋友家。”这时那个女孩也插进来说：“我是第二次去中国。我喜欢中国。”原来她在一年前已经在哈尔滨市住过一个月，眼下的天津之行已经是第二次了。“祝你天津之行成功，愉快！”分别时我摆摆手，对她们母女说。

刘少奇远在异国的亲人——采访刘少奇长孙夫妇

7月，炎热的夏天，我回到了莫斯科，采访了刘少奇长孙阿辽莎夫妇。

我是前年同他们夫妇认识的，在一个朋友那里。当听说阿辽莎是刘少奇远在异国的长孙时，我很惊讶：在俄罗斯学习和工作了十几年，居然从未听说过刘少奇在这里还有亲人。我当时就表示想采访他们。心直口快的冬妮娅不假思索就答应了，阿辽莎却显得很持重，没有明确表态。后来不是我忙就是他们

★刘少奇长孙夫妇

忙，阴差阳错，拖到了现在。几天前当我再一次打电话给他们时，终于约好了见面的时间。

这是一张“似曾相识”的面孔。尽管我知道，坐在面前的是一个俄罗斯人，可他黄色的皮肤、严肃的双眼和嘴角边流露出的神情，还是让我依稀找到了已故国家主席刘少奇的影子。是的，这个名叫“阿廖沙”的俄罗斯男人，身上流淌着刘少奇1/4的血脉，是刘少奇远在异国的长孙。他怎么会在俄罗斯？为什么很少有人知道他的“存在”？他有着什么样的生活经历？这都是我很想知道的。

按照阿辽莎夫人冬妮娅告诉我的地址，来到那个叫做沙广场的地方，下车后用手机拨通了冬妮娅的电话，告诉她我已经在汽车站等她了。

沙广场在莫斯科北部，离市中心不算很远，但离地铁站也不近，因此显得挺清静。周围坐落着不少高层居民楼，沿街有几家食品店和水果铺面，仅此而已。这时，看见冬妮娅从马路对面匆匆走来。

冬妮娅穿一件粉色的中国绣花丝绸上衣，配一条浅色裤子，显得很精神。我们穿过马路，走进一栋住楼，乘电梯上4楼，冬妮娅在一扇门前按响了门铃。阿辽莎来开了门，领着我穿过走廊，进了厨房。

那是一套极普通的三居室住房，没有客厅，厨房有一张圆桌，他们在这里就餐，为方便喝茶，也常常和客人在这里见面。

这套房子给我的第一印象是似乎该装修了：失去了光彩的人造革地面、陈旧的壁纸和老式的家具……

我们坐下，冬妮娅给我倒了一杯矿泉水，坐在我旁边，阿辽莎坐在对面，神情十分严肃。他穿一件T恤衫，虽然已经53岁，但依然显得很有活力。他的面孔有着中国人的肤色，但笔挺的鼻梁和脸型又显然与中国人有所不同。“阿辽莎，你总是这么严肃吗？”我问。阿辽莎也觉得自己过于严肃和拘谨了，于是笑了笑说，“每当谈到我父亲和爷爷时，我都会这样。”确实如此，我想，父亲和爷爷，这对他来说永远是一个不轻松的话题。

“能不能先让我看看你们保留的父亲和爷爷的珍贵照片？”我问。

阿辽莎闻言起身离去，片刻后，捧来一叠照片，一张张给我看给我讲。照片有他父亲刘允斌在莫斯科大学读书时和妹妹刘爱琴一起照的，和阿辽莎的母亲玛拉的照片，有爷爷当年率领中共代表团来莫斯科时和父亲及姑姑合影的合照，有父亲刘允斌和姑姑刘爱琴在延安时与爷爷的合照，还有阿辽莎夫妇三年前第一次回国探亲的照片。其中最生动的一张是刘少奇亲吻孙子的照片，照片上阿辽莎天真可爱，俯身亲吻他的爷爷像一个普通的老人，流露出对孙儿的慈爱。那一年阿辽莎五岁半，但他却清楚地记得那情景。爷爷不仅亲吻他，还送给他玩具和糖果。那是他最后一次见到爷爷，也是爷爷留给他的最后的印象。时间是在1961年。

阿辽莎的父亲刘允斌是刘少奇与早期革命伴侣何宝珍的长子，此外刘少奇他们还有女儿刘爱琴和次子刘允若。1934年何宝珍在南京雨花台被国民党杀害，刘允斌被伯父带到乡间，寄养在亲戚家中，直到1938年14岁那年才被送到延安父亲身边。1939年，刘允斌和妹妹刘爱琴及其他革命先辈的儿女一行数人赴苏学习，就读于伊万诺娃的国际儿童学院。后来刘允斌考入莫斯科大学化学系。大学期间他与同班同学玛拉相爱，1949年与玛拉结婚。1955年刘允斌夫妇双双获副博士学位，并在苏联同一研究所工作。他们生有一对儿女，女儿索妮娅和儿子阿寥沙。这对姐弟还分别有一个很中国化的小名“辽辽”和“苏苏”。

阿辽莎与爷爷的缘分是那么短暂，但更不幸的是，他与自己的父亲也是聚日不多。

1957年刘允斌在父亲的要求下，毅然回国，被分配在包头某研究所参加我国第一颗原子弹的研制工作。玛拉在丈夫回国后，1958年曾不远万里来到北京与丈夫团聚，但由于语言和生活习惯不同等原因，最后还是回到了苏联。阿辽莎的父母就这样分手了。玛拉独自带着两个孩子生活在莫斯科，与刘允斌长期失去了联系。20年后，也就是1987年，阿辽莎兄妹才确切知道父亲早在1967年11月21日就去世了。刘允斌是受到江青一伙的迫害，在一个寒冬的夜里在包头的一个铁轨旁结束了自己的生命。那一年他才42岁。

阿辽莎的姑姑，也就是刘允斌的妹妹刘爱琴，和哥哥一起来到苏联学习。1950年刘少奇访苏结束后，就把女儿爱琴带回国了。刘爱琴回国后在中国人民大学学习，毕业后，她和丈夫一起到内蒙古工作，在自治区计划委员会。“真是巧得很，我父亲还是你姑姑刘爱琴的入党介绍人呢。”我对阿辽莎说。当时我的父亲郑广智（离休干部，曾任内蒙古大学党委书记，内蒙古自治区顾问委员会委员）正好也在内蒙古计委工作，任机关党委支部书记，刘爱琴入党时他是介绍人之一。我特别记得有一次父亲带我在宾馆看电影，他指着一位中年妇女说，那就是国家主席刘少奇的女儿。时间好像在“文革”前。

“我对父亲并没有很深的记忆，那时我还太小。可以说对父亲的了解是在我成年之后，特别是在我可以回到中国探亲之后。直到现在我不相信父亲会自杀……”阿辽莎说，“但我们一直思念着父亲……姐姐对父亲的记忆要比我多，她还写过一首感情非常真挚的诗，题目就是‘怀念父亲’。”

与爷爷和父亲的命运不同，阿辽莎的人生平静如水，没有丝毫波澜。他从父亲那里继承了一个聪明、爱钻研科学的头脑，考上了莫斯科航空学院，并以优异的成绩被分配到苏联国家航天指挥中心工作，成为一名军人。那个年代，中苏关系正处于恶化时期。为了少惹麻烦，阿辽莎从上中学直到进入工作单位，都没在亲属栏中填写过刘少奇、刘允斌的名字。没人知道他特殊的身世，阿辽莎一家得以过上平静的生活——没有受到过特殊照顾也没有被政治所牵连。在国家航天指挥中心这个高度保密的单位里，阿辽莎从事着苏联国防的尖端科技研究，由于工作出色还多次获得国家奖章。退役前，他是指挥中心的高级工程师。

“无论俄方还是中方，都是这几年才知道我们的。以前没有人知道我们的身世，因此我们既没有受过特殊照顾也没有受过牵连；现在人们知道了我们，但我们仍像普通人一样生活。我唯一的心愿就是要做一些有益于中俄两国人民的事情。”

阿辽莎停了一下又说：“我现在在俄罗斯已经没有几个亲人了，他们都在中国。”多年前，一直与阿辽莎相依为命的外公外婆、母亲相继去世，姐姐则嫁给一位美籍俄罗斯人，到美国定居去了。找到失散数十年的中国亲人后，一下子勾起了阿辽莎对中国的向往。他给奶奶王光美写了一封情深意切的信，诉说自己对父亲工作、生活过的地方的向往和对亲人们的思念。其实，王光美也一直牵挂着远在异国的“辽辽”和“苏苏”。于是，在王光美的帮助下，1998年刘少奇诞辰100周年时，中方向阿辽莎发出请他参与“刘少奇诞辰100周年筹委会”的邀请函。可这封邀请函却被俄有关部门扣留了。原因是阿辽莎在国家机密单位做了20多年职业军人，按照规定是不能出国的，必须等到退役三年后才可以。阿辽莎知道后非常焦急，甚至以“侵犯公民通信自由”为由向俄有关部门提出申诉。当一切努力都失败以后，他选择了提前退役。退役后他又焦急地等待了三年，直到2003年4月，他终于和妻子第一次踏上了回乡之路。有意思的是，当几年前他第一次到中国驻俄大使馆办理签证，说自己是刘少奇的孙子时，那个接待人员竟然也是惊讶万分。因为直到那时，绝大多数人仍然不知道他的存在。工作人员把他的护照拿进去，过了很久才出来，告诉他，他们核实过了，确实如此。

多年来魂牵梦绕的心愿即将实现，阿辽莎夫妇是如此激动。

获准出国后，他们便迫不及待地飞到了北京。先在王光美奶奶家里和刘爱琴姑姑家里住了一周，又去南京雨花台为何宝珍奶奶献了花圈，接着直抵湖南爷爷刘少奇的老家认祖归宗。“一切都令人震撼和感到亲切。我看着眼前的一切，时时在想，这就是我的祖国，我的亲人，我的家乡。他们令我自豪和感动。我，难以用语言表达我的第一次故乡之行。”

谈起对中俄两个祖国的感情时，阿辽莎告诉我：“我曾给王光美奶奶写信，说我的根在中国，我永远是刘氏家族的一员。我有两个故乡：中国和俄罗斯。我热爱中国也热爱俄罗斯。我要尽力做一些有利于两国的事情。我会经常回中国，那里有我的亲人。从2003年第一次回国探亲，我已经回去过好多次了。每一次我都为看到的变化感到惊奇和自豪。今年我已经回中国两次了，马上又要去广州，见我的同父异母弟弟；年底可能还要去北京……”

阿辽莎和妻子也有一双儿女。女儿已经大学毕业，不久前嫁给乌克兰一个有名的演员。儿子是父母的骄傲，也考入莫斯科航空学院，成为父亲的校友，现在还有一年就将毕业。谈到儿子时，冬妮娅拿出照片给我看，照片上的年轻人一身白色西服，英俊而潇洒。

谈话结束后，我提议给他们夫妇照几张照片，他们欣然同意。

阿辽莎送我到楼下时，已是傍晚，迎面吹来一股凉爽的风。“莫斯科毕竟还是比北京凉爽些吧。”他对我说。

一周之后，我乘飞机飞北京，恰在机场遇到阿辽莎夫妇，他们要乘新航经乌鲁木齐去广州。阿辽莎见到我已像见到一位老朋友，热情地帮我找推车，提行李。我们一起过安检时，我们的话题依然是刘少奇和他的父亲。分手时他伸出胳膊给我看他的手表，在那个精致的手表上印有刘少奇的头像。我很惊讶地说不是买的吧？“当然不是，是刘少奇故居博物馆送给我的。我要永远戴着它。”

（注：本文曾以《刘少奇长孙是俄航天专家》为题刊载于2006年8月18日《环球时报》，此次作了修改和补充）

红场上我见到了“列宁”和“普京”

7月13日，回国的前一天，我最后一次来到红场。

在莫斯科的15年，我来过红场很多次，每一次都有不同的感受。

★红场上的“列宁”、“斯大林”和“普京”

红场不只是俄罗斯和莫斯科的中心和心脏，它还是一部历史。红场上的一砖一石和每一个建筑，都在述说着从前。

红场也是俄罗斯的一个窗口。每当这个国家发生历史剧变时，在这里都会立刻反映出来。

走在去红场的路上，我想起了第一次来红场的情景，苏联还未解体，我在这里留学时。那一天我的心情何等激动。后来第一次瞻仰列宁墓，那情景也历历在目。苏联解体后第一次来到这里，寒冷萧瑟的场面和空中飘扬着的白蓝红三色旗，也深深印在脑中。1995年5月9日，反法西斯战争胜利50周年纪念日，那一天我也来到这里，我看到的是节日的喜庆和国家正在经历的危机交织在一起的画面。后来我还在这里看到了活的历史人物“道具”——列宁。他的模样和装扮都与列宁十分相似，据说他每天都在这里与过往行人合影留念。那是他的工作。

第一次见到“列宁”，是在2004年，我陪国内来的朋友游览红场。也是7月，一天下午，5点钟左右。我们走过历史博物馆，向红场走去，这时看见一个身材不高，身穿列宁装，戴一条红领巾的人，站在历史博物馆的前面，在和一个胖胖的俄罗斯女人说话。他的模样酷似列宁。看见我们，“列宁”立即上前打招呼，用中文说“你好”，并伸出手来和我们握手，十分友好。国内的朋友看着我，疑惑地说：“列宁？”我说：“列宁。”这时只见“列宁”举起右手，慷慨激昂地演说了一段话，最后高呼“布尔什维克一定胜利”的口号，同时有力地做了一个标准的列宁式手势。我们和那位俄罗斯女人立时都笑弯了腰。国内来的朋友非常乐意地让我给他和“列宁”拍了照，付了他200卢布。

而这一次我又见到了“列宁”，在红场外面。他和“斯大林”、“普京”在一起。在他们周围聚集了很多围观者，将三个“领袖”围得水泄不通。大概“领袖们”早已习惯了这种场面，个个神态自若，旁若无人，该干啥干啥。“列宁”在用手机打电话；“普京”消瘦干练，神色冷峻，手里拿着一本书；“斯大林”身穿军装，坐在那里，目光看着别处。场面十分有趣。但是没有人和他们照相。没人和他们拍照，意味着他们没有收入，也就失去了他们在红场存在的物质基础，因为和游人拍照才是他们的工作，才会有生活来源。

离开他们后，我又一次走进了红场。悠扬的克里姆林宫钟声再次响起，余音缭绕，不绝于耳。这钟声已经敲响了几个世纪，还会不断地萦绕在莫斯科红场的上空，伴随着这里的历史变迁……

我抬起头，看高高耸入蓝天的克里姆林宫，看流光溢彩的圣瓦西里大教堂，看天上的白云，看红墙下的列宁墓，看上下飞舞的鸽群。

我知道列宁墓前已经没有守卫的士兵，精彩庄严的换岗仪式已经永远成为历史的一幕。等下次再来红场，列宁墓是否还会保留在这里呢？

我不知道下一次我会什么时候再来红场。我已经在这个国家漂泊了15年了，该回去了。家里有年迈多病的父母需要我照料，而我也需要把15年在这里看到的一切，听到的一切，写下的一切，整理出来。这其实也是我逗留在这里这么长时间的一个原因和心底的愿望。我在一个非常的历史时期，看到了一个帝国的解体和解体后经历的沧桑，目睹了华人在这里的艰辛坎坷。这是一段难忘的不一般的经历，我所写下的一切，也会反映出历史巨变的点滴。

再见！红场。

2007—2009年

2007年，除了为某个公司翻译了大量的中译俄资料，我也开始在北京家中整理自1989年留学苏联时至2006年离开莫斯科之前所记下的一切，并且补写我在俄罗斯所看到的一切有价值的东西。在北京期间，我的目光始终没有离开俄罗斯。我经常上俄罗斯各媒体网站浏览新闻，经常和莫斯科的朋友邮件来往，也偶尔给《环球时报》写几篇关于俄罗斯的稿件。为了使本书在时间上不与今天割断，我将俄罗斯2007—2009年间的重大事件简述如下。此外还有1篇在此期间写的关于列宁的文章。

叶利钦去世

2007年4月23日，叶利钦去世，终年76岁。

俄罗斯媒体报道了这一消息后，世界各大媒体都将其作为头条要闻报道。但据说，俄罗斯人民反应却很冷淡。这个早就淡出政治舞台的俄罗斯第一任总统，在苏联解体过程中起过关键作用的人物，以及在任期间给国家和老百姓带来深重灾难、痛苦和失望的人，俄罗斯普通民众很难从心里原谅他。

普京打电话表示慰问，并在25日为其举行了隆重葬礼。当晚，普京在电视特别讲话中说，我们悼念鲍里斯·尼古拉耶维奇·叶利钦，他的高尚卓越的意愿，他的“保护俄罗斯”的教导，将永远成为我们的精神道德和政治目标。感谢鲍里斯·叶利钦开启了一个新时代——一个拥有新宪法的自由民主的俄罗斯，向民众敞开了自由表达自己思想的大门。

苏联总统戈尔巴乔夫也对媒体说，他对俄罗斯前总统叶利钦的去世表示哀悼。“他领导国家作出了许多贡献，尽管他也犯下了很大的错误。”戈尔巴乔夫一定有很多感慨。在整个苏联解体的苦难历程中，他们俩始终都是中心人物，也是政治对手。叶利钦在1991年“8·19”政变中解救过戈尔巴乔夫，也在苏联尚存的最后日子，釜底抽薪，抛开苏联总统戈尔巴乔夫，私自与乌克兰和白俄罗斯达成了苏联终止存在的协议。

叶利钦被葬在新圣女公墓，墓碑是石雕的俄罗斯白蓝红国旗。

叶利钦去世引发了世人对他的评价。很明显，他是个在历史上起过重要作用的人物，也是个有争议的人物。他一生的功过是非，仁者见仁，智者见智。但就俄罗斯普通百姓而言，对他的微词和负面评价颇多。他们认为，苏联解体与叶利钦有着直接关系，他是罪魁祸首之一，正是他亲手埋葬了这个红色超级大国，把国家搞得四分五裂；他当年实行的“休克疗法”不但没有使俄罗斯经济得到复苏和发展，相反却加速了国家经济的倒退；他一直以民主斗士自居，但在1993年“宪政危机”中，却完全违背了民主原则，用武力摧毁了议会；他推倒了原有的社会主义体制，但在他的改革中，旧的官僚势力不但没有被消除，相反，变成了势力更强大的金融寡头。叶利钦心里对这一切是很清楚的。这既是他在1999年提前卸任的原因之一，也是他卸任后完全不问国事的理由。

当然，就叶利钦的个性而言，并非毫无优点。他豪爽，直率，坚韧，不放弃，也有着灵活性和有条件的诚恳。他个人的这些优点对他当年赢得广大民众的支持，对达到他的个人目的，都起了很大作用。但是一个统治者的性格，与他的功过并没有直接的联系。

普京是叶利钦一手提拔起来的接班人。在他任总统后的很长一段时期，在涉及到自己的前任时，他一直小心翼翼。他们之间有协议，他不可能越过雷池。他不会直接公开评论自己的提携者，更别说去批评他。但在2007年末，在他任期两届将满和下一轮总统竞选前夕，在数千名支持者大会和电视讲话中，他都严词批判了20世纪90年代的当权者和他们的改革政策。普京在讲话中直言当时的当权者结党营私、中饱私囊，导致了国家分裂和百姓贫困。当然他并没有直接点名叶利钦。

随着时光的流逝，俄罗斯不少历史学家和社会科学研究者也都在回顾这一段历史。不少人认为，叶利钦执政的整个90年代，留给人们的除了痛苦、悲伤、危险、贫困、迷茫和失望外，没有别的。那是俄罗斯历史上几百年来最暗淡的时期。

我在莫斯科经历了整个90年代，那些日日夜夜，阴暗的天空，险恶的环境，卢布贬值，物价飞涨，盗寇横行，白宫的枪炮声……耳闻目睹的这一切，亲见的俄罗斯百姓经历的苦难，以及闯荡俄罗斯华商的种种遭遇，我个人的经历，完全证明就是这样。幸好，那个时代已经结束。

如今，那个时代的代表人物也走进了历史，和那个时代一样。孰是孰非，留给后人思考和评论吧。

梅德韦杰夫，比普京还矮的人

2008年3月2日，俄罗斯人迎来了他们的第三位总统：梅德韦杰夫。这个个头比普京还矮的人，是普京推举的。在大选中，他以70.1%的高票当选。当年普京第一次当选时的得票率是近53%。可见大多数人对普京推举的人是认可的，而且这也表明了他们对普京的信任和支持。

普京在执政8年后卸任了。但是他卸任总统职务后，立即担当了总理一职。两届总统任期满后又担当总理，令很多人费解，一时间各种议论都有。人们据此对新当选的总统梅德韦杰夫也产生猜疑：他很可能是普京的影子吧？但普京和梅德韦杰夫的解释是，这样是为了国家的稳定和政策的连续性。

俄罗斯进入后普京时代，但普京仍然是主要角色之一。已有俄罗斯人将他们俩形象地称为“双头鹰”。

普京执政8年，俄罗斯确实发生了很大变化。经济增长有各种数据可以证实，这里不再一一列举，当然其中一个重要因素是赶上了好时光：国际油价这几年不断上涨，为普京创造了大好时机。但是以普京初期执政时的毫无经验和青涩，他接手时国家千疮百孔、百废待兴的状况，大多数人都认为他可能只是一个过渡人物，难以大有作为。还有人甚至认为，辞去总统职位的叶利钦还会在背后操纵时局，普京只是个任人摆布的傀儡。但是实践证明并非如此。

普京当选后很快适应了总统的角色，以其过人的精力，投入了对国家的治理。他在国内外一系列重要问题上表现出果断、坚毅和明智。他承认既有现实，但也不全盘否定苏联的某些方面。他大胆实行自己的主张，也注意不与其前任走得太远。总体而言，普京执政8年成果卓著，显示了他的智慧才华，在很大程度上改变了俄罗斯各方面的状况，受到民众广泛好评，大大提高了国际国内的个人威望。当然，对于他的负面评价从他第一次代总统期间就一直没有中断。但即使反对他的人，对俄罗斯这些年的变化也不得不承认。

我在莫斯科目睹和经历了危机重重的90年代。当时的莫斯科一片破败，政局动荡，经济萧条，市容陈旧，店铺中空空如也，那情景一直记忆犹新。但从2003年开始，就已经明显地感受到莫斯科各方面情况的好转。人们的收入增加了，城市建设全面展开，到处在兴建高楼大厦，各种建材供不应求，地铁继续开工建设，很多新站陆续建成通车，地铁周围崭新的商厦林立，很多大型超市开业，商店里琳琅满目，令人眼花缭乱，商品越来越丰富。和90年代相比，可以说变化巨大。现在看到的莫斯科，是一个有活力的开始发展的大都市。普京功不可没。因而有俄媒体说，普京上台后，国家才由乱而治，恢复了稳定，找回了俄罗斯的国际尊严，并走向真正的民主。

新当选总统梅德韦杰夫比普京小13岁，是普京的“老乡兼校友”。梅德韦杰夫1965年9月14日出生于圣彼得堡一个知识分子家庭，父母都是大学教师。据梅德韦杰夫的老师和邻居回忆，梅德韦杰夫从小就是个听话的孩子，学习努力，很少玩耍，衣服总是干净整齐，从不打架骂人。1987年他毕业于圣彼得堡大学法律系，是普京的“校友”。 在老师眼里，大学生梅德韦杰夫依然是个“乖孩子”，性格稳重，但也不乏领导才能。他喜爱运动，身体强健，为系里得过体育奖，而且学习非常勤奋。他还迷上了西方摇滚乐，曾经靠做建筑工人和马路清扫工挣来的钱买下进口磁带和牛仔裤。毕业后，梅德韦杰夫选择留在列宁格勒大学继续学习，后获得副博士学位并留校任教。在此期间他认识了圣彼得堡大学法律系教研室主任索布恰克。

1989年（那一年我在苏联留学），梅德韦杰夫开始了他的政治生涯。索布恰克参加苏联人民代表竞选，当时还在教研室读副博士的梅德韦杰夫开始帮助竞选总部工作。索布恰克当选为圣彼得堡苏维埃主席，他则成为索布恰克的顾问。恰好刚从克格勃驻民主德国代表处回国的普京也在那里做顾问。1991年，索布恰克就任圣彼得堡市长，邀请梅德韦杰夫进入普京领导的市政府对外关系委员会工作。普京与梅德韦杰夫关系进一步密切。1994—1996年，普京任圣彼得堡副市长，梅德韦杰夫任普京的顾问。在普京调入莫斯科国家安全局任职后，梅德韦杰夫也离开圣彼得堡市政府，离开政坛，回到学校并开始投身商业，参与创建了俄罗斯最大的一家林木工业公司。1999年普京就任俄罗斯政府总理，梅德韦杰夫调任政府办公厅副主任。2000年6月，梅德韦杰夫当选俄罗斯天然气工业公司董事会主席，以国家大股东代表的身份掌管这家世界最大的天然气企业。他已经有了从政和经商的经验，因而出色地完成了对天然气工业公司的整顿。梅德韦杰夫对经济的了解和丰富的经验是普京所缺少的。

梅德韦杰夫表示，上任后将继续“普京路线”，要建造一个更强大的俄罗斯。对俄罗斯来说，现在最重要的就是继续平稳地发展。他相信，在今后15年内，俄罗斯有能力跻身世界五大经济体之列。

俄罗斯已经摆脱了最艰难和痛苦的时期，2007年它的经济达到了这些年的最高水平。普京8年执政在各方面打下了一个好的基础，俄罗斯百姓希望新总统能带着他们走向更加富有和强盛的未来。

索尔仁尼琴：俄罗斯的“文化主教”

2008年8月4日，索尔仁尼琴去世了。看到这个消息，我立刻登陆俄罗斯一些媒体的网站，想对他有更多的了解，也想知道俄罗斯人如何评价和怀念他。

中国人对这个作家的名字并不陌生，很多人都知道，他不仅是获得诺贝尔文学奖的苏联作家，还是反叛的象征，勇敢的斗士，持不同政见者。他最早揭露苏联体制的弊端，并预见了苏联的灭亡。他在20世纪70年代中期被驱逐出苏联，长期居住在美国。他的《古拉格群岛》也是很多中国人知晓的作品。但他对俄罗斯人意味着更多。

★梅德韦杰夫在索尔仁尼琴墓前悼念（来源：俄罗斯网站ЯНДЕКС）

莫斯科“共青团真理报”网站在显著位置刊登了长篇文章和多幅照片纪念他。其中披露了很多鲜为人知的往事，还采访了他的遗孀塔吉娅娜·德米特里耶夫娜，了解作家去世前的情况。

妻子的回忆

塔吉娅娜·德米特里耶夫娜说：那一天和往常一样，索尔仁尼琴从早上一直工作到晚上8点，感觉很好，没有任何不好的预感。现在可以说，他的最后一天过得很好……但那天晚上很晚的时候，他突然感到不舒服，妻子立即叫了救护车，救护人员在23点50分赶到时，作家的心脏已经停止了跳动。他是由于心脏病急性发作死亡。他临死前没有来得及说一句告别的话。但他的死亡正如他所希望的那样。他曾说过，他想死在家里而不是医院，想在夏天而不是冬季，想在我和儿子的怀抱里。一切正如他所愿。他还有4个多月就90岁了，但他没有能活到那一天。

值得欣慰的是，他在生前看到了自己文集的出版。两年前他的文集第一卷出版时，我们都不相信能在有生之年会有这一天。那时夫妻俩还谈到《红轮》，谈到生与死。他不怕死，但他始终害怕没有完成他需要完成的著作而死去。他一刻都没有放松写作，就怕来不及完成。从90年代初他就准备某一天会死去，所以一直在抓紧写作。重要的事他都做了。他从没想到他会活到这样的高龄。

塔吉娅娜·德米特里耶夫娜还说，索尔仁尼琴认为死亡是通往另一种存在的台阶，那里是平静愉快的。死亡是生命的要素。死亡是不可避免的。他们早在被流放前就这样谈论过死亡。他知道自己随时都有可能被枪毙，他要妻子做好准备，好好抚养孩子。那时他们最小的孩子才几个月大。

村民的回忆

索尔仁尼琴从美国重返祖国后，政府在莫斯科郊外的圣三一雷科沃村给他划拨了一块有住房的地，他有时住在这里。他的邻居安娜说，90年代中期作家搬到她们的村庄，村里每个人都知道索尔仁尼琴搬来了。那时他早上经常沿莫斯科河散步，有几次还去了小教堂。他身边没有任何保安人员。刚开始他常常和邻居交往，平等对待每一个人，但最近五年，村民们再没见过他。有时发现他的住所晚上大门开了，可能是他的妻子或是孩子们回家了。

他的宅院大约5公顷，有一个私人浴场，作家看过后立刻吩咐拆除围墙。“浴场应该供所有的人享用，我一个人不需要它。”他还拒绝使用私人贮水池。他没有修建住房，拒绝建造水泥护墙。他只想保持这里原有的样子。但他对公众的事情却很热心。他应村里老住户的请求，为村庄申请了沥青铺路。村里没有电话，在他的帮助下，设立了五个电话亭。不久前他还为把天然气引进村里而奔波——我们直到现在都用炉子取暖。

尽管他与邻居的关系从来都不是非常紧密的，但他永远都在准备帮助村里的任何人。一年半前，村里一户人家里起火，烧毁了住房，主人逃生已经是个奇迹，所有的家产付之一炬，村民为他凑钱，但却不好意思去向索尔仁尼琴求助。但作家知道后，立刻给了这个他根本不认识的人1000美元。

作家和朋友的回忆

女作家柳德米拉·伊万诺夫娜写道，我清楚地记得，那是1995年1月3日。有人打来电话，拿起听筒，一个男人的声音传来：“是柳德米拉·伊万诺夫娜吗？”确认后，他说：“我是索尔仁尼琴，我们回来了。我读过您的著作，很想认识您，您熟悉莫斯科的文化界，而我们完全不熟悉。可以见面吗？”我们在电话中谈起了车臣战争——如此没有理智的战争。我明白了这就是索尔仁尼琴，与他探讨不论什么题目也不会有遮掩和障碍。

一周后我去了他位于特维尔大街的公寓。还是那套住房，即他当年被逮捕的那套公寓。那是我第一次见他。我们谈了两个半小时，主要是我在说。

很多人说，索尔仁尼琴是个难以接近和了解的人，他自恋，是工作狂。但他给我的印象不是这样。他的坦率程度令我震惊。他有20年没有生活在俄罗斯，但他始终是说“我们”、“在我们这里”，他不认为自己是移民，因为他是被驱逐出国的，他不喜欢回忆这些往事。

1996年他建议我参加文学奖的评选工作，我们一起起草了章程，邀请了评奖委员。正是他列出了评奖委员的名单，并逐一打电话邀请他们，尽管那些人他一个也不认识，只是读过他们的作品。他尊重他们。我这里保留了所有的纪要，那是一次高水平的民主评选出的奖项，而他本人是最热心和精细的读者。在纪要中保存了他对评选作品的所有评论。

索尔仁尼琴坚决反对在他生前写他的传记。他说："我不要生前的传记。"但在2000年不管怎样，我还是在考虑这本书，不是传记，而是关于他的文学创作史。我听到了有关他的大量的诽谤和谎言。我非常震惊，对索尔仁尼琴说了，他对我说："造我的谣，就像是造死人的谣言。"意思是他根本不理会这些。

我开始工作，带着录音机去他的乡间居所，早上10点到，晚上8点离开。我们一直在工作。除了中间因午餐而间断。他的妻子塔吉娅娜·德米特里耶夫娜第一次请我吃饭。索尔仁尼琴说："难道你们要整整吃一个小时的午餐？"他不想耽误一点时间。

他的另一个朋友回忆了与作家的两次见面，都在他流放前："第一次在某个歌剧院，看见他，我很惊讶：他和他塑造的人物形象"伊凡·杰尼索维奇"那么不同，一个高大魁梧，一个消瘦儒雅。第二次是在佩列杰尔金，我刚买了新车"伏尔加"，他请我把他带到莫斯科。路上下起倾盆大雨，汽车陷入排水沟中，他不假思索，立刻下车，用全力把汽车拖了出来。而他自己浑身湿透，满身是泥。就这样又坐了半小时车，我们还在谈论文学与生活。"

索尔仁尼琴在古稀之年回到祖国，他看到的完全是另一个国家。他早就预言苏联必定灭亡，他的预言变为现实，但他根本高兴不起来。苏联解体后的俄罗斯正在经受沧桑之变，昔日的强国沦落为世界二流国家，这令他忧伤。强大的红色帝国是倒塌了，但是他理想中的王国没有出现。一切都使他失望。他经常接受媒体采访。在采访中他依然保持自己一贯的原则，直言不讳，针砭现实。他一生都在抗争，都在反叛。在最后一次对他的访谈中，他对记者说，俄罗斯的现状离他理想中的"十分十分遥远"。他说，爱护人民是最重要的理念。当然，除了爱护，还需要做很多，比如道德发展。但是爱护百姓这是第一步。在国际上恢复俄罗斯对世界的影响和地位，这是最主要的目标，在国内是道德恢复和重建。"这是非常复杂的精神过程。"

1998年在他80大寿时，叶利钦签署命令奖励他，他拒绝了。他说："我不可能接受一个将我的国家引入毁灭境地的政府给予的奖励。"

索尔仁尼琴重返俄罗斯后的感受和毫不留情地对现实的批评，以他的经历和身份，引发了更多的俄罗斯人思考，使他们重新审视自己国家的历史，客观评价过去的一切。

8月7日，作家葬在了顿斯基修道院。那里有墓地专门安葬由于悲剧事件被迫离开自己祖国的杰出人物。索尔仁尼琴的墓地是作家生前自己选定的。

网页上有俄罗斯人留言，他们称他为"我们时代的荷马"，说"他的名字就是吼声，他的名字就是轰鸣，他的名字就是抗争。现在已经没有了产生这样的人的土壤”，“死亡无论如何不会与他的名字相连在一起”。

莫斯科《共青团真理》报说：“他不是预言家。他的著作不能改变政权，但是它们起的作用更大，它们改变了人。很多人反复读过他的《古拉格群岛》和《伊凡·杰尼索维奇的一天》，任何一个人只要读了他的书哪怕只有几十页，已经不可能像从前那样生活。”

索尔仁尼琴，生于十月革命后的第二年，1918年12月11日。他是遗腹子。1924年随寡母迁居到顿河畔罗斯托夫市。在那里读完中学，考入罗斯托夫大学的物理数学系，1941年以优异成绩毕业。因酷爱文学，后来在莫斯科文史哲学院函授班学习文学。

卫国战争中索尔仁尼琴应征入伍，曾任大尉炮兵连长，两次立功受奖。1945年2月，索尔仁尼琴在东普鲁士的前线被捕，原因是他在和一个朋友的通信中批评了斯大林，内务部以“进行反苏宣传和阴谋建立反苏组织”的罪名将他判处8年劳改。刑满后被流放到哈萨克斯坦。1956年解除流放，次年恢复名誉，后定居梁赞市，任中学数学教员。其间也进行文学创作。

1962年11月，索尔仁尼琴的处女作中篇小说《伊凡·杰尼索维奇的一天》在《新世界》上刊出。这部著作的刊出是经赫鲁晓夫亲自批准的。小说在苏联文学中第一次描写了斯大林时代的劳改营生活，立即引起国内外的强烈反响。1963年，索尔仁尼琴加入苏联作协。后来这部书遭到批判，索尔仁尼琴也于1969年11月被苏联作家协会开除会籍。

1970年，索尔仁尼琴获诺贝尔文学奖，评委认为“他在追求俄罗斯文学不可或缺的传统时所具有的道义力量”，但迫于形势，索尔仁尼琴没有前往斯德哥尔摩领奖。此间他的多部著作在西方发表。1974年2月12日，苏联最高苏维埃主席团宣布剥夺其苏联国籍，把他驱逐出境。同年10月，美国参议院授予他“美国荣誉公民”称号，他先后在西德和瑞士居住，并前往斯德哥尔摩领取了4年后补发的诺贝尔文学奖状。1976年他移居美国。

1989年，苏联作协书记处接受《新世界》杂志社和苏联作家出版社的倡议，撤销作协书记处于1969年11月5日批准的把索尔仁尼琴开除出苏联作协的“不公正的、与社会主义民主原则相抵触的决定”，同时委托当选为苏联人民代表的作家们向最高苏维埃提出撤销最高苏维埃主席团1974年2月12日的命令。1994年，经俄罗斯总统叶利钦邀请回归俄罗斯。他的作品得以正式出版。

他的妻子塔吉娅娜·德米特里耶夫娜陪伴他度过一生的艰难时刻，她是他和家庭的支柱。他们有三个孩子。

索尔仁尼琴一生坎坷，但正如他自己所说：“我在任何情况下都履行了一个作家的职责，我感到心安。”他被俄罗斯人民誉为“民族的良心”和“文化的主教”。

他的主要著作除了上面提到的《古拉格群岛》、《伊凡·杰尼索维奇的一天》、《红轮》外，还有《第一圈》、《癌病房》、《我们从不犯错》等。但不少人认为，他的作品政治意义大于文学价值。

末代沙皇得到彻底平反

末代沙皇尼古拉二世及全家，终于得到彻底平反。2008年10月1日，俄罗斯联邦最高法院主席团做出最终审定，承认俄罗斯末代沙皇尼古拉二世和他的家庭成员是苏联政治镇压的牺牲品，给予平反。与此同时，撤销俄最高法院司法委员会2007年11月8日做出的关于尼古拉二世和他的家人不属于平反对象的决定。

沙皇平反之路在苏联解体后，早就开始了，而且从事实上讲，也早就得到了平反。但就法律意义上的彻底平反，经过了一个漫长的过程。

本书前面已经有文章谈到沙皇尼古拉二世全家被枪杀和苏联解体后对他的平反。这里再简述一下。沙皇尼古拉二世全家及仆人等共11人，在1918年7月17日深夜，被秘密枪决在叶卡捷琳堡伊帕杰夫宅邸的地下室中，尸体被行刑者焚烧，残骸掩埋在离市区不远的一片树林中。1991年7月，尼古拉二世及家人的遗骸在那里被发现（缺少尼古拉二世的儿子阿列克谢和女儿马利亚的残体）。1998年，在确认沙皇遗骸为真实时，就在当年7月17日沙皇全家遇害80周年之际，在圣彼得堡举行了极其隆重的沙皇遗骸重新安葬仪式，当时的俄罗斯总统叶利钦出席并讲了话，全国各地东正教修道院同时举行了追祭亡灵仪式。俄罗斯在这一年还发行了面额为3卢布的特种纪念邮票，上面印有尼古拉二世头像和全家合影。2002年俄罗斯东正教教会将尼古拉二世及其家人封为“无辜的伟大殉教者”。2000年，开始在叶卡捷琳堡被拆毁的伊帕杰夫宅邸的旧址上兴建一座教堂；2003年，在沙皇被枪杀日前夕，历时三年，这座教堂终于建成，命名为“滴血教堂”，意在纪念沙皇全家在此被枪杀。由此可见，尼古拉二世及其全家的平反在事实上已经完成。

但是末代沙皇的亲属却希望在法律上得到最后的确认。2005年12月1日，尼古拉二世堂弟的孙女，现定居在西班牙的马利亚·弗拉季米罗夫娜公爵夫人，向俄罗斯总检察院递交了平反申请，要求恢复尼古拉二世及其家人的名誉，其依据是俄罗斯颁布的《受政治迫害者平反法》第8条款。

俄罗斯总检察院以该案不属于政治镇压，而是刑事谋杀为由不予受理。这并非是他们不想为沙皇全家平反，而是他们在审理案件中碰到了问题。因为当年对尼古拉二世全家的处决是秘密枪决，检察院既找不到当时法院的有关判决，也没有发现中央革命政权的任何决议、有关文件或文字资料。其间几经反复，包括俄最高法院司法委员会2007年11月8日做出的关于尼古拉二世和他的家人不属于平反对象的决定，但公爵夫人并不甘心，她多次重新递交申请，最后，最高法院转变立场，承认俄罗斯末代沙皇尼古拉二世和他的家庭成员是苏联政治镇压的牺牲品，给予平反。他们在最后审理中改变了处理该案的方式和角度，不再强调必须有事实证据，而是从一般的历史事实出发，用逻辑推理的方法来处理此案，最终做出了上述判决，满足了原告的要求。沙皇翻案终于有了法律认定的结果。

对尼古拉二世及其家人给予平反的决议，也引起了不同的看法，特别是俄罗斯共产党。俄共党员、国家杜马副主席伊凡·梅尔尼科夫谈到此事时指出，对沙皇的评判决定不会长久，早晚还会得到修正，“一切将会回到原来的位置”。他认为：对那些经过漫长历史检验的事实及其评价，最好不要轻易否定，那会把社会搞得一团糟。不应当忘记事实，即沙皇的命运是当时全体劳动人民做出的，是历史的判决。现在看来，似乎不人道，但在当时是可以理解的，因为同沙皇的决裂需要采用最彻底的手段。我们应当尊重历史。

总之，尼古拉二世及其家人在死亡90年后获得平反，反映出俄罗斯近一个世纪以来跌宕起伏的历史变化和社会政治价值观的演变，令人深思。

末代沙皇尼古拉二世，全名罗曼诺夫·尼古拉·亚历山大洛维奇，1868年5月19日出生，1894年10月21日登基，他的妻子亚力山德拉·费多罗夫娜是日耳曼皇室后裔，生于1872年，1894年成为俄皇后，为尼古拉二世生了四个女儿和一个儿子。尼古拉二世的统治于1917年3月15日被推翻，全家人被克伦斯基临时政府软禁。十月革命胜利后，沙皇全家又被布尔什维克政权监禁，并在1918年7月被转移到叶卡捷琳堡的伊帕杰夫宅邸关押，不久即被枪杀。

列宁生命中的女人

苏联的解体，在俄罗斯引发了对这个红色帝国的创始人列宁的再评价。人们众说纷纭，褒贬不一，但无疑列宁已经走下了神坛。对一个历史人物而言，客观地评价他的功过是非，这是重要的一步。走下神坛的列宁，他的个人生活也引起了人们的普遍关注和好奇，特别是他生活中曾经出现过的女人。

两个女人在列宁的生活中占据重要位置，一个是人们熟知的列宁夫人娜杰日达·克鲁普斯卡娅，一直以来人们习惯于把她称作列宁的“妻子，忠实战友和助手”；另一个女人的名字圈内人同样很熟悉，即法国女人伊涅莎·阿尔曼特，她同样是一个坚定的马克思主义者，但她与列宁之间的那段恋情，却是在苏联解体后才普遍为人所知。此外，列宁还有过一次短暂的初恋。

对于列宁生活中的个人感情和他的女友伊涅莎，我在20世纪90年代初的俄罗斯报刊上就曾经读到过，2009年5月，在俄罗斯媒体网站上有很多关于这方面的文章。这些文章反映了一个鲜活的有感情的列宁。

初　恋

乌里扬诺夫的第一个浪漫史发生在他流放新西伯利亚之前，1890年左右。当时他刚刚经历了家庭的不幸：父亲1886年去世了，一年半后，即1887年哥哥又因参与谋杀沙皇被处以绞刑。家庭突遭不幸，原本优裕的生活一落千丈，这一切在精神上给了他很大的刺激。他还没有完全从这个阴影中走出来，自己也因参加学潮被喀山大学除名，稍后以优异成绩考入彼得堡大学。年轻的乌里扬诺夫正在度过他生命中第一个艰难的时期。

20岁的瓦洛佳（弗拉基米尔的昵称）在彼得堡遇见了年轻漂亮的阿·雅库波娃，她是他姐姐安娜的女友。他姐姐正在高年级女班读书。通过姐姐他们俩相识了，开始交往。直到1897年他们之间的关系还很密切。据安娜回忆，那时瓦洛佳已被流放西伯利亚。他叫她去那里，当他从关押室走出来时，阿·雅库波娃在监狱门口等着他。她跑向他，吻了他，又哭又笑。

与克鲁普斯卡娅闪电结婚

★列宁夫人克鲁普斯卡娅
（来源：俄罗斯网站ЯНДЕКС）

那时不只是阿·雅库波娃一个女孩儿对瓦洛佳产生了兴趣，1895年12月和她一道去探视瓦洛佳的还有另一个女孩，这就是娜杰日达·克鲁普斯卡娅。

娜杰日达·克鲁普斯卡娅比列宁稍大，生于1869年2月14日（列宁生于1870年4月22日），父亲是沙皇低级军官。她聪明好学，1889年以金奖毕业于私立中学，进入彼得堡高等女校数学部学习。克鲁普斯卡娅深受托尔斯泰的影响，并仿效他。据她的同时代人回忆，贪婪、虚荣和自大的毛病，在这个年轻姑娘身上都不存在；她不爱玩，不去滑冰、跳舞、划船，也不谈情说爱。她像俄罗斯当时有志向的革命者那样，过着苦行僧般的生活，漠视一切享受和玩乐。

1890年克鲁普斯卡娅在彼得堡加入马克思主义小组，1891年在工人夜校授课，宣传革命，号召工人罢工，争取自己的权利。1893年在那里和列宁相识，参加了列宁创立的彼得堡“工人阶级争取自由联盟”。1894—1895年，她自学德文，为了阅读马克思原著。年轻的克鲁普斯卡娅精力充沛，面目清癯，相貌不漂亮，眼球突出（因患病），革命组织内为此昵称她为“鱼”。列宁昵称她为“八目鳗”。

在列宁被捕的第二年，即1896年，克鲁普斯卡娅也遭被捕，判流放三年。她要求去舒申斯科耶省，列宁在那里。列宁得知后从狱中打电报给她，问她是否愿意做他的妻子。“好吧，做妻子就做妻子。”她这样回答。在舒申斯科耶他们闪电般举行了婚礼。一个也在那里流放的政治犯用五戈比的铜币为她打制了一个戒指。婚后克鲁普斯卡娅虽然改姓乌里扬诺夫，但文章署名或是签署文件时，永远都用“克鲁普斯卡娅”。这对她来说是个原则问题。1899年她写了《论女工》一书，阐述了马克思主义妇女观。此后她始终跟随列宁，为俄共布和十月革命做了很多工作。苏维埃联邦成立后，她一直工作在教育战线，写了大量关于苏维埃教育的文章，为新生的红色政权的教育事业做出了杰出的贡献。她是苏联教育体系的创始人之一。

很多人对列宁和克鲁普斯卡娅的婚姻提出这样的问题：他们当年在西伯利亚的结合是否是政治联姻？列宁的姐姐安娜说，是娜佳先提出要和瓦洛佳结婚，那是在瓦洛佳将被流放到西伯利亚时。开始他拒绝了，后来，大约在1897年底，瓦洛佳改变了主意，打电报把她作为自己的未婚妻叫到身边。但是据安娜回忆，列宁似乎更希望看到阿·雅库波娃，那个漂亮坚定的女革命者在自己身边。每当他谈到阿·雅库波娃时，总带着一种极大的温情。可是显然，雅库波娃对他已经冷淡了。

列宁和克鲁普斯卡娅都自愿放弃了舒适的资产阶级家庭生活，以及与此有关的一切联系。他们知道，他们的婚姻首先和最重要的是为了革命事业，因此在更大的程度上说，是一种合作关系。反对这种说法的人从来没有说出将他们联结在一起的其他原因。当然，众所周知，在1897年他们相处非常愉快，双方都认为，这样一种关系无论对他们今后的生活，还是在一起工作，都十分便利。他们都没有想到，后来会有另一个女人介入他们的生活。

列宁和伊涅莎

1909年在布鲁塞尔，乌里扬诺夫和伊涅莎不期而遇。尽管至今都不能最终确定，在列宁和伊涅莎之间是否有过像夫妻那样的关系，还是仅仅是一种精神上的爱恋，但无论前者还是后者，这个女人在列宁的生命中占据的重要地位，却无可否认。大部分俄罗斯媒体记者现在认为，他们之间确实有过一段强烈的

★列宁女友伊涅莎和她的五个孩子（来源：俄罗斯网站ЯНДЕКС）

恋情。还有一些文章甚至肯定，伊涅沙为列宁生过孩子；曾在列宁身边工作过的人也认为，1910—1912年间，列宁和伊涅莎相互间曾深深爱恋。这种恋情也许一直存在到伊涅莎生命的结束，而且加速了列宁的死亡。

两人相识的那一年，列宁39岁，与克鲁普斯卡娅结婚11年，没有孩子，职业革命家和领导人；伊涅莎35岁，经历过两次婚姻，五个孩子的母亲，寡居，马克思主义的坚定信仰者和实践者，积极的职业革命家。这个娇小的法国女人虽然经历了两次婚姻的不幸，但依然很有魅力。据历史档案照片看，她是个很漂亮的女人，有一头美发，身材苗条，举止优雅，声音悦耳，眼睛深邃而富有表情。民主社会主义者戈里果力·廓多夫这样回忆道："她充满了生命的活力，像一团革命烈火，戴着一顶插着红羽毛的帽子，红羽毛就像飘动的火焰。"很难说，那时是她的什么吸引了乌里扬诺夫，但显然，从第一次见面的那一刻开始，他们就一直保持了很亲密的关系。

伊涅莎1874年5月8日出生于巴黎，父亲杰奥多尔·斯捷芬是法国著名的歌剧歌唱家，母亲纳塔丽·威丽是歌剧演员。有一个妹妹，名叫莲萘。姐妹俩童年时父母就去世了。莫斯科的姨妈收养了她们。为了抚养两个孤女，姨妈教授音乐和外语课，因此一点也不惊奇，两姐妹能流畅地讲俄语、法语、英语，并很有音乐造诣。

自童年时，两姐妹就经常出入俄罗斯化的法国大商人叶甫盖尼·阿尔曼特家，她们的姨妈曾经在这个大富翁家里教过音乐和法文。阿尔曼特家族拥有森林、庄园，在莫斯科有房产，在普希金市还有工厂，1200名工人，规模很大，生产毛料，数额在当时相当可观。此外还有很多其他收入。他有两个儿子。19岁时伊涅莎嫁给了他的大儿子亚历山大，妹妹莲萘后来嫁给了他的另一个儿子弗拉基米尔。于是她们都姓了阿尔曼特。但伊涅莎嫁入豪门，却选择了一条消灭资产阶级的生活道路。她积极参加集会游行，印制非法宣传品，奔赴俄国从事地下革命活动，准备颠覆国家政权。她信仰马克思主义。

伊涅莎的婚姻极具戏剧性。在嫁给亚历山大并给他生了四个孩子后，又爱上了妹夫弗拉基米尔，两人生活在一起，并生了一个儿子。他们有共同的信仰，即马克思主义，这是他们走到一起的重要原因。婚后妻子对革命的狂热冲动更加感染了弗拉基米尔，他们积极参加革命活动，因而不是被流放，就是被关监狱，或者流亡国外。颠沛流离的生活完全损坏了弗拉基米尔的健康。他患上了绝症，死在了伊涅莎怀里。伊涅莎悲痛万分，在丈夫去世后去了巴黎，将全部精力投入了马克思主义的革命事业。

很快，伊涅莎就成为布尔什维克党和国际共运最积极的活动家之一。她的名字阿尔曼特在1905年响彻革命队伍。1915—1916年伊涅莎参加了国际妇女代表大会的工作，以及齐默瓦尔德（瑞士）和金塔尔（瑞士）国际代表大会的工作。同样，她成为俄国社会民主工党第六届代表大会的代表团成员。

三个人的生活

当伊涅莎和列宁在布鲁塞尔相识后，他们之间的关系逐步加深。

在他们交往的头三年知道的人不很多。法国社会主义者和布尔什维克萨利·拉波波尔特是知情者之一，他说，列宁和伊涅莎经常在咖啡馆长谈，列宁的眼睛紧紧盯着这个娇小的法国女人不肯移开。伊涅莎本人在她和列宁的最初会见中这样描述了自己的感觉："那时我真害怕你失去热情。很想见到你，但觉得死在办公桌前，也比去找你轻松。而当你由于什么事走进娜佳（列宁夫人）的办公室时，我立刻难以自制，感到自己很愚蠢。我永远惊奇和嫉妒那些人的勇气，他们就那么直接走去找你。只是到了隆瑞莫（法国），在接下来的那个秋天，因翻译和其他工作，我多少习惯去见你了。我不仅爱听你说话，而且在你说话时喜欢看着你。那时你的面孔很生动，而且看你也很方便，因为你在说话时不会注意到有人盯着你看。"

十月革命前伊涅莎的很多时间都是在列宁家里度过的。

1911年9月伊涅莎在法国隆瑞莫市马里—罗斯街租了房子，和列宁夫妇相邻。她成了列宁家的常客，共同度过了很多时光。伊涅莎和克鲁普斯卡娅，两个女人友好相处，并不敌视。她们都在隆瑞莫市党校工作。列宁夫妇没有孩子，因而特别喜欢伊涅莎的孩子们，像叔叔和婶婶那样对待那些孩子。过了几年，他们三人又这样一起住在莫斯科。

娜佳在自己的回忆录中不止一次提到过这个女人。1913年伊涅沙即将来克拉科夫（波兰），她在通信中写道："我们都高兴极了，所有的人，对于她的到来……秋天我们离伊涅莎非常近。在她身上经常感受到生活的快乐和热情。我们的生活被党的关怀和事业填得满满的，与其说是家庭生活，不如说更像是大学生的生活。伊涅莎带给我们快乐。她给我讲述很多关于自己孩子们的事，给我看他们的信，在她的讲述中洋溢着某种温馨。我们三人（我、伊里奇和伊涅莎）经常一起去散步……伊涅莎很懂音乐，鼓动大家去听贝多芬的音乐会，贝多芬的曲子她本人也弹奏得极好，伊里奇经常请她弹奏……"

一战期间伊涅莎从法国去了瑞士蒙特列，但列宁希望她离自己近一些，去伯尔尼，列宁住在那儿。于是她去了伯尔尼。他们重又过上了以前那样的生活，“三位一体”的家庭，一起过日子。像在巴黎一样，他们常常三个人一起乘坐马车去郊外散步，在工作中相互帮助。他们每个人都痛恨无所事事：列宁通常是准备讲话稿和写文章，娜佳学习意大利语，伊涅莎缝纫和阅读女权主义的书。

其实两个女人的脾性截然相反，除了在一点上是共同的，即参加革命的热烈愿望和激情。

娜佳沉稳，随和，冷静，不易激动，待人谦和。她随时准备帮助丈夫的党务工作，做所有难做的“粗活”。她聪明，悟性很高，有执著精神，办事总能取得成就，即使现在看，她也是一位出色的私人秘书专家。她总是同意丈夫的观点，与列宁保持一致；她不喜欢也不善于料理家务。而伊涅莎极易冲动和情绪化，她的婚姻生活就说明了这一点。她很喜欢以激进的观点与列宁争论和探讨问题，特别是关于爱情的自由问题。她说，肉体的欲望常常与真挚的爱无关。她很性感，总能得到男人的欣赏，而且擅理家务，总是把家里收拾得很舒适。一些文章认为，列宁和伊涅莎之间强烈的恋情，主要是因为他们两人的性格十分相像，充满激情，容易冲动。

1915年1月，伊涅莎去了山村，远离列宁，在那里编写关于女权运动的短文集。她将自己的自由恋爱和女权运动的文集寄给了列宁，文章中的一段话引起了列宁的反驳：那正是他们最需要的自由爱恋。列宁将这种需要称之为“非无产阶级的，恰恰是资产阶级的”。他建议伊涅莎考虑一下“爱情中阶级关系的客观性”，在回信的末尾用蹩脚的英语“Friendly shake hands”，对伊涅莎致以朋友的问候。一些文章认为，那场伊涅莎和列宁之间关于女人恋爱权利的争论，其实就是他们关系的争论。这一争论使他们在1912年暂时中断了联系，应当是列宁提出来的。在伊涅莎接下来的信中表明了这样一些意思，短暂和转瞬即逝的激情，比那些没有爱的亲吻更美好更纯洁。列宁回应说，确实，没有爱的亲吻是“肮脏的”，但是，他问，为什么是“激情”而非“爱情？”又为什么是“转瞬即逝”的？就这样列宁又一次向伊涅莎解释自己的自然的感觉，他维护了自己对娜佳的信任，并理所当然地指出，在他和娜佳的联姻中没有任何肮脏的“成分”，他们各自对对方都有着极大的价值和意义，甚至即便他们的婚姻关系停止了（众所周知，那些年月列宁越来越重视娜佳的意见，越来越经常地在她那里寻求认可和支持）。列宁在这里似乎责备了伊涅莎：难道你在年轻时由于性迷惘没有在男人中找到自己称心如意的丈夫吗？之后他在很长一段时间内对伊涅莎态度严肃。

但在列宁心灵深处，另一个列宁，却一直对伊涅莎怀有爱恋之情。她是列宁写信或言谈中以亲热的“你”称呼的唯一的人。他对这个女人的爱是强烈的，自然的，发自内心的。有人认为，在巴黎的岁月有可能是列宁一生中最幸福的时光。那时他不那么激动易怒、爱寻衅闹事、性格暴躁，对事物反应也不那么敏感；他给人的印象是一个性情平和的幸福的男人。但是他拒绝了伊涅莎，拒绝了自己的幸福。也许就像他为了革命事业在自己的生活中拒绝了很多东西那样。

伊涅莎对列宁同样一往情深。她在从巴黎给在克拉科夫的列宁的信中写道："分离，我将和你分离，亲爱的！真令人痛苦。我知道，我感觉到，你再也不会来这里了！看着周围如此熟悉的一切，我清楚地意识到，以前从来没有这种感觉，你在我的生命中占据了多么大的位置，在巴黎，在这里，我在几乎一切活动中，每时每刻都牵挂着你。我那时还完全没有迷恋上你，但是已经很爱你了。即使现在我也可以没有你的亲吻，仅仅是想见到你，有时候和你的谈话是那么令我高兴——而这也不会造成任何人的痛苦。但是为什么剥夺了我的这一点？深深地吻你。你的阿尔曼特。"

1917年4月16日，他们三个人——列宁、克鲁普斯卡娅和伊涅莎乘坐火车的同一个包厢从瑞士回到了俄国。这即是有名的"驶向革命"的列车。列宁去了彼得堡，而伊涅莎重回莫斯科。列宁已经不属于自己，而属于伟大的革命事业。他和伊涅莎的见面变得稀少。但他给她写了很多便条，问询她的健康、她的孩子们，寄食品，买衣料，将自己的私人医生派去给她治病。他们保持着高频率的通信联系。保存下来的列宁在1918年12月16日的信件，是写给克里姆林宫的行政负责人马里科夫的，信中写道："马里科夫同志，伊涅莎·阿尔曼特同志，契卡成员。她需要四个人住的公寓。正如我们今天谈定的那样，您给她看看那套公寓，即你告诉我的那套。列宁。"

列宁的选择：为了革命事业

克鲁普斯卡娅1911年在巴黎时已知道自己的丈夫与离了婚的伊涅莎有着亲密关系，但她一直忍耐着，期待丈夫转变，也有文章说她曾多次试图离开丈夫。直到1915年，她发出了最后通牒，她和伊涅莎，必择其一，或是她，或是伊涅莎。列宁选择了克鲁普斯卡娅，他解释说这样做是对"革命事业"的"忠诚"，并且"一切都要为了加强事业"。伊涅莎曾恳求让她回到列宁身边，她写道："如果我们三个人重新在一起，这对谁都不会伤害。"列宁在回信中起初请她将自己的全部信函还给他，然后重又给了她。过了一些时候，领袖批准将党中央妇女部交由伊涅莎领导。不少人认为列宁的这一做法出自对这个女人的爱。克鲁普斯卡娅为此震惊得发抖。她朝夕相处的丈夫心里却爱着另一个女人。但她很明智，有远见，对应沉静，选择了一连串的旅行，离开莫斯科和彼得堡，去了伏尔加河下游。时间可以解决一切——这是真的。

1920年伊涅莎的死亡加重了列宁的脑病。病情迅速恶化，以至克鲁普斯卡娅忘掉了对丈夫的一切宿怨，并且依照他的愿望，在1922年将伊涅莎的孩子从法国叫到莫斯科郊区的高尔克村。但伊涅莎的孩子们没有被允许去见生病的领袖。克鲁普斯卡娅最后的举止很有气度，她承认了列宁和伊涅莎之间的强烈爱情。据称，她在1924年建议将她丈夫的遗体与伊涅莎的骨灰葬在一起，但是斯大林驳回了这一建议。

与伊涅莎的生离死别

1919年初，伊涅莎受列宁委托以红十字会苏维埃代表团成员的身份前往法国，去和俄罗斯考察团一起工作。1920年她刚刚从重病中有所恢复，立刻参加了第二届共产国际代表大会。工作异常沉重，翻译，参观游览……劳累使她再次病倒。列宁得知后，让她去高加索休养。但是南方的阳光并不安宁，因为常有枪战发生在伊涅莎休养的疗养院附近。于是列宁决定让她回国。

伊涅莎遵照列宁的指示，坐火车返回俄国，但是不幸的是在旅途中感染了霍乱，医治无效死在了纳利奇科市。那是1920年9月24日。当天，一份十万火急的电报发到莫斯科，电文使列宁悲痛不已："莫斯科俄共布中央委员会　苏维埃人民委员会　列宁　患伤寒的伊涅莎·阿尔曼特同志抢救无效病逝于9月24日。遗体将运回莫斯科　那扎罗夫。"

几天后，极度悲痛的列宁在克鲁普斯卡娅的搀扶下亲自去火车站接伊涅莎的棺木。棺木上摆满了花圈，伊涅莎静静地躺在里面。据当时目击者亚历山大·克伦泰回忆："我们走向她的棺木，简直认不出列宁，他闭着眼睛走路，似乎就要摔倒。"列宁痛苦的面容给在场者留下了极深的印象。克伦泰认为，伊涅莎的死加速了列宁的死。他爱这个女人，她的离去给了他巨大的打击。

在高加索，伊涅莎开始写日记。她在最后一篇日记中写道：从前我对每一个人都很热情，现在我则对一切都很冷漠……火热的感情只留给了孩子们和弗·伊（即列宁）……

在列宁写给伊涅莎的信中，不可能找到更多表达他的感情的文字，这是由于国家一直采取严格的新闻检查删改制度。但显然，在一战期间，列宁没有像给她那样，给任何其他人写过那么多的信。列宁去世后布尔什维克党苏共中央政治局通过了决定，要求党的全体成员将列宁的所有信件、便条和通知等作为历史档案资料上交中央。但是直到1939年，在克鲁普斯卡娅去世后，伊涅莎的大女儿英娜，才决定将列宁写给她母亲伊涅莎的信作为文献资料交出来。

那些信件是在不同的年月打印的，有的只是片断，但足以证明列宁与伊涅莎的关系可以用"爱情"来表达。

克鲁普斯卡娅的最后岁月

克鲁普斯卡娅为自己的丈夫和伊涅莎的关系苦恼了整整15年。1920年伊涅莎去世了，但这并没有使她的生活轻松，丈夫的病情日益恶化，她日夜在他身边照料。1922—1923年间，列宁重病时，她与斯大林产生冲突。1924年列宁去世了。丈夫去世后，由于她与斯大林的矛盾，她的命运一直不很好。但她是个顽强执著的女人。她默默地活着，尽职尽责地做她分内的工作。她担任过好几本杂志的主编；1931年获得苏联科学院名誉院士荣誉，1935年获列宁勋章。1936年获得教育学博士学位，这是苏联历史上第一位教育学博士。1938年她反对斯大林的政治迫害，庇护布哈林等人，遭到斯大林的打压甚至恐吓。

在她生命的最后一年，她只与伊涅莎的大女儿来往，她们一直关系密切。克鲁普斯卡娅把她的儿子看作自己的亲孙子。这种交往使她回忆起往昔的峥嵘岁月，回忆起自己的丈夫和那个女人。有痛苦，也有欢乐。

1939年2月26日，是她70岁生日纪念日。她的老战友们为她隆重地庆祝了她的七十大寿，第二天，因不明原因的急性胃病发作而死亡。很多人认为不排除有可能是吃了什么东西被毒致死。她的骨灰盒被安放在红场的红墙，那里与列宁墓，她丈夫的墓地紧邻。

克鲁普斯卡娅从事教育工作22年，为苏联的教育做出了杰出贡献；身后留下了11卷的教育文集。俄罗斯人谈起她，大都抱着一种同情和尊敬。

切尔基佐沃大市场彻底关闭

2009年，令我触动最大的一条俄罗斯新闻，就是切尔基佐沃大市场被彻底关闭了。在2009年6月底。以前这个市场也曾多次关闭过，但都会在不久后又照样经营。

要关闭莫斯科和整个欧洲这个最大的商品批发集散地的传闻，流行了近十年，最终变为现实。

关于切尔基佐沃大市场，前面有文章专门谈到，这里不再详述，只简要谈一下关闭的情况。

俄罗斯的新闻播音员说：往日热闹非凡，买卖兴旺得像一锅沸腾的开水，购物者拥挤得连一个苹果都无处可落的大市场，如今寂静冷落，在那里可以自由散步。

俄罗斯报刊说：这个“城中之城”，“国中之国”，终于永远从莫斯科的地图上消失了……

另一家媒体说：这是个不体面的市场，是个巨大的“黑洞”，不守法，走私货，仅2009年那里40%的商品都是不合法的。

俄罗斯绝大多数网民也都赞同关闭它。

而我的脑海中出现的是那个庞大市场的各种画面：一个接一个的集装箱摊位，目不暇接眼花缭乱的各种商品，疲惫不堪的中国商人，熙熙攘攘的购物人流，拉着沉重的货车挤在购物人群中的搬运工……嘈杂，混乱，拥挤，热闹。

莫斯科共有82个类似的大市场，而切尔基佐沃不仅是其中最大的，也是华商聚集最多的市场。我对那里很熟悉，也多次去过。最后一次是在2005年夏天。看到的情景如上面描述的那样，也如每一次去那里所见到的那样。

这里每天客流量100万人；

每天的收入在金融危机时最低估算也在100万美元左右；

关闭时这里售货点6000个以上，经营者10万人，5万以上是国人同胞，涉及国内2000家企业。

莫斯科政府决定将市场上的商品全部没收，认为这些货物手续不合法，而且是伪劣商品。不久前已经开始将所有没收的商品销毁。

据估算，被没收的全部中国商品价值约20亿美元。是历年来华人损失最大的一次。

关闭该市场的理由很多，其中一个理由是为了保护俄罗斯国产轻工产品和工业品。莫斯科一家媒体说，国家在1980—1990年投入了20亿美元，但直至20世纪90年代中期轻工企业的状况没有好转，这些没有规模生产的企业开始将设备卖给土耳其和中国，也正是那时出现了这些没有文明不守规矩的市场，具有半犯罪性质。国家因此蒙受了6500亿卢布的税收损失。这些非法商品妨碍了国产工业的发展。集装箱市场的每一个销售点就是俄罗斯的一个车间……我想，这恐怕是关闭该市场的重要原因之一。

我打开了切尔基佐沃集装箱大市场的网站，网站的最后更新是在2009年08月13日。

切尔基佐沃大市场一去不返。它已经成了过去。政府将土地收归己有，并规划在那里建现代化的商贸大厦、运动场馆、图书馆和市公园。俄罗斯人期望这样。相比之下，其他人的损失又算什么呢？那里毕竟是他们的国土和家园。

附录

苏联解体纪实报告

本文写于1992年4月，也就是超级大国苏联解体仅仅几个月之后。而在那之前的一年半，作者还在一个名叫苏联的国家首都莫斯科留学，在苏联的留学，是作者看到的最后的苏联。回国后在中国社会科学院苏东研究所工作的一年半，作者的目光没有一刻离开过苏联和苏联的改革。本文尽可能详尽和客观地记录这个超级大国如何从改革走向消亡的全过程。文中的资料和数据来源于作者在苏联和国内看到的大批有关文件，包括报刊文章。至于评说这一历史事件，不是本文的主要目的。20世纪演绎的最惊人的这一幕历史剧，如何客观地评价和解释，随着时间的流逝，相信会有更深刻的文章来解读。

1985年3月10日，苏共中央总书记契尔年科去世了。这是在两年零四个月的时间里连续逝去的第三位苏联最高领导人。像他的所有前任一样，苏联人民为他在红场举行了隆重的葬礼，悼词充满赞美的词句，但大概不会有任何人想到，这是最后一次为苏联共产党的最高领导人送葬。因为在仅仅不到七年之后，在他的继任者戈尔巴乔夫倡导的"改革"中，不仅苏联共产党垮了，而且世界超级大国苏联也不再存在，作为一个国家的苏联从世界上消失了。"苏联"已成为一个历史词语。

一个世界超级强国，在如此短的时间里迅速瓦解，令全世界震惊。与此同时，人们也在苦苦思索：这一切究竟是怎么发生的？

让我们来全面回顾一下，苏联是如何由改革始而自解体终的详细过程，人们或许会在其中找出问题的答案。

改革的兴起

戈尔巴乔夫是苏维埃联盟历史上第八位最高领导人。接任总书记那一年，他54岁。与他的前任领导人不同的，不仅是他的年富力强，雄心勃勃，受过正规高等教育，而且还在于他是苏联战后成长起来的年轻一代的代表。他被认为是第一位具有"现代意识"的新型领导人。

戈尔巴乔夫1931年3月2日出生于斯塔夫罗波尔边疆区的一个农村，父母都是农民，他是父母唯一的儿子。少年时期，他像村里的所有孩子一样，也是边上学边干农活。后来当过家乡拖拉机站的农机手。18岁那年，由于工作出色获得了“劳动红旗”胸章。1950年，19岁的戈尔巴乔夫经斯塔夫罗波尔市的推荐，来到莫斯科大学攻读法律专业。几年的大学生活为他日后在仕途上的腾飞打下了一个良好的基础。在苏联的政治文化中心和最高学府中，戈尔巴乔夫开阔了眼界，增长了学识，并且法律专业也练就了他一副能言善辩的好口才。在大学里，他始终是一名积极的社会工作者和活动家，并于1952年10月加入苏联共产党。毕业后，他回到家乡，在斯塔夫罗波尔边疆区做共青团工作。3年后，他被提升为共青团区委第一书记。此后，他在仕途上一帆风顺，步步高升。35岁时，担任斯塔夫罗波尔市党委第一书记，两年后升为该区区委第二书记，39岁成为区委第一书记。当他1978年担任苏共中央主管农业的第一书记时，年仅47岁，比当时政治局委员的平均年龄小14岁。49岁时，他已经是苏共政治局委员。

戈尔巴乔夫最大的特点是他处事为人的灵活和适应环境的能力。他善于结交各种人，具有高超的交际本事。他在官场的机遇和好运，很大程度上得力于此。此外，不少人认为，虽然他是现行体制的最大受益者，但他却不是个安于现状和墨守成规的人。他的这一特点在大学读书时就有所表现。在安德罗波夫当政期间推行改革时，他是改革的积极拥护者。

那一年历史将戈尔巴乔夫推到了台前，他填补了因年迈的契尔年科去世留下的空缺。戈尔巴乔夫的上任，使苏联人民有理由感到高兴。虽然他们并不知道他们的新领导会给他们带来什么，但他们确实已经厌倦了如此频繁地为死去的老年领导人送葬。戈尔巴乔夫那张充满生气的面孔，已足以使他们感到满意，感到了希望。

年轻的总书记接过来的苏联，当时是一种什么状况呢？

在一般人的眼中，苏联是世界上两个超级大国之一，它疆土广阔，资源雄厚，工业发达，航天技术达到世界先进水平，军事工业和核力量更是首屈一指，是唯一能与美国相抗衡的国家。但是稍微了解一些情况的人便知道，“强大的苏联”其实是徒有虚名，“强大”只是它的外表，只是一个“壳”，而“壳内”的状况并不很妙，党和国家在各个方面都已经存在很多相当严重的问题，甚至达到危机的程度。首先是经济问题——这是一个国家的命脉。苏联经济长期停滞不前，几乎有15年之久。1979年它的国民生产总值是1.4万亿美元，只有美国的60%，1979—1985年，其国民生产总值年平均增长率刚过2%，比大多数西方国家都低。其中1981—1985年即苏联的第十一个五年计划期间，整个国民生产总值的增长幅度只有1.9%，是历次五年计划中增长率最低的。在这方面，苏联与美国相比，显然已经失去了优势，而日本在经济上的迅速崛起，也使苏联的大国地位受到冲击。如果不尽快结束经济停滞不前的局面，到20世纪末，它的大国地位确实会变得岌岌可危。

国民生产的低增长率只是问题的一部分，更严重的挑战是在当今世界范围内掀起的一场新技术革命。苏联在这方面远远落后于先进国家，这也是造成它经济停滞不前的主要原因之一。例如，它的工业设备更新换代极差，平均使用期为20年，比美国长8年。这种状况长此以往，势必进一步拉大它和西方国家的差距。在农业方面情况也不妙，这个世界上曾经最大的粮食出口国，已沦为最大的粮食进口国。此外，它的人口出生率降低，死亡率增高。生产中浪费严重，管理不善，酗酒吸毒和投机倒把现象有增无减，诸如此类的社会问题，也都相当严重。

苏联的经济状况已经如此，但它却仍维系着世界上最庞大的一支军队和军事工业。据苏联政府后来透露，多年来苏联军费的年预算是773亿卢布，而实际开支接近2000亿卢布，约占国民生产总值的20%。而美国的军费预算是6.5%，日本的才1%。经济不振的苏联，越来越难以支撑如此高昂的军费开支。

此外，在领导干部方面也存在严重问题。首先是各级干部严重老化。连续数届的老年领导人，留下的也是一个老龄化的领导集团和干部队伍。干部的老化不仅表现在年龄上，而且表现在领导集团成员的“超稳定性”上，尤其是高层领导。苏共二十三大（勃列日涅夫时期）连选连任的中央委员占到总数的79.4%，二十五大则上升为83.4%，二十六大时，中央政治局和书记处竟未有一人变动。在14名政治局委员中，60岁以上的占92.9%，70岁以上的为57.1%。安德罗波夫时期情况虽略有好转，但也未从根本上解决这一问题。其次是党和国家机构臃肿，人浮于事，形式主义严重，办事繁琐复杂，工作效率极低，在20世纪80年代初，苏联部长会议所属的部竟有64个，国家级的委员会20多个，正副部级干部多达800多人，有的部光部长就有20多人。此外，在勃列日涅夫后期，由于他越来越专断集权，热衷于树立个人名望，因此在干部队伍上任人唯亲，不讲民主，致使社会风气日下。干部中行贿受贿、投机专营、玩忽职守、滥用职权等腐败现象层出不穷，引起了广大民众的日益不满。

安德罗波夫执政后，对上述问题进行了大刀阔斧的改革。在政治上，他严明纪律，整顿党风，严厉查处了一批贪污腐化、弄虚作假和官僚主义严重的人。在经济领域，他大力推行农业集体承包制，并试验性地推行家庭承包制。在思想领域，提倡创新，反对僵化，开始打破教条主义禁锢。但安德罗波夫执政仅仅15个月，难以有更大作为。接任的契尔年科，早已是疾病缠身、风烛残年的老人，苏联在他的领导下，渐渐恢复了原样。

苏联社会深层存在的严重问题，早已踏入苏联最高领导层的戈尔巴乔夫，可能比任何人都看得清楚。他或许早有改革的宏图，缺乏的只是时机。他只能等待。机会终于来了。契尔年科的逝世使他当上了总书记，而总书记的位置给了他改革苏联的机会。他没有任何拖沓，立即着手开始改革。

1985年4月，在戈尔巴乔夫就任总书记仅一个月后，他就在中央全会上提出了加快经济发展速度、改革经济机制的任务。如果苏联的改革一直以此为目标，也许后来的悲剧不一定发生，但遗憾的是，戈尔巴乔夫并不清楚如何改革。很快，他就将政治改革放到了首位。而事实证明，这是一个致命的错误，是导致苏联解体的主要原因，也是戈尔巴乔夫个人悲剧的原因。

4月全会是戈尔巴乔夫倡导苏联改革的标志。苏联改革从此拉开了序幕。

反酗酒运动

4月全会以后，作为初期改革的一项主要内容，就是在全苏兴起的大张旗鼓的反酗酒运动。这一方面说明酗酒在苏联引起的社会问题确实日益严重，同时似乎反映了戈尔巴乔夫并不知道改革应该从何入手，因此他选择了整顿纪律和开展反酗酒运动。

苏联人爱喝酒似乎是与生俱来，历史源远流长。多少年来，酒与他们的生活有着不可割舍的密切联系，没有酒的生活在他们看来不是真正的生活。因此，酒的生产和销售量，在整个国民经济中都占有相当可观的比重。但酒也给苏联社会带来一系列的问题。不少人嗜酒成瘾，狂饮不止，常常喝得酩酊大醉，致使很多人不能按时上班，无故旷工，严重影响了生产；酒后打架斗殴，街头闹事也屡见不鲜，司机酒后驾车，引发交通事故的比例也相当高，由于酗酒影响家庭和睦等也很普遍。所有这些问题，都已成为影响社会安定的重要因素。酗酒还造成苏联人健康状况的不断恶化，致使出生率下降，死亡率上升。

酗酒确实是苏联社会应当解决的一个严重问题，但也是一个很棘手的问题。这个问题并非今日才有，而是已经存在一个相当长的时期。戈尔巴乔夫的前任领导们并非不想解决，只是3亿苏联人几百年形成的生活习惯，改变它谈何容易！但戈尔巴乔夫果敢地发起了这场运动，足见其魄力不凡。如果连酗酒的陋习都改变不了，何谈其他方面的改革呢？新上任的总书记下定决心从此开刀。反酗酒运动结果会如何呢？这一运动对苏联的改革能起到什么作用呢？

反酗酒运动是4月全会提出的，作为经济改革的一项主要任务。全会决定采取一切措施，同酗酒现象作斗争，指出克服这一恶习是“一项重大的政治任务”，并批准了一整套具体措施。5月，苏共中央又作出决定，规定从1986年起将减少烈性酒的产量，到1988年将完全停止生产以水果汁、浆果汁为原料的酒精饮料，并规定在公共场所酗酒闹事者将得到严厉处罚和高额罚款。此后，中央就这一问题多次开会研究，又采取了提高酒价、严明纪律及对屡教不改者处以开除党籍和公职处罚等措施。

由于苏共中央采取了上述种种措施，反酗酒运动在一段时间内确实奏效。据1986年统计，一年内由于酗酒造成的伤亡事故减少了20%，1988年上半年工业部门和建筑部门由于酗酒矿工分别减少了1/3和40%，酒后驾车造成的交通事故减少了15%。与此同时，社会秩序和劳动纪律也都有明显的好转。

但反酗酒运动也带来不少负面问题。由于减少了酒的生产量，市场上限量供应，因而消费者常常买不到，引起许多人的不满。同时，这种状况也给黑市和走私提供了可乘之机，一些人开始专门从事酒制品的倒买倒卖，从中牟取暴利。此外，酒的产量和销售额的锐减，也必然影响到整个苏联的经济消费指数。这个问题的严重后果，在两三年后表现得极其明显，以致对苏联的改革都产生了一定的影响。甚至戈尔巴乔夫在后来的一次讲话中，也承认在反酗酒运动中犯了一些错误。

4次重要会议和改革总方针的制定

4月全会揭开了苏联改革的序幕。但无论在经济上还是在政治上，4月全会都没有提出改革的明确方案和目标。在改革的初始阶段，除了声势浩大的反酗酒运动外，戈尔巴乔夫还做了一件事，即组建自己的领导班子。他深知，推行他发起的改革，必须有支持者和拥护者，需要有一支年轻的干部队伍来履行和推进改革。原有的一批领导人不仅年龄老化，思想僵化，而且很多人作风不正，以权谋私，玩忽职守，甚至腐化堕落。改革不可能依靠他们。4月全会之后，戈尔巴乔夫在很短的时间内，撤换了大批从中央到地方的领导干部，并大胆起用了一批年轻干部，对书记处成员和苏共中央委员会的部长作了大批更换，苏联部长会议主席团的几乎所有成员都是新面孔。日后改革中的不少风云人物，如利加乔夫、雷日科夫、谢瓦尔德纳泽以及叶利钦等人，都是这一时期从地方调到中央委以重任的。

第二年3月，筹备已久的苏共第二十七次代表大会如期召开。对戈尔巴乔夫来说，这是一次重要的和成功的大会，会议的生动活泼是苏共历史上自二战结束以来未曾有过的。二十七大的突出特点是自始至终充满了批评和自我批评精神，体现出求实和要求变革的迫切愿望。会议批评了苏共过去超越历史阶段的“发达社会主义”的观点，提出目前的任务是“有计划地完善社会主义”。会议确立了加速经济发展的方针，明确提出要以科技进步为核心，在全面集约化的基础上根本改造苏联的经济机制。会议还首次提出要大力推行家庭承包制，并批判了现行体制中存在的一系列问题，对此提出了改革方案。

苏共二十七大提出的改革构想不仅包括第十二个五年计划（1986—1990年）的具体目标和任务，而且提出了今后15年苏联经济发展的总的战略方针，即苏联如何进入下一个世纪的问题。目标是宏伟的：通过改革现行经济体制，狠抓科技进步，增强社会活力，加速发展经济，使国民收入年增长率达到5%以上，国民收入总额达到约12亿卢布，要比历年全部收入都多；将手工劳动比重降低50%以上，劳动生产率提高1.3—1.5倍，达到世界上最高的劳动生产率水平；保证每个家庭有一套住房。总之，是使苏联经济走上一条“崭新的发展道路”。

二十七大继续对高层领导干部做了进一步的调整，增强了戈尔巴乔夫的地位和威信，实现了权力机关向新一代领导人的过渡。

据此，应该说，二十七大是戈尔巴乔夫时代和苏联改革的真正开始。

二十七大之后，还有两次重要会议值得一提，即1987年1月和6月的苏共中央全会。

1月全会是一次对改革进行再认识和再动员的大会，有人认为其意义甚至超过二十七大。为什么要对改革进行再认识和再动员？正如戈尔巴乔夫在这次会议上所说：“向好的方面的转化进展缓慢，改革工作比以前预想的更困难，社会中所积存的问题的根源比以前预想的更深。”今天“有必要再次认真地研究现实状况”的根源，政治局正是基于这一“立场”决定“召开这次会议”，“我们应当清醒地意识到，我们尚处在改革的开始阶段。主要的、最复杂的工作还在前面”。

1月全会引人注目的一点是突出了政治体制改革的重要性，强调民主化是改革的“灵魂”，公开性是民主化的重要保证。戈尔巴乔夫在报告中说：“改革的需要已在经济和其他领域中客观形成，但却未能在国家的政治实践中得到体现。”并一再强调：“社会民主化是改革的灵魂，民主化的程度如何将决定改革的成败，也可以毫不夸大地说，将决定整个社会主义的未来。”“民主不只是一个口号，而是改革的实质。”要实行“最大限度的公开性”，“苏联社会不应有不受批评的禁区”等等。还提出要改革现行选举制度，制定公开性法规。

戈尔巴乔夫如此强调政治体制改革，通篇大声疾呼民主化、公开性，外电称这是一个“惊人的变化”，似乎表明他推行的改革已经由经济转而从政治体制入手。二十七大之后，或者可以说从4月全会以来，经济状况虽略有好转，但仍困难重重。经济改革阻力很大，进展缓慢，难以深入进行，更谈不上实质性突破。因此1月全会多少反映了总书记在另辟蹊径的想法。但是真正实行激进的政治改革，并希冀以此带动全局，则是在1988年苏共第十九次代表大会以后。（注：苏共全党代表会议是在两次党代表大会之间集体讨论党的工作的迫切问题的一种方式，举行的时间根据形势需要不定期确定）

1月全会通过激烈的争论，应该说达到了统一思想、深化认识、增强信心的目的。

6月全会则主要讨论了根本改革经济管理，即如何实现经济机制的根本变革问题。在这次会议之前，苏联经济学协会和中央理事会以及苏联科学院经济学分部专门为此组织了座谈会，主题是“管理经济的科学组织问题”。与会代表包括苏联著名经济学家和经济工作者1300余人就一系列有关问题进行了多方面的深入探讨和研究，提出不少建议，为6月全会从理论上作了充分准备。

这次会议通过了《关于根本改革经济管理的任务》和《苏联国营企业（联合公司）法》两个重要文件。6月全会后不久，又通过了有关计划、价格、财政、银行、物资技术供应体制等11个决议。在这之前，1986年还通过了《个体劳动法》和有关工资的决议。至此，这一系列文件和决议相互配套，形成了改革苏联经济体制的一整套综合实施方案。

1985年4月全会，实际上只是初步表达了改革的愿望；二十七大深入了一步，提出了加速发展经济的总方针，确定了今后15年的经济战略总构想；1月全会进行了改革的再动员，并突出了政治领域内改革的重要性；6月全会提出了经济改革的总方案。回顾戈尔巴乔夫执政后头三年的改革，可以看出，改革在一步步深入，对改革的认识也在逐步深化，改革的方针和实施方案也越来越具体和明确。

这是苏联改革的第一阶段。

成效与问题并存

第一阶段的改革仅仅处于深化认识、确立方案、局部试验的时期。在经济改革方面，主要进一步推广了以自筹资金为主要内容的扩大企业自主权、实行产品验收制度；在农业中推行集体与家庭承包制，改革农民向国家交售农产品的办法；在商业领域从1987年开始全面实行经济核算制及自我补偿制度。此外，在外贸方面进一步开放和放权，授予各加盟共和国和一些大型企业及公司外贸经营权。

统计数字表明，头两年的经济改革是富有成效的。1986—1987年，人均实际收入增长了34.6%，其中1987年国民收入的增长首次是靠提高劳动生产率取得的。谷物总产量两年来增长了17%。肉类产量与上一个五年计划年均产量相比增加了210万吨（13%），奶产量增加了820万吨（9%），蛋类增加了70亿枚（9.4%）。两年的农业总产值比上个五年计划的年平均总产值增加了18%，劳动生产率提高了27%。住房建设在1987年超过了过去任何一年。民用工业品生产两年增加了165亿卢布，增长率是9.4%。婴儿出生率也有所提高，死亡率开始下降。人们已“切实感到了改革带来的甜头”。

但与此同时，也存在一些严重问题。由于开展了反酗酒运动，酒类饮料销售量大大减少，国家因此减少收入高达370多亿卢布。食品和消费品的供应虽然有很大改善，但远未满足人民的消费能力和需求。人均消费额的增长还不到1%。一些地区农场的效益仍极低。在机械设备的质量和技术水平方面，也未有多少起色。财政收入额与支出额1986年都比上年有很大减少，亏损企业增加至25%，1985年这类企业只占13%。在支出方面，政府不断增加补贴，养老金也大幅增加。为解决不断上升的赤字，只得增加货币发行量。这些潜在的严重问题，在后来的几年始终未能得到很好的解决，加上其他各种原因，最终导致了苏联经济的彻底崩溃。

政治体制改革在第一阶段虽然也没有什么实质性的东西，但在这一领域还是发生了很大的变化。在戈尔巴乔夫民主化和公开性的倡导下，思想理论界逐步活跃，社会空气日益民主，人们开始直抒己见，大胆发表不同意见，许多禁区都被打破，报刊上也出现了揭露问题和社会阴暗面的批评性报道。不少学者认真反思历史，30年代至50年代的冤假错案被重新提出和审视。很多文章还深入剖析了苏联政治体制的弊端，为改革献计献策。涉及政治体制改革的一系列重大问题，例如完善与发展人民自治，恢复苏维埃的全权作用，严格划分党政职能、改革选举制度、加强法制、建立统一而完整的监督系统等，都被提出来，并展开了热烈的讨论。总之，苏联整个社会一扫过去的沉闷局面，变得活跃而有生气。人们的积极性被极大地调动了起来，人人都在关心着这场关系自己国家命运和前途的改革。民主化、公开性确实使苏联社会发生了极大的变化，普通苏联老百姓感受到的甜头，超过了他们在市场上和现实利益上所能得到的好处。在经济危机还没有完全表现出来的时候，在饿肚子的危机不存在的时候，他们理所当然地欢迎和拥护这场改革，拥护改革的倡导者戈尔巴乔夫。总书记此时的威望，是他执政期间最高的一个时期。只要他的形象在电视里一出现，只要他略带口音的充满激情的讲话一播出，人们就会放下手中的一切，坐在电视机前认真聆听。

民主化和公开性带给苏联社会活力的同时，也带来了不少新的问题。一些人在这个口号下，制造事端，出版非法刊物，成立各种组织和团体，甚至散布极端言论，企图全盘否定苏联近70年的社会主义历史。此外，一些长期被掩盖的问题借助民主与公开，不仅暴露无遗，而且有一些更被激化，最突出的就是民族问题，民族主义抬头，分离倾向出现，并引发了多起民族纠纷和流血事件。虽然这些问题在当时还不十分严重，但若听之任之，继续发展下去，后果必将不堪设想。几年之后，事实就证明了这一点。

1987年年底，在改革进行了三年之后，戈尔巴乔夫宣布："苏联即将进入改革的第二阶段。"

带着改革的初步成果和一大堆问题，苏联跨入了改革的第四年。

1988年：国内困境与外交成果

1988年6月底，苏共第十九次代表大会在莫斯科召开。这次会议集中反映了随着改革的不断深入，苏联党内和社会各界对改革的不同看法和上层领导之间的分歧与矛盾。会议经过激烈斗争，通过了七项决议，确立了苏联政治体制改革方案。第十九次代表大会，是苏联开始激进的政治体制改革的标志。

斗争在春天就展开了。

3月13日，《苏维埃俄罗斯》报发表了列宁格勒女教师妮娜·安德烈耶娃的信文，题目是《我不能放弃原则》。信中对目前改革的许多做法和日益明显的全盘否定苏联历史和斯大林的倾向表示反对，对不少青年人的虚无主义情绪和思想混乱状况表示担忧，认为当前争论的主要的和根本的问题就是“承认还是不承认党、工人阶级在社会主义建设中也就是在改革中的领导作用”。这封信据说主管该报的利加乔夫看过。该信的发表，在苏联全国引发了一场关于改革和历史问题的大辩论。

4月15日，《真理报》以整版篇幅发表编辑部文章，对该信提出严厉批评，认为信中反映的思想观点背离了苏共二十七大制定的方针路线，是“反改革势力的思想纲领和宣言”。各报随后也纷纷发表文章，支持《真理报》。

“两报之争”最后以《苏维埃俄罗斯》的公开认错而告结束。但斗争并没有停止，而是继续反映在选举第十九次代表大会的代表中，会议召开前一个月对政治改革提纲进行的讨论中，以及在代表大会上，一些代表在会上点名批评葛罗米柯和索洛缅采夫等人，认为他们已不适应改革的要求。会议结束时，叶利钦与利加乔夫针锋相对，唇枪舌剑，充分暴露出上层领导之间的尖锐矛盾。

斗争在会后仍在继续。8月，戈尔巴乔夫去休假了。在这期间，利加乔夫和雅科夫列夫在外交和市场经济问题上公开发表完全不同的意见，再次公开显示出中央的矛盾。

在上层矛盾日趋紧张尖锐和表面化的情况下，戈尔巴乔夫紧急召开了中央9月全会，果断地解除了葛罗米柯和索洛缅采夫等五人的职务，并取消了党内第二把手的职务，让利加乔夫去分管农业，从而大大降低了他的地位。戈尔巴乔夫很快兼任苏维埃主席一职。外电认为，这是戈尔巴乔夫执政以来最彻底的一次人事变动，是他的又一次重大胜利。年底，召开了苏联最高苏维埃非常会议，通过了宪法修正案和苏联人民代表选举法，为政治体制改革奠定了法律基础。

综上所述，1988年苏联在政治体制改革方面迈出了这样几步：党中央的机构和职能有了重大改变，中央成立了六个委员会，取消了一系列职能部，党将集中精力制定方针政策，从事意识形态和党务工作；中央机构精简了一半；加强了苏维埃的权力，1989年成立的苏维埃代表大会将成为苏联最高权力机关；废除领导干部“终身制”，规定国家和各级领导干部任期五年制和最多任期两届；改革了选举制，使之更加民主；成立了宪法监督委员会，加强了监督体制的作用。

政治体制改革虽步履艰难，但总算迈出了几步。与此相比，这一年的经济改革则是困难重重，很难推进。改革方案无法实施，财政赤字不断上升，通货膨胀开始出现。西方媒体认为，苏联的经济改革几乎没有收到任何成效。前两年稍有好转的经济状况，目前明显下滑，其突出的表现是商店里的消费品和食品越来越匮乏，购物队伍越来越长。面对这种状况，自然，人们的失望和不满也在增长。9月，戈尔巴乔夫在西伯利亚视察时，人们因买不到日用消费品当面对他大发牢骚。年底，戈尔巴乔夫的首席经济顾问和助手阿甘别吉扬公开承认，戈尔巴乔夫当政以来，苏联经济更加恶化了。

经济改革难以推行，经济状况不断恶化，戈尔巴乔夫和不少苏联学者专家都认为，其原因正是因为没有进行政治改革所致。戈尔巴乔夫在一次讲话中说：“已经通过的一些很好的决议常常得不到彻底实行，经常重犯过去的错误。这在某种程度上说明老一套工作方法还有很大势力。”经济学家、后来的列宁格勒市市长波波夫说：“政治是主要的一环，如果没有政治改革，经济改革是不会取得胜利的。”正是在这种思想指导下，戈尔巴乔夫转而开始了激进的政治改革，希望以此为经济改革开路。

1988年出现的另一大难题是民族问题。

苏联是一个多民族大国，大小民族约有100个。在戈尔巴乔夫之前，自斯大林始，苏联历届领导人在这个问题上都有失误，并多次调整和划分各共和国的疆界等，对一些少数民族有所伤害，遗留问题颇多。戈尔巴乔夫上任后，过去掩盖着的民族不满情绪和民族矛盾，在民主化和公开性的倡导下，越来越强烈地表现了出来。

最激烈的民族冲突终于爆发了，在亚美尼亚和阿塞拜疆之间。起因要追溯到1933年。当时苏联决定把有着75%的亚美尼亚人的纳戈尔诺—卡拉巴赫（简称纳—卡）地区划入阿塞拜疆境内。从此，不满的种子就种入了亚美尼亚人的心中。信基督教的亚美尼亚人和信穆斯林教的阿塞拜疆人总是格格不入，亚美尼亚人觉得阿塞拜疆人总是歧视他们，对他们不公平，始终想回到亚美尼亚，与自己的同胞合并。1987年10月，纳—卡地区终于爆发民族冲突，此后这里多次发生流血事件，一直没有平静过。1988年3月，苏共纳—卡地区委员会通过决议，要求把这一地区划归亚美尼亚，请苏共政治局改正这一历史错误。6月，亚美尼亚最高苏维埃决定将这一地区划归自己，建议苏最高苏维埃讨论这一问题。7月，纳—卡人民代表大会宣布自己为亚美尼亚的一个州。面对这一系列举动，阿塞拜疆则寸步不让，否定和撤销了纳—卡执委会的自行决定。其间，两个共和国首都的市委书记和纳—卡地区领导都几易其人，但情况不仅没有缓和，反而变得更加严峻。在事态越来越严重的情况下，最高苏维埃主席团7月18日一致通过纳—卡地区仍属于阿塞拜疆的决定。这一决定犹如火上浇油，使事态更加糟糕，加剧了亚美尼亚人的不满。月底，50万亚美尼亚人走上街头，抗议中央的决定。

亚美尼亚和阿塞拜疆之间的民族纠纷，是苏联历史上最为严重的民族动乱之一。冲突的性质虽然还不是民族分离，而是历史矛盾的延续，但影响和后果却极为严重。而最困难之处在于，两个民族之间的矛盾似乎无法解决。要想平息事态，或者借助军队——这有悖于民主化和公开性，戈尔巴乔夫不会这样做；或者答应亚美尼亚人的要求——先不谈阿塞拜疆人会不会答应，如果真是如此，那恐怕只会鼓励更多的民族提出各种棘手的难以达到的要求，因此也断然不行。戈尔巴乔夫在这个问题上左右为难，陷于两难境地。

而最令人担忧的民族问题，则是波罗的海三个加盟共和国表现出的日益强烈的民族分立情绪。爱沙尼亚、拉脱维亚和立陶宛，这三个地处北欧的加盟共和国，加入苏联是在1940年，大大晚于苏联其他加盟共和国。在这之前，它们都有过约20年的资产阶级共和国的历史。1987年8月，这三个加盟共和国首都都发生了街头集会，集会者高呼民族主义口号。1988年5月，立陶宛再次发生示威抗议活动，纪念大批立陶宛人被驱逐40周年。10月，事态更为严峻，三个共和国先后成立了群众性的政治组织——爱沙尼亚人民阵线、拉脱维亚人民阵线和立陶宛的某个群众组织。这些组织具有强烈的民族情绪，并受到本族人的广泛支持。虽然他们宣称支持改革，但其一系列极端的民族主义做法，已孕育着要求脱离苏联的危险。11月，爱沙尼亚拒绝了苏共中央的宪法改革计划和选举法，通过了一项对自己共和国宪法某一条款的修正，即该国最高权力机关在一定情况下可以停止使用苏联立法文件和其他文件，或有限度地使用这些文件。此举迅速波及另外两国，它们也采取了类似做法。三国的民族主义情绪和分离倾向呈愈演愈烈之势。除这三国外，格鲁吉亚等地的情况也令人不安。

经济状况开始恶化，政治改革步履维艰，戈尔巴乔夫的改革已陷入困境。而来势不小的民族问题，更给改革前景罩上了一层阴影。民族分立主义虽然还未形成大气候，但其严重性却已充分显示出来。西方媒体认为这是苏联改革以来碰到的最为严重的问题之一，如果解决不好，很有可能葬送苏联的整个改革。

处于困境中的戈尔巴乔夫，在年底又遭到一个意外打击：亚美尼亚大地震。

亚美尼亚大地震是苏联1986年切尔诺贝利核电站泄漏事故以来的第二个大灾难。这场地震造成了巨大的经济损失，使恶化的苏联经济变得更加困难，也使改革变得更为艰难。

唯一使戈尔巴乔夫感到欣慰的，是在“新思维”思想指导下取得的外交成果。戈尔巴乔夫执政后，苏联对外政策在改革中也发生了重大变化，最突出的表现莫过于和美国的关系。昔日对抗和争霸的两个超级大国，关系逐步缓和，并开始对话。其标志是1987年年底两国签署的中导条约。与此同时，苏联与西方各国也展开了积极的政治对话。戈尔巴乔夫与西方国家最高领导人频频互访，以至在西欧竟掀起一股“戈尔巴乔夫热”，甚至一些国家的民意测验表明，这位发起改革的苏共总书记比布什更得人心。苏联在亚太地区也表现颇佳，积极改善同中国、日本、韩国等国家的关系，打破了与这些国家长期以来的僵持局面。苏联还反省和批评了对阿富汗实行的政策，签署了关于从阿富汗撤出苏军的日内瓦协议。此外，在防务与军备控制问题上，戈尔巴乔夫大力倡导“欧洲无核区”，并在年底召开的联合国大会上提出，在今后两年将单方面把苏联军队的数量减少50万，大大消减坦克等常规武器，并表示将从东德、捷克和匈牙利撤军。

苏联全方位的外交活动，表明戈尔巴乔夫想为国内的改革创造一个较好的国际环境，改变过去的不良形象，摆脱在国际上日益孤立的处境。其次，戈尔巴乔夫与美国和西方的缓和，有可能从西方得到资金、技术和先进设备，这些都是苏联急需的。当然，大量裁军也是为了减轻国家财政支出，缓解经济困难。这对苏联来说也是很重要的。

戈尔巴乔夫的“微笑外交”受到普遍欢迎，特别是赢得了西方一片喝彩。英国首相、美国总统都对他倍加赞赏，认为他是能与之对话和合作的伙伴。但是，尽管戈尔巴乔夫在世界上干得很出色，形象光彩动人，但丝毫无助于国内问题的解决。甚至有西方评论家说：“戈尔巴乔夫在国际上的朋友越来越多，国内的反对者也越来越多。”此话并非毫无根据。

反思历史

在进行经济和政治改革的同时，苏联学者、知识分子和领导人开始反思历史，报刊上出现了一大批这类文章。在“不要留下一个历史空白”的口号下，这些文章深入探寻苏联现行体制的弊端，追根溯源，对列宁以后的各个时期及领导人大胆评说，呼吁解决历史上的一切冤假错案。

谈论斯大林问题的文章数量最多，大多数文章对他持否定态度，控诉他在30—50年代初期残酷迫害和镇压干部和群众，并认为在社会主义建设中斯大林也有许多失误。但也有人持不同看法，特别是一些老年人，他们认为不应该全面否定斯大林。上面提到的女教师妮娜·安德烈耶娃的信就集中反映了这部分人的意见。

对赫鲁晓夫时期和赫鲁晓夫本人，是另一个评论热点。许多文章肯定了赫鲁晓夫执政期间展开的几个方面的改革，并认为他敢于揭露和反对斯大林的个人崇拜，这是一个伟大的历史功绩。认为他最大的不足和错误是没有认识到政治体制改革的重要性。他反对斯大林的个人专断和不民主，但没有从根本上摆脱这种模式。在他身上同样存在听不进不同意见、瞎指挥的主观武断作风。这也是他的改革最终未成功的一个原因。

对于执政长达18年的勃列日涅夫，公众的评价基本持否定意见。许多人认为，勃列日涅夫执政后，赫鲁晓夫时期开始实行的经济改革基本停止了，原来活跃的社会气氛也逐步变为死水一潭。整个社会掩盖在"平稳"之下。在勃列日涅夫后期，他大搞个人迷信，多次为自己授勋，鼓励歌功颂德，重用亲信，致使社会和党内腐败现象增多。正是由于这一切苏联才出现了危机前期的"停止时期"。但也有人认为，勃列日涅夫时期国家政局平稳，人民生活不无提高，又有什么不好？特别是后来，当苏联经济越来越恶化时，不少人私下开始表示怀念那个"停止时期"。

在反思历史的同时，人们也开始重新审理30—50年代初期的许多事件，为许多受迫害者恢复名誉和党籍。最早的一例是在1987年7月5日，最高法院宣布为1937年被错误处理的革命家穆拉洛夫平反，恢复名誉。此后又陆续为许许多多知名的和不知名的受害者平反，其中包括苏共杰出的理论家布哈林，红军将军图哈切夫斯基、李可夫，社会主义经济理论创始人孔德拉季耶夫，合作化问题理论家恰亚诺夫等。这些人都是在"大清洗"的年代作为"人民的敌人"被枪毙的。和他们一样这样被枪毙的，还有成千上万人。据塔斯社1990年2月13日透露，1930年至1953年，因所谓"反革命国家罪"而遭迫害的人共计3378234名。其中被处决的有786098人。在1988年至1989年间，苏联重新审查了其中的856582人，为其中844740人恢复了名誉，审理了受害者和其家属的68000多封申述信。对积极参加斯大林时期的镇压行动的国家安全委员会的1342名前工作人员，给以严厉处罚，严重者甚至执行了枪决。

罢工风潮

1989年苏联政局全面开始恶化。尽管戈尔巴乔夫新年伊始在会见科学文化工作者时，仍充满信心地说"新的一年是有望深化政治改革并取得丰硕成果的一年"，但事实与他的愿望正相反。

政治形势变得更加复杂。各种组织纷纷涌现，无以计数；党的威望和战斗力明显下降，退党人数不断增加；共青团组织处于事实上的解体之中；各种集会游行接连不断，仅上半年在莫斯科就有300余次，而且大多数都属不合法，其中只有63次是得到有关部门批准的。一些集会游行公然高举沙俄时代的三色国旗，高呼"打倒苏共的专制制度"等口号。整个社会处于动荡不安之中。此外，规模巨大的新的选举也在这一年举行，因而牵扯了大量的财力、人力，人们的积极性和热情度依然很高，全力投入了新的选举，从上到下，经济改革无人顾及也无暇顾及。这种状况也使生产大受影响。物价开始上涨，商品更加缺乏，其结果是老百姓的不满日益加深。终于，爆发了影响和损失都堪称巨大的矿工罢工风潮。

1989年7月10日，西伯利亚库兹巴斯矿工率先罢工，要求改善劳动条件和生活待遇，稳定物价，改善市场供应，并要求提高煤炭价格，在经济上要拥有自主权等，增加夜班补贴和养老金。罢工风潮迅速蔓延，仅仅几天，就已扩展到这个矿区的9个城市，人数达11万。16日，120个矿区已有70个停工，50万人加入罢工行列。工人们成立罢工委员会，要求直接与政府谈判。矿工大罢工是自改革以来规模和影响最大的一次，罢工造成的政治影响和经济损失，对苏联改革来说是雪上加霜。对此，戈尔巴乔夫和雷日科夫多次呼吁复工，最高苏维埃也就此发出告全国人民书，表示支持矿工的合理要求，呼吁工人也理解和支持政府，尽快复工。但这些呼吁和要求均遭到矿工的拒绝。到了11月5日，即罢工近四个月后，总理雷日科夫再次呼吁工人复工，并在17日亲自在克里姆林宫接见了矿工代表，至此总算使矿工复工了。

长达近四个月的罢工，造成的损失异常严重。罢工事件在全国不少地方引起连锁反应，各地工潮四起。经济损失更是惨重，全年共损失700多万个工作日，直接经济损失达10亿卢布。

罢工风潮已搞得人心惶惶，犯罪活动的猖獗更搅得人心不安。1989年上半年犯罪案超过100万起，是20年来最多的，比1988年同期增长了32%，其中严重犯罪17万起，比上年增长40%。苏联内务部称，全国每天发生6起杀人案，5起强奸案，260起偷窃案。社会动荡不安给犯罪分子提供了可乘之机，犯罪活动的泛滥使社会更加动荡不安。苏联陷入了一种恶性循环。

统计数字显示，这一年的经济状况是多么糟糕：内债已达4000亿卢布，货币发行量达180多亿卢布，比1988年增加了56%，消费领域内通货膨胀幅度已达7.5%。

苏联人在这一片混乱中迎来了1990年。

除夕之夜，克里姆林宫上空的新年钟声敲完后，戈尔巴乔夫照例在电视上发表新年贺词。此刻的他，面色阴沉，语气沉重，没有了往昔的自信与风采。

苏联人的心情和总书记一样，也是沉重的。严酷的现实使他们感到，国家的命运和前途渺茫而莫测。

叶利钦重新崛起

1989年，苏联政界还有一件事值得一提：一个曾引起很大争议的人东山再起了，而且很快成为苏联举足轻重的人物，此后，这个人在苏联解体中扮演了极其重要的角色，并最终取代戈尔巴乔夫，掌控了苏联解体后的俄罗斯。这个人就是风云人物叶利钦。

叶利钦的重新崛起是在1988年6月。当时苏共正在召开第十九次代表大会上，一位身材魁伟的代表走向主席台，请求发言。此人就是引起过很大争议的知名人士叶利钦。他发言时显得略为紧张，大概与他销声匿迹一年半之后第一次在公众面前亮相有关。人们还记得，这位前莫斯科市委第一书记是在1987年年底被撤换的，原因是他工作不力和某些错误。现在他重新出现了，而且他的发言很出乎人们的意料。叶利钦在发言中要求会议恢复他的政治名誉，认为他过去的这一建议被事实证明没有任何错误，错误的是对他的处理。

他的大胆举动和发言，不仅使整个会场惊讶，而且引起了会场内外的广泛关注。在人们眼里，此人一向喜欢标新立异，显得与众不同。他的这次“亮相”表明，他已正式返回政治舞台。他将扮演一个什么角色，又会做出什么新奇的举动，都是人们注意的热点。但他此后的迅速崛起和对苏联政局起到的举足轻重的作用，当时不仅人们还没有料到，恐怕连他自己也未曾料到。

现在来看一看以叶利钦的发迹史。

叶利钦是戈尔巴乔夫执政后最早从地方调到中央的干部之一。叶利钦与戈尔巴乔夫同岁，两人的出生背景也相仿，都是农民的儿子。少年时期的叶利钦生活很艰难，在他六岁时，父亲离开了农村，去建筑工地当了一名工人，母亲独自带着他和另外两个孩子住在简陋的工棚里。他在学校功课优秀，但性格粗鲁，脾气倔强，好出馊点子，爱打群架。他的塌鼻梁就是当年打架留下的“纪念”。后来他考入斯维尔德洛夫斯克州的建筑学院，毕业后一直在州里工作。由于他吃苦、勤奋，工作出色，很快被提拔，此后很快晋升，改革前已经是州委第一书记。

1985年他被调到莫斯科任市委第一书记。这是他第一次脱离建筑行业而专门从事党务工作。在此期间，他深入基层，体察民情，反对特权，因而受到群众的好评。但他过分激进的言论，毫无章法的工作作风，也引起不少政治局委员的不满。1987年年底，他在莫斯科工作了两年后，中央批评了他和他领导的莫斯科的工作，随后批准他辞去莫斯科市委第一书记的请求。几个月后，他被安排在国家建委，担任第一副主席。戈尔巴乔夫打电话通知叶利钦这一决定时说过这么一句话：“我决不会再让你搞政治了。”也许正是这句话，使性格倔强的叶利钦耿耿于怀，并在后来适当的时机坚决返回政治舞台。

第十九次党代会的代表中原本并没有他，但他提出来：为什么其他部级干部都是党代表，唯独他却不是呢？这一点确实找不到合适的理由解释，于是他为自己争取到了党代表的资格。对于争取到的这一重要机会，他自然要好好利用。事实证明，他成功地利用了这个讲坛。在他作了上述的那个发言后，利加乔夫当即批评了他，认为他进政治局后就走上了一条“错误的道路”，此人不具有“建设性的能力”，而是“破坏性的能力”。利加乔夫和其他人对叶利钦的批评，反而增加了一些人对他的同情和支持。会后，叶利钦竟收到来自全国各地的无数封支持信。他们把叶利钦视为彻底的改革派。西方媒体也对他另眼相看，格外关注，经常报道和采访他，甚至邀请他出访。

1989年苏联全国开始选举人民代表，叶利钦又有不同凡响的举动。1月底，他声称如果能当选人民代表，他将辞去现任部长的职务。此举果然很有魅力。3月16日，他以89.44%的票数当选。5月，第一届苏联人民代表大会在莫斯科举行，叶利钦只是2000名代表中的普通一员。在从代表中选举苏维埃代表时，他落选了。但是好运再次降临。当选的一位西伯利亚代表主动提出将自己的苏维埃代表资格让给叶利钦，请戈尔巴乔夫批准。而后者刚刚以压倒多数当选为首届最高苏维埃主席，他没有什么顾虑，宽宏大量地批准了这一要求。但他当年绝没有料到，这位靠让位当上的苏维埃代表，几年之后竟与自己平起平坐，并成为自己的最大对手和威胁，以至最终被取而代之了。

7月底，人民代表中300名激进者举行会议，正式成立跨地区代表团。叶利钦是领导人之一。他说跨地区代表团的任务是，在多元化范围内促进改革进程，开展议院活动。此后，他活跃异常，多次接受西方媒体采访，并应邀访美。在访美期间，据报道他经常饮酒过度，以至于在一些正式场合语无伦次，步履踉跄，丑态百出。美国公众对他颇有微词，认为此人有心理缺陷，不具备一个政治家的素质和才干。但尽管他在国际上形象不佳，与戈尔巴乔夫对西方的魅力相去甚远，但是在国内，虽然并非所有的人都支持他，但似乎越是有人反对他，就越是激起更多的人强烈支持他，有时甚至达到了盲目崇拜的程度。因此他在国内的威望和影响却直线上升。他身后聚集的是一群奇怪的混合力量：最激进的改革派，最反动的社会势力，大批怀才不遇的知识分子，好走极端的年轻人，以及对戈尔巴乔夫的没有成效的改革极其不满的群众。叶利钦是他们的旗帜，他们则是叶利钦所依靠的力量。就这样，形成了一股越来越大的社会势力，对苏联政局起着非同小可的影响和作用。叶利钦在访美结束时宣称，他认为共产主义是一种幻想，现在需要的是讲社会主义与民主结合起来。他支持多党制。这突出表现出他的离经叛道精神。10月15日，叶利钦在一次万人群众集会上发言，要求解除利加乔夫等人的政治局委员职务，并预言苏联改革如果在一年内没有实质性的转变，就有可能发生一场自下而上的革命。这些都表明，叶利钦已经有力量并且开始向他认为的保守势力进攻了。

苏共党内斗争激化

叶利钦在苏联政坛迅速崛起，使苏联政局变得更为复杂，党内和社会矛盾更加尖锐。苏联政坛形成了三股势力：以利加乔夫为代表的传统派，以叶利钦为代表的激进派和以戈尔巴乔夫为代表的中间派。传统派与激进派的斗争日趋激化，戈尔巴乔夫则始终充当中间调解人的角色，但在根本目标上，与激进派是一致的。

1989年年底和1990年上半年，即苏共二十八大召开之前，传统派和激进派之间的斗争达到从未有过的激烈程度。1989年11月11日，列宁格勒女教师妮娜·安德烈耶娃接受中央电视台采访，她说，去年《真理报》对她的批评，恰恰反映了改革有两条道路的斗争，一条是继续走社会主义道路，一条是复辟资本主义。她对叶利钦进行了批评，指出叶利钦在美国的言论似乎表明他自己从来都不是一名共产党员。11月22日，列宁格勒20000名共产党员集会，要求采取紧急措施稳定局势，提出赞成“改革的社会主义目标，不允许用改革来打击共产主义”等口号，并要求戈尔巴乔夫、雅科夫列夫和谢瓦尔德纳泽下台。四天后，莫斯科市委第一书记在接受电视台采访时说，他不赞成列宁格勒党员集会上提出的那些口号，认为那次集会是一个倒退。两天后列宁格勒市委第一书记在《真理报》上发表谈话对此反击，提出苏共如放弃社会主义价值观就会变质，共产党员应明确反对私有制的合法性。12月8日，列宁格勒人民阵线针对11月22日的集会组织了自己的集会，支持戈尔巴乔夫，反对市委第一书记，要求实行多党制，取消规定共产党地位的宪法第六条。同日，女教师妮娜·安德烈耶娃在接受《熊叶利新闻》记者采访时说，戈尔巴乔夫的改革“带来了经济危机、政治危机、意识形态危机和文化危机”。她在去年5月成立了“列宁主义和共产主义理想组”，她要领导这一组织坚持列宁主义和共产主义理想原则。12月10日，跨地区代表团呼吁第二天进行全国两小时警告性罢工，并扬言同共产党和政府领导人分道扬镳的时候已经到了，重申“赞成多党民主制”。12月30日，在斯大林家乡召开了“捍卫斯大林协会”成立大会，来自苏联许多城市的代表出席了会议。1990年1月中旬，许多报刊发表了叶利钦的一系列讲话。他在讲话中说：“保守势力的反抗在日益加强”，党没有勇气开展“根本性的改革”，戈尔巴乔夫只是“改革的倡导者，而不是这台戏的主角”。声称他们主张“采取更为激进、更为坚决果断的策略来推进改革”，还说“我们最大的不幸就是党的垄断”，“我们对戈尔巴乔夫已经受够了”。他还预言戈尔巴乔夫可能不久就会下台。

在传统派与激进派的左右夹击下，以戈尔巴乔夫为代表的中间派始终谨慎地保持中间立场。1989年11月3日，梅德韦杰夫说，对改革有两种极端的看法：一种认为目前的困难是改革本身造成的，另一种则认为改革还不够彻底，应该彻底否定过去的一切。这两种看法都是错误的。尽管戈尔巴乔夫小心地走钢丝，但在一些关键问题上，常常倒向激进派。例如在多党制问题上，戈尔巴乔夫过去的多次讲话中对此并不赞成，但1990年1月在这个问题上表示出松动。他说：“我认为实行多党制并不是悲剧，如果多党制是一种正常的历史进程结果，并且符合社会需要的话。”虽然他后面又加了一句“不过，多党制并不是万应灵药”，但其态度的转变是显而易见的。戈尔巴乔夫的松动并没有使激进派满意，他们的目的是要戈尔巴乔夫完全站在他们一边，既然现在还没有人能够取代戈尔巴乔夫，他对他们是有用的。

党内斗争仍在升级。

1990年1月20—21日，来自苏联各地的175名代表在莫斯科开会，决定成立苏共党内“民主纲领派”组织，会议选出叶利钦和阿法纳西耶夫（莫斯科历史档案学院院长、历史学家）等56人组成协调委员会。阿法纳西耶夫说，如果苏共中央不接受改革，他们将脱离苏共，另建新党。他们自称拥有党员5.5万人，代表了1/3的苏共党员。2月初，《莫斯科新闻》报刊文点名批评利加乔夫。2月4日，在苏共中央全会召开前夕，激进派组织20万人在莫斯科集会示威给中央全会施加压力，要求把多党制写进宪法，并要求利加乔夫辞职。叶利钦和阿法纳西耶夫在集会上慷慨发言，呼吁左派力量联合起来。

紧接着是2月5—7日的中央全会。这次全会是苏共二十八大的预备性会议。会上三方的斗争更为激烈。戈尔巴乔夫在会上就提交二十八大的行动纲领草案作了报告，主要内容有关于扩大党内民主问题、共产党地位问题和设立总统制等问题。关于共产党的地位，报告指出，不能将宪法强加于人，共产党人要为执政党的地位而斗争。叶利钦代表“民主纲领派”对草案提出十点修改意见，其中主要有要求放弃民主集中制原则，放弃一党专制，自动放弃执政党地位并逐步过渡到多党制等等。利加乔夫也在会上发言，他表示坚决反对这个草案，认为该草案“在某种程度上为社会主义社会实行私有制打开了缝隙”。

“民主纲领派”的“纲领”与戈尔巴乔夫的中央纲领在许多方面是一致的，如都提出了民主社会主义思想，都主张放弃对权力的垄断，承认多党制不可避免，赞成取消宪法第六条等，他们的主要不同之处在于，苏共中央主张党保持先锋队作用，而“民主纲领派”则主张搞议会式党。

这次中央全会充分表现了党内斗争的激烈程度。党内“民主纲领派”的成立，以及在会上抛出的“民主纲领”，已显示出苏联高层的某种分化。尽管戈尔巴乔夫在会后说“我看不出有什么深刻的原因会促使党分裂”，但苏联共产党确实面临着最为严重的危机，这一点已是有目共睹。

3月中旬，苏联人代会通过了《关于设立总统职位和苏联宪法（根本法）修改补充法》，将1977年苏宪法第六条规定的“苏共是社会的领导力量和政治体制的核心”修改为“苏联共产党、其他政党以及工会、共青团、其他社会团体和群众运动通过自己选入人民代表苏维埃的代表，并以其他形式参加制定苏维埃国家政策，管理国家和社会事务”。同时规定：“苏联公民有权结成政党”，一切政党“应在宪法和苏联法律的范围内进行活动”等，并补充了苏联总统一章，规定了总统的年龄、任期、权力等。对宪法第六条的修改表明，苏联共产党已从法律上自动放弃领导地位，实际已无异于一个普通的议会党。3月15日，戈尔巴乔夫当选为苏联第一任总统，他在就职演说中说，总统“不是某种独立阶层和政治派别的代表，而是全体人民的代理人”。

实行总统制是戈尔巴乔夫深思熟虑的结果。因为共产党的法定统治地位已经失去，多党制呼声日高，在这种情况下，共产党总书记的身份对他已有某种不便和约束。实行总统制而超脱于党派之上，有利于继续推行改革，扭转危机局面，甚至保存联盟。但是，总统制能够挽救苏联的危局吗？

此时，全社会的反苏、反共、反社会主义的倾向越来越严重。面对这种局面，利加乔夫多次大声疾呼，他说：“改革的主要危险来自民族主义、分裂主义和反社会主义势力。”“社会已接近危险极限，超过这个限度就可能出现政治和经济混乱。”“社会上有一些势力和人物，他们利用改革的口号作掩护，企图瓦解社会和党，阉割党的建设和活动的列宁主义原则。”他们“要把党改造成社会民主党，在我国实行私有制和复辟资本主义”，而造成这些不幸和失败的最主要原因，就是“党本身在组织上以及思想上被削弱了”。“共产党是我们的历史。”“我们不应当诋毁历史。”“最危险的事情是我们容忍削弱和对党的松手。这是我们犯的错误，政治领导犯的一个根本性错误。”

与此同时，苏共中央在4月发表了致全党公开信，呼吁广大党员同走上反党道路、企图分裂等的人划清界限。公开信指出，所谓的“民主纲领派”企图使党变成由各个派别和集团自由组成的协会组织，实际上是要搞垮党，是在实行一条“从内部分裂苏共，将它从政治舞台上排挤出去”的方针。

“民主纲领派”协调委员会第二天即反击说，公开信是利加乔夫及其盟友采取的一个突然行动，也是一场政治迫害的开始。协调委员会号召所有的共产党员离开共产党，参加新的民主纲领党。随后，起草了“不允许在苏共内部迫害持不同意见者”的呼吁书。

传统派也在顽强地斗争。4月15日，苏共马克思主义党俱乐部联合会在莫斯科召开会议，决定成立“马克思主义纲领派”，与“民主纲领派”针锋相对。54个城市的308名代表参加了会议。“马克思主义纲领领派”重申“赞成恢复经典的马克思主义”，提出“政治体制改革不是取消党本身”，而是改革“现行模式”，“社会主义政治体制并不一定导致多党制、议会民主甚至苏维埃体制”，而是要求“真正的人民政权”，主要经济部门“完全属于全民所有制”。

5月1日，像往年一样，在红场举行群众游行活动。所不同的是，反对派也举行了3万人的游行，游行队伍高呼最时髦激进的口号：“打倒列宁”、“打倒戈尔巴乔夫”等，手中举着尼古拉二世和叶利钦的照片。

传统派要求戈尔巴乔夫辞职，激进派高呼“打倒戈尔巴乔夫”，总统的中立政策越来越难以奏效。

面对日益嚣张的反共反社会主义势力，戈尔巴乔夫一度靠近了传统派。5月中旬他在伏龙芝说：社会主义是一种富有成果的思想，应坚持党的先锋队性质，反对将党变成议会式的政党和“争论俱乐部”。5月底，他严厉批评叶利钦“否定列宁主义原则”、“企图使俄罗斯离开社会主义”等。但这没有起到任何作用，也没有抵挡住叶利钦的又一次胜利：5月29日，叶利钦以微弱多数当选为苏联俄罗斯联邦最高苏维埃主席。他得到的票数仅仅比规定过半数的最低票多4张。但不管怎么样，结果是最重要的。叶利钦的当选使激进派精神大振，并大大加强了叶利钦在与传统派以及和戈尔巴乔夫较量中的优势和实力。

二十八大，就将在这样一个复杂和紧锣密鼓的斗争中开幕。

二十八大：苏共最后一届党代表大会

二十八大召开前夕，曾有人预言这将是苏联共产党最后一届代表大会。当时许多人不以为然，认为言过其实，但历史证明，此话言中了苏共的历史命运。

最后一届党代会于7月2日开幕，为期12天。会上各派力量斗争激烈异常，达到白热化的程度。

会议第二天，数千人在会场外冒雨集会，表示对二十八大强烈不满，给“民主纲领派”助威。会议进行小组讨论时，争论非常激烈。有人提出，共产主义是“虚无缥缈的目标”，建议苏联共产党改名为“民主社会主义党”。一些民主派代表主张军队、克格勃和内务部实行“非政治化”。会议第五天，“民主纲领派”代表，“马克思主义纲领派”代表、列宁格勒“俄罗斯共产党倡议代表大会”代表轮番上台发言，各抒己见，争论不休。叶利钦在发言中再次发表他的激进观点，提出共产党必须进行革新才能在急剧变革的社会中成为主导党，主张苏共应允许“各种纲领派别在组织上并存”，同意苏共改名为“民主社会主义党”，建议通过一个革新的苏共宣言，然后召开一次新的代表大会等。叶利钦的这些意见没有被采纳。

会议再次选举戈尔巴乔夫为苏共中央总书记。这是苏共历史上第一次由党代表大会而不是由中央全会选举总书记，会议通过了苏共二十八大的《纲领性声明》，《声明》规定，苏联共产党将致力于“人道的、民主的社会主义”。在选举中央副总书记时，利加乔夫落选了。戈尔巴乔夫提名的伊瓦什科当选为副总书记。外电分析，戈尔巴乔夫之所以不愿利加乔夫再次当选，一是担心这会再次引起不少人退党，二是利加乔夫与他在一些问题上确实有分歧，不好共事。但尽管如此，叶利钦仍在会议结束前一天，戏剧性地宣布退党。他的理由是，他已当选为俄罗斯联邦最高苏维埃主席，考虑到社会正向多党制过渡，他不可能“只执行苏共的决定”。另有“民主纲领派”20余人也在会上宣布脱离苏共，准备成立“独立的民主的议会党”。

7月13日晚，二十八大宣告闭幕。戈尔巴乔夫在简短的闭幕词中说，苏共二十八大将对苏联社会产生“重大和深远”的影响。那些想在这次代表大会上葬送党的人的打算落空了，苏共依然具有生命力并将继续生存下去……

虽然总书记的讲话依然引起阵阵掌声，但不少人都感到，苏联共产党的力量、威望、影响正一天不如一天，一天比一天减少。苏联共产党的前途和出路在哪里，这在他们心里都是一个大大的问号。

风雨飘摇中的苏联

苏共二十八大结束了。“传统派”利加乔夫已经落选，“民主纲领派”叶利钦及其一批人也已宣布退出苏联共产党，党内白热化的斗争暂时告一段落。现在让我们也把目光暂时从克里姆林宫移开，看看已陷于深刻政治危机、经济危机和多种矛盾总爆发的苏联社会。

日益深重的经济危机，使苏联不少经济学家都惊呼已到了一个“临界线”。商品匮乏，物价飞涨，许多食品店空空如也，如同刚刚被抢劫过。有食品的店中，永远有长长的购物大队。据苏联报刊统计，1200种基本消费品，有1150种经常断档缺货。许多必需的食品，如蛋、糖、茶叶、肉类等开始短缺。8月份有几天，甚至买不到最基本的食品——面包。这种情况是几十年来所未有过的。有关价格改革的消息不断传来，这使人们更加惶惶不安。他们不再存钱，而是大把抛向市场，抢购能买到的一切东西。人们手中有的是已经不值钱的纸币，因为几年来虽然生产停滞，人们的工资却未停止过增长，因此通货膨胀率连年递增。1986年为6.2％，1987年为7.3％，1988年上升为8.4％，1989年则达到12％—20％。1990年货币发行量超过了计划的两倍。1个卢布的货币，其实只有12戈比的商品保证。消费市场失控，黑市和投机倒把猖獗。1989年国民收入的年增长率为2.4％，1990年截至9月，竟出现了史无前例的负增长。抢购风加剧了经济危机，接连不断的罢工、游行、集会等，也直接给经济生产造成了巨大损失。财政赤字已突破580亿卢布，外债到年底将达到700亿卢布，内债至9月1日已达500亿卢布。粮食在这一年虽然获得了历史上最好的收成，但收购任务却只完成了计划的76％，其余的都烂在了地里。经过几年改革，旧的体制是被打破了，但新的尚未建立起来，经济既无计划也无市场，有的只是一片混乱。“苏联将面临一个饥饿寒冷的冬天”的预言，引起了人们更大的不安。纵观苏联经济，已是积重难返，陷入绝境。

在这种情况下，西方掀起了一股“人道主义援助”热潮，把他们几年来积压的余粮、将要淘汰的牲畜，源源不断地运往苏联。此情此景让人不敢相信：泱泱大国苏联，已沦落为一个名副其实的“乞丐国”。

经济危机的原因是多方面的。不少苏联学者都认为，既有改革本身的策略问题，也有改革必然会遇到的困难，还有多年遗留下来的问题，以及切尔诺贝利核电站泄漏、亚美尼亚大地震等自然灾害的因素和国际市场石油价格下跌等原因。此外，还有一个很重要的因素，即激进的超前的政治改革。几年来，社会在这种改革中动荡不安，权力机构瘫痪，民族矛盾加剧，横向经济联合被打破。在这种情况下，任何美好的改革计划也无法实行。雷日科夫在第四届人民代表大会上说："经济危机是由政治、意识形态和管理领域中明显的危机而引起的。"此话恐怕不无道理。

经济危机不仅已严重危及到人民的切身利益，也在不断加剧政治危机，并引发出一系列社会新旧矛盾。如何把苏联引出危机，已成为迫在眉睫的问题。

1990年7月，戈尔巴乔夫和叶利钦曾联手准备制订一项联合经济计划，向市场经济过渡。希望以此摆脱危机。但在制订计划过程中，主要由于权力派系之争，以及在一些问题上达不成统一，4个方案一一流产，没有一个能够实行。

在无休止的争斗中，时间流逝了，机会丧失了，经济危机进一步加深。

而政治危机的程度也有增无减。共产党的威望和力量如江河日下，退党人数迅猛增加。仅1990年一年，这个数字就是150万。各级领导机构瘫痪，出现了权力真空。在莫斯科和列宁格勒，共产党在竞选中均失利，大权被激进派掌控。人们的政治热情空前高涨，各种党派大批涌现，无政府主义大肆泛滥，极端民主化倾向已达到一个"极端"，人们随心所欲地组织和参加各种游行、集会，呼喊各种口号，出版各种刊物，自由散发各种传单。他们正在享受着前所未有的绝对自由。在这种自由下，反共气焰也更为嚣张，这些极端分子在民主化、公开性的大旗下，全盘否定历史，否定十月革命，否定列宁。与此同时，投机倒把、各种犯罪，吸毒卖淫、公开对沙皇歌功颂德等沉渣也从底层泛起，加剧着社会危机。民族冲突造成的大量难民无家可归，不少人白天在街头乞讨，夜里露宿在地铁过道中……这是一幅混乱的大国即将衰亡的画面。其原因正如一些苏联人所说，源于极端民主，极端的民主已成为破坏性工具。"少一点民主，多一点秩序和纪律"的口号，在老百姓中流传。

政治危机的另一个突出表现，是民族独立的呼声越来越高，发生矛盾和冲突的地区不断蔓延和扩展，统一的联邦制国家已经面临着瓦解的严重威胁。至1990年年底，全国实行紧急状态的地区已达到13个。除纳—卡地区形势不断恶化外，亚美尼亚、摩尔多瓦等地矛盾也都激化。波罗的海三国更是堪忧，他们在争取独立的道路上迈出了新的步伐：3月立陶宛宣布脱离苏联，拉脱维亚和爱沙尼亚紧随其后，也做了同样宣言。5月，叶利钦在当选为俄罗斯共和国总统后，迅速发表了俄罗斯主权宣言，与波罗的海三国平等发展关系，并声称要有自己的军队、货币等。叶利钦的一系列举动，进一步削弱了中央权力，加剧了整个苏联的离心趋势。各共和国对大俄罗斯主义倾向的抬头戒心倍增，深恐自己的利益受损。7月，乌克兰和白俄罗斯也相继通过主权宣言。至此，已有十几个加盟共和国发表了主权宣言，苏联的分崩离析几乎已成定局，无可避免。

风雨飘摇中的苏联，像一艘撞上了冰山的巨轮，正在慢慢沉入海底……

新联盟条约——保存联盟的最后努力

联盟解体已非危言耸听的预言，而是危在旦夕的现实威胁。面对此种危局，戈尔巴乔夫多次表示，必须保存联盟。联盟一旦崩溃，将引发一系列不堪设想的问题，甚至导致内战。因此出路只有一条：尽快签订新的联盟条约。

1990年11月23日，经过半年多的酝酿，戈尔巴乔夫拿出了建立新联盟的计划，提请第四届人代会讨论。

苏联的旧联盟条约于1922年由俄罗斯、乌克兰、白俄罗斯和外高加索四个共和国签订，后来扩展到15个共和国。新联盟条约草案与旧联盟条约相比，在联盟名称、组成、基本原则、联盟权力、权力机关和管理机构等方面都有很大不同。它们的主要区别是，新联盟条约草案更加突出各共和国的权力和作用，强调“自愿结合”、“自决自治”、“人权优先”等原则，在加入联盟的方法上，也更加灵活。

新联盟条约草案出台后，各共和国态度不一。中亚的哈萨克、乌兹别克等国基本倾向于同意这一草案；俄联邦则提出了四个先决条件；波罗的海三国和格鲁吉亚一开始就表示他们不签署任何条约。其他一些加盟共和国主张建立较为松散的联邦，例如欧共体那样的形式。

12月7日，召开了第四次苏联人代会。会上就新联盟条约草案及签署程序问题展开了激烈讨论，表决结果以压倒多数通过，但在中央和各国权限问题上，分歧仍存在。大会还决定将举行全民投票来确定各共和国是否继续保留平等、主权的苏维埃联盟。

在第四届人代会期间，苏联外长谢瓦尔德纳泽的突然宣布辞职成为爆炸性新闻，引起世界轰动。这位格鲁吉亚人声称，“独裁正在来临”，要以辞职表示“对独裁的抗议”。谢瓦尔德纳泽的辞职，对正在为保存联盟而致力于新联盟条约制订和签署的戈尔巴乔夫，是一个沉重的打击。戈尔巴乔夫声称：“这是对我的最大刺激。”美国媒体说，谢瓦尔德纳泽的辞职标志着戈尔巴乔夫初期的改革班子的彻底瓦解；路透社说，谢的辞职使戈尔巴乔夫成为克里姆林宫的孤家寡人；而香港媒体称，谢的辞职为戈尔巴乔夫签订了政治死亡书。

戈尔巴乔夫的另一名忠实助手——雷日科夫，也因工作不力，在一片辞职的要求中，心脏病突发，最终导致下台。

总统班子里，出现了一批新人。

1991年3月17日，苏联举行了全民公投，以解决联盟存在的问题。这是苏联历史上第一次全民公决。苏联总统的意思很明确，大多数人的意志，当能解决一切问题。因为改革意识民主化深入人心，民主的主要原则就是听取和服从大多数人的意志。但这种推理未免太幼稚简单了。公决结果赞成保留联盟的人高达67.4%，但也仅此而已。借用民主闹独立的人置多数人的意志于不顾，继续积极搞独立活动。

新联盟条约自第四届人代会通过后，一系列具体工作仍在进行。5月底6月初，在新奥尔加列沃举行了两次会议基本解决了主要分歧。参加会议的有9个共和国领导人，戈尔巴乔夫主持了会议。7月，苏联最高苏维埃通过了新的联盟条约草案。月底，戈尔巴乔夫和叶利钦再次会谈，商讨如何解决他们之间在税收问题上的分歧。最后戈尔巴乔夫做了让步，同意实行单一渠道征税，再由共和国从自己的收入中提取固定的百分比上缴中央财政。这样，就消除了俄罗斯签署联邦共和国的最大的障碍。8月初，戈尔巴乔夫、叶利钦与哈萨克共和国——中亚最大的共和国领导人纳扎尔巴耶夫就联盟条约达成一致意见。8月13日，苏联报纸公布了新联盟条约——主权国家联盟条约。

条约签署工作离成功签署至此只剩一步：8月20日俄罗斯、哈萨克、乌兹别克等国将第一批在新条约上签字。戈尔巴乔夫放心去休假了。

"8·19"事件

1991年8月19日清晨，一条消息震惊了莫斯科市民：苏联副总统亚纳耶夫发布命令，鉴于苏联总统戈尔巴乔夫健康状况已不能履行总统职责，根据苏联宪法，他本人即日起将承担其履行总统职责的重任。同时还宣布成立苏联国家紧急状态委员会。该委员会由代总统亚纳耶夫和总理帕夫洛夫、苏国防会议第一副主席巴克拉诺夫、国防部长亚佐夫、内务部长普戈、国家安全委员会主席克留奇科夫、农民联盟主席斯塔杜布采夫及苏国营企业和工业、建筑、运输、邮电设施联合会会长季贾科夫8人组成。紧急状态委员会宣布自即日起在全国部分地区实行为期6个月的紧急状态管理，在此期间国家全部权力机关移交该委员会。

紧急状态委员会发表了《告苏联人民书》，宣称戈尔巴乔夫倡导的改革已经"走入死胡同"，"苏联国家和人民的命运处于极其危险的严重时刻"，呼吁苏联公民支持他们使国家摆脱危机的努力。

"政变"之说在苏联早有流传，就在8月17日，宣布退出共产党的亚科夫列夫还说，苏共正在准备一场政变。苏联由大民主引发的大混乱，早晚会引起一场社会爆炸，人们对此并不怀疑，但当事情真的发生了，苏联和世界仍不免为之震惊。戈尔巴乔夫是否真的健康状况恶化，人们并不清楚。但有一点是清楚的，即紧急状态委员会选择8月19日——新联盟条约即将签署前一天行动，是为了阻止条约的签署，他们认为该条约签署后其实质是中央政权将名存实亡。

历史再一次为叶利钦提供了机遇。叶利钦挺身而出，捍卫合法总统，反对紧急状态委员会的命令。没有人奇怪这位在年初刚以同样的无畏精神在电视里呼喊要求戈尔巴乔夫辞职的人，为何此时态度却变得截然相反，来了个180度的大转弯。其实道理很简单：此时此刻，保住总统就是保住了他自己。

当人们还未从震惊中清醒，3天后，戈尔巴乔夫奇迹般出现了。他在休养地克里米亚声明，他已经控制了局势，恢复了与全国的联系，并将于近日完全行使他的总统职权。22日，他乘俄罗斯飞机返回了莫斯科。

紧急状态委员会只存在了短短三天就夭折了。

戈尔巴乔夫回到莫斯科两天后，即8月24日，宣布辞去苏共总书记职务，并建议苏共中央自行解散。列宁亲手缔造的、有着90多年历史的苏联共产党，就这样被它的最后一届总书记宣布解散，就此结束了其历史使命。在宣布解散自己的政党时，戈尔巴乔夫竟没有想起同自己的党员们商量一下，听取一下他们的意见，实在没有表现出他一贯倡导的"民主"。

紧接着在军队展开了大清洗，80%的高级军官都被撤换。

社会上掀起了一股歇斯底里的反共浪潮。一些加盟共和国甚至宣布共产党是"非法"的，并发布命令实行"非党化"。不少地方都出现了迫害共产党员的事件。

此时的戈尔巴乔夫重新返回了总统职位，但"总统"二字已经失去了任何实际意义。他已无任何力量可以依靠，成为名副其实的孤家寡人。心力交瘁的戈尔巴乔夫，地位岌岌可危。倒是他的"救命恩人"叶利钦，越来越像是真正的"主人"。已经有人在说，保卫过总统的叶利钦，早晚会踢开这个越来越没用的总统。

联盟解体

“8·19”事件加速了联盟解体，使苏联局势发生了根本性的变化。苏联共产党的最终“解散”使西方认为，原来意义上的苏维埃联盟实际上已不复存在。但联盟解体的真正标志，则是“8·19”事件后不久波罗的海三国独立获得国际社会的正式承认。此后，民族独立运动掀起第二次浪潮，如排山倒海，势不可当。全国几乎所有的共和国都宣布自己独立。

但是，虽然这些加盟共和国宣布独立，但它们同波罗的海三国的情况却并不完全相同，它们并不反对加入新联盟。元气大伤的戈尔巴乔夫决意不放过哪怕任何一丝可能，争取保存联盟。他在8月27日的最高苏维埃代表会议上说，他将尽一切努力不使苏联解体，否则他将辞职。在此之后，他又几次表达了同样的决心。

新联盟条约能否签订，最关键之处有二：一是俄罗斯和乌克兰的态度。俄罗斯原来就已准备第一批在条约上签字，目前态度虽基本未变，但它对新联盟条约的前景已有所怀疑。问题就在另一关键乌克兰的态度。早在前两年，乌克兰民族独立情绪已相当严重，民族主义政党和组织大量涌现，经常有要求独立的集会、游行。1920年1月乌克兰曾经宣布独立。为此，1990年1月，曾有十万乌克兰人组成人链，从首都基辅一直排列到西部城市利沃夫以示纪念，表达独立的意愿。同年9月，又组织了大规模游行要求退出苏联。但在“8·19”事件之前，赞成保留联盟的乌克兰人仍占大多数。在3月苏联全民公决中，70%的乌克兰居民对保留联盟投赞成票。“8·19”事件后，苏联局势巨变，乌克兰居民的态度也很快发生变化。特别是在叶利钦表现出大俄罗斯主义倾向后，乌克兰对签署条约已是疑虑重重。8月24日，乌克兰议会通过了宣布乌克兰独立的决议，同时决定就乌克兰独立问题进行全民公决。乌克兰的决定和乌克兰全民公决的结果，无疑将成为联盟能否保持下去的关键所在。

9月2日，苏联第五次非常人代会召开。会上，戈尔巴乔夫出其不意地宣布了“10+1”声明。这是戈尔巴乔夫与10个加盟共和国领导人在前一天达成的协议。声明称为防止国家进一步解体，建议“所有愿意的共和国起草和签署主权国家联盟条约”。每个共和国都可以自主选择加入联盟的形式，并提出组成由苏联总统和各共和国领导人参加的跨共和国委员会，建立由联盟院和共和院组成的苏维埃。代表们对此预先并不知道，感到十分突然。但在既成事实面前，该声明还是被通过了。

“10+1”声明似乎使保存联盟又有了一线希望。因为乌克兰也在声明上签了字。但乌克兰的声明却耐人寻味，乌克兰的声明说，它理解的联盟是“共同体”。

10月1日，除波罗的海三国外，12个国家的首脑聚集在哈萨克斯坦首都阿拉木图，商讨经济共同体条约问题。该条约只涉及各国的经济问题，因此很快达成协议，并发表了联合声明。但在10月8日将要正式签署时，又有两个共和国反悔了。其中一个就是乌克兰。到了11月22日，新的最高苏维埃召开了第一次会议，因乌克兰的退出，会议代表又减少了一个，只剩下7个。乌克兰的缺席使条约的签署问题又打上了问号。为了等待乌克兰代表，会议中专门休会两天，戈尔巴乔夫和与会国首脑也为此写了公开信，称乌克兰的“作用是无法替代的”，“我们无法想象一个没有乌克兰的联盟”，恳请乌克兰能派代表前来。但这一切都未能打动乌克兰领导人，他们始终没有派任何人来。不仅如此，乌克兰还在这期间通过了《国防法》和《武装力量法》，准备筹建自己的部队。

“10+1”虽然变成了“7+1”，但戈尔巴乔夫仍未死心。11月5日，跨共和国委员会达成协议，同意在保留对武装力量的统一指挥下，各共和国可以建立自己的国民部队。联盟机构大规模削减。11月14日再次开会，对新联盟条约草案又进行了重大修改，确认新联盟将是一个“邦联式的民主国家”，并预定在11月25日草签。戈尔巴乔夫为了表明他并非为保住个人权力而坚持保留联盟，声明他不准备任下届总统。但新联盟条约草签再次夭折。原因在于各方对联盟的名称各持己见，无法统一。国务委员会决定将条约草案交予各共和国议会讨论，准备年底以前再行签署。而这时乌克兰的全民公决日——12月1日已近在眼前。

签署条约草案的最后一次机会失去了。

12月1日，乌克兰全民公决如期举行。在公决前两天，美国政府突然宣布，如果乌克兰独立，美将予以承认，并将提供大量援助。美国的态度对要求独立的乌克兰是一个极大的鼓舞。投票结果已在意料之中：赞成乌克兰独立的人占多数，但赞成票高达90%以上，连乌克兰领导人都感到吃惊。12月5日，新当选的乌克兰总统克拉夫丘克宣布，乌克兰议会已废除了1922年12月30日建立的苏联条约，并且表示不准备签署新的联盟条约。

乌克兰此举给新联盟条约的签订以致命的一击。俄罗斯虽未立即表示退出条约，但它迅速承认了乌克兰的独立，并一再表示，乌克兰签署，俄也签署，没有乌克兰，联盟不可能成立。

12月7日，叶利钦带着新联盟条约来到白俄罗斯首都明斯克，与乌克兰总统克拉夫丘克、白俄最高苏维埃主席舒什凯维奇会见。叶利钦在会见时再次表明了上述态度。克拉夫丘克也再次表示拒绝签署新条约。于是，三方坐下来，抛开中央联盟和戈尔巴乔夫，连夜起草了一个新的联合声明，宣布废除1922年12月30日签署的苏维埃社会主义共和国联盟的条约，苏联中止存在，三方自愿组织“独立国家联合体”。

至此，苏维埃社会主义共和国联盟在存在了近70年之后，轰然倒塌了。世界为之震惊。

被甩在一边的戈尔巴乔夫，起初自然会激烈反对，提出多民族国家的命运，不能由三个共和国领导人的意志来决定，并说此举不符合苏联法律的条款，未经过苏联最高苏维埃的同意等等。但此时此刻，已经没有多少人再理会他了。苏联解体已成现实，戈尔巴乔夫回天乏术。面对这一现实，他也不得不改变对独联体的态度。12月中旬，他在会见新闻媒体代表时说，如各国代表赞成建立新的国家联合体，他将同意这一选择，并将加入这一过程。他还感叹地说，他一生的主要事业已经完成。

被抛在另一边的中亚五国对俄罗斯、乌克兰和白俄罗斯三国的声明深感突然和不满。但他们也已感到这是大势所趋，新联盟条约的签署已化为泡影。因此他们很快就转变了态度。12月中旬，中亚五国召开会议决定参加独联体，但必须以平等的创始国的身份参加。12月21日，11个共和国的领导人聚会阿拉木图，次日，发表了《阿拉木图声明》，宣布11个原苏联的共和国以创始国的身份自愿结成独立国家联合体，重申苏联不再存在。

联盟已经解体，总统焉能存之？面临“失业”的戈尔巴乔夫曾小心地询问过独联体中是否有他的一席之地，结果是被叶利钦冷冷地回绝了。

1991年12月25日，在圣诞节之夜，苏联第一位也是最后一位总统，在电视上宣读了他简短的辞职声明，退出了政治舞台。电视上的戈尔巴乔夫显得那么疲惫和苍老。

两个小时后，飘扬在克里姆林宫上空的镰刀斧头红旗缓缓降下，俄罗斯白蓝红三色国旗在寒风中升起。

苏联人的反应近乎冷漠。曾经给他们以希望的戈尔巴乔夫，早已使他们失望和绝望。现在无论是国家的解体，还是总统的下台，都不会引起他们的关注。他们更关心的是如何吃饱肚子——这是改革七年来苏联人面临的最大问题。

苏联解体：一个时代的结束

苏联解体，是20世纪最重大的历史事件之一。

苏联的没落和瓦解，在两层意义上标志着一个时代的结束：对整个世界来说，它标志着第二次世界大战后近半个世纪的美苏对抗的东西方冷战的最终结束；对苏联人民来说，它标志着近70年的苏维埃社会主义联盟历史的终结。

随着苏联的解体，持续了几十年的世界两极格局被打破，过去由于美苏两霸争夺而造成的一些地区的紧张与冲突，或有所缓和，或已经消除。美苏两国关系几年来变化迅速，已由敌手变为伙伴，由对抗转为合作，双方在核裁军谈判中成效显著。这些都对世界的和平与发展带来了一些有利因素。但与此同时也应看到，两极格局的打破，也造成一些地区的失衡，以致引发一些新的矛盾，或者触及在过去两极强权下被抑制的旧矛盾。在世界加快向多极化发展的进程中，新的强权主义、地区霸权主义有可能重现，这是影响整个世界和平与发展的重大的不安定因素。

苏联的地理和政治空间已由它的11个加盟共和国组成的独联体所代替。独联体在很大程度上仍是一个过渡时期的组织形式，处于变化之中。从目前看，独联体基础薄弱，内部矛盾重重，不仅苏联遗留给各国的政治经济危机一时难以消除，而且新问题不断涌现。独联体成立几个月来，内部斗争一直很激烈，特别是在俄罗斯和乌克兰这两个举足轻重的成员国之间，争吵不断，关系紧张。这一切都使得独联体前景难以预测。无论何种前景，最令人担忧的问题是，有着一流核装备的苏联400万军队的命运。这支世界上最强大的军队，它的何去何从，关系到整个地球的和平与安全。独联体的发展趋势和前景，成为当前世界和平与发展的最大的不确定因素。

苏联的解体，还给世界带来了大量的复杂问题。原苏联不少共和国之间的民族冲突和斗争，已使一些地区变为常年枪声不断的战场，也使得其周边地区不得安宁；战乱，国家崩溃，经济危机，这一切使得大批难民涌入西欧，给西欧国家的社会安定带来了问题。此外，为援助独联体已经崩溃的经济，帮助其走上市场经济的道路，西方不得不背上了沉重的援助包袱，这一方面显示出他们标榜的“人道主义”，更重要的是要证明放弃了共产党独裁和社会主义、走上资本主义道路的选择是卓有成效的。当然，此外还有一个原因，即稳定独联体，使它不再继续混乱下去。苏联解体给世界带来的麻烦已经够多的了。

苏联解体从根本上来说是符合美国和西方的利益的。独联体主要国家俄罗斯等的发展方向，也完全符合西方的价值观念。因此美国与西方虽然对大俄罗斯的长远发展前景并非毫无戒心，但目前确实希望看到俄罗斯能稳定和发展。美国因此发起建立了援助独联体的庞大的世界性组织，充分说明了这一点。但是，完全走资本主义回头路的独联体各国，能否就会因此而繁荣富强，连西方都毫无把握。况且照搬美国模式的不少国家，也不是个个都如美国那样富有成效。即使美国，目前也处于严重的经济衰退之中，国内更有一堆解决不了的难题。已经改换门面的东欧，在过去的几年中，也绝无成功可言。相反，坚持自己特点的社会主义道路和改革开放的中国，却以勃勃生机，在经济上腾飞。中国的兴旺，苏联东欧的衰败，使西方不少人士也在深思：社会主义没有生命力的结论是否下早了？

美苏冷战结构的崩溃和大规模军备竞赛的停止，更加突出了经济因素在国际关系中的作用和影响。世界正在从军事联盟走向经济联盟，各国将越来越重视经济发展。日本人预言，21世纪将是“民主化与科技化”为主要特征的时代。不少经济学家认为这将是一场“无声的战争”。各国都在为此而准备，重新审视自己的内外政策。

苏联已成为历史和过去。从某种意义上来说，苏联的没落和瓦解，正是因为它没有重视经济和科技的发展，无论在勃列日涅夫时期，还是在戈尔巴乔夫的改革时期。苏联解体和戈尔巴乔夫改革的失败，给人们很多启示和警戒，对我们来说，上面一点大概是最重要的。

让我们做好准备，迎接新的时代，迎接即将来临的“无声的战争”。

（1992年4月1日）

后记

2010年·俄罗斯及其未知的未来

这本书可以说是我1989—2009年这20年耳闻目睹亲历的心血之作。除了苏联部分是当年记下的外，很多篇章也是当时写下的，因此文字具有最初的清晰和真实。

本书卷一部分，正如我最早发在敏思博客时题记里写的，那些文章是据我当年的日记写成，我在整理它们时，仍然有着身临其境的鲜活的感觉。字里行间展现出的，是一幅帝国败落和大厦将倾的画面，动荡不安，危机四伏，风雨飘摇……那是一个帝国的黄昏，是那段历史的见证……

卷二的内容是叶利钦执政的整个20世纪90年代。这部分文章在概述大事件的背景下，着力从小人物小事件的角度，反映俄罗斯那段最暗淡和沉重的时光。在撰写那些文字时，俄罗斯人迷茫的面孔，贫困的生活，动荡的时局，几乎崩溃的经济危机，车臣恐怖分子制造的多起惨案，华人在俄罗斯历史巨变中经商遇到的坎坷和风险，以及我个人的有着时代印记的经历，这一切就是那个时期留给我的最深刻的印象。在写其中的某些章节时，我恍然又走在莫斯科阴暗天空下的大街小巷中，坐在拥挤的地铁里，或是在办公室上班时，透过各种人，各种事，仿佛时时刻刻都能听到那个正在经历沧桑之变的民族的呻吟，然而也真切地感受到了他们顽强不屈的生命力。

卷三从时间上来说是一个新的时期，对于俄罗斯来说也是一个新时代。2000年开始，年富力强的新总统给俄罗斯人带来了希望，使饱经苦难的俄罗斯民族走上复兴之路。普京确实没有辜负百姓的期望，在任职期间使俄罗斯发生了很大变化，尽管他没有能够全部解决俄罗斯社会存在的各种十分严重的问题。也从这个时期开始，我有了可以更深层次，多角度，从历史和文化等方面对这个国家和民族作更深入了解的机会。这些都反映在卷三的有关文章里。

这20年的俄罗斯，跌宕起伏，痛苦沉重，色彩斑斓。大历史的悲剧，小人物的命运，构成异常生动的历史画卷。那些大的历史事件世人皆知，我在书中只是作为背景概述，而俄罗斯普通百姓在大的历史变迁中的千姿百态，种种心态，不同的际遇，高贵的卑贱的，美好的丑陋的，善良的残忍的，以及华人的各种境况和遭遇，如万花筒般呈现在我眼前。这是全书的重点，是我真正想记录下来的，也是我写此书的初衷和目的。我想将一个真实的苦难的顽强不息的民族，一个不断遭遇劫难却不甘屈服的民族和那段特殊的历史写下，让更多的人了解。

2002年始我作为《环球时报》驻莫斯科特约记者为该报供稿。这里将发表在《环球时报》上的其中5篇文章收入该书。

在本书基本完成之后，今年3月底，车臣恐怖分子又在莫斯科制造了新的爆炸事件。看着那些消息，爆炸声犹在耳边，无辜者的鲜血犹在眼前。俄罗斯百姓又在遭受新的伤痛……这场看不见战线的战争已经给他们带来了巨大的伤痛和损失，书中都有记述，但遗憾的是不知道它何时才能结束。

本书其中的一些文章最初发在作者的敏思博客上（2008年11月在敏思开了博，名字是北极光），受到敏思博客编辑部和网友的好评及青睐，在此真诚地感谢你们对我的鼓励！

而在成书的过程中，南方日报出版社以及本书责任编辑阮清钰对我帮助很大，深表谢意！

此外，我以前工作过的中国社会科学院苏联东欧研究所（现为俄罗斯东欧中亚研究所）老所长，现在的社会科学院学部委员、中国俄罗斯东欧中亚研究学会会长李静杰老师，20世纪50年代留学苏联，曾任中国社科院经济研究所副所长，研究员，2002年被俄罗斯科学院经济研究所授予经济学荣誉博士称号的陈瑞铭老师，著名作家，翻译家，北京师范大学蓝英年教授等，都对这本书提出过有益的建议，在此一并表示衷心的感谢！陈瑞铭老师读过了全书后，还耗费精力为本书写了精彩的序言。

还要感谢为本书写了精彩评语的读者和敏思网友。

顺便说明一点，书中涉及到俄罗斯百姓和旅俄华人的地方均为化名。

我深感遗憾的一点是，自己拍下的有意义的照片不是很多，特别是在20世纪90年代，因而书中不少图片来自俄罗斯网站。原因除了没有很强的摄影意识外，还因为没有物质条件——我在2004年才有了自己的数码相机。

我的敏思博客的网址是 http://blog.stnn.cc/ximengz/Efp_Blog.aspx，发在那里的很多文章没有收入本书，有兴趣者可以到那里浏览。

再一次感谢所有关心我帮助我的人。我也谨将此书献给所有对俄罗斯以及这段历史关心和有兴趣的读者。如果你们能从这本书中看到点什么，那将是我最大的喜悦和收获。

郑建新

2010年4月9日赴俄罗斯远东前夕于北京寓所